数智未来

BIG DATA 2017

2017中国国际大数据产业博览会全记录

大数据战略重点实验室○编

当代中国出版社
Contemporary China Publishing House
2018年 · 中国

图书在版编目（CIP）数据

数智未来：2017中国国际大数据产业博览会全记录／大数据战略重点实验室编．-- 北京：当代中国出版社，2018.1

ISBN 978-7-5154-0845-3

Ⅰ．①数… Ⅱ．①大… Ⅲ．①数据处理－信息产业－博览会－概况－中国－2017 Ⅳ．①F492

中国版本图书馆CIP数据核字（2017）第319511号

出 版 人	曹宏举
策划编辑	梅一一
责任编辑	李一梅
责任校对	于立新
封面设计	孚思文创
出版发行	当代中国出版社
地　　址	北京市地安门西大街旌勇里8号
网　　址	http://www.ddzg.net　邮箱：ddzgcbs@sina.com
邮政编码	100009
编 辑 部	（010）66572264　66572154　66572132　66572180
市 场 部	（010）66572281　66572161　66572157　83221785
印　　刷	北京艺堂印刷有限公司
开　　本	787毫米×1092毫米　1/16
印　　张	41.5印张　插图39幅　510千字
版　　次	2018年1月第1版
印　　次	2018年1月第1次印刷
定　　价	148.00 元

《数智未来》编委会

目 录

605 新闻荟萃

李克强总理的贺信

在2017中国国际大数据产业博览会开幕之际，我谨代表中国政府对博览会的举办表示热烈祝贺！向各位与会代表表示诚挚欢迎。

当前，新一轮科技革命和产业变革席卷全球，大数据、云计算、物联网、人工智能、区块链等新技术不断涌现，数字经济正深刻地改变着人类的生产和生活方式，作为经济增长新动能的作用日益凸显。贵州省主动顺应这一发展趋势，大胆探索，先行先试，取得了积极成效。中国政府高度重视数字经济的发展，坚持深入推进创新驱动发展战略，依靠简政放权、放管结合、优化服务等改革，着力激发社会创造力和市场活力，将大众创业、万众创新同网络强国战略、国家大数据战略、“互联网＋”行动计划、《中国制造2025》等相结合，加快新旧动能的接续转换，促进经济结构的转型升级和社会不断进步。中国愿同世界各国一道，聚焦前沿，聚焦共赢，推动数字经济创新合作，共享发展机遇，开创人类社会更加智慧美好的未来。

预祝数博会取得圆满成功！

中华人民共和国国务院总理　李克强

2017年5月26日

开幕式及高峰对话

—深化大数据创新应用，加快制造业转型升级

—大力发展数字经济，加快建设数据强省

—主动适应大数据时代的深刻变革

—我们正在进入一个被重新定义的世界

2017年5月26日，2017中国国际大数据产业博览会开幕式在贵阳国际生态会议中心举办，吸引全球关注。

出席2017中国国际大数据产业博览会开幕式的领导和嘉宾。

2017年5月28日，2017数博会“数字经济”高峰对话现场。

2017年5月26日，2017数博会“区块链”高峰对话现场。

数字经济引领新增长

大数据战略重点实验室

世界潮流，浩浩荡荡，顺之者昌，逆之者亡。

“世界经济加速向以网络信息技术产业为重要内容的经济活动转变。我们要把握这一历史契机，以信息化培育新动能，用新动能推动新发展。”在中共中央政治局第三十六次集体学习时，习近平总书记强调要做大做强数字经济，为互联网和实体经济深度融合、拓展经济发展新空间指明了方向。

以大数据为引领的新一代信息技术产业是数字经济的重要内容。近年来，作为国家大数据综合试验区、核心区，贵州坚定实施“大数据”战略，培育发展大数据核心业态、关联业态、衍生业态，着力推动大数据应用，全面创新大数据制度。在大数据的有力驱动下，贵州经济社会发展格局正在发生深刻的变化，人们的思维方式、生产方式、生活方式和学习方式正在产生深刻的变革。

2017年5月26日至29日，2017中国国际大数据产业博览会在贵阳生态会议中心举办。在5月26日上午举行的开幕式上，中共中央政治局常委、国务院总理李克强发来贺信，中共中央政治局委员、国务院副总理马凯出席并发表重要讲话，工业和信息化部部长苗圩宣读贺信，中共贵州省委书记、省人大常委会主任陈敏尔致辞，中国科学院院长白春礼作主题演讲，来自中央及地方的多位领导亲临开幕式现场表达对数博会的重视与关怀。

此外，2017数博会同样吸引了全球IT巨头的关注与参与。在数博会期间举行的五场高峰对话——“机器智能”高峰对话、“人工智能”高峰对话、“工业大数据与智能制造”高峰对话、“区块链”高峰对话、“数字经济”高峰对话中，阿里巴巴集团董事局主席马云，腾讯公司董事会主席兼首席执行官马化腾，百度在线网络技术（北京）有限公司董事长兼首席执行官李彦宏，鸿海集团董事长郭台铭，美国高通公司全球总裁德里克·阿博利等业界精英分别就围绕数字经济相关的新技术与新趋势，进行主题演讲和对话交流。

一、数字经济浪潮席卷全球

数字经济是指以使用数字化的知识和信息作为关键生产要素、以现代信息网络作为重要载体、以信息通信技术的有效使用作为效率提升和经济结构优化的重要推动力的一系列经济活动。2016年，中国作为二十国集团（G20）主席国，首次将“数字经济”列为G20创新增长蓝图中的一项重要议题，并在G20杭州峰会上通过全球首个由多国领导人共同签署的数字经济政策文件——《二十国集团数字经济发展与合作倡议》。这标志着数字经济已然成为与会各国创新增长方式、注入经济新动力的共识。

2017年，中国《政府工作报告》首次写入“数字经济”，提出推动“互联网＋”深入发展、促进数字经济加快增长，让企业广泛受益、群众普遍受惠。2017年，贵州省出台《贵州省数字经济发展规划（2017—2020年）》。作为国内首个省级层面的数字经济发展专项规划，该规划指出，到2020年，数字经济增加值占贵州地区生产总值的比重将达到30%以上。

面对起伏不定的世界经济形势，数字经济再一次提供了发展的风口。正如国务院总理李克强在贺信中指出，当前，新一轮科技革命和产业变革席卷全球，大数据、云计算、物联网、人工智能、区块链等新技术不断涌现，数字经济正深刻地改变着人类的生产和生活方式，作为经济增长新动能的作用日益凸显。中国愿同世界各国一道，聚焦前沿，聚焦共赢，推动数字经济创新合作，共享发展机遇，开创人类社会更加智慧美好的未来。

国务院副总理马凯强调，人类社会正在被网络化连接、数据化描绘、融合化发展，在这一进程中，数据成为重要的基础性战略资源。大数据的充分挖掘和利用，极大促进了全社会要素资源的网络化共享、集约化整合、协作化开发、高效化利用，对经济发展、社会生活和国家治理产生着越来越重要的作用，推动了诸多领域发生重大而深刻的变革，一个全新的大数据时代正在向我们大踏步走来。

中国科学院院长白春礼提出，大数据正呈现出加速发展的趋势，全方位进入我们的经济社会和生活：一是大数据在引领经济社会发展中新引擎作用更加凸显。二是大数据成为全球科技和产业竞争的重要制高点。三是科技创新突破将为大数据发展打开新的空间；四是大数据深刻改变科技创新研究范式。五是大数据安全问题引起越来越多关注。

中共贵州省委书记、省人大常委会主任陈敏尔认为，发展大数据是贵州坚守发展和生态两条底线，推动贵州实现后发赶超的战略选择。发展数字经济是深化供给侧结构性改革的重要内容，是实施创新驱动发展战略的重要途径，是实现可持续发展的重大机遇。贵州将按照党中央、国务院的部署，贯彻落实新发展理念，抓实推进大数据战略行动，大力发展数字经济，加快建设数据强省。

腾讯公司董事会主席兼首席执行官马化腾总结了数字经济的三大特点。一是“实”，就是实体经济的实。实体经济正在全面数字化，未来数字中心将会进入实体经济的各行各业和各个角落。二是“新”，就是创新。数字经济时代，有大量的创新机会，每一个垂直领域都蕴含着创新。未来，人们会看到工业领域都会互联网化、信息化。三是“通”，也就是联通。数字经济时代，越来越多的中国经济走出去，可以叫“数字经济丝绸之路”。中国应该抓住大好机遇，积极走出去，和更多更好的国外企业合作，到全球布局数字文化产业。

二、数字经济重塑发展动能

《二十国集团数字经济发展与合作倡议》指出，互联网、云计算、大数据、物联网、金融科技与其他新的数字技术应用于信息的采集、存储、分析和共享过程中，改变了社会互动方式。数字化、网络化、智能化的信息通信技术使现代经济活动更加灵活、敏捷、智慧。数字经济正在经历高速增长、快速创新，并广泛应用到其他经济领域中。数字经济是全球经济增长日益重要的驱动力，在加速经济发展、提高现有产业劳动生产率、培育新市场和产业新增长点、实现包容性增长和可持续增长中正发挥着重要作用。

数字经济正在重塑发展动能，转变经济发展方式，这对于已经进入新常态的中国经济来说，无疑是一大发展利器。

国务院总理李克强指出，中国政府高度重视数字经济的发展，坚持深入推进创新驱动发展战略，依靠简政放权、放管结合、优化服务等改革，着力激发社会创造力和市场活力，将大众创业、万众创新同网络强国战略、国家大数据战略、“互联网 +”行动计划、《中国制造2025》等相结合，加快新旧动能的接续转换，促进经济结构的转型升级和社会不断进步。

国务院副总理马凯重点强调应从四个方面深化大数据创新应用，加快制造业转型升级，加速中国制造向中高端迈进，努力实现由制造大国向制造强国的历史性转变。一是充分利用大数据等信息技术加快制造业技术创新。二是充分利用大数据等信息技术加快发展智能制造。三是充分利用大数据等信息技术加快建设工业互联网平台。四是充分利用大数据等信息技术加快培育新模式、新业态。

中国科学院院长白春礼认为，一方面，大数据作为新兴产业，已经成为信息产业中最具活力、潜力巨大的细分市场。另一方面，大数据与现有产业深度融合，在人工智能、自动驾驶、金融商业服务、医疗健康管理、科学研究等领域展现出广阔的前景，在社会运行、城市管理等方面发挥越来越重要的作用，使得生产更加绿色智能、生活更加便捷高效。大数据重塑了传统产业的结构和形态，催生了众多的新产业、新业态、新模式，推动了共享经济的蓬勃发展，也给衣食住行带来根本改变。

中共贵州省委书记、省人大常委会主任陈敏尔结合贵州的数字经济发展实践指出，过去五年，贵州经济增速连续排名全国第三位，年均增长11.6%，以互联网、大数据、云计算为代表的科技创新正在成为贵州弯道取直、后发赶超的新动能，生态优先、绿色发展正在成为多彩贵州的主旋律。未来，贵州将深入践行创新发展理念，把大数据作为产业创新的主攻方向，实施数字经济倍增计划，谋划推进大数据引领性、应用性、支撑性的项目，促进大数据与三次产业的深度融合，推动“贵州制造”向“贵州智造”转变，让实体经济保持强劲的发展动力。

三、智能技术加速数字经济发展

如果说2016年3月，李世石和 AlphaGo 在对决的时候大家还在争论鹿死谁手，2017年柯洁与 AlphaGo 的对决已经缺少了悬念。业界不少人将2017年称为“人工智能的应用元年”。

2017年，中国《政府工作报告》中首次提到，要加快人工智能等技术的研发和转化。人工智能首入政府报告也意味着其已经上升至国家战略高度。自2010年以来国内人工智能逐渐进入爆发期，人工智能企业大量增长，一系列人工智能领域的创业公司和投融资机构进入大众视野。截止到2016年年底，人工智能产业市场规模已经增长至95.6亿元，年均复合增长率高达40.25%。而随着后期细化政策的不断落地，将进一步推动产业高速增长。

全球知名专业服务公司埃森哲在夏季达沃斯论坛上发布的最新研究报告《人工智能：助力中国经济增长》显示，通过转变工作方式以及开拓新的价值和增长源，人工智能到2035年有望拉动中国经济年增长率从6.3% 提速至7.9%，并推动中国劳动生产率提高27%。该报告发现，人工智能可以通过三种方式激发经济增长：第一，人工智能创造了一种新的虚拟劳动力，能够解决需要适应性和敏捷性的复杂任务；第二，人工智能是对现有劳动力和实物资产的有力补充，能够提升员工能力，提高资本效率；第三，人工智能的普及将推动多行业的相关创新，提高全要素生产率，开辟崭新的经济增长空间。

作为全新的生产要素，人工智能无疑将为中国数字经济的发展提供强大的增长动力。

除了人工智能，机器智能的概念也成为热门。《2017德勤技术趋势》报告全面分析了未来八年会影响全球商业领域的核心技术，其中特别提出“机器智能”的概念，而且将其作为新增技术之首。在德勤这份报告当中还特别说到人工智能是“机器智能”的一部分，机器智能是更广泛而且更重要的领域。

对于智能技术的发展，BAT 三个巨头各有其独特的思考。

阿里巴巴集团董事局主席马云认为，从机器诞生的第一天起，人类就应该服输。石油诞生之后，人类一定跑不过火车、飞机。第一次发明计算机之后，人类在传统计算、储存、理性、持久度上一定搞不过机器。所以人类要去思考，不是让机器去学习人类，而是让机器必须要有机器的方式方法，机器独特的思考，能够整合人类，能够整合动物，甚至整合各种各样的东西；人类不应该害怕机器，而是应该由机器来解决人类的问题，让机器去做那些我们人类做不到的事情。

对于人工智能的担心和恐惧，百度在线网络技术（北京）有限公司董事长兼首席执行官李彦宏认为没有必要，人们对人工智能的恐惧往往来源于不了解，要达到强人工智能需要很长时间，也许永远达不到。人工智能带来的影响主要是正面的，负面的影响也完全可控。而李彦宏更关注的是人工智能背后数据与技术创新的关系。在他看来，工业时代最宝贵的东西不是煤，是蒸汽机这样的技术革新。人工智能时代最宝贵的也不是数据，而是数据带来的技术创新。技术的快速进步依赖于过去迅速积累的大量有价值的数据，未来的创新来源于数据、场景。李彦宏认为，对贵州、贵阳来说，需要认真思考的一个问题正是如何更好地把数据组织起来，把真正的数据资源变成创新能力。

相比数据、技术创新，腾讯公司董事会主席兼首席执行官马化腾则认为，未来在互联网、人工智能的发展中，更重要的要素是“场景”，或者叫“应用场景”“主战场”。有了市场，有了场景，数据自然会产生，也会驱动技术发展，人才也会跟着来。从不可复制性来说，计算能力、大数据都是可以复制的，但是市场和人才是不可复制的。

四、区块链打造数字经济信任时代

根据2016年工信部发布的《中国区块链技术和应用发展白皮书》，狭义来说，区块链是将数据区块以时间顺序相连的方式组合成的一种链式数据结构，并以密码学方式保证的不可篡改和不可伪造的分布式账本。广义来说，区块链技术是构建在点对点网络上，利用链式数据结构来验证与存储数据，利用分布式节点共识算法来生成和更新数据，利用密码学的方式保证数据传输和访问的安全，利用由自动化脚本代码组成的智能合约来编程和操作数据的一种全新的分布式基础架构和计算范式。

区块链是数字货币的技术载体，是发展数字经济的重要形态。它不仅可能重塑货币市场、支付系统、金融服务及经济形态的方方面面，而且将会改变人们生活的多个领域。

当前，互联网发展从信息互联网迈入价值互联网阶段，人类社会发展进入数字经济时代。在此过程中，区块链作为数字货币和数字资产的战略性支撑技术，是价值互联网的基础协议。它将在互联网上建立一个“信任机器”，加速推动信息互联网向价值互联网转变，让价值在互联网上自由传递，推动建立可信安全的数字经济、开放共享的数字经济。

未来，随着区块链的技术广泛应用，区块链在不断完善和拓展自身应用领域的同时，也将逐渐建立起新的互联网社会生态和社会秩序，推动不同主权体和不同社会阶层构建基于规则共识、行为共治和价值共享的信息文明新秩序，进而形成在互联网社会共同遵循的行为准则和价值规范，建立人类社会“和而不同”的新型治理结构，构建“秩序互联网”。

时任贵州省委常委、贵阳市委书记陈刚认为，区块链是一种集成技术、一场数据革命、一场秩序重建，更是一个时代的拐点。而主权区块链是将主权国家的规制理念植入技术治理之中，从而把技术构架和制度运作有机结合起来。主权区块链将全面创新现代治理模式，将促成人、技术与社会的有机融合，将推进互联网从低级跃升为高级。数字文明必然强调“数权”，即数字的权利，主权区块链未来的任务就是全面构建“数权”法律。

北京航空航天大学教授蔡维德指出，区块链作为数字政府、数字社会以及数字法庭的基础平台，它的定义不只是一个机器，而是一个诚信网络，与互联网并行。区块链应用在一个领域，并且能带动其他相关领域，形成区块链互联网。区块链互联网将有自己的底层技术、协议、应用架构。其顶层是主权区块链、智能计算、应用，底层是一种新型网络协议。

针对区块链在金融服务领域的场景应用，中国工商银行执行董事、副行长王敬东提出，金融服务、科技创新与精准扶贫三者的有机结合，将会变革扶贫资金的管理模式。区块链作为金融科技的代表技术之一，正在支付清算、审计、风险控制等领域改变着传统业务处理模式。破解扶贫资金管理难题应广泛推广区块链技术。

对于推动区块链的发展，以太坊创始人 Vitalik Buterin 认为，越来越多的人意识到区块链不仅仅只是一种数字货币的应用，应该应用在不同的行业中。但目前区块链技术仍然是一个非常不成熟的技术，需要推动不同领域人才互相协作，促进区块链技术的发展。

作为国家大数据（贵州）综合试验区的核心区，贵阳市在探索创新数字经济业态、模式、路径中，在全力推进大数据商用、政用、民用创新中，在“块数据”理念的应用实践中，大胆探索区块链技术对政务、民生、商务的发展应用和支撑体系，率先发布发展区块链的地方宣言——《贵阳区块链发展和应用》白皮书。该书提出贵阳第一批区块链应用的三大领域12个应用场景：政用领域有政府数据共享开放、数据铁笼监管、互联网金融监管3个场景，民用领域有精准扶贫、个人数据服务中心、个人医疗健康数据、智慧出行4个场景，商用领域有票据、小微企业信用认证、数据交易与数据资产流通、供应链管理与供应链金融、货运物流5个场景。

未来，贵阳将推动区块链技术运用在经济社会发展的各个领域，以此助力大数据从风生水起到落地生根。

深化大数据创新应用，加快制造业转型升级

中共中央政治局委员、国务院副总理　马　凯

尊敬的各位嘉宾，女士们、先生们，朋友们：

大家上午好！

很高兴来到贵阳参加2017中国国际大数据产业博览会，这也是我第二次参加数博会了，记得两年前参加了首次博览会，刚才我和同事们一块儿简要地参观了博览会的一些展台，感触十分深。一个突出的感受是，时间不长，但是大数据产业从广度和深度都在发生着日新月异的变化，数博会也成为贵州省的一张亮丽名片，成为国际大数据产业交流合作的重要平台。首先，我代表中国政府对数博会的召开表示热烈的祝贺！向与会的嘉宾表示热烈的欢迎！

当今世界，以大数据、云计算、移动物联网等为代表的新一轮科技革命席卷全球，与信息技术、经济社会以前所未有的广度和深度交汇融合，人类

社会正在被网络化连接、数据化描绘、融合化发展，在这一进程中，数据成为重要的基础性战略资源。大数据的充分挖掘和利用，极大促进了全社会要素资源的网络化共享、集约化整合、协作化开发、高效化利用，对经济发展、社会生活和国家治理产生着越来越重要的作用，推动了诸多领域发生重大而深刻的变革，一个全新的大数据时代正在向我们大踏步地走来。

中国是人口大国和经济大国，也是数据资源大国和数据应用大国，中国网民数量超过7亿，移动电话用户突破13亿，均居全球第一。伴随着信息化深入发展和互联网经济日益繁荣，中国已成为世界上产生和积累数据体量最大、类型最丰富的国家之一。中国政府高度重视大数据产业发展，颁布实施了《促进大数据发展行动纲要》、《大数据产业发展规划》、“互联网 +”行动、《中国制造2025》、深化制造业与互联网融合发展等一系列重大政策。在各方面的努力下，中国大数据发展呈现良好势头，一些关键技术领域不断取得突破，一些重要行业领域应用不断深化，涌现出一大批大数据创新企业，形成了京津冀、长三角、中西部和东北等一批聚集发展区。大数据产业正在进入加速发展时期，为提升政府治理能力、优化民生公共服务、促进经济转型和创新发展作出了积极贡献。

大数据的应用领域十分广泛，下面我仅就“深化大数据创新应用，加快制造业转型升级”谈点认识，与大家共享。

大数据应用在国家治理、社会管理、便民服务、医疗卫生等许许多多方面，但是我为什么要选择大数据和制造业的融合发展呢？因为这件事对国家来说太重要了，制造业是兴国之器、强国之基，是实体经济的主体，是创新驱动的主战场，也是大数据的核心应用领域。近年来，大数据等信息技术与制造业深度融合，有力推动了制造业在更大范围、更深层次实现更有效率、更加精准的资源配置，加速驱动着制造业生产、管理、营销模式的全面变革，显著提升了制造业发展的质量和效益。当前和今后一个时期是中国制造业升级的关键时期，我们要抓住这个机遇，趁势而上，持续推进大数据等信息技术深化应用，加快制造业供给侧结构性改革，加速中国制造向中高端迈进，努力实现由制造大国向制造强国的历史性转变。

一要充分利用大数据等信息技术加快制造业技术创新。创新发展是中国制造转型升级的首要问题，大数据具有重要的创新驱动能力，要利用大数据等信息技术推动信息资源开放、共享，发展众包设计、用户参与设计、云设计等新兴研发模式，推动跨区域、跨领域协同创新和成果转移，鼓励大企业向中小微企业和创业团队开放平台入口、数据信息、计算能力等资源，提供研发资源，形成大中小企业融合创新的良好局面，在这方面海尔、航天科技等众多企业都发挥了重要作用。

二要充分利用大数据等信息技术加快发展智能制造。智能制造是《中国制造2025》的主攻方向，大数据是智能制造的重要基础，要利用大数据等信息技术大力发展智能装备，建设智能工厂，实现机器、设备、系统、车间、产品之间的互联互通，企业生产与市场之间的实时信息交互，原材料供应、零部件生产、产品集成组装的精准协同，大幅增加虚拟制造、精准制造、数字制造，努力提升制造全过程、产业全链条、产品全生命周期的网络化、数字化和智能化水平。

三要充分利用大数据等信息技术加快建设工业互联网平台。工业互联网是“工业4.0”时代的重要基础设施。大数据是工业互联网的命脉，要加快建设面向智能制造单元、智能工厂及物联网应用的低延时、高可靠、广覆盖的工业互联网，搭建工业互联网国家级平台，汇聚制造业大数据资源，支撑制造业大数据处理，承载制造业大数据应用，加强全社会多元化制造资源高效协同，鼓励社会资本投资建设行业和企业级平台，面向细分行业和中小企业提供云制造服务，促进创新资源、生产能力、市场需求的集聚与对接，推动全产业链要素整合优化。

四要充分利用大数据等信息技术加快培育新模式、新业态。大数据与制造业融合发展带来的不仅是制造环节的深刻变化，更是产业链、供应链、价值链的重塑，要推动供应链大数据集成创新，培育壮大以龙头企业为主体、中小微企业广泛参与的网络化协同制造新模式，支持企业利用大数据采集并对接用户个性化需求，开展个性化产品的研发、生产、服务和商业模式创新，促进供给与需求精准匹配。鼓励企业开展基于大数据的在线增值服务，拓展产品价值空间，实现从制造向“制造＋服务”的转型升级。

女士们、先生们，大数据促进大融合，大融合促进大发展，国际社会应当加强合作，深化结构性改革，加大创新力度，深度开发大数据，广泛利用大数据，加快推动世界制造变革和经济复苏繁荣。

中国愿与国际社会一起，共同推动大数据资源互联互通，打造成本低廉、便捷高效的大数据国际平台，降低交易成本，破除数据流动技术壁垒，让更多国家和人民共享大数据发展的成果。

中国愿与国际社会一起，共同推动大数据产业国际合作，充分发挥各国比较优势，发挥政府、国际组织、跨国企业、技术群体、民间机构等多种力量，深化科技研发和人才培养合作，促进大数据深化应用和产业加快发展。

中国愿与国际社会一起，共同加强大数据安全和规范利用，建设大数据产业国际标准，开展政策法规的沟通，有效保护知识产权，维护大数据安全，推进大数据健康发展。

最后，祝大会圆满成功。

谢谢大家！

大力发展数字经济，加快建设数据强省

贵州省委书记、省人大常委会主任　陈敏尔

尊敬的马凯副总理，各位来宾，女士们、先生们：

大家上午好！

在草木葱茏的初夏时节，我们相聚在爽爽贵阳，喜迎2017中国国际大数据产业博览会。李克强总理发来贺信，马凯副总理亲会指导，充分体现了党中央、国务院对大数据发展的高度重视和对贵州的亲切关怀。在此，我谨代表贵州省委省政府向各位领导、各界嘉宾表示热烈欢迎，向国家发改委、工信部、国家网信办、商务部等部门的大力支持表示衷心感谢。

近年来，我们深入贯彻习近平总书记系列重要讲话精神和治国理政新理念、新思想、新战略，牢牢守住发展和生态两条底线，大力实施大扶贫、大数据、大生态三大战略行动，决胜脱贫攻坚，同步全面小康，奋力开创百姓富、生态美的多彩贵州新未来。过去五年，贵州经济增速连续排名全国第三位，年均增长11.6%。与此同时，以互联网、大数据、云计算为代表的科技创新正在成为贵州弯道取直、后发赶超的新动能，生态优先、绿色发展正在成为多彩贵州的主旋律。

大数据是一种资源、一种技术、一种产业，更是一个时代。发展大数据是贵州坚守两条底线、推动后发赶超的战略选择。三年多来，我们围绕建设国家大数据综合试验区，深入挖掘大数据商用政用民用价值，以大数据引领经济转型升级，提高政府治理能力，服务民生社会事业，取得了丰硕成果。我们大力发展大数据产业，培育大数据核心业态、关联业态、延伸业态，推动数据处理加工交易、智能终端产品制造、电子商务等产业的蓬勃发展，引进了一大批大数据领军企业落户贵州，支持一批创新型企业快速成长。着力推动大数据应用，坚持以应用为中心，在政府治理、司法改革、民生事业等领域涌现出数据铁笼、智慧法院、社会和云、云上贵州 APP 等一批大数据的应用模式。全面创新大数据制度，在全国率先设立省大数据发展管理局，颁布实施全国首个省级大数据法规《贵州省大数据发展应用促进条例》，发布多项大数据地方标准，建立数据安全领导机制、防范机制和应急处置机制。在大数据的有力驱动下，贵州经济社会发展格局正在发生深刻的变化，人们的思维方式、生产方式、生活方式和学习方式正在产生深刻的变革，从政府到企业、从专家到百姓，学大数据、用大数据、抓大数据的氛围、意识和能力得到前所未有的增强。

发展数字经济是深化供给侧结构性改革的重要内容，是实施创新驱动发展战略的重要途径，是实现可持续发展的重大机遇，习近平总书记在去年 G20杭州峰会和今年“一带一路”国际合作高峰论坛期间多次强调发展数字经济。李克强总理在本次大会的贺信中指出，推动数字经济创新合作、开创人类社会更加智慧美好的未来。我们将按照党中央、国务院的部署，贯彻落实新发展理念，抓实推进大数据战略行动，大力发展数字经济，加快建设数据强省。

我们将深入践行创新发展理念，把大数据作为产业创新的主攻方向，实施数字经济倍增计划，谋划推进大数据引领性、应用性、支撑性的项目，促进大数据与三次产业的深度融合，推动“贵州制造”向“贵州智造”转变，让实体经济保持强劲的发展动力。

我们将深入践行协调发展理念，加快完善城乡信息基础设施网络，铺就更多信息高速路，不断缩小城乡之间的数字鸿沟，着力建设数字城市、美丽乡村，实现城市让生活更美好、乡村让人们更向往。

我们将深入践行绿色发展理念，推动大数据与大生态融合发展，在提高数字经济发展水平、创造更多绿色GDP的同时，构建以大数据技术为支撑的生态监管体系，实现百姓富、生态美的有机统一。

我们将深入践行开放发展理念，围绕数据的“聚、通、用”建好用好“云上贵州”平台，集聚更多资源要素，以数据引领技术流、物资流、人才流、资金流，加快打造内陆开放型经济试验区。

我们将深入践行共享发展理念，大力发展共享经济，搭建共享平台，提高社会信用，优化供需对接，创新运营模式。同时，积极推进智慧交通、智慧旅游、智慧教育、智慧医疗、智慧家居等公共服务，让人民共享大数据红利，拥有更多的获得感。

女士们、先生们，这次数博会以“数字经济引领新增长”为主题，符合时代潮流，顺应人民期待，我们衷心地希望与各国各界朋友携起手来，深化交流合作，培植“智慧树”，深挖“钻石矿”，用大数据创造智慧生活，开创美好未来。

祝本次大会取得圆满成功，祝各位来宾身体健康、工作顺利。

谢谢大家！

主动适应大数据时代的深刻变革

中国科学院院长　白春礼

尊敬的马凯副总理，各位领导，各位来宾，女士们、先生们：

大家上午好！

非常高兴参加本届中国国际大数据产业博览会，大数据这几年在中国飞速发展，贵州走在了前列，引起各方面高度关注，这次数博会让我们齐聚在贵阳，我相信，一定会取得丰硕的成果，并对大数据发展产生重要影响。下面我结合科技创新工作谈一点对大数据的认识和思考，与大家一起交流研讨。

2013年7月17日，习近平总书记视察中国科学院并发表重要讲话。他在讲话中指出，浩瀚的数据海洋就如同工业社会的石油资源，蕴含着巨大生产力和商机，谁掌握了大数据技术，谁就掌握了发展的资源和主动权。习近平总书记的重要讲话，深刻揭示了大数据对当今世界发展的重大战略作用，对我们加快发展大数据具有重大指导意义。近年来，大数据呈现出加速发展的趋势，全方位进入经济社会和我们的生活，可以说我们已经生活在一个无形的数据海洋之中。目前，全球数据总量每年都以倍增的速度增长，预计到2020年将达到44万亿 GB，中国数据量到2020年将占全球数据总量的近20%。这次数博会的各种活动我估计就会产生近万 GB 的数据。现在，越来越多的人认识到大数据可以反复使用、不断增值，蕴藏巨大价值和潜力，是与自然资源、人力资源一样重要的战略资源。

一是大数据在引领经济社会发展中新引擎作用更加凸显。据估计，2015年，全球大数据核心产业产值超过300亿美元，潜在规模超过8000亿美元。有预测认为，到2020年，大数据将带动全球 GDP 增长超过2%。一方面，大数据作为新兴产业，已经成为信息产业中最具活力、潜力巨大的细分市场。另一方面，大数据与现有产业深度融合，在人工智能、自动驾驶、金融商业服务、医疗健康管理、科学研究等领域展现出广阔的前景，在社会运行、城市管理等方面发挥越来越重要的作用，使得生产更加绿色智能、生活更加便捷高效。今天上午在开幕式之前，我陪同马凯副总理和其他领导到数博会展览馆看了看，里面就有很多企业展出了在大数据方面的应用，印象非常深刻。实际上我现在在讲话，下面的软件是实时根据我的语言转换成中文和英文的，这个软件用的是科大讯飞的软件，大数据也为科大讯飞的正确识别率提供了重要基础。大数据重塑了传统产业的结构和形态，催生了众多的新产业、新业态、新模式，推动了共享经济的蓬勃发展，也给我们的衣食住行带来了根本改变。从中国发展来看，大数据的潜力不断被挖掘、拓展、重构，带动全社会掀起新的创新创业热潮。现在对中国很多人来说，一部智能手机在手，通过支付宝、微信就能解决绝大部分生活需求，比如共享单车、滴滴打车成为很多人的出行选择，精准医疗、个性化医疗已经逐步走入我们的生活。

二是大数据成为全球科技和产业竞争的重要制高点。大数据是信息技术领域又一次技术变革，掌握了大数据核心技术，就掌握了信息的制权。美国2012年就制订了大数据研发计划，2014年发布了大数据白皮书，2016年又启动实施了联邦大数据研发战略计划，日本、德国、英国、法国等都制定了大数据发展国家战略。与此同时，一些信息技术领域领先企业也向大数据产业转型，并加大投入和布局。Google、IBM、Facebook 等在关键技术的开发应用方面整体上保持领先地位，百度、阿里巴巴、腾讯等中国公司在应用方面也走在世界前列，在大数据细分市场涌现出一批新兴龙头企业，比如世界首家大数据上市公司 Splunk，营业收入保持年增长近50%，市值近100亿美元。

三是科技创新突破将为大数据发展打开新的空间。信息技术、硬件软件发展速度和水平决定大数据的发展广度和深度。我们都知道摩尔定律，信息技术快速发展的半个世纪里都基本遵循了这一定律。随着纳米尺度的晶体管越来越小，物理极限挑战使得存储能力、计算能力难以无限地发展下去。围绕这些制约大数据发展的关键技术，科技界、产业界都在积极地寻找解决之道。在存储能力方面，科学家们一方面致力于现有存储介质、存储硬件、软件与系统的改进提升，另一方面也在积极探索新材料和新方法，比如科学家已经能够在石墨烯上实现高密度存储的理论上限，即每一个原子代表一个字节，石墨烯有望成为下一代高密度存储介质。最近，DNA 存储技术取得重要进展，这是利用 DNA 的密码方法解决高密度、大密度的数据存储问题，可以在一个 DNA 中存储上百 PB 的数据。无所不在的网络、无所不在的人类活动带来的将是数据的爆炸式增长，对现有计算能力提出了挑战，量子计算机成为未来解决海量数据计算的一条有效途径，而且展现出良好前景。量子计算机具有超快并行的计算能力，求解一个亿亿亿变量的方程组，亿亿次“天和二号”需要100年，万亿次量子计算机只需要0.01秒。最近中国科学院潘建伟院士研究团队利用高品质量子点单光子源，构建了世界首台超越早期经典计算机的单光子量子计算机，实现了10个超导量子比特的纠缠，打破了之前公开报道的9个超导量子比特，为量子计算迈出了实质性一步。

四是大数据深刻改变科技创新研究范式。大数据极大拓展了科技创新的研究深度和广度，推动了科技创新加快向高效协同的组织模式发展。比如中科院的空间天文高能物理、深海探测等研究，每天都会产生海量的科学数据，大数据为我们及时深入分析这些数据，进而发现新的科学规律、新的科学现象提供了强有力的技术方法和手段。这里我讲一讲 FAST，FAST 中文全称是500米口径球面射电望远镜，就建在离贵阳150公里的平塘县，敏尔书记的报告中也展示了这个图片。FAST 球形反射面的面积相当于30个足球场大小，是目前世界上最大的单口径射电望远镜，被誉为中国的“天眼”。2016年9月25日，FAST 落成启用，习近平总书记专门致信祝贺。FAST 正式运行后，原始数据流量将达到每秒3.8GB，未来十年数据存储需求将接近1亿 GB。通过对这些海量科学数据的处理分析，将可能搜寻到更多的奇异天体，探测到更多脉冲星，甚至可以搜索到星际信号，为宇宙起源提供更加准确的依据。希望各位代表有机会去 FAST 参观考察，希望相关企业为 FAST 更好应用大数据技术提出宝贵的意见和建议，为后续运行提供相关技术支持。也希望国际科技界同行，利用 FAST 这一平台开展高水平的国际科技合作，在重大科学前沿取得新突破。

五是大数据安全问题引起越来越多的关注。我们享受大数据带来便利的同时，个人爱好、习惯、健康、财务等个人隐私数据也会被收集分析。

有研究指出，近50%的数据可能会面临被泄露的问题，如何防止这些数据被过度或非法利用，将给政府治理、社会管理、技术手段带来新的课题。从技术层面来说，量子通信技术对解决数据安全问题具有重要意义，中科院在这方面开展了一系列有重要影响的研究工作，比如我们将防黑客安全传输距离已扩展到200公里，目前已经建成京沪干线量子安全线。

中国大数据起步较早，并逐步上升为国家战略，得到前所未有的重视和发展。2013年，习近平总书记视察中科院时就强调要发展大数据。2014年，政府工作报告对大数据进行了部署。2015年，国务院印发了《促进大数据发展行动纲要》。2016年，国家大数据“十三五”规划出台。这一系列举措标志着大数据正式上升为中国的国家战略。

在国家战略全面推动下，中国大数据已经具备了加速发展的良好基础和独特优势。中国拥有全球规模最大的互联网用户数，网民超过7亿人，已成为全球最重要的大数据市场之一。在中国，围绕大数据进行创新创业的热情持续高涨，展现出前所未有的活力，为大数据发展提供了强劲动力，也将在全球大数据发展中发挥重要作用。目前，中国已经先后建立8个大数据综合试验区，贵州在2015年就率先建设大数据产业发展试点示范区，2016年成为首个获批的国家级大数据综合试验区，并建立全国首个大数据工程实验室，取得了显著成效，起到了引领示范作用。目前，贵州大数据企业超过4000家，产业规模总量达1300亿元，集聚了一批世界500强企业和国内领军企业。贵州成功举办三次数博会，引起了全球关注，大数据成为贵州又一张亮丽的名片。

大数据既是需求和技术驱动下的必然结果，也是解决未来发展诸多问题的有效选择。大数据涉及科技、社会、伦理等诸多方面，需要我们以更加开放的心态，以进步发展的理念，积极主动适应大数据时代所带来的深刻变革。当前，科技界和产业界要通力合作，重点做好四件事。

第一，深化产学研合作和国际合作，加强开放创新。大数据涉及众多学科领域和产业行业门类，也涉及国家、社会、个人等诸多问题，技术需求和应用对象都非常复杂，国际科技界、产业界应加强合作，成立国际大数据创新组织，联合研究制定标准规范，开展关键技术研发，促进新技术推广应用，全面推动大数据与移动互联网、云计算、物联网的深度融合。

第二，加强开放共享，消除数字鸿沟。激励推动政府建立完善开放共享的大数据平台，加强科研机构、企业间的技术交流和合作，推动大数据资源高效利用，打破数据壁垒，向落后地区扩展普惠数据服务，缩小数据鸿沟。

第三，加强大数据人才培养。最近，中国很多大学开始设立大数据相关专业，要以大数据发展的需求为导向，推动大学与科研机构、企业联合合作，重点培养面向大数据研发应用的高端技术人才、专业管理与政策人才。

第四，加强政府治理，保障大数据安全。开展大数据相关的法律、制度、社会、伦理等深层次问题研究，优化完善政府治理，健全完善相关法律法规，进一步明确规范和约束企业、个人的数据使用权益，促进大数据持续健康发展。

最后，借此机会用几句话介绍一下科学院的有关工作。科学院是国家最高科技机构，设有104个研究所、3所大学，在大数据方面，有近十个核心研究机构、2000多人的骨干队伍进行研发和应用，拥有大数据分析系统、计算与分析等国家工程实验室，承担了科学大数据公共服务平台与创新应用国家大数据工程，以卫星网络、天文望远镜、科学考察团等重大设施为基础，形成空天地海一体化数据获取能力，目前已存储科学大数据规模达到数百个PB。“十三五”期间，我们将重点加强超级传感器、神经网络芯片、新存储介质、量子计算机、基础算法、网络信息安全等大数据前沿领域的科研布局，在北京、上海、合肥、贵州等地通过产学研合作等方式建设一批大数据研究单元和团队，充分发挥中科院科教资源优势，加强大数据专业人才培养，进一步开放科技设施和数据资源，为产业界和社会提供技术支撑和服务。目前，我们已经启动了地球大数据科学工程，努力建设国际领先的数字地球科学平台。我们希望进一步加强与科技界、产业界、大学开展全方位的战略合作，也希望国际科技界、产业界积极参与地球大数据工程，共同为大数据发展作出更大贡献。

最后，祝本届数博会取得圆满成功。

谢谢大家！

我们正在进入一个被重新定义的世界

阿里巴巴集团董事局主席　马　云

刚才的对话很不错，因为我觉得这样的讨论应该是在硅谷，现在跑到贵州来讨论，这本身就是一个巨大的变化。可能四五年以前，大家在贵州讨论最多的还是我们该怎么样抓住机会，怎么样挖更多的煤、开更多的工厂。但是短短四年还不到的时间，我们看到今天贵州大数据产业迅猛发展，这确实让人震撼。

刚才我自己坐在下面想，其实我们以前对贵州了解最多的就是茅台酒。我对茅台酒很热爱，也很关心。一直在想凭什么茅台酒那么好，很多人跟我讲了很多道理，其中最神秘、最不靠谱的一种说法就是空中有一种神秘的菌在飞来飞去，我是不太相信的。我的调查发现，其实茅台酒就是偏远山区产了很多粮食，由于粮食运不出去，当地农民找到一种很好的酿酒方法，时间放得越长这个酒越好而已。但是在这样的地方，这么偏远的农村，能够谈论大数据，能够创造大数据，能够对未来进行思考，我觉得这是一种换道超车的战略思考。大家知道，贵州这个地方先天不足。交通不行，基础设施也不行。说到人才，这个地方我听说只要有点才华的人都跑出去了。但是现在不一样了，全世界的顶尖IT人才、DT时代最优秀的人才都跑到这里来，把先天不足变成了先天优势，其对未来整个数据时代的把握让人觉得非常振奋。

2016年，贵州电商网购的增速全国第一，网上销售增速全国第二；2016年，贵州上云的中小企业增长达到55%，增速也是全国第二。一个非常落后贫困的地区能够把握住新的机会冲起来，我相信，十年以前你跟任何人讲贵州有可能发展大数据，谁都不相信。但是今天，这里正在发生这样的奇迹。我在想，如果贵州可以，你为什么不可以？如果贵州这样的人才资源情况都可以，你还有什么不可以？

今天我主要讲一个观点，人类在重新定义很多事情。贵州现在做的事情，我觉得每个城市都可以做；贵州人现在在做的事情，每个人都有机会去做。大数据时代，人人有机会。但是我们对做的事情要进行重新定义。什么是重新定义？我觉得，我们绝大部分的人是生活在昨天，以昨天的思考来判断明天或者至少在解决今天的问题。重新定义是很少一部分人生活在明天或者后天，而且绝大部分生活在明天和后天的人是空想主义者。如何能够把生活在昨天和后天的人结合在一起，我们对很多问题将会重新定义。

未来的三十年会把很多今天看来很可能的事情变成不可能，会把很多不可能的事情变成可能。我想先讲一些比较哲学的问题，也跟大家一同思考。2016年我提了一个观点，我说由于大数据时代的出现，我们对计划经济和市场经济将进行重新定义。在过去的五六十年，大家认为市场经济要比计划经济好很多。但我个人觉得，未来三十年，市场经济和计划经济将会被重新定义。我这个观点在国内受到了很多经济学家的一致批判，大家觉得我是胡说八道。这里我先告诉大家，我指的计划经济不是苏联那时候的计划经济，也不是中国刚开始的计划经济。计划经济和市场经济最大的差异是，市场经济有一只无形的手。我想问大家，如果这只无形的手你能够摸到，你愿意做计划吗？在大数据时代，特别是万物互联的时代，人类获得数据的能力远远超过大家的想象，人类对数据进行重新处理以及处理速度的能力也远远超过大家的想象。不管是 AI 也好、MI 也好，我们对世界的认识将会提升到一个新的高度。所以，我想说明的一个问题，由于大数据，让市场变得更加聪明；由于大数据，让计划和预判成了可能。

两个简单的例子。第一个，以前的渔民下海捞鱼，由于对气象把握不了，只能靠老船长的经验来做，有没有暴风雨纯粹凭经验，所以经验主义成了第一步。但是气象台出现后，气象就是数据。我们能够准确地预判下午2点45分有暴风雨，这使得捕鱼有了计划性。当然，向气象台反馈信息的第一波人就是那些老船长。第二个，以前没有 X 光、没有 CT 的时候，我们只能号脉，但是有 X 光、CT 去照，我们就能知道是胃病还是肝病。其实 X 光、CT 都是数据。假如这个世界万物互联，所有数据都有的时候，我们对昨天很多困境的认识就要重新定义。

我2016年讲了一句话，未来三十年，新零售、新制造、新技术、新能源、新金融，这“五个新”将会深刻影响中国乃至世界的经济、社会、政治的方方面面。这“五个新”受到很多人批判，其实这“五个新”就是重新定义这五件事。

新零售就是必须重新定义零售。大家都知道，以前零售是当作销售的渠道，我把未来零售看成是一种服务；以前零售是卖货，未来零售是做服务，未来零售是计算要做的。所有物流也好、产品流也好、经营流也好、服务流也好，必须合在一起。20世纪如果是强调工业制造的能力，那么21世纪强调的是服务的能力。所以，我们必须对零售重新定义，原来卖货，未来卖服务。

新制造更是重新定义。我在很多地方讲了很多遍，十五年以前我说电子商务会冲击零售行业，大家并没有当回事。这两年大家都骂电子商务冲击了传统零售，其实我觉得不是电子商务冲击了传统零售，而是你保守，你的思想活在昨天，希望留住昨天的思想被今天的模式冲击了。下一波巨大的冲击在未来十年以内，制造业会遭遇前所未有的冲击。因为新制造将重新定义原来所谓的流水线、标准化、规模化、集装箱、低成本，这些将会被彻底改变，所以定制化将会越来越多。物联网、大数据对传统制造业的冲击远远超过电子商务对零售行业的冲击，请各制造业要高度重视。我说，前二十年我们把人变成了机器，未来二十年，我们会把机器变成人。机器会越来越聪明，机器越来越会自我学习，这对传统制造业的打击是非常大的。好消息是，还有十年时间；坏消息是，大家都一样。

新金融，不是钱等待钱。所有金融机构最担心的是钱不能到需要的人手上。过去的金融是“二八理论”，只要服务20%的大客户，就能够得到80%的利润；未来是“八二理论”，必须扶持80%的中小企业、年轻人和需要钱的人，才能获得20%的利润。金融机构的日子会越来越难过。其实，金融本身是个信用体系，在没有信用体系的情况下，中国很多金融机构在我看来，跟一两百年前的当铺是没有什么区别的。两百多年前是把东西当给当铺，拿一笔钱去经营。今天很多企业到银行去贷款是要把资产抵押，我觉得这跟两百年前的当铺没有什么区别，只是把名字改为银行或者规模做得大一点而已。但是未来新金融必须建立信用体系，必须建立各种各样以数据为基础的信用体系，这方面希望大家高度重视。

新技术。昨天我们认为是强大的技术，今天很有可能并不重要。在座的很多人觉得很郁闷，都还没有搞清楚 IT 是什么，就进入了 DT 时代。我也告诉大家，昨天 IT 越强的企业，今天越痛苦。你想一下，过去的所谓八大 IT 公司，今天哪一家不在折腾、不在痛苦之中？因为这是一个新的时代，我们必须去思考，不是弯道超车，而是换道超车，必须在另外一条道上竞争，弯道超车赢的概率很低。原来是以 PC 端为主，现在是以移动端为主。因为手机已经取代了人的很多功能，实际上手机是 AI、MI 最早的应用。手机通话的功能已经由原来的100% 变成了20%，还有80% 是跟通话没有关系的。试想，如果我们的汽车装上了操作系统，加上数据，世界会变成什么样？试想，电灯泡、电视机、电冰箱全部装上操作系统，全部进行数据集成后，世界会变成什么样？以前的电器是通电后就听你的话，未来的电器不仅要通电，更要通数据，机器会变得越来越聪明。按照昨天聪明的标准，机器一定会变聪明。所以我们对“聪明”二字也要重新进行定义。

新能源。第一次工业革命的能源是煤，诞生的商业模式是工厂；第二次工业革命的主要能源是石油，诞生的商业模式是公司。这一切皆是创新，数据将成为主要的能源，如果离开了数据，任何组织的创新都基本上是空壳。如果没有数据，如果不对未来进行准备，我觉得灾难会是非常之大的。一开始我在想，一个人要有理想，一个地区、一个城市、一个国家必须要有理想，有理想以后，坚持才有可能。对未来的把控，我觉得大家要去思考这些问题。

未来三十年是最佳的超车时代，是重新定义变革的时代。我觉得我们对未来三十年的看法中要避免几个误区。

首先，美国人这么干，所以我们也必须这么干。最早是苏联这么干，我们就这么干。后来是美国这么干我们就这么干。美国的杂志上有这样的资讯，所以我们必须要这样干。我们永远在重复着一种永远在追赶从未被超越的状态，我们不断地追赶，不断地模仿，不断地说必须。我们好不容易做了一件事情，填补了国内在这方面的空白，为什么不让别人填补我们的空白？所以，以前我们讲中国有市场，但中国没有技术、没有资金。今天中国有技术、有资金，也有市场，为什么我们不可以用自己的思考重新定义一下未来，超越任何一家公司、任何一个国家都没有多大意义，超越未来、追赶未来，为别人、为世界、为未来创造独特的价值才有真正的意义。所以今天很多中国企业讲，我要为国争光，去拿诺贝尔奖，把诺贝尔奖当成荣誉。诺贝尔奖是一种担当，是你对世界创造独特的价值。所以，我希望大家去思考，今天这个时代，人人有机会。假设贵州不是走自己大数据的路，把控未来，假设今天的贵州也跟在广州、浙江、上海后面，我难以想象贵州在五十年内能够赶得上广州、浙江、上海。我们必须要有自己独特的思考及对未来的把握，走自己的路，发挥自己的优势。

中国人常常讲我要争一口气，争气干吗？我们认为这样做不是要争口气，因为这样做是对的，这样做才有未来。我们永远希望超越对手，很多人超越对手之后又是一片迷茫，我们要超越的是有把握的未来，超越的是解决未来问题的能力，那你将永远会有机会赢。如果你超越对手，因为对手是超不尽的，今天超了，明天还是会来。所以关于 MI 和 AI，我觉得我们今天的讨论很有意思，我们的定义没有定义清楚很正常，定义清楚了才不正常。一百年以后我们一定会为今天的大胆、今天的幼稚、今天的天真而感到有意思。一百年前讨论电的时候，认为电就是电灯泡，不会想到有电冰箱、电视机、电饭煲，不会想到电会无处所在。

所以，我们今天不要把人类看得太大。尤其在前段时间，跟一些美国专家学习之后，我是大吃一惊，现在很多外科医生进入人脑，让机器刻意模仿人，我们人对自己大脑的了解还不到5%。我觉得机器必须要有自己独特的思考，机器必须要做人类做不到的事情。这两天比较热闹的柯洁下围棋，我觉得人类是最有意思的动物，好像 AlphaGo 和人类下围棋之前，绝大部分人认为机器肯定会被人搞死掉，输了之后，所有人又认为，机器一定会把人搞死掉。我并不以为然，尤其中国很多公司，别再去搞 AlphaGo 这样的东西了，没有多大意义，你们可以做的事情实在太多了。下围棋本来是很有乐趣的事情，下围棋本来就是在等对方下一步错棋我赢一把，结果机器从来不会下错棋，算得又理性又客观，算得比你快，你想三步，它三百步都想好了，它还会永远不下错棋，这有什么意思？把我们最快乐的东西剥夺掉，还侮辱我们一把。

我觉得，从机器诞生的第一天起，人就应该服输。石油诞生之后我们一定要搞清楚，我们一定跑不过火车、飞机。从人类第一次发明计算机之后，我们应该有预感，原来定义的这些东西将会重新定义。我们一定搞不过机器，在传统计算、储存、理性、持久度上胜过它。所以我想，这就是人类一定要去思考，不要让机器去学习人类。机器必须要有机器的方式方法，机器独特的思考，能够整合人类，能够整合动物，甚至整合各种各样的东西，让机器去弥补和做人类做不到的事情。汽车如果完全按照人类的方式去走，一定是两条腿走路。两条腿永远跑不快，只有通过轮子它才会跑得更快。所以，人类要承认自己的局限，承认局限也是一种智慧。所以，我觉得没有必要去跟机器再叫板谁更聪明，我们一直希望人类是最聪明的。未来的机器人一定不是像今天一样的机器人，就像外星人长得跟我们不同一样。外星人是外星生物，或者是外星 XYZ，不是人。如果把自己锁定在这儿，那麻烦会越来越多。

在人类知识急剧爆炸的情况下，过去两千年来，我们的知识发生了翻天覆地的变化。我们的眼睛看到了月亮，人争取走到火星上去，但是人类对于智慧，我认为两千年来几乎没有进步过。无论孔子、孟子，儒家、道家这些思想，今天看来还是比我们聪明。知识是可以学来的，但是智慧是一种体验。所以，人类和机器竞争是智慧的竞争、体验的竞争，这对我们今天最大的挑战是教育体制的改革。如果我们继续以前的教学方法，让我们的孩子进行记、背、算这些东西，不让孩子去体验，不让他们尝试琴棋书画，我可以保证三十年后孩子们找不到工作。因为他没有办法竞争过机器时代。过去一百年是知识的时代、科技的时代，未来一百年是智慧的时代、体验的时代、服务的时代，机器将会取代过去两百年来很多的技术和科技。所以这迫切要求各国、各地区、各个家庭高度关注未来孩子的教育。机器一定会有自己的思考、自己的方法。希望大家记住，人类不应该害怕机器，但是应该由机器来解决人类的问题，让机器去做那些人类做不到的事情。

另外，人类历史上的变化永远超过我们的想象。我是二十二年前做互联网的，1994年年底我从美国西雅图看到互联网后，觉得这玩意儿不错，将来可能会搞大，但没想到会搞得那么大，这超越了我们的想象。就像阿里巴巴，1999年做阿里巴巴的时候，我们永远没有想过阿里巴巴今天会变成这样。所以我想，今天我们对未来的畅想应该更加开放、更加务实地去思考。当发明电的时候，唯一的就是电灯泡，今天电已经变成了这个样子。所以我想，如果把下围棋当作是未来的机器智能，我觉得真是错了，下围棋可能远远不如当时的电灯泡，当时电灯泡的影响力比今天围棋的影响力不知道要大多少。我觉得，人类任何一次技术革命都是五十年，前二十年是技术革命，后三十年是技术的应用。过去的二十年我们称之为互联网技术的二十年，未来的三十年称之为互联网时代的三十年。任何一次技术的应用，都会带来巨大的社会进步，同时也会带来社会巨大的冲击。所以，未来的商人全部是在互联网上，80% 的企业都会在互联网上运营，80% 的产品都在网上卖。未来三十年既是一个好时代，也是一个坏时代。好时代是，我们人类永远总希望生活在一个平稳的时代；但另一方面，我们希望有一个变革的时代。今天人类在进入一个变革的时代，不是危言耸听。

技术革命给人类带来的好处大家都已经享受很多了，但是技术革命对人类社会带来的冲击不知道在座的有多少人思考过。第一次技术革命带来的冲击是第一次世界大战，第二次技术革命带来的冲击是第二次世界大战。这是第三次技术革命，如果人类不能找到一个共同团结起来对付的对象，人类就会自己折腾自己。共同的对象包括贫困、就业、环境保护，这是人类要消灭的第三次世界大战。我觉得中国要实现全面脱贫、建成小康社会，就必须用大数据、互联网技术。这个世界是很难消灭穷人的，但我们可以消灭贫困。当然，未来的就业挑战也会超越大家的想象，每一次技术革命后技术应用的三十年都是社会动荡的三十年，如果把握不当，将会造成巨大的伤害。讲到就业，我个人这么觉得，大家都担心，机器智能对人类就业的冲击会非常之大，这是毫无疑问的。我告诉大家，就业在未来二十年到三十年的冲击之大超过大家的想象，昨天我们认为最好的白领工作将会没有，昨天我们机器设备投入的大量的流水线作业将会被个性化所取代，所以绝大部分的人会生活在对未来没有把握的恐慌之中。

但是要记住，每一次技术革命都创造了更多的就业机会，第一次工业革命蒸汽机发明的时候，所有农民最讨厌的就是蒸汽机，但是蒸汽机最后带来了巨大的就业岗位。第二次工业革命，火车、汽车出来之后，多少马车夫恨之入骨，结果带来了铁路工人的岗位。原来码头工人最讨厌的火车进来了，但是火车进来后在中国就创造了200万人的铁路就业。所以我觉得，越来越多的就业会诞生出来。但可怕的是，未来三十年失业的速度与新就业增长比较的话，失去的速度会更快，增加的速度要到三十年以后才会形成，而且三十年以后也必须对今天的教育体系、教育课程、教育设置进行重新定义和思考。所以，今天所谓的一技之长可能明天会变成无计可施，今天的数据分析师特别抢手，我告诉你，十年以后根本没有数据分析师这个职业，全是机器做，这一点希望大家要想清楚。大家说，这样下去我们的工作怎么办？二三十年内，你肯定能看到一天工作不会超过4个小时，一个礼拜最多工作3天到4天。大家说不可能，你爷爷的爷爷一天工作16小时，在地里面觉得很忙，你现在一天工作8小时，一个礼拜还有两天休息，你也觉得很忙。我告诉你，你一天工作4小时的时候，你会发现比8小时还要忙。

所以以后的世界是个移动的世界，一个很大的变化就是原来我们这些人一辈子最多只能去30个地方，但是未来十年，一辈子可能会去300个地方，你可能就在汽车上、火车上、飞机上，那时候的汽车、火车和飞机就像今天的手机，是重新定义了。今天的移动电话根本不是电话，未来的汽车不是汽车，未来的火车也不是火车，因为这些机器全部离不开数据，有了数据之后，人类社会就真的发生了巨大变化。所以，我希望大家记住，在展望未来好时代的时候，要做好不好的准备，并且谁能够解决这些不好的问题，谁就能够成为巨大成功的企业或者个人。

什么是机会？第一种是看到别人没有看到的好机会；第二种是看到别人没有看到的灾难，并且你把灾难消灭掉，机会就来了。机会一定是在别人的抱怨与恐慌之中，关键是如何能把它解决掉。未来三十年，是一个好时代，是一个动荡的时代，但也是一个令人兴奋的时代。未来这个时代是每个人都可以像贵州一样可以跨越，正能量地说，是我想改变自己，却没能改变自己，但我改变了我的孩子。因为没有人可以阻碍大数据时代，没有人可以阻碍互联网，就像没有人在一百年前可以拔掉电源一样。

今天有人在讲要反全球化，没有人可以反全球化，年轻人就必须是全球化的，因为世界是移动的。当然，我们要坚决杜绝各种各样的我比较担心的所谓红旗法案。大家记住，在一八六几年的时候，英国最早发明了汽车，这个汽车出来的时候，首先上门砸汽车的人是马车夫。马车夫认为，汽车的出现消灭了我们的就业，我们一定要抗争到底，最后强迫政府出了机动车法令，后来称之为“红旗法案”。每一辆车里必须有三个人，有一两个人必须在前面五十米拿红旗招展，要求汽车永远不能超过马车，如果汽车的速度超过马车，汽车将吊销运营牌照，以此来限制汽车，保护整个非机动车也就是马车工人的利益。结果三十年以内德国超过了，法国超过了，美国掌握了这个技术，迅速把自己变成了一个车轮上的国家。由于汽车，又带动了石油能源的发展。今天想出“红旗法案”或者是不自觉地出“红旗法案”的人还是很多。所以，我们在出任何法案的时候要想明白，遏制人类本性中恶的东西，倡导开放，面对未来，这是我们今天这个社会巨大的机会。

在贵州我们看到了跨越，看到了换道超车的机会。在贵州这样一个我认为算不上是发达的省份，今天能够站在未来探讨问题，我想说，如果贵州可以，你为什么不可以？贵阳今天可以谈大数据，可以进行思考，这才是我们共同的未来。活在未来，没办法活在昨天，更没有办法把昨天留住，这是我想跟大家分享的一些观点和看法。

谢谢大家！

从制造大国到制造强国，迈向智能制造的大数据新时代

富士康科技集团创始人、总裁　郭台铭

尊敬的孙省长，尊敬的各位嘉宾，尊敬的各位先进同业，以及尊敬的各位制造领域的同行：

大家下午好！

昨天晚上改稿改到了将近两点钟，信心满满地说“工业大数据与智能制造”应该不是很难的，对我来说本身并不陌生。上午听完马凯副总理的政策报告和工程院马院长的说明，我才晓得，领导的报告和说明跟我的报告有非常多的相似以及雷同之处。所以我就有两个感想：

第一个感想就是，我们的领导对智能制造与互联网大数据的结合有了根本的了解，我在工业制造业待了四十三年，没想到我的演讲稿的百分之八九十都被讲完了。

第二个感想就是，我中午不能吃饭，我要回去重新修改，我应该更系统地诠释。政策的制定和基层的实务是贯穿的，没想到我们的领导对实务的了解跟理论的贯穿，让我们准备了43年的演讲稿没法用了。如果我的发言有雷同之处，请见谅。

我要强调一点，先进制造和智能制造在全世界蜂拥而起，我们的中国制造和先进制造其实是异曲同工。那么在此背景下，怎样落实推动，让制造跟数据、网络、云端结合。以下就是我根据个人经历所做的一个粗浅的、简短的报告。

记得两年前在贵阳，富士康要做一个“人流、物流、讯流”的演讲。要求演讲时间只有八分钟，我要求多几分钟，因为如果讲不清楚的话会感觉不实。经过我们这两年的努力以及过去四十年经验制造的积累，透过制造流程的积累、互联网的布置、智能设备的连接，再加上云端网络运算能力的串联，富士康的共赢互联网的生态体系初步成型。

到今天这一场高峰对话，我们看到整个产业走上起飞的道路。《中国制造2025》为产业带来更多创造附加值的机会。如同早上马凯副总理的讲话，他强调制造业是实体经济的主体，并为《中国制造2025》定下了重要的战略意义。

对于富士康在工业互联网生态体系的发展，第一，我们首要的工作就是全球三星产品最大的制造商往“供给贸”转型，成为工业互联网。第二，智能工厂的发展是富士康最重要的发展基本。第三，集合我们科技服务的平台、服务的定位，深耕智能服务的发展，我们要发展平台服务的解决方案，促使平台提供全方位一站式的工业互联网服务，为中小企业搭建一个智能制造与开放大数据的平台。第四，富士康是全球先行的工业互联网的制造者，我们拥有非常庞大且有战略价值的大数据。我们做的便是在高速运转的互联网环境下，运用大数据促成全产业链的升级、供应链的转变及价值链的创新。第五，面对整个工业互联网环境的发展，互联网的基础建设，5G 通信标准的制定、互通很关键，也是目前在全力投入公关的领域。

因此，利用创新的科技服务模式为消费者及重要企业供应链开放全产业链的智能制造大数据，是让重要企业创造更大的国家价值的前提，更是富士康未来发展的重要方向。在全产业链的升级下，富士康在各园区全面推动标准化、自动化、联网化及智能化，以提升工业互联网的功能，同时建立实有数据库到生产数据库的积累、归纳、分析和运用。在影响工业互联网的新世界，大家都面临一个挑战，就是来自所谓的大数据的问题，根据原有机构指出，全球数据量将由2013年的4.4ZB 快速增长到44ZB，更有研究指出可达到600ZB。这么多的资料量到底值多少钱，并不是每一个数据都代表高价值。在工业互联网时代，当设备连接上互联网之后，我们如何从消费者到制造过程中，让所有的大数据变成有用的小数据，这才是最有价值的事情。如何让消费者的需求变成精准制造，能透过数据进行无缝连接，进而推动智能制造。而在富士康工业智能大数据应用上，我们强调过联网、上线、云端、互通和反馈，通过形成有用的小数据，正向循环，进而带动工业互联网生态体系的建设。以智能数据的应用为例，光是我们的工厂每天生产超过10ZB 数据，我们通过数据的积累分析形成有用的小数据，这就变成富士康在供应互联网的体系中最有价值和战略意义的工业制造大数据。

富士康如何实现从实践中海量影像大数据到小数据的应用，在工业互联网的实践，主要由实体制造环境、工业物联网网路、制造管理、运营规划到预测分析所组成，智能工厂的展现不再是传统车间，我们导入非常多的智能感应装置、机器人、自动化等传输系统，建筑很多传感网路，连接到云端平台，提供给客户更多精确、及时的小数据，进而进行客制化的分析，帮助客户节省时间和金钱，实现工业产出和效率的最优化。

我们以无人化、信息化、影像全记录化贯彻整个智能化的运作，云、物、大、智、网，加信息化的建设。我们这几年在各地建立自主营运关灯作业工厂。我们有上千万套服务器的数据、加工设备的数据、制造流程数据，数万个机器人上岗。富士康在实体制造体系具备物体跟物体、机器跟机器、物体跟机器的联网界面，我们智能工厂达到运用数据处理就能进行搬运储存到工厂的物件制作单位。富士康有非常庞大的工业大数据来完成物件、计件以及工厂、人之间的沟通。我们正将富士康打造成《中国制造2025》先行示范企业。下一步我们也将与我们的上下游——中小企业的数据进行连接，将实现从定制生产到订单生产的新形态的转变，大幅度增加精准制造，努力提升制造全过程、产业全链条，向产品生命周期的网络化、数字化、自备化方向努力。

今天与各位分享富士康在过去一年内工业互联网的进展，包括工业大数据智能制造及超高技术行动网络应用的实力，我们先来看一段先进制造面板的工业大数据视频。

（视频展示）

刚刚所展示的是我们公司一个高阶手机用的 TPS 玻璃面板厂中，每一个单片玻璃的制造会启用多达一千台的机器设备。在生产中，我们做到及时掌握生产执行及机器的运作情况，并在任何地点指挥远端维修，确保智能展现随时进入状态。随着演算模型的精进，对误差值的修正，可以提前解决可能发生的问题，防患于未然，达成最佳的生产模式。

刚刚这个实例，我们导入了 ABC 的先进制造的管理网络系统，整个系统将参数做到完整的监控，并反馈制成参数，介于 ABC 系统导入。通过边缘预算进行控制，我们的产品从第一批到第一百万批，都能够精准确保玻璃所处的位置，且误差在 ±1毫米，我们现在准备将技术用在无人驾驶汽车的定位中。之前是关在厂房里，现在我们要把技术移到厂房之外。以1.5米到1.8米的玻璃片为例，透过云端数据的运算和比对，以及无人机台的监测，可以达到一致性、稳定性。过去玻璃动模要通过实际的量测，没有效率。现在通过演算法及模型的鉴定，透过虚拟量测模型，精简人力，提高了生产效率，方式更精准。在生产过程中我们设计了很多的环境参数，包括温度数、振动系数等等，透过公诉量测数据的比对，以最适当风速，达到有效的控制和最佳的环境，且通过及时动态摄影，达到环境影像全记录。这一块我们现在准备应用到将来的医疗手术过程中。在预测模型的应用上，玻璃在实际镀膜的表现和与理想镀膜的表现有差异。虚拟镀膜模型通过微调参数，从第一遍到第一百万遍都能做到数据相当地接近。我们通过影像辨识技术与显微镜修补技术的结合进行自动修复。

现在看第二个关于智能制造的视频。

(视频展示)

我们现在有五座关灯工厂，排碳量是零。今天在发演讲稿的时候，贵州省的省长打电话给我的同事，问为什么我们在贵州没有实现第四代新型制造产业园，为什么没有用关灯生产？省长特别告诉其要听我今天的演讲，今天我要给省长汇报，给我们几个月的时间，在今年年底，将在我们的贵安新区增加我们的第六座关灯工厂，我也希望我们的大数据能够提供给所有的上下游、同业态分享，今天给孙省长作一个汇报，今年就要实行。

工业互联网及关灯生产的布局，让我们得以在智能制造上建立产业标杆，引领产业发展，从三次元检测自动判别刀具寿命到刀具自动更换，主要仰赖产业智能异常监控和分析系统的运行。从生产车间现场即时监控、数据收集，严密分析平台，融合人力资料收集、智能数据的分析和决策服务系统，带动智能工厂的智能制造自动化、效率化。同时推动人力及技术的升级，进一步建立完整的工业互联网生态体系。智能化的无人作业工厂通过全方位自动检测和远端监控系统将稳定的参数放入云端之中，同时也帮助我们在发生问题时可以通过云端监控系统和远端指挥进行维修，让生产线得以快速恢复运行，确保生产。我们现在已经有五座自主作业的生产工厂，而且年底前将在贵安新区增加第六座。

我们认为智能工厂是否成功运作有几个关键的要素：第一，要拥有具备技术资源的专业人员协助生产解决问题，倘若缺乏系统技术资源与工作经验，便不能在关键决策时刻发挥功效。第二，与软体供应商各方伙伴合作，建立云端云聚技术资源，如此借助数据分析、决策系统等，及时分析原因，排除故障。第三，工业互联网无线网的布置是技术的主力，具有互通性，高容量、高传输速率的网络架构是组织工程师与远端资源的关键。我们大家都讲5G，在开放空间接入视频，在技术上难度会小一点。但在一个车间里面，有几百台甚至几千台机器，同时要把影像数据传送到下一个机台。在密封空间里面传送大量数据的时候，不仅需要5G的环境，更要确保4.5G的环境，而且不能受到干扰，这也是我们现在面临的重大困难。第四，平台设计和平台作业必须具备安全扩充能力，符合各项产业标准的共同性。人、资料、网络平台紧密结合，才能成功建立高效率的智能工厂。

最后我们看一段视频，是我们在8K到5G应用发展的影片。

(视频展示)

8K加5G，8K就是显示技术的清晰度，5G就是平观的数据。我们在内部常常讨论，就是说当你在做一个云端与网路和远端监控的智能工厂时，我们必须将望远镜、显微镜、放大镜这三大功能放在一起。在我们智能工厂手机检查中采集高亮度以及影像处理技术，已能有效地取代人工目视。因为有一部分目前还在研究阶段，而且涉及商业机密，所以不能把影片放给大家看，等到数据完整后可以开放。

在实际效益中，我们在手机外壳表面检测的工厂，用工数最高达到6万人。经过两年，通过不良数据的比对，我们从6万人减到2.4万人。所以高清影像的检测技术已经给我们智能工厂带来真正应用的效益。另一方面更要关注，在UHT超高影像大数据中，专职联网是成败的关键，特别是互通性大数据，联网设备、网络传输将会给整个智能工厂的运作带来非常大的挑战。通过5G技术，可以实现超高速的数据传送及云端数据的反馈，让智能工厂得以实现。这也将是富士康发展工业互联网中很坚实的技术基础。

在整个工业互联网当中，环境参数、远距监控、人员资料都是高敏感度而且有价值的数据，因此我们注重数据、装置和联运当中的安全，保密是工业互联网的基础。所以我们从评估、开发、实地测试、维护到生产，加速整个作业环境的部署。

整体而言，在安全应用中，无论是安全监控或是数据安全，富士康在整个工业互联网体系当中结合了各项安全措施，包括深度挖掘人工智慧、深度学习和治安系统的整合，我们要建立的不仅是制造体系，还有一个可靠安全的工业互联网基础网路。在整个工业互联网的发展上，富士康看到很多的创新与实物整合的机会，这是发展供应互联网非常好的机遇，在我们长期积累的经验下，我们大步迈向硬软结合、实虚结合。富士康在这一波智能工厂大数据的应用和变革中看到了转型的契机，工业互联网的发展带来的不仅仅是效率提升、成本节省，我们将扩大到创新、研发、设计、人力培训，落实产学研的深度合作，通过数据开放共享的机会，整合供应互联网的资源，共同打造工业制造与互联网深度融合，从制造大国到制造强国，智能制造的大数据新时代即将到来，我们非常期待我们的理想早点实现。谢谢各位的聆听。

谢谢大家！

人工智能时代最宝贵的是数据带来的技术创新

百度公司创始人、董事长兼首席执行官　李彦宏

感谢杨澜的介绍，其实我很早就看了杨澜拍的《探寻人工智能》纪录片。我还蛮惊讶的，杨澜对人工智能有这么深入的了解，确实也花了很多工夫去采访全球各个地方人工智能方面的大咖。

我对这个领域非常热爱，前两天我在重庆开的百度联盟峰会上有一个演讲，就讲道“也许未来百度不应该被称作一个互联网公司，而应该被称作一个人工智能的公司”。昨天见到杨澜，她问我为什么这么说？当时在重庆没有展开讲，今天正好借这个机会我讲一下。

我觉得互联网公司这个概念现在确实不是特别合适了，原因就是互联网的普及程度已经非常高了。比如说，今天我们在这儿开会，这个酒店叫凯悦酒店，我们不会说凯悦酒店是一个电力公司，虽然我们在这个酒店不管干什么都要用到电。互联网也是一样，今天任何一个公司在做业务的时

候，不管是什么业务都要用到互联网，所以这个时候再说我是一个互联网公司，我觉得意义确实已经不大了。

但为什么说我们是一个人工智能公司呢？因为人工智能现在才刚刚开始进入各个领域，很多技术还在飞速地发展，很多应用还没有获得足够的重视。所以，我们现在更多地希望给大家讲人工智能带来了哪些新的可能性。

包括刚才的片子里面其实也有很多的争论，就是人工智能会不会是一条不归路，会不会随着技术的发展给大家带来很多不可预知的后果？这里，首先要讲一下我在这方面的一个判断，很多时候是因为大家不了解所以才恐惧，很多人认为人工智能就是让计算机模拟人脑的工作方法进行工作。其实这是一个很大的误解，而且这个误解非常普遍。我见到的人当中几乎有一半都觉得人工智能是仿生学，就是让计算机来模拟人的大脑神经元是怎么工作的、怎么作出判断的、怎么作出推演的，其实这是一个误解。目前我们讲的深度神经网络，它只是一个比喻，就是和人脑的工作方式有类似之处。但其实到今天为止，我们的科学并不知道人脑是怎么工作的，我们只是大概知道人脑有神经元，计算机不是在模拟人脑的工作方式在工作。尤其是最近几年算法的发展都是计算机科学在推动，从来没有借鉴神经科学、人脑科学的最新成果。这是一个很大的误解。

与此同时，很多担心我觉得也是没有必要的，比如有一天电脑会不会超过人脑？有一天人类会不会被人工智能所控制？我一直坚定地认为，不会。过去有好多对人工智能的分类，有弱人工智能、强人工智能、超人工智能。弱人工智能就是现在的情况；强人工智能就是电脑和人脑的能力是一样的；超人工智能是电脑要超越人脑。我认为，要达到强人工智能，也就是说电脑达到人脑的能力还有很长的时间。我不知道多长时间，也许几十年，也许几百年，也许永远达不到，所以这方面我觉得大家不用太担心。

有时候我拿它和原子弹相比，在原子弹发明之前，人类隔几十年就要有大的战争，原子弹发明之后可能所有人都觉得人类的末日就快要到了。但一直到今天都没有发生大的战争，也许因为原子弹的诞生人类再也不会有大的战争，因为这样的战争会毁灭掉所有的人，大家还是知道如何来控制的。所以，人类对于人工智能技术的探索、开发、演进，我也是非常乐观的，它带来的影响主要是正面的影响，负面的影响完全是可控的。

去年我也来数博会了，过去这一年，虽然只有一年的时间，但是人工智能技术却是发生了非常大的变化，或者说进步非常明显，像语音识别在过去这一年的进步就很明显。比如说今天我们要进行搜索的话，比如说你和朋友进行聊天，他说了一些词或者说了什么事情，你不是很清楚，你甚至不知道他说的那些词是哪几个字，没有关系，你用语音去搜索，它会知道他说的是哪几个字。按照我们的评测，人类对于搜索词的听力、识别能力大概只有82%的正确率，机器达到86%、87%的正确率，过去这一年语音识别准确率已经有了飞速的提升。图像识别也一样，今天大家不管是在公园里或者是在办公室里看到什么植物，你想知道它叫什么，拍张照片立刻就能识别出来这个植物的种类。过去你用文字描述不出来一棵银杏树长什么样子，现在图像很好地能被计算机所理解，过去一年准确率也有很大的提升。还有人脸识别，过去一年准确率也非常高，一年前大多数的人脸识别场景是一对一的，比如金融场景里面你要开一个会，你递交身份证，或者提交你的身份证号码，它通过远程拍一个照片来验证一下是不是你。今天的人脸技术可以搞清楚你是谁，你不用事先告诉他说，我叫李彦宏，他拍一下就能知道你是谁。所以现在变成1对N的识别，这是最近一年有比较明显进步的。

今天百度的员工不是刷工卡通过门禁，而是刷脸，几万人的场景它立刻可以认出来你是谁。最近还有两个传播比较广的例子，就是寻人的例子。其中有一个是重庆的孩子，他在5岁左右的时候走失，后来可能被拐卖到了福建，27年之后，我们再来比对他小时候的照片和他现在的照片，发现确实是同一个人。当时在重庆走失的时候，他的生日记录和后来他身份证上登记的生日是不一样的，姓名和走失时间也都是不一样的，但是用图像识别技术可以识别出来他就是这个人。更接近的一个例子是，有一对老夫妇带着他的智障孩子去北京治病，结果孩子走丢了，因为是智障，他说不清自己叫什么，说不清家在什么地方。老夫妇在北京待了八个月，一直在找他们的孩子，最近也是通过人脸识别技术顺利找到了这个孩子，找到的时候因为走失八个月了，他已满脸络腮胡子，靠人去辨别是很难识别出他就是那个走失的孩子的。

过去，我们觉得可以在搜索场景里使用自然语言，未来很多电器都可以用自然语言交流进行对话。过去，人发明工具之后都要再重新学习一遍如何使用；未来，人不再需要学习工具的使用方法。最近我们和国安广视有一个合作，就是在电视机顶盒里植入 DuerOS 操作系统，它就可以听懂人话，你现在看浙江卫视，说切换到江苏卫视，它就给你切换了，看电视你想知道这个演员叫什么，它马上告诉你叫刘涛或者××。

当然，这些提升其实和今天的主题“大数据”也是非常有关系的。之所以技术进步这么快，就是依赖过去迅速积累的大量有价值的数据，再加上计算资源越来越丰富，计算成本越来越低，使得过去我们认为不可能的技术现在变得可能了。

数据和技术，或者和算法到底是什么关系？其实也有各种各样的讨论。前一段时间我跟我们的一个工程师讨论的时候，他说了一句话，他说数据秒杀一切算法，就是你有了最好的数据的话，多好的算法都打不过人。是不是这样呢？我觉得数据确实重要，没有数据去训练的话人工智能走不到今天。但是数据是不是根本呢？数据不是根本，数据有点像新时代的能源，像燃料，推动时代进步的是技术，是创新，不是这些资源。我经常讲人工智能这一次革命堪比工业革命，我们回想一下工业革命最标志性的东西是什么？是蒸汽机，不是煤。当然，最早的蒸汽机就是诞生在煤矿，是用来把挖煤时产生的渗水从矿井下面提上去。蒸汽机在煤矿发明时，它的效率低下，就是因为不缺能源，所以没有关系，效率低一点也可以。但是我们现在绝大多数人不知道蒸汽机是谁发明的，你们知道瓦特，瓦特是在蒸汽机发明九十年以后才发明了比较高效的蒸汽机。

所以，工业时代最宝贵的东西不是煤，是蒸汽机这样的技术革新。而人工智能时代最宝贵的也不是数据，是因为数据带来的技术创新。过去一年就有这么多的创新出现，有大幅度的提升，连我在这个领域的人都觉得要不断地改变心态，适应新的环境，适应各种各样的可能性。所以，我们有时候就想，技术很多时候是呈指数增长，今天上午白院长也提到了摩尔定律，就是技术能力、计算能力是在指数增长的，可是人的思维方式大多时候是呈线性增长的。你看它现在是这个样子，它未来可能只是比现在好一点点，但其实不是的，一旦量积累到一定地步的时候，它会产生一些质的变化，是常人很难适应甚至无法想象的一个变化。比如说，传说中有一个国王为了奖励国际象棋的发明人，他说，我很喜欢国际象棋，我想给你一个奖励，你要什么？这个发明人说，没有关系，我就要点麦子，你能不能在象棋的每一个格子里放一些麦子，第一格放一粒，第二格放两粒，第三格放四粒，第四格放八粒。我们觉得这个很容易，麦子很多嘛，但实际上真放起来的话，把全世界所有的麦子都放进去都填不满这个象棋格子。常人不会这样想，常人的思维方式是线性的，但是技术革命发展的速度是指数级的。

所以，最近我在讲为什么我们要培养AI思维，这样的思维方式不是我们习惯的思维方式，技术革命带来不断的可能性，是我们过去没有想到的，需要及早为未来的这种可能性作准备。今天，像贵阳在大数据领域的名声已经树立起来了，已经占有了先机，但是怎么样把真正的数据资源变成创新能力，我觉得这是贵州或者贵阳需要认真思考的一个问题。过去的创新来源于实验室，来源于大学，而未来的创新，我觉得来源于数据，来源于场景。如果能把这些数据组织起来，把这些场景吃透，遇到问题解决问题，就产生了创新，这样的创新又会不断地培养我们的思维方式，以使我们跟得上未来科技的进步。

今天，借这个机会我跟大家交流了一下这方面的看法，希望贵阳未来不仅能够抓住大数据的机会，也能够抓住人工智能时代各种各样创新的机会。

谢谢大家！

5G 引领人工智能时代

高通公司全球总裁　德里克·阿博利

很高兴能够参加今天的会议，和大家谈一谈人工智能，也谈一谈全球如何实现互联网化。除了互联之外，我们更多谈的是智能互联，这需要更多计算能力去推动网络化的边界。

首先谈谈背景，现在我们正处在大趋势当中，也就是 IoT（物联网）。物联网这个趋势是不可挡的，全球的手机发展日新月异、方兴未艾，而且现在有数十亿人正在使用智能手机，智能手机市场蓬勃发展。除此之外，数十亿件的物品将通过物联网技术相互关联。

高通的技术平台，尤其是移动技术平台其实是一个独一无二的平台，能够在很多领域让我们实现更多的想法，实现更多样化的、不同的创新。而且我们的设备更新时间非常快，可能几个月就会有技术更新，淘汰一批设备。你可能会被迫考虑到摄像头技术、图形技术、CPU 技术，所以当我们做新技术投资的时候，它同时也能改变整个行业的发展。

设备可以通过无线联系，我们谈的 AI 技术就是云端技术，云对于 AI 发展非常重要。与此同时，我们也认为，具备设备的认知技能和认知能力更加重要，因为这样能够为未来 AI 的应用奠定基础。当然，如果没有云的话我们做不到，可能有些功能现在只能是设备层，技术层会有一定的延迟。我没有办法说所有东西都在云上完成，尤其是在设备端带来了更多安全和隐私的问题。

我们不希望把摄像头监控到的所有信息都反馈到云端，因为信息量太大，所以我们希望在获取有价值数据的时候再上传，如何判断哪些数据有用，这是要做的第一点。

现在移动技术、物联网每秒达到 G 级传输速度，但是网络延时性还比较高。除此之外，在2019年全新一代5G 新物联网技术也将实现商业化。

在计算能力方面，高通正在做的就是大力投资处理器及基于云端的解决方案。我们和贵州省政府大力合作，设立了一家合资企业专门设计、制造 G 级 CPU，高通在其他地方也在做同样的事情。

AI 的未来应用应该实现端对端、计算设备的连接。以5G 为代表的连接速度，可以让计算能力通过云端分布到设备端，实现无缝、超低延时、超高可靠性、超高数据量的连接。基于不同的 APP 应用，可以知道云端可以做什么，设备端可以做什么，这给我们带来了极大的发展机会。

现在，我们已经在智能手机方面拥有了安全的解决方案，和 PC 端的安全不同，比如说以前电脑被黑了、中毒了，可能就是打补丁，然后通过云端把所有的补丁进行推送。但是，智能手机时代对于这个设备应该具有实时的安全性，可以让设备本身进行逆性化的打补丁和识别中毒问题。比如发微信或者发邮件，设备有异常会自动进行封锁，这样的解决方案对于推动 AI 技术发展至关重要。

谢谢大家!

对话式人工智能的未来是 EQ+IQ

微软全球高级副总裁、微软（亚洲）互联网工程院院长　王永东

从2014年开始到现在，大家看到，人工智能有了很大的发展，可以说是井喷式的发展。实际上人工智能的研究已经经历了五六十年的历史。微软创始人比尔·盖茨在二十多年前发起成立了研究院，当时他提出一个愿景，就是想做一个能听、会看、能够理解人们的计算机。经过二十多年的努力，我们在语音、视觉、自然语言处理各方面都有进展，今天其实已经到了开花结果的时候。

从微软来看，在人工智能发展的时代，我们计划是从底层架构到算法服务，建立一个完整的人工智能系统。但这样的人工智能系统并不仅仅是为我们自己所应用，人工智能时代特别重要的一点就是生态，怎么通过自己的技术和产品，建立一个生态系统——包容性，民主化的生态系统。开发者、应用者、合作伙伴都能够用上人工智能的技术，我们大家一起向前发展。

人工智能的发展有很多东西可以讲，包括微软的技术、计划，有很多值得分享的，今天我可能只想讲一点，就是未来的人工智能，人和机器怎么交互？这可能会和以前不一样，我们觉得人和机器交互最自然的是通过对话，为什么呢？今天人和人交互最自然的就是通过对话的方式进行，在未来，随着人工智能的普及，包括各种终端的普及，这种终端之间没有屏幕、没有键盘，最自然的交互方式可能是通过人工对话，所以我们把它叫作“对话式的人工智能”。

对话式的人工智能有一点非常重要，就是人工智能或者机器怎么能够理解我们，不仅仅是理解我们的文字、语言，并且能够理解我们的情感，具有同理心。人工智能发展中不仅仅有技术性的发展，就是 IQ，而且有情感性的这一面，叫作 EQ。可以想一想，比如你找什么样的人做朋友，也许有的人说我要找一个特别聪明的人做朋友，这是 IQ 方面。但是我们大部分人是希望能跟懂自己的人做朋友，那么懂你的人就是 EQ 方面。

在 EQ 方面，微软的探索中最有成效和最有影响力的就是微软“小冰”。从三年前发布到现在，微软“小冰”已经拥有上亿用户。这个产品是建立在微软过去二三十年研究的基础上，从语音到视觉到自然语言处理等等，都可以用到这个产品上来。除了技术性的成果之外，更重要的是我们发明了一个“情感计算”框架。在这个情感计算框架里，不仅仅需要能够正确地理解文字，并且需要能够理解里面的语义、情绪，人工智能在回应的时候也能够把相应的感觉、感情、情绪表达出来。今天的微软“小冰”在各种平台上和人类有上亿人次的对话，比如微博、微信、QQ 这样的平台，而且微软“小冰”也是一款发明在中国，然后走向世界的产品。除了中国市场之外，微软“小冰”在日本、美国、印度都已经开始和用户进行对话了。

除了平常的对话之外，微软“小冰”还是一个大众化的人工智能，它要融入社会，还承担了一些社会职能。比如它在电视台当主持人，每天在电视台和观众进行交流；在报社做见习记者；它还唱歌，在电视剧里也曾经扮演过一个角色；上个星期微软“小冰”还出版了它自己拥有知识产权的诗集。但这些并不代表人工智能发展的终极目标，实际上我们最重要的想法是希望像微软“小冰”这样的人工智能在IQ和EQ两个方面，特别是EQ方面的探索能够为未来人工智能的发展积累更多经验，能够起到借鉴作用。

最后说一点，在和贵阳领导讨论的过程中，我们也看到有很多值得探讨的新的应用场景。我们希望能够大力推动，明年再向大家汇报。

谢谢大家！

让企业把人工智能真正用起来

戴尔全球资深副总裁、大中华区总裁　黄陈宏

各位来宾，女士们、先生们：

大家下午好！

看见陈书记，各位领导都在这里，在讲这个题目之前，先向各位领导表示衷心的感谢！大数据产业博览会举行了三届，一年比一年成果丰富，一年比一年影响大，推动了产业的发展，谢谢你们！

人工智能这个话题，刚才几位大佬讲了很多，我也要理一理，人工智能突然热得不得了。我认为有几个原因，计算机的发展，特别是高性能计算，使得计算能力和原来不可同日而语。比如解密一个人的DNA，过去要花90个小时、几千块钱，现在只要八秒钟、几块钱就可以，原因就是互联网带来的大数据。大数据就像空气、水一样，无处不在。还有就是很多算法的改进，所以人工智能一下就起来了。

关于人工智能大家刚才谈了很多，EQ、IQ、人机对话。提到人工智能你可能想到无人驾驶汽车，可能想到围棋，我觉得这都是很大的进步，围棋证明什么呢？证明特定规则、特定环境下，可能对于计算速度，人类和机器没有办法比。除此之外还说明什么呢？不知道。比如说无人驾驶汽车，完全无人驾驶还需要很长的时间。这是我们生活中方方面面的变化。

一方面，人工智能发展得很快，整个业界2016年投入的钱是2015年的8倍。另一方面，在座很多人都是做企业的，可能还没有想到怎么用人工智能做事情。戴尔公司想的就是怎么样把人工智能应用到企业以及企业的发展、企业的生产制造等各个方面，为什么这么想？因为如果你不用，未来2～5年你可能就落伍了。

现在很多大企业都在研究人工智能，把人工智能平台用到生产中去，降低了成本，提高了生产率。难的是中小企业，中小企业有几个难？

第一个难，人工智能的平台，高性能的计算平台还是蛮贵的，用来培训的平台大概一秒钟做一万个计算，这样的平台也要三千万元，除了机器价格贵之外还有人工成本。

第二个难，是人才难，现在中国的博士毕业生出来一个抢一个，基本上年薪七八十万元。

第三个难，现在企业信息化程度不高，很多企业信息用不起来。人工智能离开大数据什么都不是，所以企业数字化、信息化转型成了非常要紧的事情。这个事情，我们在过去一段时间也在不断呼吁，要发展大数据，必须把企业的信息化做起来。对于中小企业来讲怎么做这个事情呢？我们和中国科学院合作，尽量把高性能计算平台搭建起来，根据企业的情况来优化计算机架构，用最新技术来优化成本。

我不相信所有的中小企业自己能够养一个专家团队专门来做人工智能，

这些可能性不大。刚才杨澜已经剧透了，他们做了一个“小冰”，所以我们要做一个诸葛·深知，深知就是DeepMind，做这个平台有什么好处？就是和中小企业有一个共有的平台，通过这个平台，每个企业都有自己的理解，把大数据梳理后放进去，通过生物学习算法，能够充分利用人工智能带来的好处。这个平台我们也决定在贵阳落地，所以今天正式宣布，我们会落地一个人工智能的平台。

在今天这个社会，一切都是数字化。我觉得企业至少要从数字化转型方面着手，怎么样尽快地把自己的企业做成一个数字化的企业，要赶上这个潮流。今天我们讲“中国制造2025”，其实智能化、数字化是“中国制造2025”很重要的一部分，有了这个基础我们就能够充分利用人工智能，推动整个社会的进步。

谢谢大家！

人工智能将重新定义世界

IBM中国研究院院长、大中华区首席技术官　沈晓卫

各位来宾，女士们、先生们：

大家下午好！

六十多年前，计算机科学的奠基人图灵在《计算机与智能》一文的结尾写下这样的话——“我们只能看清前方很近的距离，但我们能看到那里有太多的事需要去完成。”这句话也适合用来描述今天的人工智能。对于人工智能，我们或许无法完全看清它遥远的未来，或许对“机器智能是否会最终超越人类”这样的问题有莫衷一是的看法，但我们知道，人工智能已经开始改变世界，今天的我们有太多的事可以去做、应该去做。

从二十年前战胜国际象棋世界冠军的深蓝超级计算机，到2011年在智力问答节目中战胜人类冠军的Watson系统，IBM一直都是人工智能领域创新的实践者与引领者。今天我们的关注点，聚焦在人工智能与行业的结

合，在大数据的背景下，用人工智能解决行业问题。比如医疗、教育、环境，比如金融、零售、制造。从这个维度看，人工智能是工具，增强人类智能的工具。我们希望这个工具变得更加强大，也希望利用这个工具，人机同行，使我们的世界变得更加智慧。我们在人工智能领域的技术创新，包括人工智能算法模型的创新，也包括应用、平台、系统和芯片的创新。在系统与芯片层面，IBM 的类脑芯片用54亿个晶体管模拟100万个神经元、2.5亿个神经突触。采取异步电路的设计，芯片的能耗仅为70毫瓦。传统计算机擅长计算，像人的左脑。类脑芯片可以更好地模拟人的右脑，帮助我们更好地感知世界。

我们将人工智能应用于医疗行业。以肿瘤诊治为例，Watson 系统阅读了大量医疗文献，自我学习，利用自然语言理解技术，将关键信息自动抽取出来。在我们合作的一家肿瘤医院，Watson 系统对乳腺癌给出的治疗建议和医院15位肿瘤专家会诊结论的一致性达到90%。可以设想，未来的人工智能系统可以像权威的专家会诊一样，对肿瘤这样的复杂疾病，提出精准、循证、个性化诊疗方案。同时，这样的智能系统还能够从新的医学文献与新案例中不断地自我学习，与时俱进。

再看慢性病。中国有近3亿慢性病患者，其中包括1亿糖尿病患者。我们针对 II 型糖尿病研制的诊断决策支持系统，利用临床指南的知识，结合从临床数据中挖掘出来的证据，为医生推荐治疗方案。目前这项技术已经在南方一个城市的19家社区医院上线试用，6000病人受益。这相当于为每位社区医生配备一位贴身专家。想远一点，如果这样的智能系统能够大规模推广，普惠医疗在基层的实现将得到极大的推动。

再看一个人工智能在环境领域应用的例子。IBM 的绿色地平线计划，通过与合作伙伴的合作创新，将人工智能与物联网技术结合，应用于空气质量管理。根据气象数据、地理数据、卫星遥感数据、实时监测数据、交通数据等，我们可以对一个城市的空气质量做提前72小时的精准预报，提前10天的趋势预报及污染源溯源，对不同的优化方案进行评估，为决策者提供决策支持。我们正在将绿色地平线计划推广到食品安全、公共健康等其他领域。

人工智能正在为我们带来一个黄金时代。这个时代的标志不仅是一个算法的改进，或一种服务的出现，或一场比赛的胜利，而是人工智能与物联网、云计算、区块链等技术结合，作为新的引擎推动行业创新，改变我们的生活，也重新定义我们生活的世界。

谢谢大家！

让人们像感受互联网红利一样体验到区块链红利

河北省委常委、雄安新区党工委书记
原贵州省委常委、贵阳市委书记　陈　刚

各位来宾，女士们、先生们：

首先，我代表主办方欢迎各位出席数博会“区块链”高峰对话会。此时此刻，我想说一个感受，我记得两年前我们贵阳人提“区块链”的时候，不仅在贵阳没有人听，在北京、上海也没有人听。可是今天，在我们这个会场，有坐着的，有站着的，有想方设法挤进来了解区块链发展最新进展的。身为贵阳推进区块链实践的一个探索者，我看到我们有这么多的同行，这么多一路前行的人，感到由衷的高兴。

三年前贵阳率先开启了大数据的神奇探索。三年后，贵阳又率先推动了区块链的理论研究和场景应用。当年，我们认识到大数据是一种资源，是一种技术，也是一种产业，更是一个时代。今天，我想说的是我们也认识到区块链是一种集成技术，是一场数据革命，是一场秩序重建。而我本人有一个观点，认为区块链更是一个时代的拐点。我认为，从社会发展的历史来看，摩尔定律、大数据、人工智能已经成为推动人类信息革命的三大动力，社会效率得到了指数级的迅速提升，特别是这一两年，人工智能的迅速崛起，即将引爆一轮新的科技革命、产业变革、社会变迁。当然，大家在认识到人工智能给我们带来好处的同时，也有许多人大声呼吁，“奇点”要到了，我们应该如何面对“奇点”。有的学者、有识之士甚至于对人工智能给人类可能带来的灾难大声疾呼。

“奇点”真的到来了吗？我认为并非如此，今天我们是到了对“奇点”说“不”的时候了，我个人有如下观点。

在历次科技革命的作用下，人类的社会进步总是呈现出一种S形或波浪形、螺旋形上升的过程。而每一次科技的重大突破发生之后，人类几乎都充满智慧地发明了一些新的技术，或者是新的社会制度，来制衡新技术的发展。同样，在今天人类也不可能让人工智能无限制地发展下去，而区块链的出现，让我们看到了这个拐点。区块链所具有的去中心化、分布式账本、智能合约和不可篡改的时间戳四大技术特征，让区块链先天具有传递信任、重构价值体系和秩序规则的能力，恰好可以平衡制约人工智能的超速失控。

女士们、先生们，朋友们，正是因为我们认识到区块链所具有的重大价值和历史意义，我们才毅然选择大力发展区块链。2016年，可以称为中国的区块链元年，先有工信部率先发布《中国区块链技术和应用发展白皮书》，从国家层面、政府层面破题深入研判全球区块链发展趋势，探索我国区块链发展应用的政策体系和具体路径。在此之后，贵阳市政府接力发布了《贵阳区块链发展和应用白皮书》，以场景布局、政府应用落地推进，推动区块链与大数据深度融合。今年，贵阳市不仅集中发力，持续耕耘区块链产业生态，还沉心静气反复思考在理论上丰富升华，我们在白皮书中提出诸多创新观念，特别是对“主权区块链”的挖掘和拓展。这次大会期间，我们发布了《块数据3.0：秩序互联网与主权区块链》理论专著，系统阐述了贵阳提出来的主权区块链的理论与实践。

主权区块链究竟是什么？主权区块链是将主权国家的规制理念植入技术治理之中，从而把技术构架和制度运作有机结合在一起。简单地说，主权区块链的基础是区块链，它完美地将技术创新和制度重构融为一体，是法律规制下的技术之治。与传统的区块链构架相比，区块链强调以“数”为中心，主权区块链则强调的是以“人”为中心。区块链强调的是“代码即法律”，主权区块链强调的是“代码＋法律”。区块链强调“去中心”，主权区块链强调“多中心”。我们提出主权区块链不是标新立异、刻意求奇，也不是叠床架屋、画蛇添足，而是出于主权区块链的发展符合内外因相互作用的基本规律，我们认为它有非常现实的当下意义。为什么这么说？我有几个观点。

第一，主权区块链将全面创新现代治理模式。对于国家治理主体来说，主权区块链既可以实现治理手段的迭代更新，也必然加快治理机制的演进创新，最终推动现代治理的新的范式革命，即从封闭走向开放、从垄断走向共享、从集中走向分散、从单向走向多维。就以大家最关心的政府治理来说，主权区块链下的政府治理升级将打造出一个全新的共享政府、开放政府、协同政府和智慧政府，借助信息网络技术，我们拥有一个从共识机构演变为共治结构，进而形成共享结构的治理体系。

第二，主权区块链将促成人、技术与社会的有机融合。从一开始，贵阳就将区块链与块数据的有机融合视为最重要的突破口，并且已经提出了绳网结构的理论模型和跨链协议的技术要求。我们认为，区块链与块数据的有机融合，不是简单的技术融合，而是以人为中心，实现人类与技术、技术与制度、线上与线下的交融，进而实现人、技术与社会的全面融合，这将成为人类首次大规模协作、互相认证的开始，这也昭示人类命运未来是数字命运共同体。

第三，主权区块链将推进互联网从低级跃升为高级。在互联网的发展中，从信息互联网到价值互联网，再到秩序互联网，是互联网从低级到高级、从简单到复杂演进的基本规律。秩序互联网是互联网发展的高级形态，而主权区块链所爆发的特殊价值就是秩序互联网的制度方案。怎么理解呢？我想通过一个形象的比喻来说明一下，如果说互联网是一条通向未来的高速公路，那么大数据就是行驶在这条高速公路上的一辆辆汽车，而区块链就是让这些汽车在高速公路上合法且有序行驶的制度和规则。

女士们、先生们，朋友们：未来已来，唯变不变！新兴技术的出现必然面临着与现行制度环境、法律工具的适变关系，主权区块链根本的着眼点还在于数据权利问题的解决。随着信息革命的持续爆发，更先进、更完善、更普惠的新一代信息技术将与政治、经济、社会各领域、各行业展开新一轮深度融合和跨界发展，工业文明开启转轨数字文明的伟大历程，而数字文明必然强调“数权”，就是数字的权利。如果说主权区块链在现在的任务是妥善规制数字秩序的话，那么我认为主权区块链未来的任务就是全面构建“数权”法律。

法律是文明的孪生子，人类社会从农业文明迈进工业文明，法律关系也从身份走向契约，法律也从人法走向物法。在当前，在信息革命山呼海啸般的冲击之下，现实社会和网络社会交叉并行，交融映射，人们已经通过互联网重新构建了一个数字秩序，即将诞生一个数字文明。然而，新的数字文明却遭受到工业文明所遗存的一些法律制度和某些法律意识的干扰。

数权文明是什么呢？主权区块链和数权法又有什么关系呢？按照我的理解，数据权利有四个新。

第一，数据是一种新的权利客体。数据并不是传统法律中的“物”，它既不是物理的实体物，也不是我们想象中传统的知识产权所管的虚拟物，它是一种数字化的符号，在物质世界、精神世界之外形成了一个新的信息世界。因此，无论是传统的物权法，还是现代的知识产权法，都很难适用于数据的保护。

第二，数权是一种新的权利类型。按照我们通行的理解，有关于人的权利类型大约有两种，即人格权和财产权，在大数据时代，每一个人都会在各种各样的数据系统中留下深浅不一的数字痕迹。一方面，这些数据是人的行为碎片；另一方面，这些数据也是社会的重要资源，这使得数据成为一种集人格权和财产权于一身的综合性权利。

第三，数权是一种新的权利属性。数据权利是公权和私权的统一整合，其中既有体现国家尊严的数据主权，也有突显个人福祉的个人数据权利，这是因为数据的主体多元，从人到组织，数权需要公法干涉，也同样需要私法自治。

第四，数权是一种新的权利权能。数权不再是一种独占权，而是一种不具有排他性的共享权，并且往往是“一数多权”，这是数权的核心本质，也是数字文明彻底改写工业文明的重大实践。主权区块链强调“代码＋法律”，将会使数权法真正成为可能。首先，主权区块链智能合约的设计并不是重新定义权利义务关系，相反，已经存在的权利义务关系才是设计智能合约的前提。其次，更为重要的是，如果大家更深入地对比思考智能合约的特性和现行的制度功能，就会发现两者其实是一种互补关系。简单来说，智能合约保障权利义务关系的事前、事中执行机制，而现在的法律体系则保障权利义务关系的事后执行。因此，主权区块链将真正成为网络社会法律系统的基本构建，实现网络治理问题由网络科技来解决。

女士们、先生们，朋友们：今天机会难得，我不揣浅陋，抛砖引玉，与各位业界大咖、资深人士、政策主导者分享了主权区块链与数权法的几点思考，期盼与大家能够形成共识，携手并进，全面推动区块链技术落地生根、开枝散叶。

贵州贵阳，不仅仅是仰望星空，畅想未来，我们也在脚踏实地，奋力探索，积极推动区块链真正走出集客群、走出象牙塔、走出金融圈，全面融入社会，拥抱大众，让人们像感受互联网红利那样亲身体验到区块链红利。现在，我们已经在精准扶贫、社会诚信方面部署场景，创新使用区块链，我们充满热诚、满怀憧憬、诚挚期盼，共同关心区块链发展的领导们、专家们、精英大咖们能够不吝赐教，给予我们贵阳更多的理论指导、技术支持和项目合作。

最后，再次衷心感谢大家莅临贵阳。预祝本次高峰对话取得圆满成功。

谢谢大家！

以太坊的发展与区块链的未来

以太坊创始人 Vitalik Buterin

各位来宾，女士们、先生们：

大家下午好!

非常感谢，我想说，我在比特币这个行业以及区块链行业已经做了五年，但我看到区块链的发展仍然非常快。当我第一次听到区块链的时候还是2011年，只有网上寥寥无几的几个人在谈区块链，大家都在探讨什么是区块链，唯一的应用是数字化货币，只有很少一部分人意识到区块链的未来发展具有极大的潜力，它是一种新的技术，一种新的想法，一种新的思维。所以，在接下来的几年，我们会看到有越来越多区块链的应用和群组，越来越多的人意识到区块链不仅仅只是一种数字货币的应用，或者区块链不仅仅是对于金融行业可以使用的技术，现在越来越多的人在探讨如何把区块链应用在其他行业。我们需要进行去中心化，与此同时，在任何应用中使用区块链都可以帮助实现信息储存的分享，会有更多的人帮助保证这种信息的分享以及更多东西的分享。

事实上，有很多人现在对于区块链越来越感兴趣，是否能用区块链进行众筹，是否能用区块链进行去中心化、更安全地众筹，让人们不断增强参与众筹的信心，是否可以使用区块链做一些非金融领域的应用，比如政府的应用，游戏领域、医疗行业的应用等。越来越多的应用已经开始出现，人们现在意识到建立区块链的初衷没有办法满足它的广泛使用前景。一开始我们以为，区块链只有一些非常简单的应用，比如虚拟货币、身份认证、医疗行业等。但是，随着应用不断地出现，我们会发现，如果只用这种局限思维进行思考的话，每一个团队投入的资源将会非常大，每次我们利用区块链去做新应用，就需要搭建一个全新平台。我们能不能把区块链做得更加具有通用目的，能否让区块链成为建立多种应用的平台。事实上比特币应该像操作系统一样，只了解一种应用规则，并且真正地了解电脑编程及编码，可以书写相关逻辑，架构到电脑编码当中，最终上传，这样能保证应用可以得到有效的使用。不管是电子货币、金融合约、还是个人身份的管理、信息的追溯，都可上传到区块链的平台上，这样区块链就可以自动开始进行这些应用的操作。

过去几年，区块链技术发展非常快。到目前为止，我们已经有了很多专业人才、机构、团队，关注区块链的应用及其背后的原理、规则。如何保证区块链在每个行业的应用？如何确保它能够在不同国家得到有效的应用？如何能将区块链带向全球？如何能实现区块链的小规模、大规模包括个人、企业、政府的应用？这些都是目前大家正在探索的问题。区块链技术仍然是一个非常不成熟的技术，现在比特币以及区块链每秒处理15笔交易，我们还需要把安全性加强，同时还要考虑到隐私、用户体验、监管、效率低下方面的问题。

区块链技术似乎能改变现实，但是为了使得这个技术从愿景变为现实，我们还缺了什么？为什么系统还没有完全整合？技术只是一方面，我认为还有另一个问题，就是时间，我们需要时间才能够使这个技术革命成为现实，才能够让这个技术革命被人们所理解。网络非常有意思，让大家可以齐聚一堂，一起探讨技术的发展。我们需要继续改善区块链技术，更加深入地了解区块链能够提供怎样的服务，区块链如何能满足目前企业、机构的需求，满足民众的需求，这是一个挑战。

区块链能够带来哪些好处也是我们需要了解的，我们都知道去中心化是好事、开放是好事、透明是好事，但是这三件事怎样能够真正地转化成为一种具体方式，让区块链真正能够得到应用，让系统减少成本，防范欺诈，让工作更加高效、开放、自由。这同样是我们面临的一个挑战。对于开发底层技术的人来说如此，对于开发上层技术的人来说也如此，所以我们这个行业很有意思的一点是它整合了不同类型的科学，如果你是一个区块链平台的代码开发者，有可能你每天会和计算机科学家、密码学者、经济学者、数学家、计算学家、财政学家一起合作，每天会跟不同行业的人打交道。所以，我认为不同的人必须一起合作，必须要了解彼此的领域，这样才能真正了解人们需要什么、想要什么，五年之后什么可以成为可能。我们希望能多多加强协作，提高能力，更好地利用这个技术，让这个技术能够渗透到世界各地，这样我们未来的发展会更有意思。

谢谢大家！

从“数字社会”到“区块链互联网”

北京航空航天大学教授　蔡维德

各位领导，各位嘉宾，各位专家 ：

大家好！

今天我跟大家分享从“数字社会”到“区块链互联网”。

2016年，英国把区块链列为国家战略，认为从上到下整个社会都可以使用区块链，并使社会产生颠覆性改变。一般人认为，区块链只能用在金融上面，但是英国人认为各行各业都可以使用，这就是所谓的数字政府、数字社会以及数字法庭。刚才陈书记讲得很清楚，以后就是一个数字的时代，而区块链将是一个重要的技术。如果每一个行业都可以使用区块链的话，我们以后会有怎样的链？事实上不同的领域会有不同的链，不是一个链就能通天下，每一个链都不一样，甚至同一个领域里面链的设计都非常不一样。在金融领域，我们做过支付和清算系统，而这里面的折价是非常不一样的。我们做的时候发觉一件事情，虽然我们只是在做支付，或者是在做清算，可是它可以带动相关的领域，例如版权交易，版权上面可以做确权认权、链上仲裁、轻结算、税务以及及时分账，这些事情都是相关业务，可以通过区块链带动。所以，区块链应用不只是在一个领域的一个应用，而是能带动其他相关领域，在产业、股权、保险等领域都可做到。如果加上大数据、人工智能等，很快可以做链上的仲裁。

区块链被认为是诚信的一个机器，信任机制在于加密、多拷贝，还有拜占庭将军，参与者可以看到别的参与者是否说谎。但是最近的一些发展，有一些区块链放弃了拜占庭将军，如果是放弃了拜占庭将军，那么节点就不能查验其他节点是否说谎，它将不再是一个诚信的机器。所以，我们认为，诚信的机制不容更改。有人说，区块链会改变世界、会改变金融，但是怎么改变呢？我们认为不是私人发行的数字货币，这不是一个让人发财的捷径，它真正能改变金融是因为它具有账本的一致性，使得交易双方能够解决交易信息不对称的问题，以至于改变流程。以这种方式，以后每个机构、每个公司甚至个人都可以有自己的区块链金融平台做交易支付、清算、结算，所以这个影响是巨大的，因为以后不只是金融公司做金融，是每一个行业都可以做金融。如果每一个行业都做金融的话，区块链将无所不在，而无所不在的区块链会变成区块链互联网。

区块链互联网是什么概念呢？过去6个月之间，国外推出一些区块链互联网，就是把各式各样不同的链合在一起，链与链之间有一个交换器，例如今年4月7日提出来的宇宙网络模型。由分布式的区块链组成的链是一个中心化的网络，这样的网络并不适合于区块链互联网，所以我们提出分布式的互联网，因为是在贵州提出，因此我们把这一模型叫作“金丝猴模型”，是一个分布式的网络。去年另外一种区块链互联网的模型也出现了，他们不是用不同的网络、不同的区块链组成，而是用相同的区块链连在一起，因为是相同的区块链，所以连接起来之后互通性很容易实现。在日本所提出来的区块链，不但种类一样，甚至节点也一样，所以可以轻易复制，遍地延伸。在中国我们也提出了“熊猫模型”，除了上面是相同架构之外，还可以负载均衡，而且链可分可合。我们知道，互联网是由一些协议所组成的，例如互联网都建立在TCP/IP上面，上面接数据库和应用。

假设我们做一个区块链互联网的话，将会是一个什么样的？我们认为，区块链互联网将有它自己的底层技术、协议、应用架构。所以它上面是计算、法律、主权区块链、智能计算还有应用，下面是一种新型网络协议。现在的网络协议并不是完全支持区块链的功能，中间的数据库并不完全支持区块链的数据，所以我们需要新型数据库出现。这样一种区块链互联网会建立在互联网上面，作为数字政府、数字社会以及数字法庭的基础平台，不只是一个诚信机器，而是一个诚信网络。所以我们给区块链的定义不只是一个机器，而是一个诚信网络，与互联网并行。慢速的区块链只能有小型数据，只能做边缘的应用，而且在一个小网络上跑，以现在我们看到的区块链的研究，不再是一个小型机器，主权区块链可以是高速的，可以有大型数据。现在的区块链可以处理许多亿的交易，可以在大型网络出现。一个区块链系统也可以有成千上万服务器在里面，所以我们对区块链的一些想法应该改变，因为区块链的发展如同小孩子慢慢长大的过程，它可以做一些真实的应用，并且这些应用可以在核心业务上面。我就分享到这里。

谢谢大家！

数字经济的趋势与探索

腾讯公司董事会主席兼首席执行官　马化腾

尊敬的领导，各位嘉宾：

大家下午好！

非常荣幸能参加第三届数博会。第一届数博会召开的时候，自己对数博会不了解，当时和郭台铭先生一起过来，来了之后印象很深，贵阳大有可为，贵州贵阳选“大数据”这个点非常好。三年前，大家觉得贵阳不可能将数博会发展起来，而今天我们可以看到这是一个盛会。我去年来的时候没有什么成果，而今年我们开始打算在贵州贵阳建立一个数据中心。今天我特意从英国赶过来，一定要参加这届数博会。今年腾讯整个团队在全球投入，从挂牌到广告宣传我们全力以赴地投入。我们也很有幸成为这次会议的合作伙伴，在这个过程中，我觉得是有好处的。我来的时候看了一下，除了世界互联网大会以及深圳的大会，又一次看到 BAT（百度、阿里、腾讯）3家聚集，还吸引到很多行业企业关注，这是一个国际的盛会。

很有意思，我来之前看到，马云和李彦宏参加了不同的论坛并“隔空对战”，有一点火药味，甚至包括对大数据本身，他们的看法都有所不同。马云认为数据是很重要的，没有了数据什么都不行。李彦宏提出数据不是太重要，说技术和创新更关键。在大数据博览会上说数据不重要，很大胆，说创新更关键。我就大胆点评一下，这是一场不太懂技术的文科生和太懂技术的理科生之间的争辩。马云和李彦宏讲的是两个不同的阶段，李彦宏更多谈的是0到1，需要技术和创新的驱动；马云更多讲的是1到N，需要持续不断的有数据来支撑。

在未来互联网、人工智能方面，更重要的要素就是“场景”，或者叫“应用场景”“主战场”。这是最关键的。有了市场，有了场景，数据自然会产生，也会驱动技术发展，人才也会跟着来。从不可复制性来说，计算能力、大数据都是可以复制的，但是市场和人才是不可复制的。就像BAT3家腾讯、阿里、百度分别在社交、电商、搜索领域有各自的“主战场”，滴滴、摩拜有交通出行的场景，美团、58有生活场景。在大数据时代，有了场景，才能把握先机，否则光有技术、光有数据是远远不够的。

今年两会报告结束不到两个月，关于数字经济的书就出来了，可以看看我们团队的一些观点。2015年，李克强总理提出“互联网＋”，到今年提出“数字经济”，两者是相辅相成的。比如我们现在讲的数字经济，就是这两年来谈“互联网＋”出来的结果。但是，“互联网＋”是一个手段，我们谈“数字经济”仍然离不开“互联网＋”。历届数博会，腾讯都会和贵州省签很多战略合作协议。现在在医疗、交通、旅游很多方面都与互联网充分结合。我们在2017年举办的中国“互联网＋”大会上，欣喜地看到了贵州在互联网上取得的成绩。

腾讯去年在贵州建立了一个大数据中心，这是什么概念？应该说这是中国最安全的大数据终端，它有几个特点，即“四高”。一是高隐蔽性。二是高防护性。园区外面有红线设置，进去之后有三十多个安保全程防护。三是高安全性。这个是为了防地震和防爆炸。四是高效绿色。因为贵州的天气非常凉爽，电力状况和空气质量非常好，可以让工作效率非常高。这是我们提出来的，全球第一台量产的，能够把数据中心的效益做到1.2，这是一个非常低的数字。这个是我们未来用来存储大数据的。2015年8月，我们到天津参观拜访。天津大爆炸在距离我们的中心1.5公里的位置，我们公司全体人都撤了。我们非常担心，这给我们敲响了警钟，就是数据多重要，如果爆炸再严重点，很多数据都会丢失。

我们下午还有一批新项目的签约，包括在扶贫云、智慧城市、电子发票业务等方面开展深度合作。另外，我们投资的创投基金也会和贵州开展合作，最后就是贵安新区有一个发电的项目，这一系列都是我们这次数博会要给大家汇报的。接下来我想谈数字经济的特点。

一是“实”，就是实体经济的实。实体经济正在全面数字化，相信未来数字中心将会进入实体经济的各行各业和各个角落。这个情况下，我们的定位非常清楚，就是做“连接器”，做基础设施，做配角，主角是各行各业的传统企业，我们为它提供工具。

二是“新”，就是创新。数字经济时代，有大量的创新机会，每一个垂直领域都蕴含着创新。比如贵州有一个企业叫货车帮，在360多个城市开通了服务，把全国的货车与货物精准对接起来，极大降低了空载率，并给司机提供精准服务，这是比较好的案例。再比如，做房产中介的链家，面对互联网企业的压力，敢于突破、敢于往线上走，实现线上线下结合。第三个案例是腾讯参与投资的未来汽车，或者叫电动车，先做电动跑车，跟无人驾驶、云计算等结合起来。这些都具有数字经济创新性的特点。未来，人们会看到工业领域都会互联网化、信息化。

三是“通”，就是联通。数字经济时代，越来越多的中国经济走出去，可以叫“数字经济丝绸之路”。这怎么理解？过去国外说中国企业没有版权，最近这五年中国版权已经得到非常大的发展。中国的电影、电视剧、网络游戏特别是手机游戏、音乐、动漫等数字文化产业蓬勃发展，这些都是数字经济时代下的“新丝绸”。中国应该抓住大好机遇，积极走出去，和更多更好的国外企业合作，到全球布局数字文化产业。

腾讯云在海外业务的快速增长。我们过去在香港、多伦多、新加坡和美国硅谷都布了点，今年，我们将新增法兰克福、莫斯科、首尔等节点。到今年年底，我们全球的节点将达到29个。

数字经济转型的重要指标之一就是云化。工业时代、电气时代，衡量经济发展的重要指标就是用电量、耗电量。数字经济时代，大家谈的将会是怎么用云，或者用云的量。用云如何来衡量呢？它可以是计算能力，CPU、GPU的内核，也可以是带宽、存储能力，这些单位是一个综合的概念。未来这一定是一个非常重要的指标。

贵州在这三年打下了非常好的大数据基础，我也想在未来和贵州一起携手，继续深度合作，全力支持贵州在大数据领域越走越好，也希望得到在座各位的支持。

谢谢大家！

“数字茅台”的现在与未来

中国贵州茅台酒厂（集团）有限责任公司董事长　袁仁国

尊敬的各位领导、各位来宾，各位行业领袖、各位专家，各位媒体的朋友：

大家下午好！

盛夏将至，全国正开启高温模式，在醉美多彩贵州，与爽爽气候不同的是，数字经济发展正如火如荼，可谓“乘云而上争弄潮，数据蓝海竞风流”。本次峰会群贤毕至、胜友如云，我对本次会议的召开表示热烈的祝贺，感谢大会给茅台这个宝贵的时间，向来自数字经济发展前沿的企业家朋友、专家学者们分享“数字茅台”的现在与未来。

全球数字经济发展正处于全面普及、深度融合、加速创新、引领转型的新阶段，对全球的动力增长、经济社会发展、生产生活方式改变产生了根本性、全局性影响，其新引擎的作用更加凸显，成为重构国际经济格局、产业版图的重要力量。习近平总书记强调，要加大信息基础设施的建设，推动互联网深度发展，促进数字经济加快成长，让企业广泛受益，群众普遍受惠。党中央国务院对数字经济的高度重视在贵州省转化为重点发展方向。在陈敏尔书记、陈刚书记的领导下，贵州正弯道取直，快速超车。大家可以感受到贵州正在成为全国的数字大省。

2016年，茅台集团创造了2013年白酒行业调整以来的最快增速，实现销售收入502亿元，利润251亿元，上缴税金188亿元，上缴国有资本收益金14亿元。2017年，贵州茅台股票市值稳步上升，突破5500亿元，超过全球烈酒老牌冠军帝亚吉欧，成为全球市值最高的烈酒企业。作为单品销售第一的世界烈酒品牌，以2000多亿元的品牌估值，成了香飘世界的中国名片。

“数字茅台”是一项创新发展的重大工程，从智能化生产、全产业链信息化，到拓展 B2C、B2B、C2F 渠道，打造茅台电商、茅台云商平台，再到利用社群、场景等进行营销，数据经济正参与到茅台经营的每一个环节。我们正在打造一个汇聚战略、文化、品牌、生产、经营、营销等优质资源，覆盖全产业链的大数据价值体系，引领茅台的新增长。

一是“大数据＋生产”为传统酿酒增添了新动能。茅台酒是工艺最复杂、生产周期最长、生产成本最高、参与酿造微生物最多、风格风味和健康因子最丰富的蒸馏酒，其酿造是世界酿酒行业最复杂的生物工程之一。茅台把继承传统与科技创新有机融合，在基酒生产环节，对所有730个生产班组实施部署了基于移动互联网的实时数据采集系统。实现了基础酒数据的信息化、标准化，确保茅台基础酒质量。在勾贮生产环节，积极运用物联网技术，构建了计划科学调度、作业精确计量、库容动态管理的勾贮工艺新模式，实现了现有70余万坛存酒的图形化和精细化管理，确保勾兑质量。

二是“大数据＋质量”为产品质量安装了电子眼。茅台深度践行“大品牌有大担当”的社会责任，对每一瓶出厂酒都用大数据和人工进行理化检测及感官品尝。同时，从防伪和溯源两个社会主要关注热点出发，以国家密码管理局认定的国密算法安全芯片构建信息化防伪体系，以全过程质检信息为主线构建溯源体系，实现了每一瓶酒“来源可查、去向可追、责任可究、真伪可辨”。防伪和溯源体系作为标杆引领了行业创新发展。

三是“大数据＋营销”为品牌拓展注入了新内涵。我们以云数据链接茅台2800余家经销商，打造物联网云商交易平台，以新零售、新智造、新营销、新金融理念，创领营销新格局。一是通过对大数据多维度的精准分析，构建精准投放平台和全方位营销体系。如通过将用户的社会属性、生活习惯、消费行为等信息抽象出一个精准化群体，通过用户数字画像，留住消费者，进行个性化订制，使我们的服务更加聚焦、更加精准。二是实现线上到终端的O2O营销。三是通过新媒体平台，将内容营销、社交圈层与传统酒业文化相结合，创新社区场景营销、微营销。

四是“大数据＋管理”为百年老店装上了加速器。“十二五”以来，茅台信息化发展实现了从建设全局性信息系统向持续提升整合信息系统的跨越。信息化重心从全面覆盖向深化应用和价值凸显转变，重点开展了以ERP为核心的系统集成建设和应用推广，整合并构建了生产、供应链、质量、营销、电子采购、财务等板块的财务业务一体化平台，并在130余家分子公司部署上线，促进了协同高效和管理创新。

我们深刻感受到全球新一轮科技革命和产业革命正加速从互联网、移动互联网向物联网延伸，数字经济深刻改变人类社会生活方式的同时，正加剧改变人类的生产生活方式。

数字经济是一次企业内部的深刻变革。对传统制造业企业而言，数字经济时代，企业管理者最大的挑战并不是单个环节的技术改革，或是软件平台的构建，而是一场打破旧体制、旧观念的思维再造。如何在线下营造更优化的“内部场景”，让所有员工能够自觉自愿适配到“数字时代”的生产、管理、服务流程中来，推动“线上”与“线下”的融合，是当前传统企业创新与治理的难点、痛点。

传统模式下是数据跟着生产与营销走，新模式则需要营销、生产、服务、品牌管理跟着数据走。这种转变让很多人不适应，知识结构跟不上，心理上也不适应、不匹配。如何更好破解？这不仅仅是茅台的课题，更是所有制造业企业面临的挑战。实体企业的数字化改造，关乎企业未来生死，迎接挑战，前方的天空会很宽广，回避挑战，就很难逃脱被淘汰的命运。

数字资产是一笔企业发展的宝贵财富。茅台什么最值钱？从传统的视角看，我们可以列出一长串名单：品牌资产、生态资源、传统工艺、文化传承，等等。但在大数据时代，茅台的“数据资产”将成为越来越重要的企业资源。茅台在全球拥有大批高净值消费人群，这些消费客户数据与茅台越来越丰富的生产大数据和营销大数据相结合，构筑了茅台在营销渠道、消费者画像、消费趋势模型等各个领域的庞大信息资源储备，数据资产是茅台的核心，也是茅台未来战略发展的重要命脉。如何在保护好消费者个人数据隐私的基础上，对数据资产进行保护和应用，对未来“数字茅台”的打造至关重要。

数据技术是一场文化体系的再造重塑。茅台的营销体系构建、与消费者之间的互动、文化价值链的构建，会越来越多地向互联网空间转移。这种过程与趋势，为企业文化与营销空间的拓展，提供了新的路径。企业与品牌塑造在互联网空间、大数据平台的同步移植，不仅是利用新媒体手段加强品牌与文化传播的问题，更是一种品牌文化体系的再造与重塑。要将传统空间与互联网空间看成是一个整体的未来世界，重新思考与定位文化价值重塑，在互联网空间构建“文化茅台”的主阵地，建构茅台在“未来世界”的话语权引领、品牌引领、文化引领、价值观引领。这对我们来讲是一次巨大的挑战，同时也是一个让我们激动与振奋的新机遇、新空间。

数字产业的到来，既给经济发展模式和企业形态带来了革命性冲击，又给数字经济的发展带来了新的机遇。数字技术上的不断突破，将不断超越人类的想象力，将我们引入一个全新的空间。传统企业要不断和“大智移云”（大数据、智能化、移动互联网、云计算）相融合，要用创新思维深刻认识制造业未来的趋势和方向。茅台将全方位融入数字经济时代，在国家战略的指引下，在省委、省政府领导下，与各位专家一道，共同为中国制造业迈进数字经济时代，做出自己的努力和贡献。

谢谢大家！

观点再现

马　云（阿里巴巴集团董事局主席）：在大数据时代，特别是万物互联的时代，人类获得数据的能力远远超过大家的想象，人类对数据进行重新处理以及处理速度的能力也远远超过大家的想象。不管是 AI 也好，MI 也好，我们对世界的认识将会提升到一个新的高度。所以，我想说明一个问题，由于大数据，市场变得更加聪明；由于大数据，计划和预判成为可能。

李彦宏（百度公司创始人、董事长兼首席执行官）：我觉得数据确实重要，没有数据去训练的话，人工智能走不到今天。但是数据是不是根本呢？数据不是根本，数据有点像新时代的能源，像燃料，但推动时代进步的是技术，是创新，不是这些资源。所以，工业时代最宝贵的东西不是煤，是蒸汽机这样的技术革新。而人工智能时代最宝贵的也不是数据，是因为数据带来的技术创新。

马化腾（腾讯董事会主席兼首席执行官）：在未来互联网、人工智能方面，更重要的要素就是“场景”，或者叫“应用场景”“主战场”。这是最关键的。有了市场，有了场景，数据自然会产生，也会驱动技术发展，人才也会跟着来。从不可复制性来说，计算能力、大数据都是可以复制的，但是市场和人才是不可复制的。

鄂维南（中国科学院院士）：每个人定义的MI概念都不完全一样，我给MI的定义就是会学习的机器。如果要问会学习机器对社会产生什么样的影响？大家只要想一想工业化。工业化的技术基础造出会劳动的机器，有了会劳动的机器，其结果一是劳动效率和准确率大幅度提高，二是把人类从繁重体力劳动中解放出来。会学习的机器会带来什么样的影响呢？最起码的，机器决策比我们一般人做得好。所以，会劳动的机器代替的是蓝领，会学习的机器代替的是白领。

史蒂夫·霍夫曼（美国Founder Space公司总裁、首席执行官）：MI会是人机共生的核心点，我希望在有生之年能看到MI无处不在。如果有MI辅助，可以作出更好的决定。机器可以去捕捉相关的数据，分析整理这些数据，帮助我做出更好的决定，让我跟我生活中所触及的种种系统联系和对接被优化，然后用我的脑力做出更加高效、更有针对性的决策和决定，这是每个人未来可以发挥的潜力。

杰瑞·卡普兰（斯坦福大学人工智能专家）：我是科技乐观主义者，但是就这些技术的采用而言我是悲观主义者。什么意思？机器智能对社会的影响，像很多其他科技一样，这个技术与道德伦理是中性的，怎么利用这个科技是由人类决定的。所以，这不是一个科技对话，这个问题更多的是社会对话。我们可以用这个科技治愈疾病，也可以用这个技术来杀害人类。所以这个技术有很多可能的应用场景，我们必须做非常缜密、周全的思考，保证这个技术的好处惠及广泛的社会成员，而不仅仅是惠及能用得起机器智能的富裕的人们。

德里克·阿博利（高通公司全球总裁）：AI 的未来应用应该实现端对端、计算设备的连接。以5G 为代表的连接速度，可以让计算能力通过云端分布到设备端，实现无缝、超低延时、超高可靠性、超高数据量的连接。基于不同的 APP 应用，可以知道云端可以做什么，设备端可以做什么，这给我们带来了极大的发展机会。

黄陈宏（戴尔全球资深副总裁、大中华区总裁）：现在很多大企业都在研究人工智能，把人工智能平台用到生产中去，降低了成本，提高了生产率。难的是中小企业，中小企业有几个难？第一个难，人工智能的平台，高性能的计算平台还是蛮贵的，除了机器价格贵之外，还有人工成本。第二个难，是人才难。第三个难，现在企业信息化程度不高，所以企业数字化、信息化转型成了非常要紧的事情。

沈晓卫（IBM 中国研究院院长、大中华区首席技术官）：人工智能正在为我们带来一个黄金时代。这个时代的标志不仅是一个算法的改进，或一种服务的出现，或一场比赛的胜利，而是人工智能与物联网、云计算、区块链等技术结合，作为新的引擎推动行业创新，改变我们的生活，也重新定义我们生活的世界。

袁　辉（小 i 机器人创始人、董事长兼首席执行官）：我无法告诉你这个人工智能行业有多大，因为它不是一个行业，它是一个无处不在的产业，它会像空气和水一样地改变、影响我们生活的每一天。所以，中国的企业、创业者和投资人，在未来人工智能领域都要关注三个核心要素，就是算法、数据和特定应用。在未来发展中，中国企业只要牢牢把握住特定的商业应用场景，不断地利用大数据调优算法，完全可以推动中国的人工智能走在世界的前列。

郭台铭（富士康科技集团创始人、总裁）：智能制造跟大数据结合，第一个意义，让我们把体力活儿释放出来，让设备来取代人力。让我们的时间花在脑力劳动上。第二个意义，从过去的预测性生产、计划生产到现在的模拟订单生产，甚至做到接单再生产，让供应链倒过来，从制造导向走向市场导向，走向全新的客户需求导向，降低了社会资源的浪费。第三个意义，智能制造跟大数据结合，整个供应链是上下游贯穿的一个连接，所以不会有高高低低的价格波动，将来从订制化生产到个性化生产都可以实现。

陈刚（河北省委常委、雄安新区党工委书记，原贵州省委常委、贵阳市委书记）：在历次科技革命的作用下，人类的社会进步总是呈现出一种S形（波浪形）、螺旋形上升的过程。而每一次科技的重大突破发生之后，人类几乎都充满智慧地发明了一些新的技术，或者是一些新的社会制度，来制衡新技术的发展。同样，在今天我认为人类也不可能让人工智能无限制地发展下去，而区块链的出现，让我们看到了这个拐点。区块链所具有的去中心化、分布式账本、智能合约和不可篡改的时间戳四大技术特征，让区块链先天具有传递信任、重构价值体系和秩序规则的能力，恰好可以平衡制约人工智能发展的超速失控。

王敬东（中国工商银行执行董事、副行长）：金融科技是金融和科技的高度融合，核心是以信息科技驱动金融创新，进而降低运行成本，提升金融服务效率，促进金融体系改进。区块链作为金融科技的代表技术之一，正在支付清算、审计、风险控制等领域改变着传统业务处理模式。

Vitalik Buterin（以太坊创始人）：区块链技术似乎能改变现实，但是为了使得这个技术从愿景变为现实，我们还缺了什么？为什么系统还没有完全整合？技术只是一方面，我认为还有另一个问题，就是时间，我们需要时间才能够使这个技术革命变为现实，才能够让这个技术革命被人们所理解。

蔡维德（北京航空航天大学教授）：假设我们做一个区块链互联网的话，区块链互联网将有它自己的底层技术、协议、应用架构。所以它上面是计算、法律、主权区块链、智能计算还有应用，下面是一种新型网络协议。这样一种区块链互联网会建立在互联网上面，作为数字政府、数字社会以及数字法庭的基础平台，不只是一个诚信机器，而是一个诚信网络。

袁仁国［中国贵州茅台酒厂（集团）有限责任公司董事长］：数字经济是一次企业内部的深刻变革。对传统制造业企业而言，数字经济时代，企业管理者最大的挑战并不是单个环节的技术改革，或是软件平台的构建，而是一场打破旧体制、旧观念的思维再造。如何在线下营造更优化的“内部场景”，让所有员工能够自觉自愿适配到“数字时代”的生产、管理、服务流程中来，推动“线上”与“线下”的融合，这是当前传统企业创新与和治理的难点、痛点。

郭　锐（腾讯集团支付基础平台与金融应用线副总经理）：未来一切的数字资产都是数字化的，所有数字化资产和数字化信息是可被追踪和可定向的，拥有着更多的透明和更少的腐败。我们以前是靠信誉，但未来区块链利用技术的方法建立了一个新的信任方式，就是可以被量化，可以利用技术解决问题。所以，区块链成为下一个信任的基石，靠的不是信誉，而是技术。

王　俊（碳云智能创始人兼CEO、华大基因董事合伙人）：人工智能对治疗会起到非常重要的作用，通过数据、智能模型的方式辅助医生决策的体系更加成熟，让医疗的供给效率更高。以前的生命科学还是很传统的，现在变成了一个数据科学。这种数字化和人工智能给老百姓或者每一个从业者带来的最大影响就是对疾病的新认识。以前对可以控制的病不能控制，可以预防的病不能预防，这些在未来几十年可以得到有效的控制。

李　颖（工业和信息化部信息化和软件服务业司巡视员）：凭借着数据公开透明、信息安全程度高、可追溯性强等诸多优势，区块链有望改变互联网的治理模式，推动互联网成为新型信息基础设施，实现价值的有效传递；有望改善现有商业规则，构建新型产业协同模式，提高协同流通效率；有望加速社会数字化进程，推动各类商品的数字化扩大再生产。

国家大数据试验区交流

- 区块链与数据资本
- 推动互联网治理体系建设，构建网络空间命运共同体
- 绿色发展成趋势，全面推进绿色数据中心建设

2017年5月25日，2017数博会中国绿色数据中心发展论坛现场。

2017年5月27日，2017数博会大数据提升教育质量论坛现场。

2017年5月26日，2017年数博会大数据时代智慧城市创新发展高峰论坛现场。

数据创造价值，创新驱动未来

大数据战略重点实验室

“实施国家大数据战略，推进数据资源开放共享”，“十三五”规划首次提出实施国家大数据战略。2015年8月，国务院印发《促进大数据发展行动纲要》(国发〔2015〕50号)，将大数据发展作为国家重要战略进行全面部署，纲要提出，开展国家大数据综合实验区建设。2016年3月，中国首个国家级大数据综合实验区获得国家发展改革委、工业和信息化部、中央网信办发函批复，国家大数据（贵州）综合试验区在中国数据资源管理与共享开放、数据中心整合、数据资源应用方面开展系统性实验。

同年10月，京津冀等七个区域获批推进国家大数据综合试验区建设，这是继贵州之后第二批获批建设的国家级大数据综合试验区。第二批国家大数据综合试验区包括两个跨区域类综合试验区（京津冀、珠江三角洲），四个区域示范类综合试验区（上海市、河南省、重庆市、沈阳市），一个大数据基础设施统筹发展类综合试验区（内蒙古）。贵州省以建设国家大数据综合试验区为契机，围绕推进供给侧结构性改革，厚植大数据发展优势，在数据资源共享开放、数据中心整合利用、大数据创新应用、大数据产业聚集、大数据资源流通、大数据国际合作、大数据制度创新等七个方面开展系统性试验，运用大数据推动产业转型升级，运用大数据提升政府治理能力，运用大数据助推"黔货出山"，为实现弯道取直、后发赶超，培育新动能、壮大新实力。

2017中国国际大数据产业博览会（以下简称"数博会"）。数博会作为全球首个大数据主题博览会，也结合国家大数据综合试验区建设设置了交流板块，该板块主要涵盖7个论坛，分别为：大数据标准化论坛、2017第三届中国（贵阳）大数据交易高峰论坛、中国绿色数据中心发展论坛、数据的价值与网络多元化构建、大数据提升教育质量、大数据时代智慧城市创新发展高峰论坛、"安全与节能"数据中心建设国际论坛。众多大数据领军人物、企业家、专家学者就国家大数据试验区展开了交流，为合理运用大数据推动试验区向前发展指明了道路和方向。

一、坚持标准先行，完善生态体系

随着大数据技术的快速发展和应用的不断深入，标准化由于其领域的广泛性、内容的科学性和制定程序的规范性，使其在电子信息产业的发展中起着不可替代的重要作用。在大数据环境下，大数据的标准化工作具有特殊重要的意义。《促进大数据发展行动纲要》中明确提出"建立标准规范体系，促进大数据产业标准体系建设"的任务要求。《大数据产业发展规划(2016—2020)》（工信部规〔2016〕412号）中，也将推进大数据标准体系建设列为重点任务，并将推动实施大数据重点标准研制以及应用示范工程。

2017年5月26日，大数据标准化论坛在贵阳铂尔曼大酒店三楼宴会厅召开。此次论坛充分交流大数据国家标准的研制和应用推广情况，促进更多的相关单位参与国家大数据标准的研制，共同推进国家大数据重点标准的试验验证和应用推广工作。中国电子技术标准化研究院赵波院长认为，数据资源已经成为信息社会的重要生产要素、无形资产，是国家基础性的战略资源。通过对数据进行深入分析，能够总结经验、发现规律、预测趋势、辅助决策，更好地认识客观世界和开展社会实践。“十三五”时期是我国全面建成小康社会的决胜阶段，是新旧产业和发展动能接续转换的关键时期。国内大数据市场的应用需求处于爆发期，也对我国大数据标准化工作提出了更高要求。

大数据标准化工作是一项长期复杂的系统工程，对大数据产业发展起着支撑作用，需要有关方面加强沟通，积极对接，增进合作，共同发展。工业和信息化部信息化和软件服务业司李冠宇副司长对此提出了一些意见和建议：一是结合大数据产业的发展需要，根据信息技术产业和各个行业融合发展的新情况和新趋势，集成产、学、研、用各方面力量，积极推进关键领域、急需标准的研制工作，注重标准的质量，加强大数据标准对产业发展和技术应用的支撑作用。二是加强大数据标准的宣贯和落地应用，采取有效措施调动企业积极性，发挥企业主体作用，充分利用贵州等八个大数据综合实验区建设先行先试的机遇，加强重点标准和关键技术的实验验证，加快标准的推广应用，发挥示范带动作用。三是积极参与大数据国际标准化活动，吸收汲取国外大数据产业发展和标准化工作的经验，抓住国际标准化工作起步带来的机遇，在积极贡献我国力量的同时，不断提高我国大数据领域的话语权。

标准化是推动网络空间数据治理非常好的抓手。国家信息中心吕欣处长就如何在国家标准化体系建设发展规划当中，提升高新技术在国际标准化工作中的话语权提出了明确的要求。在系统设计网络空间设计治理体系方面，其主要以建立完善数据治理体系应急数据管理战略为总体导向，立足价值创造融合大数据、云计算等技术，在数据治理、管控及应用增效的双重支持下，实现数据资产应用创新及推动优化升级和模式变革。同时做好数据治理的管理规划，推进数据资产运营和应用创新，加强数据资产的安全保障工作。

2016年，工信部印发的《大数据产业发展规划》中明确提到了大数据的标准体系，同时也提到构建大数据的产业发展公共服务平台，并且尽全力形成一大批数据测试、认证以及公共服务平台，建立大数据发展评估体系，开展监测、分析和评估。电子标准院赛西实验室尹卓表示，大数据产品的标准体系目的主要涵盖：政府行业监管层面，监管并规范大数据产品，可以通过大数据标准引导企业产品向正确的方向发展；从企业能力的角度，需要通过规范大数据标准促使企业规范大数据的系统产品，最终促使企业水平的提升；从用户层面来说，架构的完善可以为用户选择大数据产品提供重要依据，帮助用户选择合适的产品。

数据交易是实现数据流通的重要方式，数据交易可以让拥有数据的公司实现数据资源变现，并且激发它们主动开放共享自身的数据，由此可以打破数据的孤岛现象，形成数据池，对接目前大数据应用和大数据市场上的多样化需求，完善大数据产业的生态，实现大数据价值真正的最大化。全国信息安全标准化技术委员会专家叶润国博士认为，数据也存在很多安全的挑战，应对大数据交易的安全举措，除了技术方面的措施之外，其实我们还可以从管理的角度进行应对：建立健全相应数据交易的安全标准。

整个标准化是围绕大数据交易服务安全模型来展开的，大数据交易服务安全模型包括五个部分：数据交易服务组织的安全、数据交易主体的安全、数据交易对象的安全、数据交易过程的安全和数据服务平台的安全。

在大数据标准工作方面，贵阳市作为全国信标委大数据标准工作成员单位，在大数据标准化工作方面先行先试。贵州省人大常委会李飞跃副主任特别指出在块数据方面创造性地提出了一系列新概念、新模型，为构建块数据的理论体系做了有益的探索。贵阳作为首个国家级大数据的综合实验区，主要围绕数据资源管理共享与开放、数据中心整合、数据资源运用、数据要素流通、大数据产业聚集、大数据国际合作、大数据制度创新七大任务开展系统性实验，起到示范带动、统筹布局、先行先试的作用。在贵阳召开大数据标准化论坛对加快推动大数据标准化体系建设、加快重点标准研制和推广具有重要的现实意义。

二、强化数据中心建设，做好基础支撑服务

随着云计算、大数据应用在各个领域的普及与深入，作为大数据时代基础设施和为大数据发展提供支撑服务的数据中心建设已进入一个全新的发展阶段，同时也给数据中心这个基石产业带来了巨大挑战和广阔机遇，数据中心已经成为企业、城市、国家的宝贵资源，作为承载用户海量数据的重要载体，给传统数据中心的存储能力、处理能力、交换能力、展示能力以及数据挖掘能力等都提出了更高要求。如何建好一流数据中心，为大数据产业保驾护航，重点应该建设具有高密度、模块化、IDC 互联、SDN、智慧设计、绿色节能、向云演进等特征的基础资源运营和管理平台，以满足大数据产业的需求。由此可见，数据中心加速了数据的产生，而未来大

数据的解决之道还是需要依靠强大的且随时随地可以获得的云计算能力，深入挖掘和解析数据，为用户提供更多形态的业务和服务，同时也要用更加市场化的手段整合内部资源。

推动数据中心绿色发展是培育发展新动能、提升绿色竞争力的重要支撑，是实现绿色循环低碳发展的一个重要举措。2016年3月，国家大数据（贵州）综合试验区受函批复后，也将数据中心整合作为七大任务之一来开展系统性试验。建好数据中心就能以此强化国家大数据综合试验区的基础设施和为大数据发展提供支撑服务。2017年5月25日，数博会召开了中国绿色数据中心发展论坛、“安全与节能”数据中心建设国际论坛。两个论坛分别就绿色数据中心及安全与节能数据中心如何发展展开了深度的交流。

绿色数据中心是政策配套性强、技术复杂、涉及面广、工作周期相对较长的系统工程，需要从每个环节做起，全行业共同参与，坚持重点突破，创新驱动。工信部节能与综合利用司杨铁生副司长提出，针对数据中心绿色发展将重点开展：一是联合国家机关事务管理局、国家能源局组织开展国家绿色数据中心试点单位评价工作。二是推动建立绿色数据中心公共服务平台，培育第三方节能与绿色发展评价机构。三是建立绿色数据中心的标准体系，鼓励相关团体标准的修正，推动形成国家标准。四是利用绿色信贷等金融手段支持绿色数据中心参照国家绿色数据中心试点工作方案，实施节能技术改造。五是全面总结试点工作经验，充分发挥试点示范的辐射带动作用，探索持续引导数据中心绿色发展的新机制。

随着人类进入大数据时代，数据中心成为信息社会的用电大户，排除电力消耗过程中产生的热量，维持数据中心设备安全可靠运行，是达到节能减排、降低运行成本的主要途径。为了做到安全节能，中国制冷学会金嘉玮理事长表示，中国制冷学会在2015年7月成立了数据中心冷却工作组，汇集了从事这一领域技术研究、工程设计、产品开发、工程实施和运行管理的诸多机构，包括高校、科学院所、设计院、生产企业、运行企业等，共同围绕数据中心冷却任务全面合作，全方位、多角度为改善数据中心冷却效果、为降低数据中心能耗而努力，保障我国顺利进入大数据时代，为我国数据中心冷却、为节能减排、为低碳发展做贡献。

数据中心要做到安全节能，首先要知道其痛点在哪儿，才能有效地解决，做到绿色数据中心。珠海格力电器股份有限公司高级工程师李宏波强调，数据中心存在的痛点主要有：第一，能耗非常高。第二，数据机房的显热负荷密度高。第三，数据机房的安全性。对于数据中心节能，因为能耗比较大，就采用光伏直驱的方法从源头来进行。

中国科学院院士、西安交通大学陶文铨教授认为数据中心的安全和节能与冷却是密切相关的，并对数据中心冷却问题进行了分析。数据中心冷却可以分为两大类：第一类是冷却介质对 IT 器械的冷却，冷却介质有空气、液体等，这类冷却基本是传热问题。第二类是对冷却的回收，也就是对冷却本身的冷却，就是制冷系统，基本就是热力学问题。

当前国内外都在大力倡导发展绿色数据中心，采取节能、节制、低碳的先进技术、产品和先进管理方法，建立绿色数据中心，实现能源效率最大化和环境影响最小化。有美国实施数据中心的能效中心联邦数据中心整合计划、欧盟实施数据中心能效行为准则，还有些国际组织、绿色网格开展了数据中心节能标准制定和最佳实践推广等等，作为我国工业和信息化的主管部门，工业和信息化部也早在“十二五”时期就高度重视绿色数据中心的能耗问题，《工业节能“十二五”规划》中也明确提出到2015年数据中心 PUE 值要下降8%。此外，还联合国家发展改革委、国土资源部、电监会、能源局等部门发布了《关于数据中心建设布局的指导意见》，引导大型数据中心合理布局和健康发展。

华为技术有限公司网络能源产品线数据中心领域市场总监李国强在数据中心的设计上，介绍了华为绿色智能微模块，能有效解决安全节能等问题，其设计理念就是用数字化、网络化、智能化的三化手段打造简单、可靠、高效的数据中心解决方案。基于数字化、网络化的基础，利用大数据的分析技术，基于各个设备之间历史运营数据的对比、联动的算法以及与 IT 设备的联动，根据 IT 负载的实时变化，按需供电，充分打造一个高效节能的数据中心，这是我们的整个理念。

三、探索数据应用潜力，打通产业融合之道

大数据已经上升为国家战略，“十三五”规划纲要中明确指出：实施国家大数据战略，把大数据作为基础性战略资源，加快推动数据资源开放共享和开发应用，助力产业转型升级和社会治理创新。当前，信息技术与经济社会的交汇融合引发了数据迅猛增长，一个大规模产生分享和应用数据的时代已扑面而来。基于互联网的大数据、云计算、智能终端等新一代信息技术正日益对各行各业、各个领域产生深刻的影响，极大促进了产业发展转型、管理方式变革和社会效力的提升，大数据已成为新时代最具价值的保障之一。2017年5月27—28日，召开了“大数据提升教育质量论坛”“创新，洞见，第二届大数据与传媒产业峰会”，以及“大数据时代智慧城市创新发展高峰论坛”，就如何突破大数据关键技术，运用大数据推动传媒产业发展和提升教育质量进行了交流分享。

传媒产业作为生产传播各种以文字、图形、艺术语言、影像、声音、数码符号等形式存在的信息产品，以及提供各种增值服务的特殊产业，数

据必将成为它的富矿与核心资源。贵州省新闻出版广电局朱新武局长表示，大数据时代内容为王，大数据技术的支撑是传媒业转型的有效途径，大数据技术的使用必将成为各类媒体提升传播力、竞争力、发展力的关键要素，只有利用大数据深入分析用户的群体特征和多样化、个性化需求，以用户数据、用户画像指导节目与服务创新，才能做到精准生产、精准传播、精准服务，才能实现在互动中服务、在服务中引导。

国家新闻出版广电总局广播科学研究院邹峰院长表示，大数据业务具备三个现实意义：一是促进广电核心生产力的发展，原来通信部门是双向的，广电是单向的，通过大数据可以在针对性方面加大投入；二是优化现有广电运营模式，突破供给侧结构性改革；三是促进物联网、车联网等新业务开展的基础平台。大数据业务也具有重要的战略意义：第一，促进广播电视节目内容制作、播出、用户侧结构细分的重要举措。第二，促进广播电视节目传输、分发、终端部署，降低服务成本。第三，加强台网联系，提高产业和管理效率。

在教育方面，国家提出2020年基本实现教育现代化，以教育信息化带动教育现代化，要大力促进教育公平，构建利用信息化手段扩大优质教育资源覆盖面的有效机制，逐步缩小区域、城乡、校际差距。随着“三通两平台”建设与应用工作全面推进，教育领域大数据应用需求十分迫切。教育部教育管理信息中心罗方述副主任认为，大数据时代对人类数据驾驭能力提出了新的挑战，也为人类获得更加深刻、全面的洞察能力提供前所未有的空间与潜力。在信息化发展的今天要不断重视教育大数据的应用，维护教育大数据安全，推进教育大数据健康发展，进一步提升政府的教育治理能力，优化教育公共服务，促进教育创新发展，为我国教育改革和发展提供有力支撑。

贵州省教育厅副厅长黄健强调，打开未来教育之门的钥匙是大数据，大数据能催生新的教育形态，衍生出线上线下融合的双重教育服务业态，使得教育无处不在，学习无时不在。大数据能驱动人才培养的精准化，让因材施教真正成为可能；大数据能驱动管理精准化，提高管理的针对性和有效性，提高决策的前瞻性和科学性；大数据能驱动教育均衡化，实现数据共享、资源共享，有效地推动教育公平。

教育大数据成为各国关注的焦点，每个国家都发布了关于大数据的规划、政策、项目等大量的研究课题。国家教育大数据应用技术国家工程实验室主任、华中师范大学校长杨宗凯认为，中国也启动了大数据战略，“十三五”信息化纲要提出管理的现代化、治理结构的现代化等要求。所以数据驱动学校教育变革已成为全球改革和发展的共识，这就是未来，它为我们国家长期困扰的教育难题提供了新的可能性。

贵阳市教育局党委书记、局长周进提出，构建“大数据＋教育”的目的是为了提升教育质量，在政府层面上来说，希望提升政府教育治理能力、管理水平，并为政府提供决策依据。对学生和学校来说，希望提供给学校、教师、学生个性化方案，助力教学发展。在服务家长和社会方面，我们希望构建有效的家校合作机制，形成良好、健康的育人氛围。

在智慧城市方面，随着中国城市城镇化速度不断加快，智慧城市建设日益成为我国城市发展的重要目标。“十三五”规划提出“创新、协调、绿色、开放、共享”的五大发展理念，更为智慧城市建设和发展指明了方向。随着互联网、智能移动终端、云计算、互联网技术的迅猛发展，城市正从智能城市向智慧城市转变。2017年5月27日，大数据时代智慧城市创新发展高峰论坛召开，汇聚了大数据和智慧城市领域的专家学者，从智慧城市建设顶层方案设计、大数据信息系统集成等方面，展开对数据经济的城市应用场景探讨，以期协同各方共建贵州省大数据智慧城市创新发展及应用的生态闭环。

大数据成为贵州经济发展的核心战略，贵州省大数据发展管理局副局长景亚萍强调，贵阳市从基础设施、产业发展、绿色共享开放、数据应用等方面开展智慧城市的建设，来推动大数据在民生服务、社会和谐、人口健康、生态环保、社会保障、文化建设、交通旅游等领域的信息、消费的应用，推动公共服务数据与互联网、移动互联网、可穿戴设备等数据的整合，开发各类便民的应用服务，并以此带动政务、医疗、教育、卫生、农业、电子商务等民生领域的智能化发展，不断提高政府的服务能力。随着城市治理体系和应用机制的不断完善，随着创新、协调、绿色、开放、共享发展理念的不断深入，随着信息强国战略、国家大数据战略的实施与不断发展，势必将推动传统意义上的城市治理向新型社会治理的演进。而大数据的发展将会给新型智慧城市建设带来前所未有的机遇。

四、深挖数据资源价值，打造多元网络社会

当今世界，大数据时代的变革正在世界的每一个角落发生，深刻改变着经济社会生活的方方面面，大数据日益成为经济社会发展新的驱动力，在各个商业领域，大数据都释放着无限潜能，让资源与劳动力实现更有效的组织，并构建全新的社会关系。每个人都正在成为数据的制造者、分析者、使用者。如何捍卫数据的价值、共享数据的效用，让数据成为推动社会进步的力量，正成为全社会共同面临的问题。2017年5月26—27日，数据的价值与网络多元化构建、大数据交易高峰论坛围绕数据价值和创新数据应用实践等多方面进行交流和专业探讨。

数据不仅仅已经成为世界各个利益主体角逐的核心点，更是一个国家基础性的战略资源，数据安全常常超出了常规安全的概念，上升到维护国家主权的地位。谁掌控数据主权，实践数据的推动发展，谁就掌握了主动，引领了世界。航天十二院院长薛惠锋强调，数据作为战略资源已成为世界大国的载体，从国家层面，数据主权就是指国家对本国管辖领域范围内，任何个人和组织所搜集产生的数据以及这些数据的存储、传输、处理、运用、运营的主体、设施设备的运用等进行独立的管辖，并采取措施，使其免受他国的侵害，如果没有数据的安全，丧失数据的主权就是把自己国家的命运交给别人来掌握。

当今世界，互联网、云计算、大数据等现代信息技术深刻改变着经济社会生活的方方面面，大数据日益成为经济社会发展新的驱动力。国家互联网信息办公室网络社会工作局局长章勋宏表示，随着互联网社会动员功能日益增强，社会治理模式正在从单向管理转向双向互动，从线下转向线上线下融合。习近平总书记强调，要以数据集中和共享为途径，实现跨层级、跨地域、跨系统、跨部门、跨业务的协同管理和服务。习总书记的重要讲话阐明了利用大数据促进社会治理的重要意义、战略目标和具体路径。网络空间是虚拟的，但运用网络空间的主体是现实的，不断加强和改进网络社会治理，是提升社会治理水平的必然要求。近年来，国家网信办贯彻落实中央和国家的有关部署，紧紧围绕网络强国建设战略目标，着力加强网络生态治理，繁荣发展网络文化，促进网络诚信、网络公益等正能量传播，积极培育“中国好网民”，支持网络社会组织发展，为全面建设清朗网络空间构筑了坚实的网络社会基础。

当今时代，新一轮科技革命和产业变革方兴未艾，互联网已经全面融入人类生产生活，这是贵州的机遇。贵州省委常委、宣传部部长、副省长慕德贵表示，“凡益之道，与时偕行”，在今后的五年中，深入推进大数据战略行动，实施数字经济倍增计划和“互联网 +”行动计划，充分挖掘大数据的商用、政用和民用价值，更好地以大数据引领经济转型升级、提升政府治理能力、服务民生社会事业。加快建设数据强省，按照明确的国家大数据综合试验区的建设目标，积极开展系统性实验，培植“智慧树”，深挖“钻石矿”，打造国家级大数据的内容中心、服务中心、金融中心、创新中心，培育大数据的核心业态、关联业态、衍生业态，谋划推进一批大数据引领性、应用性、支撑性项目，做大做强数字经济，推进大数据在脱贫攻坚、产业发展、政务活动和民生改善等领域的创新和应用。

网络空间数据治理面临的挑战与应对

国家信息中心时空大数据研究中心秘书长　吕　欣

尊敬的各位嘉宾、各位朋友，女士们、先生们：

大家好！

我汇报的题目是《网络空间数据治理面临的挑战与应对》。我将从三个方面汇报，第一，从系统学的视角来看网络空间大数据。第二，网络空间数据治理面临的主要挑战。第三，以标准化为抓手推动网络空间数据治理工作。

以系统学的视角看网络空间数据治理。网络空间和大数据可以说是现代信息网络两个重要的概念，网络空间来源于美国作家威廉姆，他在20世纪80年代的一本科幻小说《神经漫游者》中提出了网络空间的概念，后来在美国政府发布的政策文件和战略报告中被采用，2003年发布《保护网络空间国家战略》，2008年国家安全第54号总统令将网络空间定义为源自信息技术、基础设施的相互依存的网络，包括互联网、电信网络、计算机系统和关键行业的嵌入式处理器和控制器。从这个概念来说，网络空间包括了互联网，甚至大于互联网。

再看我国学者如何认识网络空间。1995年，著名科学家钱学森院士在给其他几位同志的信中提出“信息网络＋用户”将构成一个开放的复杂巨系统，这个系统不是简单的巨系统，也不是大系统、小系统等容易调控的系统，我们必须用系统学等开放的巨系统理论研究制订宏观调控方案，在开放的巨系统出现之前要考察调控的手段，现在我们要治理。11月他在一封信中又提到信息网络将开创一个新时代，所以必须要有与之相关的法规。

如果从系统学的角度来看网络空间，那么网络空间有三个关键要素：一是信息网络。二是数据。三是用户。网络空间是一个虚拟社会和现实社会的高度融合体，是一个开放的复杂巨系统，其本质是人机系统，而人在这个系统中扮演了重要角色，数据是网络空间的灵魂。

从传统的技术角度来看，大数据有四个特征——四个V，这四个V实际上符合钱学森院士提出的复杂巨系统的特征：开放性、复杂性、巨量性以及系统之间层次众多。他提出，实践证明能够唯一处理开放巨系统的方法就是从定性到定量的综合集成方法，包括了群体决策、智能决策、人机结合、以人为主、从定性到定量，我们现在提基于大数据的、政府的、网络的治理和决策等，实际上开放的复杂巨系统和综合集成方法在互联网网络空间拥有着深化应用。

第一方面的挑战是数据安全的挑战。从经济学的角度来看，大数据提出了“四新、四大”，对经济社会发展是新资源、新思维、新动能和新手段，同时可以促进大创新、释放大红利、带动大产业、实现大转型。我们认识到大数据巨大的社会和经济价值的同时，它也面临一些安全威胁和挑战，同时也被一些违法犯罪分子所觊觎。不出问题则已，一出问题就有可能导致交通中断、金融紊乱、电力瘫痪等，这些也是数字基础设施所面临的严峻问题，具有很大的破坏性和杀伤力。

举个例子，伊朗的核电站和乌克兰的电力系统面临的问题都和数字基础设施面临的威胁和攻击有关。另外一个案例，在5月12日全球爆发的大规模勒索病毒感染事件中，有99个国家和地区遭遇到超过7.5万次的电脑病毒攻击，用户被要求支付价值300～600美元的比特币，短短几日内，150个国家的20多万台电脑受到波及，对大数据的保护工作造成了严峻的挑战。

从它的攻击特征来看，具有目标针对性、目的多元性、来源复杂性。从攻击影响方面看，传染性较强、难破译、交易虚拟化、勒索时效性（要求在一定时间内支付赎金）。从破译性来看，这次的勒索病毒不同于一般的黑客攻击，用了密码学和网络安全的一些先进科学技术，比如在加密的时候使用 RSA-2048工业密码算法，采用密钥长度2048比特的算法，这个 RSA 算法当前在金融等很多领域被广泛采用，包括各种数字证书广泛采用的算法标准。病毒调用该算法对它的私钥进行加密，公钥通过病毒进行传播，RSA 算法不是用于加密文件，而是进行密钥分配，加密文件的算法是对称密码算法，分组密码算法——AES，采用的是美国的加密标准，所以造成我们在实施过程中非常难破译。美国联邦调查局发布的调查显示，勒索病毒的赎金总额由2015年的2400万美元跃升到2016年的10亿美元，增长幅度达到了百分之四千多。

第二方面的挑战是数据开放和共享面临的问题。《促进大数据发展行动纲要》对数据的开放共享提出了明确的要求，但是基于历史的原因，我们由于部门自建数据中心的历史比较突出，信息孤岛现象依然存在，造成了我们开放和共享的数据质量不高、精确性低、时效性差等问题没有得到根本的解决。不同领域还有一些短期任务、例行公事导致了数据的碎片化，严重影响了数据采集的质量，不利于数据的关联分析和价值挖掘。

第三方面的挑战是跨境数据流动面临的安全威胁。跨境数据流动由于各个国家人文、历史、法律法规不同，以及管理制度不同、视角不同，包括数据本身的复杂性，导致各个国家对数据风险的界定和认识难以形成统一的跨境数据流动管理制度。从目前来看，世界各国的跨境数据主要有以下原则：一是国家安全和主权原则。比如俄罗斯通过法令要求本国公民的数据需要存储在本国境内，我国的《网络安全法》对关键性基础设施运营中的数据要求应当在境内存储。二是知识产权原则。美国的 TPB 贸易谈判中比较重视知识产权条款主张。三是隐私保护原则。比如澳大利亚《隐私法》规定，数据在商务等活动中流动到国外时，接受方必须遵循澳大利亚本土关于隐私原则的有关规定。四是相互信任原则。比如欧盟成员国之间的数据交换持信任态度，原来欧盟和美国之间有一个安全港协议，后来废止了。

第四方面是数据安全技术保护面临的问题和挑战。主要包括大数据应用过程当中一些云设施的应用、数据的集中管理和迁移，这些情况都导致我们必须采用一些新的防卫技术和措施，同时要加强应急管理工作的进一步健全，特别是在遇到像勒索病毒这样突发事件的时候，应急管理非常重要。

第五方面是数据资产保护面临的挑战。由于数据资产保护的相应法律法规不是很健全，数据资产的价值难以评估，数据资产传输、存储、交易、转移当中的安全性问题不能够得到有效解决。

这些是我们在数据治理中面临的挑战。

标准化是推动网络空间数据治理非常好的抓手。国家标准化体系建设发展规划当中也对如何提升高新技术在国际标准化工作中的话语权提出了明确要求，我们大数据标准工作组从成立之初就积极参与国际标准化工作，参加了第一次 ISO 标准化工作组会议，并积极参与标准制定工作。

系统设计网络空间设计治理体系。包括以建立完善数据治理体系应急数据管理战略为总体导向，立足价值创造，融合大数据云计算等技术，在数据治理、管控及应用增效的双重支持下，实现数据资产应用创新及推动优化升级和模式变革。同时做好数据治理的管理规划，推进数据资产运营和应用创新，加强数据资产安全保障工作。

同时将标准化的工作融入数据管理的各个环节，包括开放共享。我们大数据标准化工作组在开放共享标准方面已经有了阶段性成果，包括数据安全的标准、智慧城市的标准。智慧城市里面有很多大数据的应用，很多接口要进行标准的总体布局和技术研发。

以上是我的汇报，请各位专家批评指正。

谢谢大家！

区块链与数据资本

英国帝国理工学院数据科学研究所所长　郭毅可

各位领导，各位来宾：

大家好！

我第一次讲区块链是在去年第二届的数博会，当时有一个叫作“大数据新思维”的论坛让我去做报告，那时我说要做数据交易不能没有区块链，不然数据就成不了资产。正是因为这个原因，我讲了区块链的作用。一年过去了，我们再看今天的区块链，已经被纳入国家高技术战略，对此我觉得非常振奋。

首先讲一下帝国理工，它是一个小校园，但是里面有很多与大数据相关的工作，特别是我们本身就是一个大数据的产地，我们有很多数据都是科学数据，像医学数据、工程数据等。数据科学研究所在帝国理工中央的位置，它主要的工作是作多学科的交叉，为各个学科的数据分析提供支持，同时也利用各个学科的数据来进行分析、研究。

大家都知道两年前习主席曾经访问了我们的研究所，当时，除了交通和医疗，讲的都是跟社会有关的东西，包括“一带一路”、人口迁移等。我们虽然是理工学院，但经济研究也是我们的一部分。我们有一个数据经济研究实验室，这个实验室是建行和 Thomson Reuters 一起支持的，现在还有海航的支持。这个实验室里面有各种各样的分析，有选举的分析，还有区块链的工作。英国金融时报（Financial Times）报道了我们的工作，报道的正好是区块链。直到现在，我们每天都会对全球的比特币进行研究和监控，我们有从开始到现在的所有比特币的交易。

我先讲数据资产。今天之所以讲大数据，是因为世界的数据化，现在我们所做的一切事情都是衡量、测量世界上的万物，包括车、飞机、生意、资产、科学等，我们都是通过数据的方法来理解它的性质、研究它的发展。

数据的智能。在日常生活当中，经济社会发生了翻天覆地的变化。数据是以数为据，它曾仅是记录和度量物理世界的资产。数据产品是数据在组成服务时使自身变成了资源，更进一步成了资产。要将数据资源变为资产，实质就是所有权的建立，只有对数据的所有权进行界定才能使数据成为资产。数据资本是对数据资产流通和交易来实现数据的价值，使数据成为资本。今天，我们还没有完全来到数据资本的时代，但是我们已经开始研究如何把数据作为资产。

数据资本是我们即将面临的、崭新的经济基础，在资本之前必须实施资产，不然数据交换使数据产生价值，是不可能实现的，所以我们要研究比特币。在帝国理工对全球比特币交易的整个监控中，我们可以看到每一个区块链里面都有一个块，每一个块上都有一些比特币的交易，每一个交易都有各种各样的形态，通过这个形态我们可以定义各种交易的形式，比方说哪一些是恶意的进攻，哪一些是资金的洗钱，哪一些是散钱的交易等等，我们可以通过各种模型研究出来。

关于个人数据的重要性。我们之所以要讲数据资产，是因为它有价值。为什么说它有价值呢？就拿我们的生命来讲，昨天有一个大数据的逻辑会议，有教授讲了基因和精准医疗，他说以后只要600块钱我们就能够测到自己整个的基因序，你看病的时候就拿这个光盘，它可以帮助你治病。同时，个人还有生活方式的数据，比如走路步数可以记录每天生活的状态，这些数据都非常有价值。为什么这些数据非常有价值呢？因为不仅与你个人有关，而且对社会也非常有用。为什么数据可以形成资本？因为你的数据还可以和别人的交换，也可以和别人的数据绑在一起形成一组新的、有价值的数据。

下面我来讲一下从数据资产到数据资本的两个瓶颈。一是实体资产和数据资产的不对称。物体可以交换，但是数据没这个特点。数据存在一个特殊问题：数据是可以拷贝的，我拥有这个数据并不妨碍你也拥有它。二是数据是无限可再生的。数据的产生非常容易。作为资产来讲，如果不界定它的数据，保持它的属性，那它就不能成为资产。同时，人拥有的物理实体，它在数据世界里的衍生物是可以随意拷贝的，是可以随意拥有的。这样的不对称会有很大的问题，就是使用的非排他性和无限的可再生性，使交易产生了很大的矛盾。

随着个人数据接近无限，我们怎么样把数据变成一个有价值的数据产品，也就是要怎么实现数据的价值？所以，把资产变成资本要有两个关键技术：一是区块链，它使得数据具有唯一性并且无法再生；二是人工智能。

我们学计算机的人都知道，区块链就是一个块的链表，里面记录着交易的历史。同时，它是公开的，每一个人上了区块链以后，就拥有所有的区块链数据。很多人问我如何监控比特币的数据？我说你不懂区块链，因为你只要知道区块链，你就知道这个数据是公开的，但是你不知道具体是谁进行了交易，因为它是加密的。加密部分就是谁付谁的钱，但是钱是在哪走的这是公开的。还有一个最重要的东西叫私密，私密是什么？就是要加密，对于关键的东西，你有拥有权的东西是加密的。还有就是诚信和去中心化，比如我付了你两块钱，你怎么知道我钱包里有两块钱，在比特币里面它是通过挖矿，让挖矿的人去查你是否有两块钱，关键就是要用公开保证诚信，还要用共识来保证去中心化，然后用加码来保证它的私密。

实际上区块链的重要性就在于它是一个公开的、永久的、不可篡改的账本。比特币的一个最重要的优点就是它生成的东西在数据世界里面不可能产生两次，就是不能拷贝，不能拷贝就代表拥有权是唯一的。为什么区块链重要？因为一个区块的整个产生历史是记在账本上的，是不能改动的，同时又是完全公开的，保证了每次交易都是合理的，从而形成一个不可更改的诚信账户。虽然技术上没有太大难度，但是它确实做了非常伟大的贡献。区块链使得可以交换数据价值，因为数据的拥有性是唯一的，以后就有数据交换的概念，这个是它的一个最大的意义。

区块链的组成部分是三个。一是可交易物。大家比较熟悉的就是比特币，其实不仅是比特币，你可以交易任何东西。二是账本。刚才我说了账本的概念就是永久、公开和不可修改。三是查账。查账不是银行，是谁呢？是 Consensus，是大家都可以查的，是公开的。

举几个区块链的应用实例：文凭。现在文凭可以篡改、可以买卖、可以伪造，但是如果我们把文凭放到区块链上，那就没有这些问题了，因为你不可能改动它，而且你是骗子也没有用，你只要骗一次，大家都会知道，你就无法找到工作了。区块链是无法骗人的，一旦骗了就会被识破。把它推而广之，我们可以在贵州做社会诚信的时候，将你所有的履历、简历、工作档案放到区块链上，无法修改，而且整个历史是被延续的，你可以看我整个的历史，所以这是一个非常干净的履历表，也不再需要公证处，因为完全没有必要，全国人民的数据我们都公证过了。

还有一个应用就是供应链溯源。我举一个例子，帝国理工一个学生的公司，他的酒有商标、有品牌，可以看到酒是什么地方产的，什么年代产的，有个章，但这些东西都是可以伪造的，这些数据怎么样可以防伪呢？可以通过区块链来实现。区块链可以把酒从哪儿来，什么地方造的等信息全部用账本的形式保存下来。这里有很多的好处，最大的一个好处就是可以把这些信息放在酒上，这时候一瓶酒就变成一个数据体，变成区块链上的块，这个块对应酒上的所有信息，把它建立成一个不可去除的对应以后，整个历史就保持下来了。这瓶酒的数据上面变成一个唯一的数据体，你可以做所有的事情，你可以将每瓶酒定不同的价格，因为这个酒是什么时候产的一目了然。你可以说哪天的茅台酒价格是1750块，哪天的茅台酒价格是1400块，区块链使得历史数据的不可篡改性，物体不可伪造性成为可能。

我们今天讲智慧城市，这里面很多的建设都可以用区块链。以病历为例，病历可以看到你看病的历史，并记录在一个永久公开的账本上。怎么保证数据的私密性呢？你的数据本身是加了密的，你愿意给谁钥匙是你的权利。你的数据资产完全在你自己的掌握之中，而不是像现在控制在医院手里。

总结一下。在大数据时代，数据资产是社会新的经济基础，在这样的社会中，解决数据资产的关键是交易，而区块链是支撑这个发展的关键技术，它的广泛应用会改变世界。最后一句话非常关键，不要把区块链看成是一个技术发明，其实它的技术非常简单，我们任何一个硕士生都可以写一个区块链系统，它的难点在于你怎么样来形成一个新的思维方式，把原来中心化的信息块所形成的商品交易模式变为去中心化的，这才是重要的。

谢谢大家！

推动互联网治理体系建设，构建网络空间命运共同体

贵州省委常委、省委宣传部部长、省政府副省长　慕德贵

尊敬的各位嘉宾，各位朋友，女士们、先生们：

大家上午好！

欢迎来到多彩贵州、爽爽的贵阳。在首届中国国际大数据产业博览会期间，我们举办由国家互联网信息办公室指导、贵州省互联网信息办公室承办的“数据的价值与网络多元化构建论坛”，共商网络安全和信息化事业、大数据产业的发展。在此，我谨代表贵州省委、省人民政府，代表主办方对各位嘉宾的到来表示诚挚的欢迎！对本次论坛的召开表示热烈的祝贺！

中国接入互联网已经22个年头，截至2016年12月，中国已经拥有7.31亿网民、480多万家网站，互联网已经深度融入经济社会发展，改变着人们的生活方式。中国已经成为互联网大国，成为世界上互联网应用最发达的国家之一。大家知道，贵州省正处于信息化高速发展的历史关键时期，

截至2016年12月，贵州省的互联网用户总数已达2900多万，占全省人口的80%，其中移动互联网用户已达到2500多万户，全省备案网站总数4.8万个。

贵州高度重视互联网的发展，2015年贵州省把大数据确定为“十三五”期间全省重点实施的两大战略行动之一，2016年贵州省获批成为全国第一个国家级大数据综合试验区。对于贵州而言，大数据是我们弯道取直、后发赶超的战略引擎。

这些年来，我们全力推进国家大数据综合试验区的建设，充分挖掘利用大数据的商业价值、管理价值、社会价值，抢占大数据发展制高点，运用大数据推动经济社会加快转型发展、社会治理能力快速提升和公共服务水平的全面提升。现在，全国首个省级政府和企业数据统筹存储、共享开放和开发利用的云平台——云上贵州，已经实现省、市、县全覆盖。

贵州是一片适合干事创业的热土，有着创新奋进的气质。这里不仅有丰富的民族文化，被誉为“文化千岛”，还有着深厚的红色文化、山地文化、阳明文化、“三线文化”等，这里不仅有丰富的矿产资源和良好的生态环境，还有着良好的区位优势和高速发展的交通，处在“一带一路”战略重要的连接地带。作为全国唯一一个没有平原支撑的省份，贵州的高速铁路正在迅速地形成网络，并在2015年成功实现了县县通高速公路，成为中国西部第一个县县通高速公路的省份。全省每个市州都至少开通了一个民用机场。更重要的是，这里的人民有着奋发作为、只争朝夕的精气神，想干事、能干事、干成事。在过去6年，贵州经济增速连续位居全国的前3位、年均增长11.6%，传统产业转型升级，新兴产业快速成长，新产品、新业态、新商业模式层出不穷，正奋力冲出“经济的洼地”，构筑“精神的高地”，综合实力有了显著提升。

当今时代，新一轮科技革命和产业变革方兴未艾，互联网已经全面融入了人类生产生活，这是贵州的机遇。“凡益之道，与时偕行”，在今后的五年中，我们将更深入推进大数据战略行动，实施数字经济倍增计划和“互联网＋”行动计划，充分挖掘大数据的商用、政用和民用价值，更好地以大数据引领经济转型升级、提升政府治理能力、服务民生社会事业。我们将加快建设成为数据强省，按照明确的国家大数据综合试验区的建设目标，积极开展系统性实验，培植“智慧树”，深挖“钻石矿”，打造国家级大数据的内容中心、服务中心、金融中心、创新中心，培育大数据的核心业态、关联业态、衍生业态，谋划推进一批大数据引领性、应用性、支撑性的项目，做大做强数字经济，推进大数据在脱贫攻坚、产业发展、政务活动和民生改善等领域的创新和应用。

本次论坛以“数据的价值与网络多元化构建”为主题，这是一个非常具有前瞻性、十分有意义的主题。数据在今天已经展示出巨大的价值，在未来的日子里，当大数据、人工智能、生物工程和传统产业更深地融合在一起时，即使最富有想象力的大脑，也难以预测世界将会产生怎样奇妙的变化，将会对我们的生活、社会和政府的管理模式带来怎样的变革。

同样，我们也应该意识到，互联网发展至今，数据已经不仅仅是技术层面0和1的这样一个排列组合，网络已经成为亿万人的精神家园，已经对人们，特别是青少年的世界观、人生观、价值观的塑造产生重要影响。网络空间是虚拟的，但运用空间的主体是现实的，数据已经有了道德属性，数据的流通和分享交换势必应该有序而行。

我们这次论坛嘉宾云集，这么多行业的领军企业家和著名专家能够聚在一起进行交流，非常难得。我们诚恳地期望，参加论坛的各位嘉宾能畅所欲言、集思广益，提出富有前瞻性的意见，达成重要共识，共同促进网络空间健康有序发展。

互联网明天的发展取决于今天的行动，我们都是这个网络空间的一个命运共同体。我们为生活在这个深刻变革着的时代而感到自豪，我们有能力也有责任，让这个时代变得更加美好，共享有温度的数据，传播有道德的能量，共同拓展网络经济的空间，推动互联网治理体系的建设，让互联网真正成为惠及民生、为人造福的家园。

最后，预祝本次论坛圆满成功。

谢谢大家！

促进网络社会协同治理
共建清朗网络空间

国家互联网信息办公室网络社会工作局局长　章勋宏

尊敬的各位领导，各位来宾，女士们、先生们：

大家上午好！

在2017数博会召开之际，很高兴参加今天的论坛，与大家共同探讨大数据与网络社会治理这一具有时代意义的重大课题。我谨代表国家网信办网络社会工作局，对论坛的举办表示热烈的祝贺！

当今世界，互联网、云计算、大数据等现代信息技术深刻改变着经济社会生活的方方面面，大数据日益成为经济社会发展新的驱动力。随着互联网社会动员功能日益增强，社会治理模式正在从单向管理转向双向互动，从线下转向线上线下融合。习近平总书记强调，要以数据集中和共享为途径，实现跨层级、跨地域、跨系统、跨部门、跨业务的协同管理和服务。习总书记的重要讲话阐明了利用大数据促进社会治理的重要意义、战略目标和具体路径。

网络空间是虚拟的，但运用网络空间的主体是现实的，不断加强和改进网络社会治理，是提升社会治理水平的必然要求。近年来，国家网信办贯彻落实中央和国家的有关部署，紧紧围绕网络强国建设的战略目标，着力加强网络生态治理，繁荣发展网络文化，促进网络诚信、网络公益等正能量传播，积极培育“中国好网民”，支持网络社会组织发展，为全面建设清朗网络空间构筑了坚实的网络社会基础。

网络社会以互联网为连接平台，网民所有的行为都会留下数据痕迹，网络社会治理具有显著的大数据特征。今天分论坛的主题是“数据的价值与网络多元化构建”，这涉及三个问题：一是大数据在网络社会治理中具有什么价值；二是如何充分释放和利用大数据在网络社会治理中的价值；三是网络社会的多元主体如何正确使用大数据。围绕这个主题，我就促进网络社会协同治理谈四点体会。

第一，把握网络社会治理的总体目标。从党和国家的发展战略来看，习近平总书记强调，实现“两个一百年”奋斗目标，需要全社会方方面面同心干，需要全国各族人民心往一处想、劲往一处使。开展网络社会工作，首要的是凝聚人心，引导网络社会的各个主体形成强大的同心圆。从网络空间的建设与发展来看，网络空间是亿万民众共同的精神家园，确保网络空间清朗是大家共同的责任。要引导广大网民参与到维护网络生态环境的行动中来，共同营造风清气正的网络空间。从促进社会治理来看，要把握互联网日益增强的社会动员功能，形成共同防范社会风险、共同构筑同心圆的良好局面。对照这些战略目标，大数据在推动网络社会治理决策科学化、管理精准化、服务便利化等方面都可以发挥独特的价值和作用，实现“人在干、数在转、云在算”。

第二，强化网络社会多元主体的责任担当。习近平总书记强调，网络空间同现实社会一样，既要提倡自由，也要保持秩序。大家都应该遵守法律，明确各方权利义务。要坚持依法治网、依法办网、依法上网，让互联网在法治轨道上健康运行。加强网络社会治理，就要引导网络社会各个主体按照有关法律和规定，共同构建和维护网络社会的良好秩序。在大数据方面，即将于6月1日实施的《网络安全法》高度重视与大数据安全紧密相关的个人信息保护，明确了相关的法律规范。大数据安全使用实现了有法可依，还需要网络社会各个主体自觉做到有法必依，切实维护网络空间安全以及网络数据的完整性、安全性、可靠性。

第三，不断提升广大网民的网络素养。网民是网络社会的细胞，是网络社会治理最为广泛的基础力量。去年以来，国家网信办联合有关部门全面开展实施争做中国好网民工程，引导广大网民培养高度的安全意识、文明的网络素养、守法的行为习惯、必备的防护技能。面对大数据的日益普及，如何正确对待和使用大数据、如何维护自身的数据安全，已经成为网民增强网络素养应当思考和解决的重要问题。在这方面，我们要结合争做中国好网民工程的实施，加强大数据合法使用的宣传教育。

第四，建立健全网络社会协同治理格局。党的十八届五中全会提出，要加强和创新社会治理，推进社会治理精细化，构建全民共建共享的社会治理格局。网络空间也要推动建立网上网下同心聚力、齐抓共管的协同治理工作体系。网站要切实履行网上信息管理主体责任的八项要求，不断提升网站管理的制度化、规范化水平。互联网企业要坚持经济效益和社会效益并重，积极弘扬网络正能量。网络社会组织要认真按照章程履职尽责，以切实有效的措施加强行业自律。广大网民要自觉遵守“七条底线”，敢于和网上违法违规行为做斗争，共同抵制网络负能量。我们要不断强化大数据思维，充分利用大数据手段不断完善网络社会协同治理格局，共同营造良好网络生态环境。

女士们、先生们，参加数博会这一国家大数据的盛会，我们深刻感受到“多彩贵州彩云飞”的蓬勃生机，深刻感受到大数据“智慧树”和“钻石矿”的价值正在逐步展现。相信今天论坛关于大数据与网络社会治理的研究成果，将对进一步加强和改进网络社会治理富有启发和推动意义，期待大家在论坛上的真知灼见。

最后，预祝2017数博会取得圆满成功！

谢谢大家！

绿色发展成趋势
全面推进绿色数据中心建设

工业和信息化部节能与综合利用司副司长　杨铁生

各位嘉宾，各位朋友，女士们、先生们：

大家下午好!

推动数据中心绿色发展是培育发展新动能、提升绿色竞争力的重要支撑，是实现绿色循环低碳发展的一个重要举措，中国绿色数据中心发展论坛交流绿色建设的工作经验和做法，势必对绿色数据中心的试点工作发挥很重要的作用。在此我谨代表工业和信息化部节能与综合利用司对会议的召开表示热烈的祝贺，对长期关注和支持工业节能与绿色发展的各界朋友表示衷心的感谢!

借此机会，分享三点意见：

一、工业绿色发展是生态文明建设的必由之路

党的十八大作出了推进生态文明建设的战略部署，把生态文明建设纳入“五位一体”总布局，党的十八届五中全会提出了创新、协调、绿色、开放、共享五大发展理念，把绿色发展放在前所未有的重要位置，这些都对我国工业和通信业发展提出了更新更高的要求。一方面，我们要加快推进工业化进程，力争通过三个十年的努力，建设成为引领世界制造业发展的制造业强国；另一方面，生态文明建设要求加快转变发展方式，形成节约资源和保护环境的空间格局、产业结构、生产方式和消费模式，实现绿色发展。

工业是我国经济的根基所在，改革开放三十多年来，我国工业发展取得了长足进步，建成了门类齐全、独立完整的工业体系，有力地推动了经济社会快速发展。但是，随着我国经济体量不断增加，制约进一步发展的问题也在不断涌现，2016年全国能源消费总量达到了43.6亿吨标准煤，工业能耗占国内一次能源消耗的比重接近70%。另外，工业大宗资源消耗量达到全世界的90%，水资源消耗量约占1/4，主要矿产资源对外依存度不断增加，资源保障和能源安全面临极大的挑战。

加快破解资源和环境约束，实现工业绿色发展是当前迫切需要。当前，我国工业发展正处于新旧动能持续转换、结构转型升级的关键时期，加快实现工业绿色转型发展已成为我国实现经济绿色转型的必然选择。2015年，国务院发布了《中国制造2025》，全面部署实施制造强国战略，强调全面推行绿色制造，为工业未来发展指明了方向、明确了目标。

“十三五”时期，我们将紧紧围绕资源能源利用效率和清洁生产使用提升，以传统工业绿色化改造为重点，以绿色科技创新为支撑，以法规标准

制度建设为保障，实施绿色制造工程。加快构建绿色制造体系，大力发展绿色制造产业，推动绿色产品、绿色工厂、绿色园区和绿色供应链的全面发展。建立健全工业绿色发展的长效机制，提高绿色国际竞争力，走高效、清洁、低碳、循环的绿色发展道路。推动工业文明和生态文明和谐共融，实现人与自然的和谐相处。

二、推动“两化”融合是实现工业绿色发展的重要举措

当前，新一轮科技革命和产业变革与我国加快转变绿色发展方式形成历史性的交汇，国际产业格局正在重塑，这种新的形势为我国走新型工业化道路提供了难得的机遇。如何把握这一难得机遇，缓解资源与环境的瓶颈制约，贯彻生态文明建设战略部署，对于实现工业节能和绿色发展显得尤为紧迫，以信息化带动工业化，以工业化促进信息化，实现两化深度融合发展是推动产业升级的必然趋势，也是实现绿色发展的必然选择。

两化融合驱动了新兴产业快速增长，为经济增长注入强有力的绿色新动能，更帮助传统企业实现生产制造与市场多样化需求之间的动态分配，增加产出，减少消耗，提高频次，大幅度提高劳动生产率，并通过信息共享、数据监测、决策分析实现企业能源建设协同平衡和能源系统优化调动，助力传统产业实现节能减排的目标。多年的实践表明，着力提升工业领域信息化水平是中国实现传统产业绿色发展、转型升级的有效途径，抓住这一要点，必将对推动实施制造强国战略，推进供给侧结构性改革产生重要而深远的影响。

在两化深度融合发展过程中，作为信息重要的载体，数据中心近些年来其数量和规模也得到了快速增长，其用能和能效水平逐渐引起广泛的关

注。研究显示，我国数据中心种量已经超过40万个，能源消费逐年增加，并且增加速度非常快，年耗电率将近全社会用电量的2%，大多数数据中心电能使用效率（PUE值）大于2.2，与国际先进水平相比有较大的差距，绿色数据中心建设势在必行。

三、把握重点全面推进绿色中心建设

绿色数据中心是政策配套性强、技术复杂、涉及面广、工作周期相对较长的系统工程，需要从每个环节做起，全行业共同参与，坚持重点突破，创新驱动。当前国内外都在大力倡导发展绿色数据中心，采取节能、节制、低碳的先进技术、产品和先进管理方法，建立绿色数据中心，实现能源效率最大化和环境影响最小化。有美国实施数据中心的能效中心联邦数据中心整合计划，欧盟实施数据中心能效行为准则，还有些国际组织，有绿色网格开展了数据中心节能标准制定和最佳实践推广等等，作为我国工业和信息化的主管部门，工业和信息化部也早在“十二五”时期就高度重视绿色数据中心的能耗问题，《工业节能“十二五”规划》中也明确提出到2015年数据中心PUE值要下降8%。此外，还联合国家发展改革委、国土资源部、国土督察局、电监会、能源局等五部门发布了《关于数据中心建设布局的指导意见》，引导大型数据中心合理布局和健康发展。

2015年以来，我们加快了绿色数据中心工作的步伐，联合国家机关事务管理局、国家能源局发布了《国家绿色数据中心试点工作方案》，确定了14个绿色数据中心试点城区以及84家绿色数据中心试点单位，建立了试点数据中心节能环保指标监测体系，发布了第一批先进绿色数据中心的技术，培育了一批第三方节能与绿色发展评价机构，组织开展了与美国贸发署等国际机构的合作，取得了很好的效果。

值得一提的是，在这些工作过程中，各地有关部门和数据中心主动作为，积极参与，多次组织绿色数据中心的相关活动，具有很强的针对性和意义。下一步，针对数据中心绿色发展，我们将重点开展以下几个方面的工作。一是联合国家机关事务管理局、国家能源局组织开展国家绿色数据中心试点单位评价工作。二是推动建立绿色数据中心公共服务平台，培育第三方节能与绿色发展评价机构。三是建立绿色数据中心的标准体系，鼓励相关团体标准的修正，推动形成国家标准。四是利用绿色信贷等金融手段支持绿色数据中心参照国家绿色数据中心试点工作方案，实施节能技术改造。五是全面总结试点工作经验，充分发挥试点示范的辐射带动作用，探索持续引导数据中心绿色发展的新机制。

朋友们，推动中国绿色数据中心发展，是落实绿色发展理念的重要体现和必然要求，希望与会代表充分利用这次论坛的机会，加强沟通交流，分享经验和做法，为推动我国绿色数据中心建设做出贡献。

谢谢大家！

观点再现

刘大山（国家标准化管理委员会工业二部处长）：大数据产业的应用发展需要标准化的支撑。标准化已经成为大数据的前提和基础，通过标准化可以打破大数据的信息孤岛和数据烟囱，能够有效整合资源，固化创新成果，形成统一规范，提供安全保障；可以促进大数据的有序发展，实现最佳秩序和最大的经济社会效益。通过标准化可以对数据挖掘和分析提供更加先进的理念和方法，让数据进一步创造出更大的价值。

吴东亚（中国电子技术标准化研究院信息技术研究中心副主任）：工业大数据是指工业领域中围绕典型的智能制造模式从客户需求到销售、订单、计划、研发、设计、工艺、制造、采购、供应、库存、发货、交付、售后服务、运维、报废或回收流程再制造整个过程中所产生的数据和相关的技术应用的总称。工业大数据往往来自工业产品的传感器，可以采集相关各个方面、各个环节的数据，因此，对于数据的采集有很高的实时性要求。

叶润国（全国信息安全标准化技术委员会专家、博士）：我国的数据交易市场存在一些问题，主要表现在三个方面：一是数据交易环境不够完善；二是数据交易质量不够高；三是虽然我国信标委和大数据工作组正在制定数据交易相关的标准，但是数据交易相关的安全标准比较缺乏。

朱连富（海尔集团中央空调企划专家）：目前数据中心面临以下几个问题：一是大多集中在北上广区域，运行费用比较高；二是空调的能效逐年下降，衰减较大；三是运行管理比较复杂；四是空调的平均寿命短，因为数据中心每年可能要运行6000～7000小时，轴承的寿命受到了大的挑战，使用寿命均在十年以下。

张　泉（湖南大学教授）：计算机的发展符合摩尔定律，随着信息量越来越大，也促进了能耗的大量增长。现在数据中心面临的挑战实际上主要有：第一是安全问题；第二是能耗问题；第三是冷效分配问题。

陈　刚（广东申菱环境系统股份有限公司ICT事业部总监）：整个数据中心领域可以把节能分为三个层级。第一个层级就是要从方案上去考虑节能；第二个层级是从产品级考虑节能；第三个层级就是从部件级考虑节能。

朱新武（贵州省新闻出版广电局局长）：大数据时代内容为王，大数据技术的支撑是传媒业转型的有效途径，大数据技术的使用必将成为各类媒体提升传播力、竞争力、发展力的关键要素，只有利用大数据深入分析用户的群体特征和多样化、个性化的需求，以用户数据、用户画像指导节目与服务创新，才能做到精准生产、精准传播、精准服务，才能实现在互动中服务、在服务中引导。

邹　峰（国家新闻出版广电总局广播科学研究院院长）：当前传统广电行业存在核心支撑能力欠缺、用户下滑等危机，因此急需找到新的广电蓝海。融合网＋大数据将是广电未来发展的必经之路，需要持续推进广电有线无线卫星融合网示范工作和基于大数据的广电业务工作。

王兴军（清华大学教授、博士生导师）：未来的家庭网络应该是用广电的家庭网关取代现在老百姓的 WIFI 路由器，把所有的互联网终端和电视终端变成我们的终端，提供全业务互联网的接入。

梅剑平（中央电视台技术管理中心工程管理部主任）：媒体融合需要一体化协同制作、多渠道协同分发、多终端互动呈现、全媒体精准传播。大数据必须在使用中体现价值，全国广电的数据应实现共享。如此，广播电视行业的大数据才能取得与互联网行业大数据同等的话语权。

谈　建（中云文化大数据科技有限公司 CTO）：区块链是一个值得关注的技术，区块链作为国家技术创新的方向，目前最主要的应用还是比特币，实际上它的潜力很大，有了区块链以后，可能会带来新的机会。区块链在版权资产消费领域里的应用有微量计费、限次计费、点播收费或会员收费，由创作者与内容消费者之间直接进行结算。这样，可能会有很多新的传媒方式被创造出来。

关玉霞（人民日报媒体技术股份有限公司数据与可视化实验室主任）：大数据在传媒的运用里面，我最关注的是传播，就是大数据应用在传播领域是什么样的？现在，传播渠道的主导性、垄断性都被打破了。在这种情况下，第一，要有好的内容；第二，好的内容要有分发渠道。

周　涛（电子科技大学大数据研究中心主任）：现代工业中数据驱动智能制造的四大核心应用：一是工业制造生产线的异常检测与流程优化；二是现代农业深度加工过程中的流程设计；三是制造件和零配件的健康管理与寿命预测；四是制造加工过程中的异常检测与控制优化，提高复杂曲面零件的精度。

骆洪铖（Unitron Sonova 公司首席科学家）：制约健康大数据发展的首要因素是要有可供挖掘的大量高质量的数据。因此，医疗机构应当利用智能可穿戴设备提供远程医疗服务，并准确、实时地获得第一手数据。

谢岳峰（腾讯云副总裁）：人工智能应用于城市场景将助力城市安防守卫，为和谐的城市和人类舒适的生产、生活环境带来更新的体验和更好的保障。人脸识别是人工智能的典型应用，可以推动人与智能机器互动的时代到来，重点可应用于出入境边检、刑侦等场景。

李　刚（中电长城网际系统应用有限公司副总经理）：安全新型城市的前提是信息化和网络安全，没有信息化就没有现代化，没有网络安全就没有国家安全。智慧城市建设不能千篇一律，应考虑城市的具体特色和状况。

李振军（中国联通智慧足迹数据科技有限公司首席执行官，执行董

事）：中国城市发展很快，但是也带来了生态问题、民生问题等挑战。城市的核心是人，智慧城市的建设要做到知人、知事、知城，最后做到开放、合作、互利、共赢。数据是业务发展的基础，数据在安全的方式下共享出来，能够引入更多应用的合作以及资本的合作。

倪光南（中国工程院院士）：安全是发展的前提，发展是安全的保障，数据安全是整个教育大数据应当注意的首要问题。指纹、虹膜等强生物特征信息需要进行较好保护，以保证个人特征信息不会流失。大数据安全需要国家进行规范，不同的应用应有不同的规则。最后，数据终端要自主可控，保障数据安全。

燕　翔（北京京师乐学教育科技有限公司 CEO）：大数据改善教育的核心要素包括：可感知和易采集的数据、个性化、概率预测和反馈。大数据改善教育的未来发展方向是全学习过程化数据采集、知识与能力结构的建模、学习问题的诊断和改进、学科优势的发现和增强。

夏一平（摩拜单车联合创始人、CTO）：城市交通拥堵几乎是全世界都要面对的问题。通过大数据分析车流量和人流量，可以缓解拥堵，更可以通过类似共享单车这样的平台和共享模式，为城市缓解交通拥堵和减少环境污染。

周　源（知乎创始人兼 CEO）：构建一个知识的大数据平台，是为了帮助人们更有效、方便地分享与组织彼此的知识、经验和见解，建立以知识平台为核心的生态，更好地帮助年轻人用知识连接世界。

李国强（华为技术有限公司数据中心基础设施市场总监）：当前数据中心面临四个方面的风险与挑战。一是业务难预测，数据中心初期面临过度投资风险；二是数据中心建设工程复杂，建设周期长，无法快速投产；三是数据中心全生命周期能耗高，三年电费可新建一个DC；四是人工维护模式，数据中心运营面临巨大风险。

万　凯（深圳市共济科技股份有限公司微模块产品线总监）：数据中心发展呈现两极化发展趋势，小型和大型数据中心增长迅速。小型数据中心建设面临规划乱、外观差、建设慢、搬迁烦、占地方、网点多、能耗高等挑战。

查晓东（苏州必信空调有限公司总经理）：磁悬浮离心机具有超高能效、超低噪音、超低启动电流、超小尺寸重量、超长使用寿命、超少维护、超长性能持续性等特点。磁悬浮离心机应用于数据中心可实现四个“满足”：一是可满足低压比下5～20摄氏度冷冻范围供水温度；二是可满足高频冷冻机房的系统优化控制；三是可满足冷却进水低至冷冻出水温度运行；四是可满足多压缩机实时高效运转和冗余。

薛惠锋（中国航天科技集团公司第十二研究院院长）：我国数据主权面临的主要威胁：一是心脏中枢受制于人；二是骨干枢纽尚难自主；三是末梢神经广被渗透；四是跨境监管制度滞后。同时，应对美国跨军民的“数据霸权”，应注重加强“跨层级”提升晋级能力，“天空地”通信集成能力，“大数据”精准推进能力。

时建中（中国政法大学副校长）：大数据确权，一方面是为了激励权利人的持续创造，另一方面是为了确定归属方，推动市场秩序的完善。因此，一是应注意隐私的再分类与隐私数据的开放与保护。二是做好法制与制度的制定，因为开放需要法制，法制需要具体的制度。三是隐私与隐私数据应该与风险控制能力和获利能力相统一。

王叁寿（贵阳大数据交易所执行总裁）：目前大数据行业布局生态产业链时，应该遵循“打井”“铺管道”“建水库”“布生态”的“四步走”战略。其中，“打井”即利用大数据服务，帮助政府及企业把数据资源激活。“铺管道”是帮助政府及企业加强数据融合。通过“打井”“铺管道”，把地下水变成自来水，接下来就是“建水库”，打破数据交易壁垒，促进数据流通，进而享受数据资源带来的红利。

秦　溺（贵阳数据投行有限公司董事长）：数据资产是被企业或组织拥有或控制的各种数据，是能够给企业带来经济利益的经济资源。数据资产存在数据确权、数据定价、应用实效三个方面的问题。数据资产的核心内容是数据治理、数据运营和数据应用。

数字经济

—数字资源的利用与保护

—关于应用大数据推动『一带一路』倡议的几点建议

—数字经济：新技术，新机遇

2017中国国际大数据产业博览会贵安国际数字经济论坛开幕式。

嘉宾到启动台，共同按下贵安超算中心建设快进键。

《数字经济：新时代 在启航》新书发布仪式。

2017年5月27日，贵阳“数博会”社会民生福利：大数据应用高峰论坛。

数字经济：正在崛起的未来经济

大数据战略重点实验室

纵观世界文明史，人类先后经历了农业革命、工业革命、信息革命。每一次产业技术革命，都给人类生产生活带来巨大而深刻的影响，不断提高人类认识世界、改造世界的能力。数字技术日新月异，应用潜能全面迸发，数字经济正在经历高速增长、快速创新，并广泛渗透到其他经济领域，深刻改变世界经济的发展动力、发展方式，重塑社会治理格局。

针对数字经济的发展与趋势，2017中国国际大数据产业博览会先后举办了“大数据时代：数字经济与数字治理”“数字推动新经济——中国数字经济论坛”“数字经济：大数据应用助推‘一带一路’建设”“数字时代·如何拓展经济发展新空间”“数字经济新时代·再起航——数字经济转型发展与创新实践”等23场论坛，中国科学院院士梅宏、沈昌祥，中国工程院院士邬贺铨、倪光南、杨善林，国家发展和改革委员会城市和小城镇改革发展中心理事长、首席经济学家、智慧城市发展联盟理事长李铁，国家创新与发展战略研究会会长、中央党校原常务副校长郑必坚，中国人民大学教授刘守英等众多国内外大数据领军人物和领先企业就数字经济发展模式、数字经济发展趋势、数字经济治理模式等议题展开交流，共同探讨新经济及数字经济对扩展新的经济发展空间、推动传统产业转型升级的重要意义。

一、数字经济成为新常态下经济发展的新动能

中国经济在经历了三十多年的高速增长之后，开始进入一个增速放缓、结构升级、动力转换的新阶段，这一阶段也被称为新常态。认识、适应和引领新常态已被确定为指导中国经济发展的大逻辑。新常态下经济发展面临的最大风险是掉入“中等收入陷阱”，而找准并利用好新动能就成了制胜关键。

新动能在哪里？本来这是一个大难题，曾让很多国家困扰了很多年。但现在不同了，因为人类经历了农业革命、工业革命后，现在正在经历信息革命——正是信息革命为中国顺利跨越中等收入陷阱提供了前所未有的历史性机遇。中央党校原常务副校长、国家创新与发展战略研究会会长郑必坚指出，我们正处在信息革命日新月异的新时代，也处在经济社会发展进入新常态的新时期。新时代需要新觉醒，新常态需要新动力，在处理经济社会发展、社会治理改革各项工作中，我们要更加自觉地坚持以人民为中心的思想和原则，才能体现大手段、发挥大作用、贡献大作为。

从社会发展的本质规律看，每一次产业技术革命都会带来社会生产力的大飞跃。农业革命增强了人类生存能力，使人类从采食捕猎走向栽种畜养，从野蛮时代走向文明社会。工业革命拓展了人类体力，大规模工厂化

生产取代了工场手工生产，工业经济彻底改变了生产能力不足、产品供给不足的局面。而信息革命则增强了人类脑力，数字化工具、数字化生产、数字化产品成就了数字经济，也促成了数字化生存与发展。以数字化、网络化、智能化为特征的信息革命催生了数字经济，也为经济发展提供了新动能。

数字经济不仅有助于解放旧的生产力，更重要的是能够创造新的生产力。原中国人民公安大学校长、党委书记程琳表示，大数据已经成为国家经济基础资源，是一种技术、生产要素、生产力，大数据对国家的改革与发展具有很大的影响。数字技术正广泛应用于现代经济活动中，提高了经济效率，促进了经济结构加速转变，正在成为全球经济复苏的重要驱动力。自2008年以来，云计算、物联网、移动互联网、大数据、智能机器人、3D打印、无人驾驶、虚拟现实等信息技术及其创新应用层出不穷、日新月异，并不断催生一大批新产业、新业态、新模式。更为重要的是，这一变化才刚刚开始。凯文•凯利一直在提醒我们，真正的变化还没有到来，真正伟大的产品还没有出现，“今天才是第一天”。也有专家断言，人类现在的信息处理能力还只是相当于工业革命的蒸汽机时代。

面对数字经济发展大潮，许多国家都提出了自己的发展战略，如美国的工业互联网、德国的工业4.0、日本的新机器人战略、欧盟和英国等的数字经济战略等。中国政府立足于本国国情和发展阶段，正在实施“网络强国”战略，推进“数字中国”建设，发展数字经济成为国家的战略选择。

二、数字经济是引领国家创新战略实施的重要力量

2016年，在G20（20国集团）峰会上，我国倡导签署了《二十国集团

数字经济发展和合作倡议》，我国的官方文件第一次使用了“数字经济”的提法。2017年《政府工作报告》又指出：“推动‘数字经济’深入发展、促进数字经济加快成长，让企业广泛受益、群众普遍受惠。”随之，“数字经济”在我国成为一个热词。但“数字经济”是什么呢？《贵州省数字经济发展规划（2017—2020年）》指出，数字经济是指以使用数字化的知识和信息作为关键生产要素、以现代信息网络作为重要载体、以信息网络技术的有效使用作为效率提升和经济结构优化的重要推动力的一系列经济活动。

发展数字经济对中国的转型发展和实现中华民族伟大复兴的中国梦具有重要的现实意义和特别推动作用，对贯彻落实新的发展理念、培育新经济增长点、以创新驱动推进供给侧改革、建设网络强国、构建信息时代国家新优势等都将产生深远影响。

发展数字经济是贯彻“创新、协调、绿色、开放、共享”五大发展理念的集中体现。数字经济本身就是新技术革命的产物，是一种新的经济形态、新的资源配置方式和新的发展理念，集中体现了创新的内在要求。数字经济减少了信息流动障碍，加速了资源要素流动，提高了供需匹配效率，有助于实现经济与社会、物质与精神、城乡之间、区域之间的协调发展。数字经济能够极大地提升资源的利用率，是绿色发展的最佳体现。数字经济的最大特点就是基于互联网，而互联网的特性就是开放共享。数字经济也为落后地区、低收入人群创造了更多的参与经济活动、共享发展成果的机会。

发展数字经济是推进供给侧结构性改革的重要抓手。以新一代信息技术与制造技术深度融合为特征的智能制造模式，正在引发新一轮制造业变革，数字化、虚拟化、智能化技术将贯穿产品的全生命周期，柔性化、网络化、个性化生产将成为制造模式的新趋势，全球化、服务化、平台化将成为产业组织的新方式。数字经济也在引领农业现代化，农业O2O、数字农业、智慧农业等农业发展新模式，就是数字经济在农业领域的实现与应用。在服务业领域，数字经济的影响与作用已经得到较好体现，电子商务、互联网金融、网络教育、远程医疗、网约车、在线娱乐等已经使人们的生产生活发生了极大改变。

发展数字经济是贯彻落实创新驱动发展战略，推动“双创”“四众”的最佳试验场。现阶段，数字经济最能体现信息技术创新、商业模式创新以及制度创新的要求。数字经济的发展孕育了一大批极具发展潜力的互联网企业，成为激发创新创业的驱动力量。众创、众包、众扶、众筹等分享经济模式本身就是数字经济的重要组成部分。

发展数字经济是构建信息时代国家竞争新优势的重要先导力量。在信息革命引发的世界经济版图重构过程中，数字经济的发展将起着至关重要的作用。信息时代的核心竞争能力将越来越表现为一个国家和地区的数字能力、信息能力、网络能力。原中国人民公安大学校长、党委书记程琳提出，大数据成为国家实现网络强国战略的核心资源，大数据对国家政策、法律和工农业生产等产生很大的影响，包括对政府部门决策、行业企业的发展、个人隐私等数据信息保护。

三、数字经济与大数据战略行动高度契合、同频同振

与农业经济、工业经济一样，数字经济活动也需要土地、劳动力、资本、技术等生产要素和与之配套的基础设施。与以往不同的是，数字经济中的很多要素都需要数字化，而且会产生数据这一新的生产要素。麦肯锡全球研究院早在2011年发布的题为“大数据：创新、竞争和提高生产率的下一

个新领域”的报告中就已经提出，数据已深入各个行业及企业功能，已成为除劳动力和资本以外的又一重要的生产力要素。

与网络经济、信息经济相比，数字经济更强调和涵盖了大数据等新技术对经济社会方方面面所起到的影响和带来的变革。马云在主题为“数字经济”的2015年德国汉诺威IT展上说，与其说数字经济，不如说数据经济。因为数据传输的缘故，各种数字经济活动皆有可能。马云还在多个论坛演讲中提出，我们正从IT时代走向DT时代。这个时代的核心资源已经不是石油，而是数据。大数据是推动数字经济发展的新能源。

在数字经济时代，数据成为最重要的生产资料。谁掌握了数据，谁就拥有先发优势。大数据为数字经济提供数据源泉。社交网络、移动设备及传感器等新技术和应用的不断涌现伴随着海量数据的产生。大数据的数据体量巨大、来源丰富、结构复杂，这些特点使其成为数字经济的数据源泉。互联网普及程度稳步提升，网民规模逐年扩大的现状使“网民红利”开始显现。庞大的网民基数与迭代更新的互联网应用不断充实着大数据的内容。从个人电脑互联到移动互联，电脑与智能手机在为使用者提供便利的同时，不断搜集整理用户数据。人的存在形式、生活习惯、思维意识等可以被全方位且实时地以数据的形式记录下来，每个个体的生活轨迹、存在方式都被保存在了由数据构成的虚拟空间之中。

大数据为数字经济提供技术支撑。现代科学技术的进步使得数据的产生速度呈几何级数增长，同时使得数据处理能力也呈几何级数增长，二者是对立统一的。在数字经济时代，人们需要对大量的数字进行分析，从而更直观地察觉差异、做出判断，减少时间成本。而大数据带来的数据采集、存储、处理、关联分析、激活、预测等数据处理能力的提升为数字经济提供了技术支撑。

大数据为数字经济带来潜在商业价值。大数据的商业价值可以通过多种途径表现。大数据可以通过信息透明化及更高效的数据利用释放其巨大价值。随着企业以数据的形式创建并存储更多的交易数据，人们可以从产品库存中搜集更为准确详细的产品性能信息，从而发现可改善之处并提高其性能。部分骨干企业正通过数据搜集和分析开展控制实验，以便做出更好的管理决策。还有部分企业选择利用大数据进行低频预测及高频短时预测，以便及时调整经营杠杆。大数据能够进一步细分用户群，从而定制更为个性化的产品或服务。此外，大数据还可以通过整合、筛选企业内部与外部数据，大幅改善企业决策支持系统的效率与质量，增强企业的市场竞争力。从目前涉及大数据开发及应用的企业实践看：一方面，基于社会化媒体的大数据挖掘和分析衍生出许多应用，打破了以往的商业价值链围墙，为深入了解运营环境提供了全新的视角；另一方面，基于数据的分析以及营销咨询服务也如雨后春笋般地出现，包括阿里巴巴、百度等大企业以及小微创新企业都在不同程度地深入多维度数据，创造出不一样的商业模式。

四、数字经济成为全球经济新引擎

以数字化、网络化、智能化为特征的信息革命催生了数字经济，也为经济发展提供了新动能。在国际金融危机、产能过剩、生态破坏的时代背景下，数字经济成为全新的经济发展引擎，成为全球经济增长日益重要的驱动力。尤其是在全球经济增长乏力的当下，数字经济更是被视为撬动全球经济的新杠杆。

首先，数字经济推动消费需求加速释放。随着网络环境的改善和移动互联网的普及，数字经济越发广泛地融入居民生活。其次，数字经济引领传统产业转型升级。云计算、物联网、大数据、人工智能等新技术新装备得到了广泛应用和快速发展，数字技术开始融入传统产业之中，引领并推动了传统产业的转型升级。再者，数字经济促进新兴业态培育壮大。数字经济领域不断孕育出新模式、新业态，倒逼传统行业领域进行变革，这不仅会打破既有的产业发展格局，而且会催生越来越多的经济增长点。

当前，世界主要国家和企业纷纷将发展数字经济作为推动经济社会转型、培育经济新动能、构筑竞争新优势的重要抓手。美国率先进入数字经济时代。为保持领先地位，近年来，美国不断对信息化战略进行调整、更新。美国政府和军方在2011年2月发布的《联邦云计算战略》中首次明确了云计算在国家政策中的战略地位，开始实施“云优先”政策，后来美国国防部也公布了云计算战略。2012年3月，奥巴马政府正式发布了《大数据研究和发展倡议》，又于2013年5月颁布了《大数据的研究和发展计划》，将大数据提升为事关国家核心竞争力的国家战略。

早在2009年，英国政府就推出了“数字大不列颠”行动计划。2010年4月，英国颁布实施《数字经济法》，规范行动计划的实施。2013年，英国政府出台《英国数据能力发展战略规划》，推动英国在“数据革命”中抢得先机。2015年年初，英国政府出台《数字经济战略（2015—2018)》，明确指出英国政府接下来的首要目标是“发展数字经济”，通过数字化创新驱动社会经济发展，把英国建设成为数字化强国。2017年3月1日，英国政府酝酿已久的《数字英国战略》正式发布，共涵盖七大方面的内容：连接、技能、数字化商业、宏观经济、网络空间、数字化政府和数据。

为推动数字经济发展，德国联邦政府也先后出台了一系列重大战略。2010年7月，德国联邦政府正式通过了《思想·创新·增长——德国高技术战略2020》。作为该战略的十大项目之一，“工业4.0”是德国联邦政府于

2013年提出的一个高科技战略计划，被认为是以智能制造为主导的第四次工业革命。2014年8月，德国联邦政府出台《数字议程（2014—2017）》，倡导数字化创新驱动经济社会发展，为德国建设成为未来数字强国部署了战略方向。2016年3月，德国联邦政府发布《数字化战略2025》，在国家战略层面明确了德国数字化转型的基本路径，并提出了十大行动步骤。

面对全球数字经济浪潮，中国不甘落后。2015年至今，中国先后出台了《中国制造2025》《促进大数据发展行动纲要》《国务院关于积极推进“互联网＋”行动的指导意见》《国家信息化发展战略纲要》等一系列文件，为数字经济的发展提供了政策、技术等各方面的保障。2016年10月，中共中央政治局进行第36次集体学习时，习近平总书记提出，做大做强数字经济，拓展经济发展新空间。2017年3月，数字经济首次写入李克强总理的《政府工作报告》。

中国信息化百人会课题组发布的最新报告显示，2016年中国数字经济规模已达22.4万亿元人民币，在GDP（国内生产总值）中所占比重达到30.1%。经报告测算，2016年中国数字经济规模已经超过日本（约2.3万亿美元）、英国（约1.43万亿美元），但与位居第一位的美国差距仍较为明显，仅达到美国数字经济总量（11万亿美元）的34.5%。报告称，尽管中国数字经济占GDP比重快速提升，但仍低于主要发达国家，中国数字经济发展的巨大潜力尚未得到充分挖掘。实际上，中国在某些领域已经追上甚至赶超美国，比如移动支付、共享经济等，从企业规模到用户普及率，事实上中国都处于领先位置。

当前数字经济发展最大的瓶颈仍在于数据的互联互通。企业内部完全实现全流程全方位数字化尚且不易，行业内、部门间、地区乃至国家间的数据融通难度更大，政府部门应该首先克服体制机制障碍，最大限度开放共享数据，在提升工作效率的同时也为企业提供生产资料，为创新创业提供动力源泉，让数字经济这一发展最迅速、创新最活跃、辐射最广泛的经济活动，真正成为转型升级的重要驱动力和增长的新引擎。

从移动端数据看智慧城市

国家发展和改革委员会城市和小城镇改革发展中心理事长、
首席经济学家、智慧城市发展联盟理事长　李　铁

我们谈智慧城市，谈大数据，主要有两方面的内容，第一个是大数据如何从政府转向市场；第二个是大数据如何从后台走向前台，直接面向社会公众服务，包括政府的服务和市场化的服务。如果大数据仅仅留在后台，老百姓看不到大数据的成果，那么我想，这会产生大量的闲置资源。另外，在研究大数据的过程中，我们还要重视在面向市场的过程中，怎么来面对数据问题。

我们为什么要收集大量的数据？我们跟大量的政府官员打交道，发现他们主要关注数据库，就是各类上报数据。我们进行长时间的研究，发现数据库存在以下问题：第一，它的准确性成疑，可能很多地方官员对这个心里有数；第二，数据统计方法有误，比如抽样调查、上报数据、统计数据；第三，各种部门的数据库还存在分割现象。想拿到一个部门的数据存

在很大的困难，所以在协调部门数据库分割的问题上，要突破现行体制的障碍。有的在基层可以做到，有的在基层肯定做不到，非常难。

随着互联网的发展，移动端数据应运而生，它会给我们带来一些革命性的变化。移动端包括两类数据：网络数据和企业衍生数据。手机数据来源有几类，现在全国手机用户有13.49亿，当然这当中有重复的，仅算用户数大概能达到8亿左右，还有依托手机的网络用户等。我们举个例子，腾讯占了9.38亿用户，网约车4.11亿用户，我们接触所有与互联网相关的，包括共享单车等等，都有很大的体量，这些用户对我们意义非常重大。数据库上升到移动端的变化，是政府面向市场的变化，这个变化给我们带来了数据端的革命。

我们通过移动端数据调研，跟大量的网络公司和手机公司打交道。这里面包括通行数据，还有年龄结构、人口来源等各种信息，包括消费信息、空间通行信息。我们知道，移动端数据可以做到在所有空间上，通过分析你的行动来决定你的出行状况，还有根据你的位置分析你的就业状况，根据就业状况还可以分析产业状况。所以不仅在消费情况、生活情况上，还有在就业情况上，移动端数据都有庞大的市场可以进行推进。

我们去年通过对厦门进行调查，做了一个对厦门市人口非常重要的研究。还包括去年北京市委托我们对丰台区人口变化进行分析，从分析结果中可以随时随地拿到一个社区、一个街道办事处的人口流动状况，人从哪里来，人到哪里去，一清二楚。我们也可以通过移动端来判断年龄结构，各年龄阶段占人口的比数，这对我们做人口调查、研究城镇化有非常重要的基础作用。最重要的是，我们分析旅游人口做产业规划、做城市规划、做农场规划时，都离不开这些数据。

那么研究移动端的数据，对人口统计甚至对城市的规划具有什么样的作用呢？我先不说我们的统计，至少我们现在知道，所有现代的交通规划、交通流量分析、交通拥堵分析，过去是依靠摄像头，现在基本是靠网络、移动端数据。例如通过百度地图、高德地图等移动端流量来判断每个地区的交通状况，但是很多地方仍在使用传统的端口。

过去，我们的人口是以抽样普查为主，以公安部门的登记为主，当然这样的方式也有很重要的作用，但是对于流动人口，我们到现在也拿不出更准确的数据。包括抽样调查和人口普查，十年一次，如果我们要定期进行研究的话，数据的时效性也会受到影响。还有打破各类数据的壁垒，可以用移动端数据对传统数据进行替代，就看我们怎样来对这个数据进行分析。如果这个数据可以替代传统数据，就可以逐渐打破传统端来实现提供真实的数据，而且可以应用于产业布局、经济活跃度检测、城市规划等方面。

很多企业在做移动端数据研究的时候，拿到这个数据，根据哪些地方有多少人、服务业分布情况、工业分布情况，就可以判断这个城市的产业分布状况。过去，做产业要去企业拿数据很难，现在，城市的块功能是明确的。那我们拿到这些数据进行分析的时候，根据人口判断产业，对以往的产业进行分析就要清楚得多。还有，我们可以通过人群的各种行为来发挥市场作用。现在，一些网络企业掌握了大量网络数据，但它基本上是根据企业自身的需要来判断这种人口行为，进行市场跟踪。实际上，我们可以通过对人的分析，进一步分析出各种产业的新需求，实现跨界整包合作，既可以给政府提供准确的信息服务，同时也可以给其他行业的企业提供服务。

我们通过与各类企业的沟通与了解，发现这些数据大量封闭在各个企业中，而且需求方的应用十分有限。所以，掌握人群的行为和需求消费变化，会对市场营销产生巨大的作用。另外，就是节约成本，如果我们能够有效发挥市场衍生的作用，就能相对于传统方式大大降低成本，特别是对数据的重视程度，也决定了信息的准确度。

目前，大数据需要的是数据端的数据源，但是大量的数据源处于闲置状态。从企业获取数据也存在一些丢失的现象，最严重的是，我们向移动公司了解到，这些数据每两年就要清理掉，以免其占用数据库。不光三大电信运营公司，很多网络公司也是这样，过一段时间就要清理数据。实际上，采取某种方式把这些数据资源保护起来，为长期政策研究和市场化研究提供一个重要的数据库，具有非常重要的意义。

因此，我在这里特别要说明几点：第一，要转变观念，要重视移动端数据的作用，从过去更重视数据库的这种传统思维模式中调整出来，将新的投入和财力用来支持对移动端数据的应用。第二，现在大量政府机构的研究还是在利用传统数据，能否把这些移动端数据向政府和智库开放？第三，要加大对移动端数据源存储设施的投入，不仅企业要加大投入，政府也要加大投入，各地政府要拼命购买企业数据，加大数据投入。第四，要增加传统数据源对移动数据的补充方式，还有在制定各个地方的城市发展战略时，也要充分利用移动端的数据。

利用移动端数据，既可以得到随时随地发生的各种信息，同时还可以通过大数据的计算方法，及时了解情况。无论是做旅游规划、做产业规划、做发展战略规划，还是做各类与人口有关的规划，利用移动端数据源来进行规划的智慧化革命迫在眉睫。

这就是我就移动端数据在未来城市发展中的作用所做的一个简单介绍。

谢谢大家！

数字资源的利用与保护

中国工程院常务副院长、中国互联网协会理事长　邬贺铨

尊敬的各位领导，各位专家：

下午好！

我作为中欧数字经济对话专家组中方的负责人，跟欧方讨论的时候，能明显感知对方相当关注个人数据的保护。并且，欧盟出台了GDPR。从当前的中国来讲，经济的数字治理还是一个新命题，所以这方面的法律比较滞后。我今天主要给大家介绍一下数据流通方面的内容，重点探讨欧盟的GDPR。

数据交易实际上有很多方面，包括数据提供方、数据加工方、数据使用方。现在大数据有一些问题需要注意，政府的数据如果开放，就应该是免费的，然而很多交易中心拿了政府的数据转手来卖，这是不对的。对于运营商收集的数据，原则上所有数据是用户的，数据在经过加工、付出劳

动以后，如通过数据挖掘提供咨询报告，才对加工数据拥有所有权，而对原始数据没有所有权。对于无数据、无挖掘能力的公司，可以找中介，但是过程中不能截留数据。在数据更新方面，要确定责任边界和处罚。

欧盟有关于调研数据的保护法案，什么是调研数据？即跟公共生活有关的数据，包括姓名、照片、电子邮件、地址、银行账号、IP 地址等。对调研数据的任何操作，如收集、记录、组织、建构、存储、修改、使用、传播、排列组合等，无论是人工操作还是自动操作，都在法律规定范围内，而不是随便可以做的。只要涉及欧盟的调研数据，不管是在欧盟境内还是境外，都同样受法律保护。该保护法案认为每个人有管理自己数据的权利，在数据泄露后，也有获得通知的权利。调研数据在使用完毕之后，不允许保存，要有被遗忘权。个人数据的使用要保证是合法的，必须要经过数据主体书面的同意，至少得发一个邮件征询许可。另外，履行合同中可能牵涉第三方自然人的相关数据，相关条款在该法律中也是有规定的。

调研数据的处理，要有合法性、公正性。数据的使用不能用作其他目的，比如说如果用户信息的使用是为了电子商务，就不能用作其他用途。现在很多手机 APP 在安装的时候就说要调用你的通信录，实际上对它的使用跟通信录没有任何关系，这就属于超越了使用范围。再有就是及时性，即数据使用完毕之后要立即删掉，不能存储保留。同时，要保证数据的完整性和机密性，所有软件包括 APP，都负有保护个人隐私的责任，不能篡改、丢失相关数据。对于违规行为，会进行罚款，一般违规的罚款金额上限是1000万欧元，严重违规的，罚款就会加倍，上限达到2000万欧元。

该法律对云计算也有相应规定，并对管理者和操作员进行了区分，对于数据的操作，管理者负有主要责任，云存储的数据，尽管只是存储没有进行管理，但是该法律认定运营商具有管理的责任。此外，它不受限于公司的国籍和云服务的地理位置，不论服务器位置是否在欧盟，只要涉及欧盟公民的个人信息，都会进行相应约束。比如说现在微信已在全世界通用，我在比利时逛一个主营巧克力的商店时，老板说可以用支付宝，这就涉及欧盟调研数据的使用。

通过调查约两万个云服务，当前，欧盟只有6%的云服务符合法律规范，还有94%不符合，其中，84%的云服务不会在任务终止的时候删掉信息，58%的云服务不能提供IP所有权的保证。到2018年该法律一旦生效，对不符合的云服务就会进行罚款。这对中国有什么影响呢？这个法律虽然是欧盟的法律，但是只要符合相应条件，就会受到法律管辖。在欧盟境内有分支机构的外国公司，分支机构会成为责任主体，如果在欧盟区内没有责任主体造成缺席审判，一旦境外公司高管进入欧盟境内，它就强制执行。所以，这个欧盟法律对中国的数据收集、处理有重大影响，首当其冲的是民航，或者跟国外有交易的，如电子商务及互联网、IT企业、软硬件生产商等。

调研数据的保护，除了强调法律的作用，还有数据主体本身的责任。举例来说，人寿保险在国外较为普及，公民也喜欢健身，而健身的数据会传递给保险公司，保险公司以各种优惠鼓励健身，因为这会减少它们的风险，于客户而言，通过健身活动，身体健康了，保险又省钱了。这个过程要牺牲个人隐私，所以有一家公司进行了全球调研，调研题目是“我是不是愿意分享自己的个人信息”，如健康信息、财政信息、驾驶记录、用电情况等，只要愿意分享，就可以换取一些优惠。调查显示，意愿程度最高的是中国，达到38%，墨西哥30%，俄罗斯29%，意大利28%，而其他国家的公民基本上是拒绝的，说给再多优惠也不能透露个人信息。可见，个人信息的保护，我们每个公民也有自身的责任。

我们需要平衡数据保护和数据开发利用。中国互联网的高速发展期，从一定意义上讲，是我国对互联网监管缺失的时期。在监管上，我们比较关注意识形态方面，而隐私这方面当时基本上没有太注意，这就给了互联网野蛮生长的机会。消费者个人数据的广泛应用促进了电子商务的发展，也激发了分享经济，带动了数字经济，但我国调研数据被滥用的情况相当严重，所以须要对隐私进行相应保护。当然，欧盟这样的法律太严密了，极大地限制了互联网的发展。所以，如何把握调研数据保护的尺度和时机，对法律的制定和政府管理部门是个巨大的挑战。

我们国家之前对于数据的开发利用基本上没有法律，只有一些纲要，直到去年11月出台了《中华人民共和国网络安全法》，今年6月该法律正式实施。该法律提出，国家鼓励开发网络数据安全保护和利用技术，促进公共数据资源的开发，以推动技术创新和经济社会发展。该法律要求在中国境内产生的信息和重要数据应当在境内存储，由于整个网络安全法覆盖面很广，所以并没有很细致的关于调研数据保护的条款，这个是今后需要不断完善的。

数据的价值在于融合与挖掘，政府数据对公众最大的价值在于共享和开放，当然，在开放共享的同时，数据的使用必须面对保护的责任，尤其是对个人数据隐私的保护。欧盟提出了GDPR，将数据保护的重要性提到前所未有的高度，这需要引起我们高度重视。当前，数据共享开放、流通交易和数据保护以及数据安全面临严峻挑战，对法律制定和执行也提出了很高的要求，需要平衡数据保护与数据开发利用之间的关系。

谢谢大家！

制造大数据及科学问题

中国工程院院士、合肥工业大学教授　杨善林

很高兴能有这么好的机会，在数搏会的现场与各位进行一次学术交流，我今天的题目是《制造大数据及科学问题》。我认为讲制造大数据是合理的，制造、商务是一体化的。

高端装备制造是事关国家经济安全和国防安全的战略性产业，其发展水平是国家科技水平与综合实力的重要体现，也是国家产业转型升级的重要支撑。高端装备是指技术含量高、资金投入大、涉及学科多、服役寿命长，其研发与制造一般需要跨部门、跨行业、跨地区的力量才能完成的一类技术装备。高端技术装备一般分为三类：一是基层装备，比如高端数控机床；二是专用装备，比如民用飞机、高速动车组、航空航天器、海洋装备；三是成套装备，很多装备连成一个生产线，比如石油化工。

改革开放以来，我国装备制造业的水平大幅提升，建立了门类齐全、

独立完整的装备制造体系。一些重要领域已经跻身世界先进行列，比如载人航天装备、卫星通信装备、先进轨道交通装备等。

但是，我国的高端装备制造业却面临着诸多严峻的挑战，比如产业的体系大而不强、企业创新能力不足、产业生态相对封闭、传统竞争优势在逐渐丧失。劳动力成本以前是我们的优势，现在劳动力成本也不低。由此可见，大力发展高端装备制造业既是国家的重大战略性需求，同时又面临着巨大的困难。

当前，全球科技创新呈现出新的发展趋势和特征，以互联网和大数据为代表的新兴信息技术广泛渗透，带动了几乎所有领域发生以绿色、智能、泛在为特征的群体性技术革命。因此，在这样的背景下，新一轮科技革命和产业变革正在孕育兴起，也为我国发展高端装备制造提供了十分难得的历史机遇。下面我简要从三个方面与大家进行交流。

第一个方面，大数据的资源观。

在大数据的发展史上有几件重要的事，1998年美国硅图公司首席科学家提出大数据，但是很简单。美国的硅图公司是制造服务器的公司，服务器质量非常好。作为这个公司的首席科学家，他思考的问题是什么？那就是硅图公司下一步应该如何以更好的产品来服务社会，让企业发展。所以，他思考的问题就是，硅图公司的服务器是世界一流的，但是出不去。因此，处理大数据是硅图公司的发展方向。到2007年的时候，关系数据库发明人之一吉姆·格雷，将数据驱动作为一种研究方法，包括实验观测、理论推演、计算仿真。到2012年，《大数据时代》出版，数据由随机样本到全体样本，由因果关系到关联关系，使大数据研究轰轰烈烈、如火如荼。

什么是大数据？我们应该如何研究大数据？我觉得不同领域的科学家、企业家都应该有自己不同的思考，都应该有自己的认识，都应该有自己对大数据的定义。在学术界广为流传的是 IBM 公司的“4V”定义，这个定义作为 IBM 公司认识大数据，我认为非常科学，非常符合 IBM 公司利益，非常符合 IBM 公司的未来发展方向。但是，如果所有科学家、所有企业家都这样看大数据，我认为这就是错误的。IBM 公司提出的大数据“4V”特征是对的，因为 IBM 公司是信息设备提供商，是信息服务提供商。从 IBM 公司未来发展的角度看，IBM 公司就是要制造更好的设备，就是要提供更好的信息服务，就是要具备这种“4V”特征的大数据应用。IBM 的思考值得我们借鉴，但是提供的大数据“4V”特征不必作为所有人的认识。

作为管理科学工作者来说，作为企业家来说，我们应该如何认识大数据？我想这样看大数据是否合理？大数据是一类能够反映物质世界和精神世界运动状态和状态变化的资源，它具有决策有用性、功能多样性、应用协同性、可重复开采性和安全风险性。首先我们是做管理的，做管理就要进行资源利用，核心就是对资源进行管理。资源有什么特征？从应用角度来看，管理就是决策。功能多样性，一类数据可以对很多问题进行研究。比如运用金融大数据可以研究金融问题，也可以研究虚拟经济与实体经济之间的互动关系，也可以研究社会治理现代化。应用协同性，在金融领域的研究不仅可以用金融数据，也可以用实体经济的数据。可重复开采性，即数据在使用之后再次挖掘还能有新的发现。安全风险性，这个就不用说了。

按照大数据的资源观，大数据研究的关键科学问题应该包括大数据的获取方法、加工技术、应用模式以及大数据的产权问题，相关的产业发展问题和相应的法律法规建设问题。这是2012年我们第一次召开创新论坛时，我对大数据的认识。

（视频展示）

Gartner 公司每年都发布一条曲线图，每年曲线的形状是一样的，但出现的点不一样，有很多密密麻麻的文字，有圆的、有方的、有虚的，点的方式不一样。每个曲线处在顶峰时表明这项技术是炒作最厉害的时候，曲线处在自下而上时表明这个技术已经和产业结合，正在稳步上升。红点标出来的是大数据，2011年没有大数据的说法，2012年大数据快要登顶，2013年达到最高峰，2014年下降，2015年、2016年、2017年再也没有“大数据”这个词。这不是说大数据已过时，这只是说大数据的炒作期已经结束。而围绕大数据的相关科学研究和商业应用才刚刚开始，大数据只有与具体应用领域紧密结合才能获得更大的发展！

目前，存在大数据可视化、统计分析、机器学习等技术，也有很多大数据分析方法。但是要真正把大数据用好，发挥它潜在的巨大作用，大数据分析能力的提升仍然需要创新型、颠覆性的方法。运用深度学习能够下好围棋，但不一定能处理好商业数据。

人工智能发展的两大途径，第一类是建立在知识标识与推理机制基础上的人工智能技术，它主要是模拟人的逻辑思维；第二类是在机器学习理论基础上发展起来的人工智能技术，它主要是模拟人的经验思维。这两类方法在大数据处理上都有一定的前景。简要说一下大数据研究方面的几个问题，或者需要高度关注的地方。

一是大数据资源的采集、开放、共享、安全、更新是大数据研究的重要方向。

二是高动态多模态的大数据储存与分析，一般在短期内很难有重大突破，但是结合一些具体应用领域需求来展开的大数据技术研究，很可能取得重大成果。

三是面向大量结构化数据的分析方法有较好的研究基础，同时也有很大的发展空间，在分析人的行为和预测经济社会发展趋势方面发挥重要作用。

四是建立在知识标识与推理机制基础之上、以模拟人的逻辑思维为目标的人工智能技术，在大量数据的支持下一定会得到更加广泛的应用。

五是在机器学习理论基础上发展起来的、以模拟人的经验思维为目标的、能够处理高动态多模态大数据的人工智能技术，在大数据分析中可能有很好的应用前景。

第二个方面，制造大数据。

大数据作为一类新的人造资源加入制造过程中，改变了制造业的组织方式和管理模式，推动制造业的新一轮重大技术创新和管理创新，在诸多方面极其深刻地影响着制造模式和发展战略。充分利用大数据这一新的战略性人造资源，能够不断提高产品的智能化水平、研发与生产过程的开放式创新水平和基于产品的服务化水平，并能重构制造资源组合，从而优化制造业生态系统。

制造大数据无非是由三类数据构成：第一类是没有大数据的概念，由企业内部业务部门的数据、传统的数据、ERP 的数据构成；第二类是网络中对制造有价值的数据，主要是产品价值网络中的数据，还有社会化知识创新网络中的数据，简单来说就是对企业有价值的互联网数据；第三类是智能互联产品，将来的产品，比如汽车、飞机等，都是智能互联的产品，它们在运动过程中通过后台往数据中心发送与设备相关的信息，这部分数据是极其重要的。正如前面所说，这就是应用的协调性，研究制造大数据不是仅仅只要工厂的数据，而是要全面的数据，要发挥数据的协同性作用。

可以说，制造大数据是一类重要的制造资源。它由企业内部的产品及其研发过程数据、生产和维护过程数据、客户服务和营销过程数据等相对传统的文档数据，还有来自于企业外部的产品价值网络和社会化知识创新网络中的数据，以及来自于智能互联产品运行中的数据构成。利用制造大数据能够提高产品的智能化水平，提升产品研发与生产过程的开放式创新水平和基于产品的服务化水平，从而优化制造生态系统。

作为智能大数据在产品开发过程中的应用，能够为产品开发知识集成提供全新的数据来源，成为智能创新的基础性资源。在产品生产过程中应用大数据，企业能够把生产制造过程中所涉及的数据整合到其运营中，从而获得对产品的预测性洞察，让生产运营变得更有竞争力。在产品的精准营销过程中，应用大数据能够改变企业与客户之间的关系，能够帮助制造企业发现新的市场和新的客户，从而提高营销效率，提升品牌形象。在产品服务创新过程中，应用大数据可以通过智能互联产品相互连接、收集并分析数据，有利于企业为客户提供全新的产品服务，从而促进制造业服务化。

由于互联网、大数据的广泛应用，企业、制造业的管理结构也会发生深刻的变革。在“工业3.0”时代，企业是层级式的，底层是产品层，设备上面是控制层，控制上面是工作中心，最高是企业层次，是层级结构。德国构想在“工业4.0”时代，企业的结构是所有产品都是智能互联，中间是智能工厂。智能工厂不是简单的层级结构，而是网状结构，网状结构智能工厂是全球化资源。比如波音787在沈阳制造，机身在西门子制造。智能工厂的车间是分布在全球，是网状结构。这样的智能工厂再通过互联网、大数据连成一个完整的智能互联体，这是未来“工业4.0”企业的基本结构。

总之，充分利用互联网与大数据这一新的战略性人造资源，不断提高产品的智能化水平、研发与生产过程中的开放式创新水平和基于产品的服务化水平，能够重构制造资源组合。

第三个方面，管理科学问题。

互联网与大数据技术等新兴信息技术的快速发展，深刻地影响着制造过程，改变了制造过程中人与人、人与组织、人与资源之间的交互方式，呈现出制造过程协同化、制造方式个性化、制造资源全球化、制造数据多元化、制造产品服务化等新的特征。这些新特征使企业的组织形态、运营决策模式、协同制造方式和制造生产模式等方面发生重大变革，从而带来很多新的工程科技和管理科学问题。

制造工程管理的科学问题：

科学问题1：智能互联时代制造生态系统的演变与重构。因为从产品需求的提出，然后到研发、生产、制造，一直到市场营销、售后服务，最后再反馈，为下一个产品开发提供新的数据资源，在整个制造过程的全生命周期中，有重大变化，使得原有产业生态发生变化，而不是简单的供应链。网状网络不是供应链，而是整个产业生态系统的变革，整个产业生态系统的重新演变，围绕这个问题有很多科学问题要研究。

科学问题2：互联网时代制造过程的价值创造与服务化。互联网、大数据融入制造以后，价值创造过程发生变化。德国“工业4.0”让每个企业制造最擅长的小环节，使得产品质量最高、成本最低，这时整个的价值创造、价值链和价值网络发生重大变化。

科学问题3：智能互联时代制造资源跨区域自组织与协同化。未来的产品市场应该是国际化的、全球化的，包括分布在全球的制造资源，分布在全球各地的市场，通过互联网、大数据让企业进行自组织、高效率地运行。

科学问题4：互联时代制造过程的智能运作管理理论。现有的运作管理都是层级式的企业模型，未来企业是网状结构，而不是层级结构，整个生态运作应该建立在全新的理论基础之上，需要进行方方面面的研究。

科学问题5：智能互联时代制造企业的人力资源管理。怎么把人管好？这是一个问题。

科学问题6：信息系统开放结构与智能决策问题。现在信息管理系统无论是基于互联网还是企业内部，总体是面向企业内部的管理结构。所以，系统必须是开放结构，能够与任何系统对接，必须要推动信息系统标准全球化问题的研究，这不仅有重大的理论问题，还有重大的技术问题，更有国际化同步的问题。

总的来说，在这个时代无论是创业者，还是企业，或是政府，都应该有自己新的思考。面对制造业国际竞争的新格局和我国制造业发展的新要求，制造业改革与发展的实践亟须先进的管理理论支撑。系统深入地研究互联网与大数据环境下制造工程管理理论与方法，不仅能够开拓制造工程管理的前沿科学领域，而且能够为制造工程实践提供理论与方法支撑，为我国制造业的发展发挥更好的指导作用。我的报告就到这里。

谢谢各位！

关于应用大数据推动“一带一路”倡议的几点建议

中国工程院院士　倪光南

各位领导、各位嘉宾，非常高兴有机会参加和“一带一路”相关的大数据推动会议。昨天听了马凯副总理的讲话，有一些体会。马凯副总理提到，大数据作为《中国制造2025》的核心应用，我们承担着发展大数据，更好地推进“中国制造2025”的责任，为实现“一带一路”倡议提供强大支撑。

目前来讲，大数据、人工智能、云计算、移动互联网等新信息技术的发展，对“中国制造2025”战略实现具有重大的意义和推动作用。

第一，大数据的发展相应地带动了人工智能的发展。对制造业来讲，出现了一些过去没有的新产品和服务。所以我们给予了重大希望。比如，现在已经有很多智能机器人开始出现，如果我们做好了，全世界都可以一起发展。这些东西过去没有，所以我们要把大数据及其应用做好、做在实处，与产业结合好，就能够发掘出新的产品、新的市场，就可以拓展到“一带一路”及整个世界。这方面我们现在还要努力，比如无人机，这是以前没有的，现在已经出现。类似的新产品将会随着大数据的发展而发展，因此我们要创造新的服务、新的产品市场。

第二，质的提高。一些传统产业其产品的增值效益比较低。如果与大数据相关的现代信息技术相结合，可以大幅升产品的增值能力。比如传统汽车，现在虽然不是很强，但是我们国家有北斗，有相应的核心技术，像芯片以及软件，还有大数据对交通控制等方面的支持，我们将来可以很快进入人工辅助驾驶的阶段。现在大数据的应用还比较初级，比如地图、导航。但辅助驾驶很快会实现，无人驾驶可能还需要一段时间。我们的传统汽车可能不如工业化国家的好，毕竟它们已经有了上百年的改进历史。但是如果依靠大数据等新一代信息技术开发辅助驾驶汽车，利用我们的强项，比如移动通信、北斗导航能力等等，我们就有可能在传统产品上开发出新的产品，就会有更大的竞争力和更好的利润，打造世界级产品。

第三，大数据等新一代信息技术的发展，产生了一些新的模式、新的业态。前不久国家召开了工业互联网产业联盟大会，我们看到航空科工的“云制造”，把传统的、普通的制造，或者说生产线、流水线进行自动控制，“云制造”是在全球范围实现的制造过程。“一带一路”可以把很多相关的合作厂商连成一片，形成一个全球化的制造网络，这是从产业链角度来看。

另外，通过跨境电商可以把销售网络推广到全世界，从生产、销售完成一个生产链，形成一个新的业态，实现个性化的生产和服务。这是因为大数据等新一代信息技术改造了传统产业的前景和远景，现在世界上其他国家的产业都没有达到这个境界。

中国有很大的优势，比如互联网在某些方面已经走在世界前面，移动智库、电商等在世界上也走在前面。我们把工业物联网和大数据、物联网、移动通信等结合在一起，形成新的工业互联网的时代，德国叫“工业4.0”，美国以前叫 CPS，现在叫工业互联网。从“工业4.0”到“中国制造2025”，以及美国的“工业互联网”等，大家面向的是制造业的一种新境界，也就是全产业链能够融合在一起，形成高度个体化、定制化的生产和销售。在这种情况下，“一带一路”拥有强大的竞争力。把大数据搞好，是对工业革命的支持。我们工业革命落后了，所以通过“中国制造2025”争取能够进入世界制造强国的行列，通过大数据等新一代信息技术的加入，使得中国的制造业达到新的阶段。

新的阶段我们在某些方面不再像以前一样跟跑。如果完全按照传统产业去做，可能只是从跟跑到并跑。但如果我们用大数据等新一代信息技术武装，就有可能从并跑到领跑。这个方面我们看到一些前景。实际上做大数据应用，很多时候才刚开始，比如交通运输方面的应用，从解决拥堵到导航，再到辅助驾驶、自动驾驶，这肯定是一个很重要的发展阶段。

另外，大数据有一些新的领域，比如说医疗领域，中国这个方面和发达国家比还比较落后。这个落后并不是短期就能赶上去的，培养医生是最难的，读医科大学需要三年时间，而且三年之后诊疗水平多高也不好说，可能十年才能培养好一名医生。按这个速度，赶上发达国家遥遥无期。目前医疗大数据还停留在挂号阶段。一家医院检查的数据在别的医院不获认可，那就有很多事情要重做。如果你能将医疗大数据做好，那么共享病历、共享检查结果就都没有问题。我们花十年培养一个人类医生都不一定行，如果花费较短的时间却能培养出一个比人类医生都要好的大数据医生，中国的医疗事业还会不好吗?

我们做大数据医生，只需要联网就可以了，这是数据的优势。也就是说，一旦这方面突破了，我们就可以把大数据和医疗应用变成大数据医生，它的水平可以和任何人类医生相比，还不会疲劳，可以24小时看病。

另外还有一个好处就是大数据医生是全科医生，可以看一百个科，这点人做不到，但是大数据医生没有问题。在全世界都找不到和大数据医生一样的人类医生。所以说大数据应用是不可限量的，在一些领域它的应用超出我们的想象。所以，我们要努力发展大数据在各行各业的应用。

大数据是一个宝库。新的生产链给我们一个前所未有的重要的生产发展手段，希望大家继续努力，把中国的大数据产业发展起来，把中国的制造业推向新的阶段、新的领域，创造新的业态、新的模式。我们走向世界，走向“一带一路”，不仅给中国人民造福，也给世界人民造福。贵州在引领世界，从某种意义上讲是站在世界大数据的高点，相信以后会产生丰硕的成果。

谢谢大家！

以人民为中心，推动网信事业发展

国家创新与发展战略研究会会长、中央党校原常务副校长　郑必坚

很高兴出席本次“社会治理块数据应用与创新”论坛，在我们面前反映时代进步的两股大潮交相辉映，一股大潮是和平、发展、合作、共赢；还有一股大潮是信息化、数字化、智能化，简而言之即“网络化”。在我国全面建成小康社会进入决胜阶段这样一个新的历史时刻，信息化、市场化、城镇化成为最显著的标志，伴随着这三个“化”，信息流、资金流、物流、人流流动起来，创新驱动、转型发展，市场在资源配置中的决定性作用更加凸显。

大数据时代的云计算、物联网技术方兴未艾，截至2016年6月，中国网民规模达到了7亿。2015年中国信息经济在GDP中的占比超过1/4，网购市场规模3.8万亿，占社会消费品零售总额的12.7%，总量全球第一。这些数据深刻揭示了一个道理，网信事业已经对我们的经济社会发展产生了重

大影响，已经对我们的国家治理、社会治理带来新的重大机遇和挑战。

中国共产党高度重视网信事业的发展，从1994年全面接入互联网到现在，我们党敏锐抓住了历史赋予的难得机遇，带领中国人民站到了全球朝阳产业的第一方阵中，而且继续开拓前进。2016年4月19日，习近平总书记在网络安全和信息化工作座谈会上发表重要讲话，提出了“以人民为中心，推动网信事业发展”这样一个重要论断。如何以人民为中心，运用块数据推进社会治理，我想在这里，讲几点体会：

第一，用好块数据，不仅要用好信息化技术，而且要把握发展网信事业的价值观。中国网信事业的发展从大处讲是为了抓住机遇，实现中华民族的伟大复兴。从细处讲，是为了给人民提供用得上、用得起、用得好的信息服务，这就是让亿万人民在共享网络发展成果上有获得感。习近平总书记在网络安全和信息化工作会议上特别强调指出，农村互联网基础设施建设是我们的短板，要求加快农村互联网建设步伐，扩大光纤网、宽带网在农村的有效覆盖。这个要求表明了中国能解决农村互联网短板，解决数字鸿沟这个世界性难题的决心和途径。

从指导方针到具体要求，我们党只有一个重要的根本出发点，即四个字“造福人民”，这就是中国共产党人对待网信事业发展的价值观。坚持网信事业普惠人民，为人民办好互联网，不论“互联网＋”还是“＋互联网”，都要把为13亿人民造福的管理服务事项加进去，用包括块数据运用在内的网信技术为13亿人民提供更加便捷、优质、高效的社会管理和服务，满足人民群众日益增长的物质、精神文化需求。同时维护文明、和谐、公正、友善的社会环境，保证人民群众安居乐业，国家长治久安。

第二，建设块数据不仅要建设好信息化平台，而且要把握好发展网信事业的群众观。互联网是一个社会信息大平台，亿万网民在上面获取信息、交流信息，这对他们的求知途径、思维方式、价值观念，特别是对他们关于国家、社会，关于工作、人生的看法都会产生重要影响。习总书记深刻指出，网络空间是亿万民众共同的精神家园，网民来自老百姓，老百姓上了网，民意也就上了网。因此，他要求各地党政机关、领导干部要善于运用网络，了解民意，学会通过网络走群众路线。特别是他强调对网民的观点和看法要多一些包容和耐心，网上、网下要形成同心圆，这就是我们中国共产党人对待网信事业发展的群众观。

当今中国大量农村人变成城市人，大量单位人变成社会人，越来越多的农民工、城市人变成非公企业人、变成社会组织人、变成社区人。与此同时，社会阶层结构日益分化的特点鲜明，人们的价值取向和利益诉求多元多样，社会问题纷繁复杂，而且异常活跃，来自四面八方身份不同、经历不同的普通群众观点和想法肯定是五花八门，对待这些问题我们要坚持发展好网信事业的群众观。既要善于运用网信互联网凝聚民智，也要善于运用网信技术反映民意，接受人民群众的监督和批评。不论是对党和政府工作还是对领导干部个人，不论是和风细雨的话语还是逆耳的忠言，不仅要欢迎，还要认真听取和研究，以利于改进我们的工作。

第三，发展块数据不仅要发展好信息化网络，而且要把握好网信事业两重性的法治观。互联网不是法外之地，依法治理网络天经地义。古往今来，很多技术都是一把双刃剑。一方面，可以造福社会、造福人民；另一方面，也可以被一些人甚至一些势力用来损害社会公共利益和民众利益，带来严峻的挑战和考验。面对新考验，我们一定要更加自觉，坚决以人民为中心，开放和治理相结合，该堵的就堵，可放的就放，从而把源头治理、综合治理、系统治理、社会治理落实到网上网下，这才能走出一条依法创新虚拟社会治理的新路子，形成良好的网络生态，真正造福于广大人民。

同志们、朋友们，我们正处在信息革命日新月异的新时代，也处在经济社会发展进入新常态的新时期。新时代需要新觉醒，新常态需要新动力，我们要更加自觉地坚持以人民为中心的网信事业发展思想。这样就一定能够使网信事业在处理经济发展、社会发展当中，在社会建设改革、治理各项工作当中，体现大手段、发挥大作用、贡献大作为。最后预祝论坛取得圆满成功。

谢谢各位!

大数据属国家资源，应立法加强大数据安全管理

原中国人民公安大学校长、党委书记　程　琳

尊敬的各位领导，各位专家，各位与会代表：

大家上午好！

互联网、大数据、云计算、物联网、人工智能成为人们这几年追捧的热词。习近平总书记强调，“没有网络安全就没有国家安全”。而涉及网络安全问题的核心就是大数据安全，大数据安全关系着国家网络安全和国家安全。随着互联网的爆炸式发展，以互联网为主体的数据信息在世界范围内每天每时每分都在产生、传输、存储、交互。大数据融入人们的学习、生活、工作之中，人们离不开网络大数据，网络大数据已成为日常学习、生活、工作的重要组成部分，每个人的吃、住、行等信息汇集成为个人的隐私信息和国家安全的敏感资源。

大数据成为国家实现网络强国战略的核心资源，大数据对国家政策、法律和工农业生产等产生很大的影响，包括对政府部门决策、行业企业的发展、个人隐私等数据信息保护。大数据安全影响国家安全、公民个人权益和社会安全稳定，因此，亟须通过立法加强对大数据的安全管理。

下面我讲三个问题。

第一，大数据的特点和作用。

什么是大数据，多少量属于大数据，目前人们还没有形成一个明确统一的定义。专家学者从不同的角度有着不同的解释。我认为大数据是收集存储了巨量的电子数据、图像、视频等信息，通过网络技术进行关联、交互、分析和应用等。

大数据应该具有以下特点：一是电子数据、图像信息；二是电子数据信息存储库；三是通过计算机技术在网上能进行关联、交互、分析和应用；四是数据信息存储量在全国处于前列；五是数据信息不受时间、空间的影响；六是大数据类型、来源多样。

网络中存在着各式各样的海量数据信息，涉及政治、军事、国防、商贸、文化、科研、社会等重大领域，影响着人们的工作、社交、学习、生活的方式以及思想、意识。通过大数据进行分析并发布相关的数据，能影响国家政治态势，预测国家经济发展形势，分析工农业生产状态，展现国内外贸易情况，促进科研创新，制造舆论、影响社会安定，等等。

大数据已经成为重要的国家资源，国家的影响力和主导权也体现在对大数据的掌控上。从世界范围看，谁对数据具有主导能力，谁就会对政治甚至军事形势的掌控具有越来越多的权力，对国家地位和全球经济也有一定的影响力。大数据是国家资源，是经济基础，是生产力，因此应该属于国家主权的范围。

2015年8月，国务院印发了《促进大数据发展行动纲要》，全面阐述了我国大数据产业的目标、意义和政策等，将大数据产业提升为国家战略，为大数据的发展提供了良好的条件。全国各地已建成和在建的大数据产业已经达到上百家。2017年5月17日，工信部总工程师张峰说要建设国家大数据应用中心，同时要加强安全监管，严厉打击非法泄露和出卖个人数据的行为。随着大数据的快速发展，大数据安全问题日益突出。

第二，大数据安全存在的主要问题。

一是国家对大数据安全的管理还没有制定出明确的法律法规。二是大数据采集、收集、传输、存储、应用安全的职责不明确。目前的情况是谁都可以采集、收集、存储、应用、发布数据信息，出了问题谁也不承担相应的责任。三是发布大数据分析情况对国家安全、社会稳定的影响。随意发布大数据信息或者大数据泄露会影响和左右国家的政治经济、军事商贸、社会治安稳定等形势及方针政策的制定。四是大数据对个人隐私安全和权益保护的影响。

现在办事许多地方都要采集个人信息和电话号码，这实际上存储了大量个人数据信息，通过大数据进行数据的关联分析，一旦数据泄露则危害极大。如何保障这些大数据安全，目前没有采取有效的措施。当前，个人信息被滥用、买卖、泄露到了非常严重的程度。公安部组织打掉了一个97人的犯罪团伙，从一个主要犯罪人的电脑里查出了51条个人信息。共享单车大家现在使用得比较多，我们使用共享单车的时候已经涉及个人身份证信息、手机号码、银行卡及支付的情况、行踪、单位，等等。这么多的信息及隐私存储在哪里？如何安全管理？一旦被犯罪分子利用则会影响人身安全。

现在好多小孩戴上了智能手表，家长为了了解孩子是否安全可以进行定位。犯罪分子一旦得到这种信息，要绑架一个小孩，可以说轻而易举，一绑一个准。前段时间微信上传一个段子。必胜客的铃声响了，客服拿起电话问有什么需要服务的吗，对方说想要一个比萨饼，客服推荐了低脂的比萨，客户问怎么知道他喜欢这一种，客服说因为他上个星期在图书馆借了一本《低脂健康食谱》。他问可以刷卡吗？客服说他的卡已经刷爆了。他问多久能送到，客服说大约30分钟，如果不想等，可以自己骑摩托车来，你离店只有50米……

这就是大数据。通过这样一个微信可以看出，现在企业多方面收集个人隐私信息，看起来是某一个企业收集的信息，但是汇集起来就成了大数据，将个人隐私暴露无遗，我们实际上成了玻璃房里的裸体人。由于没有安全保护措施，数据随时存在被窃取、买卖等安全风险。目前，我们的个人身份证、手机号码存在哪些部门、哪些企业、哪些网站谁能说清楚?

五是存储的大数据信息不真实、不鲜活，造成利用大数据分析的结果出现偏差。数据信息海量，质量参差不齐、采集、收集、存储的信息是否真实、准确、鲜活，使用的分析技术是否科学可靠，对大数据分析处理结果的客观准确性会产生很大的影响。去年美国大选，有评估分析将是希拉里当选总统，结果却是特朗普，这就与数据不真实有很大的关系。预测机构使用的大数据分析技术、工具与网络数据信息的虚假是造成预测失误的重要原因。

六是采集、收集和分类存储大数据的格式标准多种多样，影响大数据互联互通和分析应用的结果。网络大数据的来源渠道多种多样，采集和数据分类、数据存储的格式不统一、规范，容易产生安全问题和泄露问题，影响大数据的质量和有效应用。

七是大数据的利用影响着国家发展和社会稳定。有的西方国家利用掌握的大数据和先进技术，能分析出早于我国政府及有关部门得知的国家政治、军事、经济、商贸、社会等最新动态和趋势，制定不利于我国发展稳定的政策。海量的大数据中会有大量敏感信息，成为被有些国家、恐怖组织和恐怖分子、黑客组织、个人非法组织攻击的重要目标。一些国家利用掌握的大数据窃取有关数据，经过分析加工制造社会舆论，影响干涉别国内政，甚至因此颠覆别国政权等。

敌对组织或个人利用大数据造成了人民对党和政府的不满，煽动制造社会动乱，等等。恐怖分子和恐怖组织利用大数据进行网络攻击，策划实施精准的恐怖活动，破坏网络基础设施，甚至电力、银行、交通、运输、核设施等。一些企业利用掌握的大数据进行不正当竞争。大家也知道，最近勒索软件袭击了全球160多个国家、30余万台计算机，实际上它就是利用大数据进行控制、分析以后再进行勒索。

从以上分析可以看出，我们的大数据存在严重的安全隐患和问题。我国对大数据的防控能力较低，大数据的产生、管理还有技术安全做得不到位，造成泄漏、窃取、买卖数据等案件频繁发生。从发生的大量案件中可以看出，大数据相关的采集、收集、传输、存储、应用、分析过程，在技术安全和管理上都存在问题，任何一个环节出现问题都会影响到大数据的安全，并由此引发相关的政治、社会问题。

斯诺登事件发生以后，我在《光明日报》上发表了一篇文章，我们要吸取棱镜门事件教训，搞好网络安全顶层设计。从斯诺登事件可以看出，美国既存在技术安全问题，也存在管理安全问题，斯诺登拿走了多少情报信息在技术上没有发现，管理上也没有发现。所以这几年来，我一直呼吁国家要从技术和管理方面加强网络安全。

第三，从技术、管理方面创建大数据安全生态体系。

一是要加强法律法规对大数据的安全管理。大数据已经成为国家经济基础资源，是一种技术、生产要素、生产力，大数据对国家的改革与发展具有很大的影响。西方敌对势力和某些大的利益集团会利用与我国有关的大数据，通过数据分析发布有关结果，从而对某领域或某方面产生影响，干扰国家政策和法律制度及社会安全稳定，等等。因此，一定要充分认识和重视大数据的安全管理，建议国家制定大数据安全管理法，明确大数据是国家经济基础资源，是国家主权的重要组成部分。

我去年专门写了一篇文章，就是“什么叫网络主权”。其中讲了五个关系：一是要处理好网络建设与国家交易的关系，二是要处理好国家安全与网络安全的关系，三是要处理好网络社会与网络空间的关系，四是要处理好网络社会治理和现实社会的关系，五是网络诚信的问题。另外，几年前我一直呼吁要建立网络安全信息法，很高兴，我们国家已制定了《网络安全法》。

通过制定网络大数据安全法，明确大数据由国家和各级政府按权责管理，建立国家安全管理体制机制，明确政府部门、企业等组织采集、收集、传输、存储、交换、分析、应用、发布数据信息及大数据出国境的权限和程序。目前，中央网信办正在制定大数据出国境的标准。根据大数据在维护国家政策、军事、经济、商贸、社会安全稳定等领域的地位和作用，对大数据进行分类、分级、分层管理，保证大数据的互联互通、充分有效应用，又要各负其责、协调配合、保证安全。要加强网络安全技术管理，明确企业对外发布的有些大数据分析结果，要经过政府有关部门同意。对利用大数据收集关联、泄露有关隐私的违法犯罪活动进行惩罚，保护大数据安全，任何组织和个人都要维护和保障大数据的安全。

二是要加强大数据安全技术研究创新。从技术创新来保障大数据的安全体系，做好大数据安全的总体规划、顶层设计，构建大数据安全保障生态体系，制定大数据采集、收集、传输、存储、交换等安全规范标准体系，保障大数据互联互通、信息共享、顺畅安全。应用大数据技术对大数据进行关联分析、聚类分析、真假分析、可视化展示等。创建大数据安全人工智能系统，力争做到能预防，侵入者进不来、打不开、读不懂，并能自销毁、保证据。从技术上对大数据进行监控，做到实时安全预防，受到攻击时能有效过滤，及时发出预警，自动甄别真假信息，删除垃圾信息，出现的安全漏洞及时自动进行有效控制和处置。

将大数据管理的规章、制度、措施、办法通过软件技术固化，强化大数据系统和内部网络的安全管理，强化密码技术在大数据安全管理中的支撑作用，因为防火墙、网关、网闸只能保障大数据的相对安全。前年我在参加中央网信办制定“十三五”网络规划时，发现网络安全是相对的，就像谁也不能把犯罪杜绝，所以网络安全、也不能做到完全绝对的安全。我们现在采取的防火墙也好、网关安全也好，实际上都存在一定的漏洞。

这里我想给大家讲一个故事。修三峡大坝的时候，有一些海洋生物学家提出中华鲟会灭绝，因为每年夏季中华鲟要顺着长江口游到金沙江去产卵，然后再游下来。后来我去看了三峡大坝的模式，我说中华鲟灭绝不了，因为有船闸。从下游游上去的时候，船闸关闭，水会一级一级升高，下来的时候也是一样。前年，有媒体报道在长江口发现大量的中华鲟，这就证明修长江三峡并没有影响中华鲟的生存。我讲这个故事的意思就是说，网闸、网关也有开和关的时候，木马和病毒就在门口等着你开的时候进去，所以要做到安全是很难的，怎么办？

从2004年开始，我一直呼吁真正的网络安全主要靠加密，我们要对数据信息进行加密。我们应大力推动安全密码算法，加速密钥安全管理，国家应该把保护大数据安全技术列入国家科技创新和产业发展重点工程规划，从政策和资金方面给予倾斜，加强网络大数据安全基础设施的建设。现在，在大数据加密方面我们看到了希望，那就是量子计算。因为量子计算实际上也是一种加密，实行量子互联网或者量子加密技术以后可能会在加密方面取得较好的效果。

三是要牢固树立保护大数据安全意识，严惩运用大数据进行各种违法犯罪的活动。大数据安全直接影响国家安全发展和社会稳定，政府部门、企事业单位和全体人民都应该树立保护大数据安全的思想意识。保护大数据安全就是维护经济发展和社会稳定，各种新闻媒体应加大保护大数据安全的宣传教育力度，构建大数据安全的良好社会环境，从思想上注重，从行为上落实。政府部门和企事业单位要将保护大数据安全的意识体现在政策法规的制定上，加强内部管理，创新安全管理的体制机制。

特别要注意加强对内部掌控大数据管理和技术人员的监督管理，明确授权和监测，杜绝出现“内鬼”。实际上，斯诺登就是美国的自己的内鬼。我国已经出现了一些网络安全维护公司的网管员被敌对分子发展成间谍的情况。有的利用木马病毒及黑客技术供给破坏大数据技术系统平台，利用大数据技术影响干扰破坏政治、经济、军事、商贸、社会安全，对这种违法行为要依法严厉打击，要抓紧修改和完善相关法律法规，做到有法可依，用法律法规降低大数据的安全风险，维护大数据安全和国家安全。

谢谢大家！

“数字丝绸之路”面临的信息安全机遇和挑战

中央网信办网络安全协调局副局长　胡　啸

首先我代表中央网信办网络安全协调局对论坛的举办表示热烈的祝贺，也对长期以来关心、关注、支持网络安全工作的各位领导和同人表示衷心的感谢！

随着信息技术的发展，特别是大数据、互联网、人工智能的普及，人类社会正在迈入信息化时代。大数据正在成为提高人民生活水平、改进生产经营方式、促进经济社会发展的重要因素，加快大数据建设和利用已成为经济社会发展的客观要求。习近平总书记在“一带一路”开幕式上强调，要推动大数据、云计算和智慧城市建设。我国国民经济和社会发展“十三五”规划纲要明确提出，要实施国家大数据战略，推进数据资源的开放共享。国务院还专门印发了《促进大数据发展行动纲要》，为推动大数据的应用和建设作了全面部署。

与此同时，随着数据不断扩大，数据的价值越来越高，数据已成为国家基础性战略资源。少数国家利用自身的技术优势窃取、监控其他国家的数据。有一些企业利用给用户提供服务、产品的便利条件，不断收集各类信息。还有一些恐怖组织、不法分子在不停地攻击关键信息基础设施，非法获取国家的一些重要数据。个人信息和重要数据的泄露、滥用带来的损失越来越大，不仅给国家安全带来重大风险，同时也直接损害了企业、公民的利益。数据安全问题已成为关系国家经济发展、事关国家核心竞争力的重大战略问题。

党中央、国务院高度重视数据安全管理工作。习近平总书记在去年10月19日网络信息化工作座谈会上强调，要重视数据安全，要依法加强对大数据的管理，保护用户隐私，保障数据安全，维护网民利益。习近平总书记在去年10月9日的中央政治局第36次集体学习上强调，要维护网络空间安全以及网络数据的完整性、安全性和可靠性，提高维护网络空间安全的能力。去年12月27日公开发布的《国家网络空间安全战略》提出，要建立大数据安全管理制度，采取一切必要措施保护关键基础设施及其重要数据不受攻击破坏。《中华人民共和国国家安全法》也明确强调，要实现关键信息基础设施和重要领域信息系统数据的安全可控。去年我国发布实施的《中华人民共和国网络安全法》对大数据的安全提出了明确要求，明确要维护网络数据的完整性、保密性和可用性。应该说数据时代，机遇和挑战并存。在积极推进大数据发展应用，切实保障数据安全的过程中，我个人有一个体会，就是要科学处理好以下几个关系。

一是要处理好数据保护与数据共享应用的关系。大数据的价值不仅仅是体现在数据本身，更取决于数据的共享。只有共享，才能发挥价值应用。科学保护数据已成为大数据建设发展的重大战略课题。一方面，只有确保数据安全，才有信心促进数据应用。另一方面，只有数据共享，才能促进技术创新，才能及时掌握网络安全态势，保障网络安全。总书记多次强调，安全是发展的前提，发展是安全的保障，我们既不能为了数据共享应用而不管安全，也不能以安全为借口，拒绝数据的开放共享。数据开放共享的安全性得不到保障，不仅不能促进发展，还会损害企业和国家的利益。数据不共享，不仅会错失机遇，也难以保障安全。所以大数据的发展和管理要同步建设、同步发展、同步推进。

二是要处理好数据安全与信息跨界流动的关系。应该说，信息跨界流动是信息化的前提，也是实施“一带一路”的条件，我们既不能因为数据安全而拒绝信息的跨界流动，更不能止步于跨界流动，损害国家和公民的合法利益。要科学平衡好两者之间的关系，在保障数据安全的前提下，促进信息依法有序自由流动，促进经济社会健康快速发展。

三是要处理好国家利益和个人信息保护的关系。加强关键基础设施和重要领域系统的保护是维护国家安全的重中之重。加强个人信息保护，维护人民群众利益是网络安全的根本出发点和立足点。国家安全和个人安全是高度统一的，维护国家安全首先就是要维护公民的合法利益。个人信息保护不仅关乎公民的切身利益，也关乎社会稳定和国家安全。所以当前，我们既要建立关键信息基础设施保障制度，指导重点行业、重点领域做好信息系统及数据的安全保卫工作，维护国家网络安全和利益，又要以人民为中心，建立个人保护系统，开展网络宣传教育活动，提升全社会的网络安全意识和技能，切实保障公民个人信息安全和合法利益。

四是要处理好政府监管与企业保护的关系。保护公民个人信息和国家重要数据的安全是网络运营者的责任。企业是保护的主体，而加强个人信息、重要数据安全指导是政府的重要使命。当前要进一步加强数据安全工作的统筹协调，一方面要加快数据安全的法律法规和制度建设，明确数据安全的管理要求，加强对数据安全保护的工作指导，充分发挥企业数据安全保护的积极性、主动性和创造性。另一方面要加大依法打击网络违法犯罪的力度，营造良好的数据应用环境，形成全社会共同保障数据安全，维护网络安全的局面。

针对当前日益复杂严峻的数据安全挑战，重点是要深入贯彻落实习近平总书记的重要讲话精神，认真落实网络安全法的相关要求，尽快把加强数据安全管理的重要制度建立起来，落实下去。

一是要抓紧建立关键领域的信息保护制度，确保重要信息安全。企事业单位的信息设施是神经中枢，是网络安全工作的重中之重，因此要深入贯彻落实习近平总书记关于数据是相对的、共同的、总体的网络安全观，按照网络安全法的要求确保把这些保护措施落到实处，切实保障关键信息基础设施的安全可控。

二是要抓紧建立实施网络安全审查制度。网络技术产品的可控性直接影响系统和数据安全。为了加强网络的服务管理，根据《中华人民共和国网络安全法》的要求，中央网信办会同国家的相关部门已经起草制定发布了《网络产品和服务安全审查办法》，确立了网络法审查的方向，明确了网络安全法的要求。下一步重点加快网络安全制度的实施，确保重点领域、关键基础设施和产品服务的安全可控，切实防范产品和服务提供者利用产品和服务的便利条件，非法收集、存储、处理、使用用户信息，保障社会各界重要信息系统数据的安全。

三是要抓紧实施评估办法。前一段时间我们公开征求意见，这个办法明确了一些主要内容，下一步还要同相关部门抓紧研究制定全面系统地加强数据安全管理的制度性文件，明确数据收集、存储、处理、使用、销毁等各个环节的安全要求，确保数据整个生命周期的安全。

四是抓紧完善《网络安全法》的实施。人民法院、人民检察院出台的关于侵犯公民个人信息安全使用的司法解释里面，也进一步明确了个人信息的范围和没有依法保护、没有依法履行保护义务的法律责任，为个人信息保护提供了很好的法律保障。下一步我们还要会同相关部门，尽快推动制定个人信息保护的具体法律法规和制度标准，健全完善保护制度，加大打击侵犯个人信息的违法犯罪活动，确保把法律要求落在实处。以上是对大数据安全的体会和认识，不足之处请大家批评指正。

谢谢大家！

数字经济：新技术，新机遇

中国信息通信研究院技术与标准研究所副所长　何宝宏

数字技术决定数字经济，有什么样的数字技术必然决定了什么样的数字经济。我今天主要讲的是一些新技术目前的发展情况以及未来的发展机会。

现在我们面临着一个非常大的时代变迁，大多数时候是技术决定的，包括我们的金融。它几十年的创新本质就是技术的创新，是计算机技术在金融行业的应用。

几十年前我们发明了互联网技术，它有一个基本的设计思想，在设计网络的时候，牵扯的第一个问题就是网络和终端。终端的复杂性多一点，还是网络的复杂性多一点？互联网选择了让终端多干活，让网络少干活。这种将整个 IT 系统的复杂性转移到网络边缘的设计方法必然会导致网络边缘产业的兴起。

什么是网络边缘产业？就是网络的终端手机和云计算。网络边缘产业的兴起催生了互联网行业的发展，却抑制了电信产业的发展，让电信遭遇前所未有的危机。今天我们又在做另外一个事情，就是云计算，互联网技术是把复杂性往两边迁移，所有技术的创新，资金都逐渐在往云端迁移，与云相关的产业必然会兴起。

用大数据搞什么？搞人工智能，从而带动了云计算以及相关产业的发展，在这其中有利也有弊，云计算的兴起抑制了什么产业的发展？也许终端产业的发展会受到云计算的抑制，所以我们看到这十几年，终端产业不太好做。

云计算经过十几年的发展基本上进入了下半场，也证明云计算的价值是存在的。如果说上一个十年证明了云计算是靠谱的，那么下一个十年云计算要干什么？要证明云计算不是一个颠覆性的产业，因为云计算是数字经济的基础设施，基础设施底子没打好则谈不上数字经济的发展，所以我的观点是十年之后云计算必定会变成一个传统产业。现在，全球云计算产业规模不是很大，但增长还很迅速，未来还有很多事情可以做。

公共云市场基本已确定，无论是美国市场，还是中国市场，我的所有演讲基本上都是基于中美两个市场。公共云的竞争态势已经初步确定，现在已经不能靠单品，要看生态。你得做一组产品，可以看到除了资金，技术门槛已经明显提高。所以这两年不大可能有公共云的创业公司，因为这个门槛变得非常高了。通过我们研究院对公共云服务市场的调查和研究，基本上得出这样一个判断，IaaS 已被市场广泛接受，PaaS 成为创新创业的平台，SaaS 的规模还比较大，70多亿量级。但是 SaaS 特别分散，没有巨头的出现，这与传统软件市场框架比较相似。

云计算规模效应比较集中，但是存在离用户距离远，传送多余数据的问题，所以从去年到今年边缘计算开始兴起。因为没有必要将过多的计算都集中到云端，比如说正在兴起的物联网，把海量的数据送到云端计算再送回来，太麻烦，成本太高，所以边缘计算正在兴起。我研究了二十多年的互联网，其实所有东西都是这样，电话、路由器、内容服务、计算也是一样，有集中就会有边缘。

那么今天云计算发展到了什么状态？开源正在成为企业的选择。如果说全球的开源产业在十多年前基本上是山寨商业版本的软件，今天的开源产品已经可以引领全球技术的创新道路了。技术创新基本上都是开源引领的，其实开源已经成为引领全球创新的力量。信息产业的规律就是赢家通吃，剩下的抱团取暖，必须抱一个开源社区。第一名一般不做开源，第二名基本上都抱着开源玩。

中国开源引领的力量在我个人的观察中已经由两年前的个人和学术机构转向了产业界。这两年非常明显的信号是产业界开始引领开源的发展，以前都是学术界的事情，这是要特别注意的一个现象，我们现在做的所有东西都是冲开源来的。

刚才提到了中国 SaaS 的总结，增长迅速，缺乏巨头，很传统的软件基本上都迁移到 SaaS 上面，大多数采用免费的 ERP 和 CRM。在采购的时候也有一个70% 的现象，就是70% 的企业会采用软硬件整体解决方案部署专有云，很少有企业会采购虚拟化软件等。调查结果显示，70% 的企业核心业务不愿意放在公有云上。国内的设备厂家基本上都成功地转型成了私有云的提供商，企业选择专有云或者私有云的首要因素是安全性、可控性好。公有云是我们的未来，这是肯定的，因为成本低，但是不要忘了可控性、安全性也是要考虑的因素。有人说现在必须全是公有云，这肯定是不现实的。

行业云正在成为热点，不同的行业对云的要求不一样，比如说搞游戏的人对云的要求是弹性要好，对党政机关来说是安全性要高，所以每一个行业对云的要求不一样，行业云肯定会兴起。根据可信云测试的统计结果显示，IaaS市场竞争基本上已确立，中国、美国市场也差不多，85%的IaaS就是云主机，云分发越来越多。企业级SaaS增长非常快，开源解决方案基本上都用私有云或者专有云。

刚才说的云计算的上半场，大数据的发展相对云计算来说滞后几年，没有那么成熟。云计算已经发展十几年，大数据如果从2012年麦肯锡的报告来说也就五年的时间，所以还没有到那样一个程度。技术创新持续活跃，专利申请高速增长，据统计目前有300多项大数据的技术。这种情况说明什么问题？第一说明大数据不会忽悠，还在创新技术。第二说明大数据技术还没有稳定下来，特别是主要技术，需要一个过程，去淘汰已经呈颓势的一些技术。目前而言还没有完成技术的第一轮淘汰，技术的解决方案没有稳定下来，当然专利申请也是很高的。

中国与美国相比，美国重技术，中国重应用。全球有影响力的开源社区都是美国人的或者西方人的，我们经过几年的努力在全球一些开源社区里面有了中国企业发起的开源项目，已经很了不起。去年到今年终于诞生了由中国人或者中国企业引领的顶级开源项目，这是一个巨大的突破。以前全是拿来主义，把国外开源的东西复制下来换一个皮肤就叫作自主知识产权，有时候还会说完全自主产权。现在我们越来越多是输出到全球开源社区，这表明中国的技术也是在快速发展的。

我国大数据产业基础高速增长，局面呈良好趋势。现在做大数据基本上不太挣钱或者有点亏本，这很正常，不要担心。几年前搞云计算的人也在问我不挣钱怎么办，我说忍一忍，等两年，大数据也还需熬上几年才能挣钱，需要沉住气。

企业要做大数据，核心是数据源，大约49%的企业都是使用自己企业内部的数据或者客户数据。这表明数据流通市场仍不发达，数据源还局限在内部，而不是数据市场，说明数据商品还未流通起来。国内关于数据流通正在日趋的活跃，去年年底的《网络安全法》为数据流通画定了红线，规定了相关主体关于个人信息保护的义务，包括运营商和监管机构。原来人大相关规定中不允许个人数据买卖的，《网络安全法》规定，在严格保护个人数据安全的情况下，可以通过匿名化方式处理后交易，《网络安全法》为数据流通交易提供了可能。

简单谈一下区块链，它是一种数据库技术，不要把它说得太过。整个信息通信产业是由计算、网络、存储三大基础组成，而区块链是与存储相关的技术。不要吹牛区块链会颠覆这个世界，它颠覆不了，它连这个行业都颠覆不了，你能颠覆5G吗？你能颠覆光通信吗？互联网构造了一个全球的信息库，降低了商品流通、搜索成本，等等。但对于交易环节里面记账系统是没有开放的，互联网在各行各业的渗透没有完全实现，只是渗透了一部分，也就是说区块链就是“互联网＋”的一个组成部分，也是数据库家族一个新的成员。

区块链也有很多现实的问题需要解决，例如责任主体是谁？怎么实施监管？如果系统出现BUG怎么办？这些问题已逐渐暴露出来。比如说匿名就可以用于诈骗，任何事情都有两面性。我研究互联网这么多年，1996年的时候硅谷发布了一个互联网宣言，谈到互联网不欢迎工业时代的政府，我们是自由开放的，如果把互联网三个字换成区块链还是一样的。所以我们还是要回到现实中来把区块链的优点充分发挥出来。区块链虽然是技术的一小步，但肯定是数字经济的一大步，传统的复式记账最大的问题是会计做假账情况严重，区块链上每一笔记账都可以做到第三方的审计。因此，我们需要智能，而不是人工，需要在事中引入第三方监管的数据管理方法。

简单提一下 AI，我们知道所有的技术有 Gartner 曲线，表现了人的贪婪和恐惧在技术领域的体现。但是人工智能的曲线下去了上来，下去了上来。从来没有一个技术呈现出这样的曲线，这至少说明人工智能不是一种技术，技术从来不走这样的线。我们今天的人工智能其实还是一种蛮力计算，靠无数的计算资源解决一些问题。

今天所有的技术都是开源的，开源的重点之一就是希望根据开源搞一套生态，这是高手的玩法，就是一开始就要玩生态，要玩生态必须开源，让大家跟着你一块走。我们今天说大数据是石油，石油在地球上存在多少万年了，为什么以前不是战略资源，现在才是战略资源，就跟数据一样，因为我们处理石油的成本降低了，处理数据的成本降低了。

人工智能的三大基础力量是：新数据，新硬件，新算法。我们以前用 CPU，后来用 GPU，谷歌已经发布首款人工智能专用硬件，所以硬件技术的进步使得它的计算能力提高了，当然算法的改进也是很重要的。所有的事情都是有两面性的，进入深度的时候一定要把握广度。机遇观察，AI 仍处于新一轮技术发展的初期，现在很多的突破并不是颠覆性的，主要靠蛮力进行稳定增长。

最后我个人作一点判断，大家很担心人工智能会不会控制人类、颠覆人类，我个人认为不会，为什么呢？我们的 IT 行业有三个教父级的人物，我们今天使用的计算机是冯 · 诺依曼架构。另外比特的定义，是香农定义的，他说比特是剥离了语义的。有些事情不可计算，这是阿兰 · 图灵讲的，所以得出一个结论，我个人的观点是基于我们这一代 IT 技术的人工智能是不可能超过人类的，我们需要新的技术理论、技术架构、技术突破，这一代的技术是往南走的，人工智能会往北走。我的演讲就到这里。

谢谢大家！

数字经济发展的六大趋势

中国互联网络信息中心副主任　张　晓

当前，全世界市值最高的十大公司有5家是互联网企业，而不再是传统的大宗商品或金融公司，这说明数字经济正在强势崛起。

什么是数字经济？按照G20的定义，就是基于数字化、网络化和智能化的经济活动。数字经济和工业经济的区别在于，工业经济是流水线的批量生产，而数字经济是通过云网端开展网络协同从而实现定制化的服务，工业经济是物质、能量的流动，提倡工匠精神，关注产品本身。而数字经济是信息的流动，提倡互联网思维，强调满足人的需求。

数字经济的节点，各个国家的发展不同，我们国家分为三个阶段：第一阶段，从20世纪90年代初到2010年左右，以电子商务为代表的互联网的应用；第二阶段，移动互联网的兴起，智能手机可以叫餐约车；第三阶段，从2016年开始，业内称为人工智能元年，表现为“人工智能+”，开始全面数字化的转型。

在数字经济的1.0阶段，国家在1993年开始实施信息化系列工程。须注意的是，信息化与互联网有所区别，信息化更多是工程师的思维，比较高大上，强调流程和标准。互联网比较亲民，强调人的作用，所以可以看到很多基于人性的设计，比如你喜欢宅就可以用美团订餐，喜欢便宜货可以上淘宝。信息化工程为2.0的崛起打下了很好的基础，这个阶段我们不仅有了 BAT，还有了头条、美团、滴滴、共享单车及其他文化类、社交服务类、金融类平台。在3.0阶段，我想会有两个方向。从纵向上看，互联网将从消费互联网走向产业互联网，向每个行业纵深发展；从横向上看，在深挖国内市场的同时，会向海外拓展。

我认为未来数字经济的四个特征是强连接、强平台、强数据、强智能。其中，连接是整个数字经济的入口。第二个特征是强平台，BAT 是典型的平台体经济，上面附着很多小微企业，形成生态圈，平台本身不生产，但是起到撮合的作用，比如阿里是货架，自己不生产。在此，值得一提的是共享经济，什么是共享经济？我调侃一下，就是不求天长地久，只求一朝拥有。将使用权和所有权分离，但是要基于平台及大量数据的计算，特别是要基于位置的服务。共享会越来越普及，对于我们下一代来说，除了法律禁止以外的都可以共享。第三个特征是强数据，就是利用数据分析提高对事情的认知，从而驱动决策。我相信，大数据在未来一定会促进知识经济、创业经济的发展。最后一个特征是强智能，未来一切都将走向智能化，包括日常生活、交通出行、产品生产等。

接下来，我们谈一下数字经济发展的方向，总的来看，呈现六大趋势。第一是产业融合化。经济开始实现大工业、大文娱、大交通、大健康等领域的融合。第二是市场全球化。全球十大互联网公司里面，我国有4家，而且发展很快，但在过去三年中，我们跟美国市值前几家公司的差距在拉大，为什么？因为我们太专注于国内市场，国际化程度不够，而美国则在抢占全球市场。3.0阶段是工业经济向数字经济转变的关键阶段，我国政府要帮助我们的互联网企业逐步走向全球化。第三是技术革命化。未来生产生活的各个方面将实现与智能化的结合。第四是投资成熟化。三合一的模式正在成熟，即投资人＋企业家＋科学家，科学家负责科学研究、技术攻关，企业家负责需求定位、产品落地，投资人负责项目甄选、资金供给。第五是服务精细化。服务精细化的重要内容就是生产定制化，消费升级要跟智能制造结合起来以满足定制化需求。第六是治理现代化，数字化的转型将带来社会的转型，迈向数字社会，产生新的社群阶级，而这也将给我们的社会治理带来巨大压力。

我们也面临着主要是认知方面的新的挑战，要努力摆脱工业时代的思维方式和做法。接下来有几点理念和大家分享一下，首先是普惠共创的发展观，其次是科学共享的数据观，最后是包容共治的生态观。

人类历史的发展总是伴随着节点技术和传播技术的出现，比如说印刷是节点，报纸是传播。电影是节点，无线电和广播是传播。计算机是一个节点，互联网是传播。超算是一个节点，移动互联网是传播。每一次技术的创新和节点的出现，都会伴随着一种传播技术的升级，从而产生更强的智能化。这是个大连接的时代，连接创造价值，数据驱动创新。

希望跟大家加强互联网的交流与分享。

谢谢大家！

中国经济发展与数字经济

著名经济学家、北京大学校务委员会副主任、
北京大学汇丰商学院院长、北京大学原副校长　海　闻

非常高兴参加此次论坛，我是搞经济学的，我演讲的题目是《中国经济发展与数字经济》，我是就数字时代这个背景谈这个题目。中国经济发展到现在这个阶段，我们出现了什么问题，怎么来解决这些问题，自然就引出其中关于数字经济的问题。所以我今天主要分两个部分来讲，第一部分讲一讲中国未来的发展，第二部分再谈谈数字经济。

具体分三个方面：第一，介绍当前中国经济状况；第二，介绍中国未来经济增长的主要动力；第三，数字经济的影响。

中国经济现在处在不是很兴奋的阶段，曾经有权威人士描述是“L”形的增长，“L”形是比较难受的。总的来说，中国经济连续低于8%的增长速度，这个数字曾经是我们的底线。1998年东南亚金融危机的时候，朱镕基总理要求保8%，当时8%至少是数字上保住了。2008年东南亚金融危机时，

温家宝总理也是提保8%。现在我们8%都保不住了，连续两年低于7%，去年是6.7%的状况。这个状况会不会继续下去，如何使这种状况不继续下去？

首先看一下原因，是正常原因，还是特殊原因。如果是正常原因我们不需要太担心，如果是特殊原因就要看是什么原因，用什么办法来调节。

这种原因有三个方面：第一个是长期趋势。人会慢慢老，不可能永远处在青春期，经济也是如此。我们经过了三十年10%左右的高速增长以后，再要出现像过去百分之十几的增长是非常难的，哪怕有一年再超过10%都比较困难，这一点很正常，而且现在我们经济总量越来越大，当盘子越来越大以后，每增长一个百分点，就相当于几年前好几个百分点，所以这是一个正常原因。

第二个为短期波动。这个也算正常，因为经济始终是波动的，从来没有一种经济是一直在平缓发展或者是一直处于越来越快的发展，它是波动的。这次波动是2008年全球金融危机的一个延续，只不过我们和美国的延续有点不一样。美国在2008年以后用市场办法在调节经济，所以2009年、2010年都非常糟糕，它们现在已经开始复苏了。我们是用刺激计划，没有用市场办法调节。经济出现一个周期是必然的，马克思最早就讲到市场经济有两个不可避免的矛盾，一个就是周期性的，当时叫经济危机，我们现在说的是周期性的经济衰退，这个是不可避免的。同样，当你生产到一定程度出现过剩，需求和供给不匹配，它就会放慢，就会出现经济衰退的过程。

这个衰退过程必须马上释放出来，尽管用短期的刺激政策把它压下去了，但是问题没有解决。就像2009年、2010年我们经济增长虽然很好，但是没有解决根本问题，所以本届政府上来以后就说我要调整，让市场来解决。那么在本世纪初的十年里积累的问题，过剩的产能是早晚要释放出来的，所以这仍然是2008年以来宏观经济周期没有完成的问题。

第三个是特殊阶段。这是我们真正要注意的，就是我们到了增长过程中的特殊时期，即中等收入陷阱。什么叫中等收入陷阱？就是经济发展到一定程度的时候，在很穷的时候问题不大，因为人们需求能力很差，所以供给基本上是能够满足需求的；到了很发达的情况下问题也不大，因为它的产业结构也调整了。所以经济发展过程都是这样的，由于人们收入不断提高，需求不断变化，那么生产结构就得不断变化。科学家总是认为技术引领经济发展，我们认为是收入需求引领经济的发展。

中国经济要解决的是为什么首先拉动经济增长的是农业。那个时候人们需要解决温饱问题，要吃饱，所以农业成了经济增长的主要动力。到了80年代初，每一个拉动都是由它产业结构的变化产生的。80年代初，当农业改革以后，经济增速放慢了，拉动经济增长的是轻工业。吃饱了人们就想要穿衣服、骑自行车等等，所以80年代拉动经济增长的产业调整是这些产业。当这些产业满足了以后，80年代末，人们又有新的需求了，要买电视机、冰箱这些耐用消费品，那么中间就有一个调整过程，所以90年代拉动中国经济增长的主要就是耐用消费品。当90年代末的时候经济又放慢了，因为需求又到了一个新阶段，这个时间稍微长一点，人们需要买房买车，这中间又有一个需要，就是金融产业的革命，否则他买不起，所以就要有贷款，特别是买房子。调整以后，本世纪前十年，拉动经济增长的主要是汽车和房子，所以每个阶段都是产业跟着需求在调整。

现在到了什么阶段？现在到了物质生活基本满足，但是需要追求生活质量的阶段。生活质量包括什么？包括高质量的产品，就是现在我们已经不再贫穷，已经不再短缺，所以制造业现在也面临着一个严重的挑战。如果你的东西不环保，你的东西质量不好，再便宜也没有人要，不像80年代温州生产的皮鞋穿两天都会掉跟儿的照样卖得很好，90年代的面的一开就会熄火照样卖得很好。现在不一样，人们现在到了追求生活质量的时候，生活质量一方面要求产品质量，另一方面需要服务。服务非常重要，老百姓现在不是没有钱，而是怎么样通过各种手段获得最好的产品和服务，这到了一个新的追求生活质量的阶段。

我们再来看中国经济到底有什么问题。这次经济宏观放慢和以往不一样，如果看年代的经济放慢，你可以看到几乎所有的行业都不景气，几乎所有的行业都说我们要过冬，但是这次完全不同。一方面到东北、华北去看，经济一塌糊涂，都会觉得中国经济问题很严重，但是如果到南方看，到深圳、江浙一带看，没有一点经济衰退的迹象。所以这是一个产业结构的问题，不是一个宏观的问题。政府现在也很困难，如果用以往宏观经济调控的政策，比如增加货币供给，结果可能是这个地方可能还没有达到刺激的效果，那个地方房价就已经上去了，所以它不能用以往总需求政策来调节。

中央现在提出要供给侧改革，它是一个产业结构问题，从这里面可以看到每个产业它的增长速度是不一样的，总的GDP在放慢，但是你可以看到服务业始终保持8%左右的增长，甚至超过8%。还有几个行业，像金融、批发、零售等都是8%的增长。当然这里面有一点波动，比如金融2015年有爆发性的增长，但是2016年就开始调整，环比的话就是今年经济增速快，明年一定低，但是它实际还是在增长。每个行业发展是不一样的，每个地区增长也是不一样的。一方面看辽宁、山西、黑龙江很低，有的甚至连3%都没有，有的甚至还是负的。但是另一方面可以看到重庆、西藏、贵州经济以10%以上的速度增长。当然，这些省可能是技术比较低，所以有人说这个不算。那再来看沿海地区——广东、江苏、福建、山东、浙江，这都是沿海经济大省，都能保持8%的经济增长。

所以说现在看中国的经济，就像是盲人摸象，你不能摸到一条腿就说这就是中国经济，你必须要整体来看，它是一个产业结构问题。

从这个背景就可以看到为什么会出现这样一个产业结构问题，我们称之为中等收入陷阱。最主要就是产业结构调整滞后了。原来需求在不断提升，但是产业结构没有及时提升，缺乏新的增长力。一方面，传统的产业现在由于劳动成本的提高，特别是劳动密集型的制造业，随着劳动力成本的提高、土地成本的提高，我们现在在土地上已经缺乏竞争力了。现在到国外去看，以前是中国制造，现在真的很少了。另一方面，我们的科技又比不上发达国家，这就是现在非常尴尬的情况。

南美一些国家曾经在经济发展高速增长一段时间以后就在中等收入徘徊，中国现在刚刚进入中等收入，但是我们一定会进入陷阱吗？也不一定，我们也可以把它叫作中等收入挑战，如果产业结构能够很好地调整，这个时候我们就可以跨越中等收入陷阱。换句话说，我们现在正在考虑的这些事情，包括现在的数字经济－创新创业，这一系列的措施和行为，实际上都是努力地来调整产业结构，来跨越中等收入这个可能的陷阱。

中等收入陷阱，其中一个原因是因为教育和科研的滞后。战后遇到中等收入陷阱不光是南美国家，还有东亚国家，包括中国台湾、韩国、新加坡等。它们就比较成功地跨越了中等收入陷阱，因为它们对教育和科研比较重视，否则光有技术、光有资本还是不行的。

中国现在有没有可能跨越中等收入陷阱，还有超过7%的增长，有没有可能回到7%以上？我觉得完全有可能。经济增长不会是“L”形，短期是这样，实际上我们是在走一个大的“U”形，就像前面讲到的经济是波动的一样。中国经济不能以传统的角度或是从别的国家发展来看，我们有几个情况：

第一，我们是发展中国家，发展中国家正在起飞的过程当中，当然也有很多后发优势，包括我们现在讲的数字经济。数字经济是我们绝对有比较优势的点，有后发优势的点。刚才张黎明先生也讲到我们的制造优势，我们的数码优势可能是后来的，但是我们跳跃了很多阶段，包括现在的通信设备领域，很多农村人从来没有用过有线电话，直接使用了手机，这些我们称之为后发优势。还有，关于互联网也好、数码也好，这些东西当年我们在讨论产业政策的时候大家也看到，中国有些行业距离其他国家还很远，包括飞机制造，虽然大飞机制造中国现在有了，但是离发达国家还有相当的距离，核心技术部分不是那么容易攻克，还需要很长时间知识和技术的积累。但是互联网技术都是在同一个起跑线上，所以从这个角度来讲，很多东西我们是有后发优势的。

第二，我们在转型，还处在改革当中。这一点又给我们将来的发展带来了无限潜力。

第三，我们是大国，大国有大国的优势，我们称之为规模优势。尤其是高科技产业，包括互联网在内，因为它投入高、成本高，所以就需要很大的市场规模，这也是中国互联网发展为什么比别的国家更快的原因之一。因为你的平均成本随着量的增大而降低，这也是我们得天独厚的条件。中国经济现在只是一个调整时期，可能有些人会比较悲观一些。我看过国务院发展研究中心的一个报告，说到2020年中国只有5% 的增长，完全是线性下去，我认为不可能，它一定是一个波动情况。我觉得未来一两年中国经济就可以重上7% 的台阶。

中国现在处在什么状况？我以发展经济学理论来谈谈中国处在什么状况。罗斯托在20世纪60年代就写了一本书，他对经济发展的描述很有意思。大家都知道原始社会、奴隶社会、封建社会、资本主义社会、社会主义社会，每个国家都有两大发展阶段，一个是传统经济阶段，另一个是现代经济阶段，这是我简化的，它中间还有很多小的阶段。这两个阶段最大的区别是什么？传统经济阶段是以自然资源为经济，哪一个国家自然资源比较好，那么这个国家经济就比较好。但是工业革命以后，就出现了现代经济。它不需要很多自然资源，而是靠科技。比如北欧国家和很多欧洲国家，也包括新加坡、日本，它们并没有非常丰富的自然资源，但是通过科技让经济变得非常发达。

从传统经济到现代经济中间有一个突变。罗斯托就把经济形容成一架飞机的状态，飞机有两种状态，一种在地上，一种在空中。发达国家都在空中，发展中国家还在地上。任何国家早晚都会“起飞”。我们经常用“起飞”来形容经济的高速增长，实际上“起飞”这个词最早应用在罗斯托的理论里。他的理论里说，欧美国家在18世纪纷纷起飞，战后起飞的是南美和东亚。中国从20世纪90年代开始，80年代的经济增长还不认为它是一个“起飞”的增长，因为80年代我们的经济增长动力来自于恢复被破坏的经济体制。比方说人民公社，农民从人民公社又退回到个体农民，家庭联产承包制，包括80年代私人企业的产生，这些基本上都是恢复体制，它没有一个真正的质的变化。但是90年代以来，中国就发生了质的变化，经济增长非常快，我们称之为“起飞”。这个起飞需要多长时间完成？起飞速度当然很快了，一般来讲起飞需要三四十年，甚至更长时间。战后韩国和台湾地区在50年代的时候和中国大陆差不多，人均 GDP 一百多美元；60年代开始工业化、城镇化；到90年代末，用了近四十年时间，它们形成了各自的新型工业经济。

中国这样一个大国才起飞了二十多年，所以它还需要十年、二十年的时间才能完成起飞。时间不是根本原因，根本原因是能不能完成工业化和城镇化两个结构变化。一个是工业化，起飞开始大家都是工业，以制造业为主，起飞的时候是以服务业为主，这个我们还有一定的距离。另外一个是社会结构的变化，最早人们住在农村，然后就移民进入城市，我们叫作城镇化，起飞以后绝大多数是住在城里的。所以工业化和城镇化我们还没有完成。服务业将成为经济增长的动力，包括现在讲的数字经济，这实际上是服务业里面的一部分。传统产业最重要的仍然不是夕阳产业，因为城镇化并没有完成，制造业到了新阶段需要有新技术和创新，当然新的国际拓展主要是“一带一路”。

为什么现在大家这么重视数字经济？因为作为服务业的组成部分，我不认为它是第四产业。我昨天和他们聊天，他们说有人把数字经济称为第四产业，我觉得这有一点夸大，实际上它只是服务业里面的一个组成部分。随着收入越来越高，服务业的比重会越来越大。世界上发达国家的服务业都占70%以上，而我们刚刚超过50%。从这一点来看，中国服务业发展潜力越来越大，而且是未来引领中国产业发展的、经济增长的一个重要动力。

当然，服务业对经济增长的拉动首先是增加消费，特别在互联网方面的消费能力，“互联网＋金融”之后，我们的消费能力大大提高了。你不用随时带着零钱，用互联网可以随时支付。另外，信息也传达到各个角落。所以，中国前三十年以投资为主拉动经济。我们一直说要以消费为主拉动经济，消费不仅仅是渠道，还要有信息传播，所以现在消费比重越来越大，这是借助于服务业的功劳。

另外，我们讲附加值。中国现在的问题不是生产能力的问题，是服务业怎么能够更好地让产品卖到更高的价钱。马云之前说过一句话，后来被网民狠狠骂了一顿，他说假货质量不一定差。这个话是对的，他实际上是假在品牌，不是假在质量，他的衣服只不过是人家的品牌，原来我们穿的T恤上面有一个logo，我们质量达到了，但是没有品牌。比如说球鞋打一个“钩”就能卖很多钱，打一个“叉”也可以，所以制造业来自于营销，包括服务业增加的价值。

像现在LV包卖得那么贵，为什么？因为大家都知道它卖得贵，所以它就卖得贵，因为它变成了一种消费，不再是物质需求。物质需求背一个书包就行了，为什么要背LV包，其实这是一种身份显示，这就是服务业给产品服务价值所带来的贡献。所以为什么发达国家的服务价值占到了70%以上，实际是在制造业上增加了很多品牌价值。

现在除在制造业上要加分之外，还有几个行业是严重短缺的。比如说健康产业，现在老百姓深有感触，我有钱，但是找不到好医生，找不到好药，健康产业我们只占到5.7%，而美国是17%，我们还批评美国太浪费。到了有钱的时候，只需要花很低的百分比就可以满足物质生活了，那剩下的干什么？剩下的钱都用在健康、文化上面。所以我们现在的健康产业远远低于发达国家的水平。

文化产业方面，现在我们的文化产业还远远不够，确实是差距很大。包括我们昨天聊到的出版，出版现在是既没有市场，又没有发展，出版社又不多，但是却缺少竞争。包括电影文化，既有意识形态管制，也有能力文化。我经常吐槽我们的文化产业，拍来拍去都是什么帝王将相、还珠格格、韦小宝，都要拍好几遍。美国电影是和科技相连的，每个大片都是和科技创造想象力关联的。所以文化产业现在潜力很大，怎么发展这也是大家将来可以考虑的一部分。

数字怎么切入到服务业里面去，服务业是一个“东西”，但数字是一个载体，技术上怎么能够容纳进去？另外，传统技术并没有过时，不要以为煤炭、钢铁都过时了，中国还处在起飞阶段，这些将来仍然会拉动中国经济增长。

从某种意义上来讲，中国的城镇化还有很大潜力。韩国现在95%的人住在城镇，中国只有57%的城镇化率，有人说这个低了，还要加上农民工，其实农民工已经包含在里面了。再看户籍人口，只有41%的城镇率，换句话说有16%是住在城镇里但是没有户口。

再看劳动力比重，城镇就业只占50%多，有40%多的劳动力仍然还在从事农业或者不在城镇里面就业，这个和农产品是不匹配的，我们农业产值只有9%，但是我们还有40%的劳动力在从事9%的GDP生产。所以城镇化实际上还有相当长的路要走，这也说明传统产业仍然不是夕阳产业。

制造业面临技术创新、商业模式创新的问题。特别是在移动互联网时代，所谓商业模式的创新非常重要，就是说给定了资源与技术之后，怎么把它更好地整合起来。我们现在讲“大众创业、万众创新”，实际上，很大程度上是一种资源的整合。

除此之外，我认为制造业兼并重组也很重要。中国制造业现在是小而全的特点，很多企业都是如此，包括汽车，将来发展的时候也要注意。今天上午听到有多少多少家企业进驻贵州，将来真的不在于多，而在于它的实力。现在的制造业都是小而全、量很大，包括汽车行业，美国3家，日本3家，韩国3家，中国100多家。你的科研成本越高，你越是没有规模就越缺少实力，你没有实力怎么从事科研？福特每年有五六十亿做科研，我们的企业有这样的实力吗？辉瑞每年有将近一百亿做科研，我们哪有这样的实力，只有当规模大了以后才能降低平均成本，才能有规模经济。

“一带一路”国际发展合作作为我们的发展新动力，为什么“一带一路”这么重要？这就像是开发土地一样，现在我们要去的地方不是十分发达的，十分发达的地方已经非常饱和了，我们要寻找发展潜力很大、从某种程度看是现在比较落后的地方。“一带一路”沿线有26个国家，辐射了60个国家，

“一带一路”人口占世界人口的一半，但是“一带一路”GDP总量只占全球的四分之一，服务贸易也只占四分之一。换句话说，我们只要努力达到和人口比重相匹配，这里面潜力就很大。

我一直在琢磨什么叫“数字经济”，数字经济英文叫什么？叫Number吗？它和数字没有关系，它实际上不是数字的意思，所以数字经济大概指的是大数据，大数据叫“Big Data”。另外一个单词是“Digital”，但是这是数码经济。所以我们现在讲数字经济到底是讲什么？是讲Digital引领产生的经济技术，还是讲大数据产生的经济效益，还是说两个都放一起？所以，比较宽泛的数字经济可能包括大数据，这是一个产业，包括数码技术，像电视机生产现在是一种新技术，数码技术就相当于一种新技术。以前用电子，现在用数码，这是一种技术革新。以前，像蒸汽机、电只是一个技术革新，技术革新以后当然会引领新产业。

互联网是服务业，它是服务业的一个新平台。我认为大数据也是服务业当中的一个产业，它不仅本身是一个产业，同时又为别的产业服务。我们现在讲的数字经济，这个数字经济绝对不是Number，它应该是一个包括应用、Digital、互联网的平台，包括用数据、大数据作为信息支撑产生的经济，我们把它称为数字经济。

从大数据角度来讲，大数据产业可以说是新兴服务业，它本身创造了很多的产值和就业机会。比方说收集数据，当然它收集数据需要用互联网平台，需要用Digital的技术，但是它需要收集各行各业，各种各样的数据，然后分析数据、储存数据、使用数据。我个人感觉贵州在这个方面是比较独特的，有独特的自然环境。

另外，贵州在这个领域是走在别的领域前面的。但是这个数据本身又对其他产业有促进作用，比如说信息共享方面。信息在经济学里面非常重要，经济学里面讲市场交换，其中有一个非常重要的假设，就是交易双方信息是对称的，而且信息是完全的，这种情况下市场交易是比较理性的。但是以前达不到这一点，现在通过大数据可以解决这个问题，使得我们的需求更加准确、更加理性。从生产角度来讲，将来也更加有效，这是非常重要的在信息方面的贡献。数据经过处理以后，对产品生产、产品附加值、将来的销售对象、分析市场需求等都会产生贡献，这对产品定价都有很多的好处。

另外，它有一个潜在的影响。前一段时间 AlphaGo 说现在人不行了，现在都讲智能了，我们搞经济现在也在研究。最近我们请了一个诺贝尔奖获得者，讨论大数据下的投资，说将来投资都不需要人了，我们学金融都没有用了，投资都是机器智能。收集大量投资信息以后，它的投资比你还准确，这是有可能的。所以将来大数据是发展智能的一个必要条件。你的智能从哪儿来的？来自对以往大量数据的收集、分析。大家可以看江苏卫视的《一站到底》，原来是人和人比，现在是机器和机器比、人和机器比，人肯定比不过机器。所以我们讲人工智能成为未来经济增长的重要动力、重要方向，那么它的基础就是各种大数据的收集使用。

当然，发展数字经济也并不是我们想象的一帆风顺，有很多挑战。首先是人才培养，没有足够的人才，将来你不知道这个数据怎么收集。现在我们收集了很多数据不知道怎么用，没有很好地开发出来，这是一个问题。当然，由于大数据时代，人工智能以后对普通劳动力也是重要的排他，这从经济学来讲是一个非常重要的问题。我们说现在什么东西都可以用机器替代，什么东西都可以用大数据解决，要人来干什么呢？尤其是没有受过高等教育的人，将来真的会成为一个社会问题。这个问题千万不要小看，技术不能代表一切，技术如果发展很好，但是人的社会问题没有解决，这会反弹的。

现在，从欧洲、美国来看就可以看到这个趋势，全球化好不好？绝对没有问题，从理论来讲大家都是通过全球化来增加人民福利。好不好？非常好，但是当它排斥人到一定程度的时候，人是会反弹的，所以这是一个未来的挑战，就是怎么处理好数字和人的关系。

其次，关键还是基础产业。比如现在谈的大健康，现在没有好医生，农业也是。背后的这些东西怎么能够更好地得到发展。有时候从互联网来讲，它是一个平台，我觉得很大问题就是机制问题，如果你的制度、机制没有很好地改造，数据可能成为一个更加官僚的东西。现在我们就有体会，很多能解决的问题还要上网填信息，很多人把数据的东西变成了一个官僚的东西，这也是需要解决的。还有谁来设计这些东西，特别是数字化的工作流程，如果由这些技术人员来做，他可能也不懂，这不是提高你的效率，反而让你觉得很不方便。

现在中国的事就怕一哄而上，我们有很多好东西不是夕阳产业。前一段时间说的光伏，后来都惨不忍睹；汽车工业现在面临很多问题，127个汽车生产商，27个省市都在生产汽车，包括大数据产业，我现在也很担心，这变成了一个热门话题，各省、各地区、各单位都在搞大数据，再好的东西，生态破坏了，这就很麻烦。

数据可以帮助你成功，也可以让你的经济遭到破坏。所以怎么做到风险防范？就像早年的互联网金融一样，互联网金融很好，但是后来出现了很多问题。所以在我们欢呼数字经济春天的时候，千万还要注意防范一些下雨的时候。

祝大数据论坛取得圆满成功，祝贵州地区的大数据产业蓬勃发展。

谢谢大家！

开启数字治理新模式

贵州省社会科学院院长　吴大华

尊敬的各位领导，各位来宾，女士们、先生们：

大家下午好！

贵阳建立了中国首个国家大数据工程实验室——大数据应用技术国家工程实验室，提升了政府治理能力。贵州省社科院建立大数据治理学科，所以我们想借此机会和大家交流一下。

众所周知，大数据、物联网、云计算这些信息技术的飞速发展深刻地改变着人们的生产、生活方式。在大数据时代，我们就要主动运用数字治理模式提升政府治理的能力，实现社会的协同治理，推进诚信体系建设，加强数据的安全保障，推动政府向善政转变。

第一部分，开启数字治理新模式，提升政府治理能力。运用数字化技术手段，整合数据资源，提升政府的执行力，创新决策机制，不断提高政府治理行政效能和服务水平。

第一，要提高政策执行力。不断优化政府的政策执行环境，整合政策的执行资源，形成政策的执行合理，有效遏制政策执行过程中出现脱形、走样、低效率、观望症，有效防止政策在执行过程中出现随意性、弄虚作假的行为，确保政府的政令畅通，提高政策执行力。推进数字信息技术和工业、农业、服务业深度融合发展，推动产品创新、生产技术创新、商业模式创新，不断完善政府治理体系制度化、科学化、规范化、程序化。

第二，实现政府决策流程再造。充分利用数字化的关联分析、数学建模、虚拟仿真、人工智能，基于广泛大量数据基础上进行模块化分析和政策模拟，为决策提供更为系统、精确、科学的参考依据，为决策实施提供更为全面、可靠、实时的跟踪，推动政策决策由过去的经验型决策向数据分析型决策转变，实现政府决策机制的流程再造。

第三，创新政府监督机制。运用数字化的技术手段，对权力运行过程之中产生的数据进行全程记录、挖掘分析、及时发现和处理各类不作为、乱作为以及腐败现象，使权力在阳光下运行。构筑防腐败的网络数字化监督机制，推动法治建设，把执法权力关进数据的铁笼，让权力运行处处留痕，规范干部权力运行机制，真正做到“人在干、数在转、云在算、天在看”。

第四，搭建政府信息共享服务平台。打破信息孤岛，整合数据资源，搭建快速、精确、高效、数字化的办公流程和政务服务模式，为政府、民众、企业提供快捷、准确、高效、方便的便民服务，实现政府从粗放式管理向精细化管理转变，从单兵式管理向协作式管理转变，从文书式管理向电子政务数字化管理转变，提升政府综合协同和管理方面的能力。

第二部分，开启数字治理新模式，提升社会治理能力。我们要加强社会风险的疏导，促进社会良性运行和协调发展。主要从以下方面思考：

第一，夯实公众、社会与政府的治理基础。以数据开放共享、电子政务、智慧城市为抓手，利用互联网的扁平化、交互式、快捷性等优势，拓宽公众、社会组织、市场主体参与社会协同治理渠道，运用电子技术手段来简化行政事务的处理程序，提高公民、社会民主协同，加强政府引导、社会组织和市场主体与公众参与，共同协同治理，形成社会事务共治局面，实现社会效率最大化。

第二，促进治理从政府单向管控向多元、协商共治转变。传统的社会管理模式是以政府为单一主体来实行对社会进行管控，是一种通过国家强政为保障的、自上而下的非协商式的治理方式。进入数字时代以后，传统的社会治理模式发生了很大变化，明显不再适应时代发展需求了，所以就要以政府为引导，充分发挥政府、社会组织、市场主体、公众社会治理主体的自治功能，推动社会治理从政府单向管控向多元协商共治转变，促进线下治理向线上融合治理转变，变被动治理为主动治理，引导社会与公众协同化解社会矛盾，防控社会风险，增进社会认同，实现协同治理效益最大化。

第三，推动现实社会与虚拟社会的双重治理。随着网络信息技术的深入融合发展，虚拟社会孕育而生，正逐渐形成与现实社会并存的一种社会存在形式，虚拟社会的匿名、开放、高度自治这些社会特点必然催生新矛盾、新问题。这些新矛盾、新问题往往会与现实社会中的矛盾、问题交织在一起，客观上就要求社会治理模式顺应时代发展，更加注重治理空间、主体路径的多元化，还要及时有效地向网络虚拟空间延伸，充分运用数字化技术手段，更好地应对社会问题和社会矛盾，推动现实社会与虚拟社会的有效治理，维护社会良性运行和健康发展。

第三部分，开启数字治理新模式，创新诚信体系建设。当前，中国社会正经历着前所未有的信任危机，例如毒奶粉事件、染色馒头、问题疫苗等等，每一次事件都触碰中国人敏感的信任神经，每一次事件也同样拷问中国社会的良心。在数字时代我们就要运用数字化的技术来推进诚信体系建设。

第一，打造数据留痕的社会诚信体系。充分运用好数字化的技术手段，实行统一的社会信息代码，规范数据的采集、数据的加工、征信平台接口、信用数据库以及网络信息平台等标准化工作，加强对公民、法人和其他组织诚信记录数据化的建设工作，打造诚信的数据留痕平台，编织数据笼子，规范制约不诚信行为。

第二，完善社会诚信预防和惩戒机制。在网络信息化时代背景下，我们推进了社会诚信体系建设，要培育公民的诚信意识，加强互联网和信息化的技术手段，创建一个政府与社会组织、市场主体与公众三位一体的联动模式，对市场恶性竞争、偷税漏税、欺诈蒙骗等行为，从源头上预防。通过深度的数据挖掘分析，对各类主体的实现行为进行预测、预警，对各类不诚信行为实施精确治理，为推进社会诚信体系建设保驾护航。

相关政府部门按照信息化、数据化、融合化的要求，建立部门联动协同机制，整合资源，加强协调，统筹推进，完善信息公开，承接纠错机制以及相关的法律法规体系，让全社会人人尊尚诚信，人人维护诚信，使政府用权依法、有权不任性，不断完善整个社会的诚信体系建设。

第四部分，开启数字治理新模式，切实保障数据安全。昨天在开幕式和论坛上，很多专家领导都提到数据安全问题。在开启数字治理新模式时，有以下几点看法：

第一，要以数字技术保障数字安全。加大网络安全自主创新，加强网络安全应用示范、网络安全的政府监管，搭建安全的应用平台，以平台建设来加强数字安全的技术保障，加快区块链数字化的安全技术。这些在数字安全方面的应用，与中国网安、奇虎360、网钛等优秀企业协作，加大数据安全保障。

第二，要以制度建设保障数据安全。以法制保障大数据安全，制定大数据的应用法规，出台《数据资源管理办法》，制定《数据开放共享条例》，以政府数据开放与共享为突破口，开展大数据的立法探索，为数据更大范围开放共享，以促进大数据应用提供法制保障。这方面贵州省贵阳市敢为人先，贵阳市出台大数据首部条例，贵阳市第一个数据共享法规已经出台。开展大数据，对各类基于网络与大数据应用的目标，展开攻击与防护的应用级演练，提升我国网络空间安全，推动大数据的安全发展。

各位来宾，传统的治理模式已经不能适应新形势下时代的发展需求，数字治理模式恰好为国家治理能力现代化提供了新的思路与路径选择。国家大数据工程实验室就建在贵州，在大数据时代我们要主动开启数字治理模式，积极应用大数据、云计算、区块链等新一代信息技术，不断提升政府治理能力，全力推动政府由善政向善治转变。

最后，衷心祝愿本次论坛取得圆满成功。

谢谢大家！

数联网——数字经济与治理的加速器

勤智数码科技股份有限公司董事长　廖　昕

今天我和大家分享的题目是《数联网——数字经济与治理的加速器》。

很多专家讲这个世界已经是大数据的世界，这里面有很多特征，如数据量暴增，但这些数据并没有连接在一起。人类的社会活动越来越加速整个世界的数字化，我们认为大数据世界是真实世界的投影，真实的世界把所有的活动影射在大数据时代，大数据时代让我们从另外一个纬度观察现实世界。

通过物联网、网络新闻、社交活动、人与人关心的问题等汇集起来，也包括我们人类生活里面资金的活动、工作、生活，构建了现在大数据时代。但是这个大数据的世界并没有完全连接起来，所以现在通过大数据认知的世界可能是不全面的、是分散的。因为有了这些数据，映射了我们真实世界的数据。

人工智能提出已有了六十年（始于1956），这几年因为大数据基础设施和数据处理能力的发展，人工智能体系发展得越来越快，越来越成熟。因为人、机器、人工智能在数据上的应用，改变了人的生活，让人进行科学决策、认知新的行为，让现实世界越来越美好。

我们理解的数字经济，就是基于数据资产、数据智能，从而成为人类社会新的生产力，让人类社会越来越美好。在这个体系里面，算法模型、数据连接、共享经济，是数字经济和治理的发动机。现在国内数据有三大类：一是 BAT 和线上平台，占20%；二是中国政府和很多大的国企，比如说运营商、民航、医疗、医院拥有70% 的数据；还有10% 的数据在企业甚至我们每个人的身上。在保护隐私的前提下，这些数据怎样贡献出来创造价值？一定是通过数据的开放共享。但是现状又是什么？我们现处在大数据时代，然而在座的每位都进入大数据的门了吗？

我说数据有三大类，第一类是在 BAT，在这些互联网公司里面。马云说阿里巴巴就是一个大数据公司，那么这类公司是在大数据的门内，它拥有很多数据，有很多专家，并利用数据去做生产，创造更多好的应用，这类公司有数字经济的持续发展。第二类是在中国政府，政府的数据占到70%，那么怎样把政府各个部门、各级政府数据开放共享，来创造惠民价值，同时开放数据给整个社会创新带来价值。这是个问题，目前正在发展过程中，应该说还没有进到门里面去。第三类就是很多中小企业，没有拥有大量数据的企业，在门外观看，他们还并没有进入数据经济的大门。

怎么改变现状，让更多人参与到数字经济中，创造更多价值？这里面很重要的环节，就是怎么解决数据连接困难的问题，让各类数据尽可能多地连接起来，即让 BAT 的数据、政府各级部门的数据、社会上各行各业的数据能够相互连接起来。

这里面的困难有两个方面的原因：一方面是技术的原因，数据共享交换和数据汇集有一定难度。第一是数据很分散，社会各个方面都有数据，这些数据怎么梳理清晰，建立完整的目录有难度；第二是数据类型很多，很多有图像、文字的，这类数据怎么连接起来有难度。这些数据汇集起来，数据要产生价值，算法和应用也要产生价值，每一个人有不同的想法，不同的算法有不同的数据，怎么把更多的数据汇集起来，其实是有难度的。另一方面是数据安全和规则的问题，都是一些现实存在的问题。但是这不是主要矛盾，现在在技术上有很多方法可以解决。主要矛盾是共享数据的动力不足，因为大数据很容易复制，复制之后就会无限地被拷贝，这个时候怎么保护自己的利益，是每一个数据拥有者特别担心的问题。现在政府共享交换体系里存在一个问题，就是每个部门都想用别的部门的数据，但又不愿意把自己部门的数据拿出来。大家都从自己的角度考虑问题，担心获得利益和数据价值损失不匹配，也担心得到的利益会小于风险。

如何解决数据开放共享和汇集，我们有两种方案：一种是权威中心，通过数据交易所交易交换数据，依托第三方平台汇集、聚合数据，但坦率说不是特别理想。因为每一个机构都想做交易所，每一个企业都想做交易所，但是怎样能做到权威，让别人愿意用你的交易所去交易数据呢？另外一个就是数联网，它是去中心化的，让连到数联网的数据拥有者可以交换数据，通过一些算法可以分布式地在他人数据内部去计算。愿意分享数据和愿意数据被计算的数据拥有者，能够得到数据价值分享，通过区块链的智能合约，初期就可以得到价值分享，以此鼓励所有参与数据联网的人得到价值分享，同时这个系统是自主可控、数据可信的。

数联网是下一代大数据的基础架构，我们解决的问题：第一，数据是物理分散、逻辑集中的，即数据在哪儿我们是知道的，但数据不一定要汇集在一起；第二，数据拥有者和维护者可以获得应有的利益，数据分享和数据被计算能得到相应的分利；第三，推动数据分享经济的发展，因为数据在每一个企业每一个单位里面，并不是全部汇集在一个平台里面。这三块做好之后，就能加速数字产业的发展，能让数字经济和治理更有活力。

我们现在不仅在理论体系方面进行研究，在国家标准方面推进数联网，而且已经有了很多实践。数联网联系一切数据化的对象，联系数据本身，让这些数据有效地被利用，数据的连接、存储、利用是安全可信的，是实现数据价值融合和可利用网络。我们认为，互联网是连接世界，把大家的PC 机、智能手机连接起来。物联网是感知世界，把传感器连接起来。数联网是把所有的数据连接起来，通过数联网让大家更深入地理解世界。

数联网也有标准，有比较细的技术模型和标准协议，大概有八个组件，第一个组件是数据服务节点，所有拥有数据的人都通过数据服务节点跟第三方作数据共享。有七个管理的体系，比较重要的是数据服务的注册中心，要共享数据或被别人利用就要把数据注册。还有数据目录管理中心，我们需要知道人家有什么数据，才知道怎么共享和应用。分布式的账本服务，方便参与价值分成。其他几个模块是管理的模块。

这个体系第一个应用场景是政务数联网，基本上把县、市、省数据打通，让数据交换，互相之间参与价值增加之后的分配。第二个场景是金融数联网，现在大数据金融发展很快，大数据金融通过给企业画像和个人画像作相应的风险控制。在国内算法不是最重要的，重要的是把和金融相关的数据以及个人、法人相关的多元数据汇集，尽可能把多的数据汇集在一起，每一个拥有数据的人都愿意把这个数据汇集在一起。

我们小范围做实验，在贵阳有一个金融数联网体系，通过数联网实现各个组织之间内部数据互联，方便交易和结算。这些数据经过共享之后，如果产生新的价值，大家就分配这些价值，有效防止数据被盗取。联盟成员可以互惠互利，按数据使用情况结算，有效促进征信业务和风控业务的发展。通过城市和风控、风险相关的数据连接起来，让各方面贡献数据的人也能参与分享价值收益。

数联网普及起来可以连接所有的数据，又能通过利益分配手段，让所有贡献数据的人得到相应的价值。想一想，数联网会对数字经济产生什么样的影响？第一，它会让所有的数据很简单地连接到同一个网络里面去，因为数联网体系支持多种数据快速连接；第二，让有数据的人愿意主动连接进来，现在不是技术的问题，是大家有没有这个动力的问题，让大家愿意主动加入数联网，愿意参与价值分配；第三，这是一个共享经济的体系，有数据的人可以分享这个数据，另外能提出核心价值的企业家和算法专家可以合作，连接里面的数据，如果产生好的应用、好的数字经济的增值，可以给共享数据的人分成。

这是一个创新体系，可以连接各行业的相关数据，构建数据的“双创”生态，提升现有的产业，促进业态的创新，提高生产效率。现在有很多传统企业，比如说零售的传统企业，下面有很多子公司，有很多数据，我们通过数联网把各个子公司的数据汇总，之后在一个集团内部做孵化和发展，希望通过这种模式把整个数字经济带动起来，用数字经济反过来对它的主业产生有利的影响。

最重要是对中小企业的好处。在大数据时代，如果没有数联网，大企业容易得到信息，但中小企业会失去数字经济的发展机会。之前只有大的公司有专家分析数据，有人工智能和数据产业，但中小企业并没有很多数据，也没有能力找到算法专家解决问题，所以中小企业离数字经济就会越来越远。现在我们可以利用数联网的数据分享经济来有效降低创新代价，它有入口，可以有安全权限访问数据，创造价值再分享。中小企业也可以借助人工智能与大企业在同一起跑线一同发展。

现在有一些城市做了数联网的典型案例，在政府数据共享交换的领域，主要在四川省省级、崇州市县级、巴中市地市级、成都市省会级城市。在行业领域，有贵阳的数控金融，还有党建大数据。在企业数联网方面，有自由数据的体系和自由数据的平台，帮助各个企业提供数据服务。现在我们在给房地产企业提供数联网数据服务，帮助房地产企业做楼盘定位和精准营销。

谢谢大家！

观点再现

宋洪远（农业部农村经济研究中心主任）：围绕治地治水治环境、控肥控药控膜控添加剂、降低农业生产经营成本、提高农业效率，来实现农产品的质量和食品安全的大跃升，以此满足量的需求，更进一步满足质的需求，这是农业要解决的问题。

刘守英（中国人民大学经济学院教授）：“大数据＋农业”的核心是降低成本，可以促使大数据与农业生产主体、产业联合，从而降低农业的信息、交易成本，打通农业产业链，促进农业主体多元化、农业体系高效化。

葛　颀（GSMA 大中华区战略合作总经理）：未来5G 的成功还有几个关键的因素需要产业链共同努力和发展：第一是全球一致性的频谱政策和新的频段；第二是动态网络能力配置，如何保证在同一张物理网络里面通过能力的调整让网络性能实时可呈现、可使用、可管理、可计费、可交付，这在5G 时代是我们关注的核心，也是5G 的商业模式真正成功的关键所在，5G 动态能力的配置将是5G 价值体现的重要因素；第三是移动物联网 Mobile IoT。

林　瑶（金雅拓 IoT 事业部总经理）：怎么样保护物联网的联网设备？第一是保护设备的联网介入。今天很多物联网的产品应用都在考虑用安全芯片，这个安全芯片是一个安全容器，用来保存敏感的数据，所有的设备跟后台、跟外界交互的时候要做身份认证，这能够很好地抵挡黑客进攻；第二是通信技术；第三是网络的完整性；第四是保护云端。

郭　炜（软通动力信息技术有限公司智慧业务副总裁）：大数据是城市的新兴资源，我认为主要体现在三个方面：一是新途径，如何利用数据为城市的管理提升、产业发展、便民设施提供服务；二是大数据时代是任何一个城市和一个新兴产业的战略新机遇的契合点，大数据为传统城市治理和新兴产业注入了新的动力；三是在经济转型方面，建立一个运行平稳高效的运营机制非常重要。城市政务的数据、物联网的数据，包括互联网的数据、市民产生的数据，全部结合起来才是一个较为全面的曲面数据。真正的大数据时代，是在能够将数据有效接入和定义的情况下，实现共享和可开放。

张韶峰（百融金服创始人、董事长兼 CEO）：科技的力量在促进普惠金融发展、提升金融服务质量和效率、满足多元化投融资需求等方面发挥了积极作用，展现出了很大的市场空间和发展潜力。同时，科技与金融在理念、技术和模式等方面的碰撞与融合，为古老的金融业发展注入了新动力，促使中国传统金融机构和新型金融机构不断改变业务模式和服务方式。随着信息化、数字化时代的深入发展，“无网络不金融”“无移动不金融”已成为现代金融业体系的一个重要特征。

Leopold Beer（Bosch Sensortec 中国区总裁）：今后，这个世界不再是黑白那么简单了，这个世界因为因特网的出现变得像中国文化当中的太极图一样。到那个时候，物联网行业的结构是由应用所决定的，每个人的角色不再是单纯的使用者或者运营商那么简单，而是由情境决定，我们每个人都是八卦图形中的一个部分。比如现在一个服务器的角色，今后可能是通信服务中的一个节点。

张旭阳（百度公司副总裁）：财富管理平台以智能投顾为核心，使用基于 AI 的全生命周期财富管理。通过金融科技基础上的专家能力介入以及风险隔离、风险分散的组合管理机制的建立，既有效管理风险又对接个人融资与投资的需求，最终达到普惠的目的。

李　军（布比科技副总经理）：区块链降低了成本，既可以降低多方合作之间的信任成本，也可以降低资产、资金流动的成本。自动执行也是提高效应最重要的手段，可以让很多自动执行自然而然地发生。

梅　宏（贵州省大数据产业研究院院长、中国科学院院士、北京理工大学副校长）：所谓的软件定义，我理解就是把所有的硬件资源抽象成虚拟资源，然后由系统资源对虚拟资源进行管理和调度，硬件资源虚拟化，用户可以编写自己的程序，改变资源的行为，满足用户、应用对资源多样化的需求。未来，软件正在作为一个重要的技术产生非常重要的作用，从硬件计算平台到智能应用、大数据应用、AI 的应用，软件目的就是要构建一个平台，构建一个操作系统，让万物皆可互联。

徐　啸（神州数码信息服务股份有限公司首席技术官）：数据服务生态有两层：一方面是数据源的提供商，一是政府开放数据平台产生的数据；二是行业内部以同盟的形式产生的数据；三是以前在多个行业有服务经验，并且也能拿到行业授权的一些企业提供的商业服务数据。未来数据源一定是去中心化的，不会在一个地方拿到所有数据。另一方面是数据集成的服务商。这个服务商理解各个行业需要解决的问题，并把这些数据以 API 释放出去。

沈昌祥（中国科学院院士、中国工程院院士）：构筑云计算安全首先要做到可信的应用口径；其次要有保密安全管理；最后要有审计平台。信息系统云化是指其信息处理流程在云计算中心完成。因此云计算中心负责定级系统的系统服务防护，信息系统用户负责业务信息安全保护。

李艺铭（中国电子信息产业发展研究院副主任、高级工程师）：数字经济有9个方面的展望：1. 数字经济的生产服务体系将呈现“哑铃形”结构；2. 大数据挖掘和人工智能将成为数字经济智能化“双引擎”；3. 技术、应用、模式、资本将结合，打造“融合式创新”驱动方式；4. 数字化决策渗透将呈现多主体、多渠道、多维度特征；5. 数字经济相关测算和统计将进入官方指标体系；6. 企业社会化和社会平台并存将挑战主流组织形态；7. 价值链将向有效数字交易延伸；8. 爆炸式信息将成为数字经济的核心；9. 中国将面临数字经济理论和实践的无人区。

张溪梦（Growing IO 创始人兼 CEO）：数据化驱动对于企业来说主要分为三个阶段：第一个阶段是真正数据化营销阶段，这个阶段仍旧很粗浅，还停留在营销或流量性思维阶段；第二个阶段是数据化变革阶段，要针对客户进行全生命周期的运营和管理，包括产品分析和转化，客户服务、支持、销售体系搭建，整体来说我们需要搭建全平台的数据化运营；第三个阶段逐渐成长为原生数据型企业，这个阶段就会无坚不摧。这三个阶段怎么达成？首先必须要把流量性的思维转为客户思维；其次就是要了解产品和用户，就是衡量转化率。

Ali Rebaie（Rebaie Analytics Group 集团总裁）：现在真正需要的技能是数据分析。我们做数据研究的时候，也需要像小孩子一样有强烈的好奇心。同时要以不同的视角去看事情。发现未知的事情，有时并不知道答案是什么，你要用你的好奇心寻找事物的规律，理解事物的奥妙。我们也要连接不同的事物，把不同的信息连接起来，建立模型，用新的信息去讲故事、做预测。

李岳德（贵阳市委副书记、市委群工委书记、市群工中心主任、市委社会建设工作委员会书记）：块数据可量化和可预判的特性，对社会治理的影响将是全方位的，“得块者得天下”将不是一个预言。如何运用块数据推动社会治理创新呢？一是打造全治理链，种好“智慧树”的顶层设计；二是建设块数据城市，培育“智慧树”的肥沃土壤；三是共享开放政府数据，丰富“智慧树”的必需养料；四是区块链技术应用，强化“智慧树”的关键支撑；五是拓展场景应用，装点“智慧树”的美丽树冠。

王丽竹（中共北京市委社会工委委员、市社会办副主任）：北京市网格化治理体系和治理能力现代化水平不断跃上新台阶、跨上新水平。主要体现在以下四个方面：一是网格化治理大数据有效提升了管理精细化水平；二是网格化治理大数据有效提升了社会服务精准化水平；三是网格化与大数据有效提升了社会治安综合治理精密化水平；四是网格化大数据有效提升了服务大局的保障水平。

朱廷劭（中国科学院心理研究所研究员）：大数据可以为我们及时全面地获取社会心态，为开展社会治理提供心理学依据。我们知道哪些群体有什么样的心理特点，他们的价值观怎么样，幸福满意度怎么样。同时，可以开展跨学科合作。

周志勇［加拿大联邦政府信息安全（公民数字身份）工作委员会委员］：从2017年的信息安全现状来看，目前全球信息安全主要面临7个方面的风险挑战：经常性的数据泄露；更高端、多样的攻击手段；更多的攻击面；过度地依赖用户密码；用户信任；缺少更加严格的法案以及专家人才的缺失。信息安全保障数字经济的发展，数字经济带动信息安全产业提升。

陈　杰（中兴通讯高级执行副总裁）：大数据在“一带一路”城市建设智能化中起着非常关键的作用，但是随着应用的广泛和深入，不可避免地也会带来许多挑战。主要有三大挑战：数据的获取难、共享难和应用难。获取难是技术受限、采集系统的缺失等造成的；共享难更多是因为机制的壁垒，跨领域合作的意愿不强造成的；应用难是在实际的应用中需求不是很清晰、能力不足、缺乏大数据的技术人才以及市场分析和现实问题的断层造成的。可以说，智慧城市要想在智慧度上实现质的飞跃，就必须解决数据的采集、共享、流通三大难题。

曹文胜（中国经济信息社新华丝路事业部总经理助理）：云数据中心在云计算的大背景下发展了新兴的共享基础架构的方法，它极大地增强了数据中心的存储能力，消除了人员、硬件、软件的重复配制，让软、硬件升级更加容易。云数据中心具有高拓展性、高可用性，采用有效分发的特点，为贯彻落实国家“一带一路”愿景和国务院关于贵州内陆开放型经济实验区建设实施意见的批复精神，积极融入“一带一路”建设大局，拓宽对外合作渠道，整合沿线国家优秀科技人才、技术、数据等向贵州国家高新区聚集，使贵阳高新区成为中国西南地区通往“一带一路”国家的重要支撑。

李为冲（贵州易鲸捷信息技术有限公司董事长）：数据库分两大类，一类是所谓交易性的数据库，最大的特点就是通过交易要写进去，这比较困难，技术难度也比较高。另外一类是开源的数据库，绝大部分是分析型的。所以讲数据库首先要分清两大类，而在数据库的市场中，真正富有价值、最值钱的部分是交易型的数据库。

安永生（山西晋城农商行董事长）：微时代、微金融需要发展“微”的特制，以满足客户的需求为核心，提供精准的渠道、全方位的服务和个性化的产品。大数据要发挥其应用价值，数据采集是前提；其次是以风险防控为目标，以数据模型应用为抓手，全力发展普惠金融；最后是以模式创新为导向，以大数据分析为依托，持续引申精准扶贫。

张黎明（中国华录集团总经理）：大数据产业要发展，光有数据不行，要抓住数字经济这个重大课题。我觉得数字经济最重要有三个方面要抓住：第一，数字经济是以大数据为核心；第二，数字经济是以存储为基础；第三，数字经济是以应用为关键。

林拥军（北京易华录信息技术股份有限公司总经理）：衡量一个城市大数据产业的发展程度，有两个很重要的指标：一是这个城市到底有多少体量的数据可以向市场开放；二是这个城市到底有多少种类的数据可以向市场开放。

陈　虔（北京航空航天大学教授、博士生导师）：新媒体是一个信息化的媒介，新媒体产业是以新媒体技术为基础的产业经济形态，新媒体经济是数字经济下的一个子集。新媒体对经济的影响，第一是对于沟通形式的变化；第二是成为经济系统重要的影响；第三是新媒体代表技术、产业和经济，那么它的发展也会带动其他相关产业的发展。

易欢欢（易股天下股份有限公司董事长）：对于金融来讲最重要的就是怎样定义风险和价格。任何时代经济的发展就是纬度的变化，从互联网到移动互联网，更高的层次是在虚拟环境中纬度的变化，其中有三个非常重要的技术。第一是区块链。区块链的核心是让一张数据互联网，变为一张价值互联网，中间创造的价值变成一种货币，变成可评估、可预算的一种能力。第二是人工智能，是一个指数式增长的过程。第三是虚拟现实，我们称之为进一步纬度的增加。所以数字经济跟新金融之间构建出一个新的生态闭环，可以进一步打开数据利用的瓶颈。

陈　沁（数联铭品 BBD 首席经济学家）：数字经济可以称之为由信息经济技术驱动的经济发展，它包括不同的层面，第一个层面是“互联网 +”

的成长，或者新一代信息技术行业的增长；第二个层面是其他行业利用数字经济发展；第三个层面是整个社会利用数字经济发展。首先它会有一个内涵，也就是信息技术相关行业本身的增长。其次是它的外延，是数字经济的外溢，是技术产业作为中间投入品进入其他行业，并助其加速。最后是数字经济利用，全社会对信息技术驱动所得一切产出的利用能力，这三部分加在一起就是数字经济指数的一个来源。

朱　钰（证大集团董事长助理、证大财富副总裁）：无论什么样的创新都离不开风险管理，无论是传统金融机构还是互联网金融企业，成本结构是一样的，主要是三部分：一是资金成本；二是运营成本；三是风险成本。持续性的盈利能力主要取决于风险成本的高低，大数据的风控关键在于用各类网络技术，包括搜索引擎技术、移动通信技术等挖掘客户的价值信息，进行风控，降低风险成本。

邓明森（贵州财经大学大数据金融学院院长）：中小企业贷款的困难，我认为来自于两个方面：一是传统银行因面临针对低收入人群及小企业的小额贷款的交易手续费，以及过程的烦琐性降低了服务发生的意愿；二是低收入人群及小企业对金融产品的信息了解不够，信息不透明。因此，一些专门的征信机构的出现解决了交易双方因信息不对称而带来的信用风险。

王树良（北京理工大学软件学院副院长、教授）：在“一带一路”中，大数据是基础设施，关键是空间数据的挖掘。通过数据挖掘之后，实现“一带一路”数据资源的交互共享，从而促进社会发展、提升产业增长，最终达到智慧的“一带一路”。

张承惠（国务院发展研究中心金融研究所所长）：大数据将成为政府治理的重要基础：一是大数据可以优化城市治理。通过大数据平台可以实现政府与市民的互动，进一步拓展民众的诉求通道；二是基础设施共享，通过大数据平台就可以优化资源配置，把闲置资源更有效地利用起来；三是基础信息的整合，打破信息孤岛，提升市场监管效率。

刘毅华（贵州省银监局调研员）：从监管来说，监管虽然是挑战，但是也带来了机遇。监管的理念，从传统金融来说，有"五步曲"：一是贷款质量分类；二是货币是否充足；三是是否充分可信；四是利润是否真实；五是资本是否充足。大数据金融主要的功能就是利用互联网技术、大数据功能获得充分的信息，解决信息不对称的问题，能够更精准、更精确地支持中小企业的发展。

叶森林（正和岛贵州岛邻机构主席）：互联网金融平台主体打通了资金供给者和需求者的整条价值链。由于传统金融机构存款利率没有市场化，互联网金融平台主体通过较高收益率吸引资金供给者，借助第三方支付平台降低价格，解决了资金供需双方交易的成本。通过大数据的分析、挖掘、核查和评定，并借助专业第三方外包数据等数据中间商增加资金需求者，特别是中小企业风险的可控性和管理力度，及时发现并解决可能出现的风险点，对于风险发生的规律性有正确的把握，从而选择合理的贷款发放对象。

陈国青（清华大学经济管理学院教授、长江学者、国家杰青）：大数据时代需要构建三种能力：一是平台能力，要关心感测与连接、数据中心与效能、商务分析与智能；二是大数据分析、商务分析能力，通过数据更好地了解客户、了解业务，进行针对性管理、优化运营等；三是创新能力，经过大数据分析构建新的队伍、方法、模式，使得产品和服务创新业务模式创新。

叶 强（哈尔滨工业大学管理学院院长、教授、博士生导师）：有几个原因促使人工智能形成热潮：一是应用的驱动，与互联网的普遍应用有关系，大量的社会应用需求是最主要的原因；二是硬件的发展为很多数据处理、分析、算法的实施提供了条件和保障；三是人工智能算法的改进，我觉得算法改进相对比较平稳，我们并没有看到算法上有一个特别大的跃升，但也有提升。前两条变化很大，尤其是第一条，社会发展进入由数据驱动人工智能发展的阶段，所以很多企业界的朋友比学术界的学者更关注人工智能。

闵 刚（北京锐融天下科技股份有限公司董事长）："Fintech"是资本市场特别热的词，由金融"Finance"与科技"Technology"两个词合成而来。我认为，金融是一种生产关系，科技是一种生产力，可以从生产关系的视角看两者的关系。为什么这个词能吸引很多人的眼球？并不是金融本身发生了变化，而是金融支撑体系发生了变化。科学技术不断发展，大数据、云计算、AI、区块链等技术，使得计算能力、传输能力和储存能力快速提升，让传统金融服务方式发生变革，产生了互联网银行、移动支付等新的服务模式。

秦松疆（章鱼大数据 CEO）：DT 时代之前分四个阶段：第一个阶段是互联网时代，是互联网将整个产业扁平化的时代。第二个阶段是移动互联网时代，每部智能手机成为人的一部分，都在产生数据。第三个阶段是云计算阶段，云计算使传统企业很容易地搭建自己的信息化平台。第四个阶段是物联网和人工智能时代，这个时代万物相连、万物皆有智慧，产生非常巨大的数据，只有用大数据的方法才能处理这么大的数据。

黄永金（工业和信息化部电子科学技术情报研究所副总经济师）：如何应用好大数据技术，发展好大数据产业，挖好这个“钻石矿”，种好这棵“智慧树”，为人类经济社会和现代文明建设提供更大的动力，我们必须做到“四个一”：一是建立一套运行机制。大数据建设是一项有序的、动态的、可持续发展的系统工程，必须建立良好的运行机制。二是规范一套建设标准。没有标准就没有系统，应建立涉及不同主题、覆盖各个领域、不断动态更新的大数据建设标准。三是搭建一个共享平台。数据只有在不断流动和充分共享中才会有生命力，应在各专用数据库建设的基础上，通过数据集成，实现各级各类指挥信息系统的数据交换和数据共享。四是培养一支专业队伍。大数据建设的每一个环节都需要依靠专业人员完成，必须培养和造就一支懂指挥、懂技术、懂管理的大数据建设专业队伍。

刘　昊（中国电信天翼征信有限公司产品总经理）：为什么大数据在金融这个特定场景下取得比较好的应用效果？有两个层面的原因：第一个层面，大数据产业整体的发展势头越来越强劲；第二个层面，中国的消费信贷也在蓬勃发展。利用区块链技术去实现数据共享有几个优势：一是没有中间环节，链上节点直接互相对接，用户授权关系比较明确，符合目前监管要求；二是数据来源可追溯，具有公信力；三是不需要中心化数据库，解决数据源之间彼此不信任问题；四是积分制，只有分享数据才能获取别人的数据，这样可以加快推动数据生态的形成。

帕瓦（NIIT 集团董事长、联合创始人）：大数据时代挑战也是机会，主要有六个挑战：第一个是身份识别；第二个是隐私和个人信息的保护；第三个是网络安全；第四个是个性化定制；第五个是社区交流；第六个是创造新的价值。每个挑战对于初创公司来说也是一个机会。

黄子华（贵州大数据产业孵化器主任）：中国和印度地域相近、文化相似、唇齿相依、产业互补、市场巨大，要实现合作共赢，需要做到：一是要打破文化壁垒；二是要加强产业合作；三是要增进技术渗透；四是要推动人才流动；五是要加大资金投入。在中印合作方面，可以打造“六个一”的平台：第一，打造一个共同的孵化平台；第二，组织一个产业联盟；第三，打通一个大数据平台；第四，成立一个产业引导基金；第五，搭建一个人才交流市场；第六，建立一个技术交易平台。

区块链开启价值互联网时代

- 基于区块链的联盟式国家根域名体系建设
- 区块链发展的趋势
- 区块链重构互联网价值体系

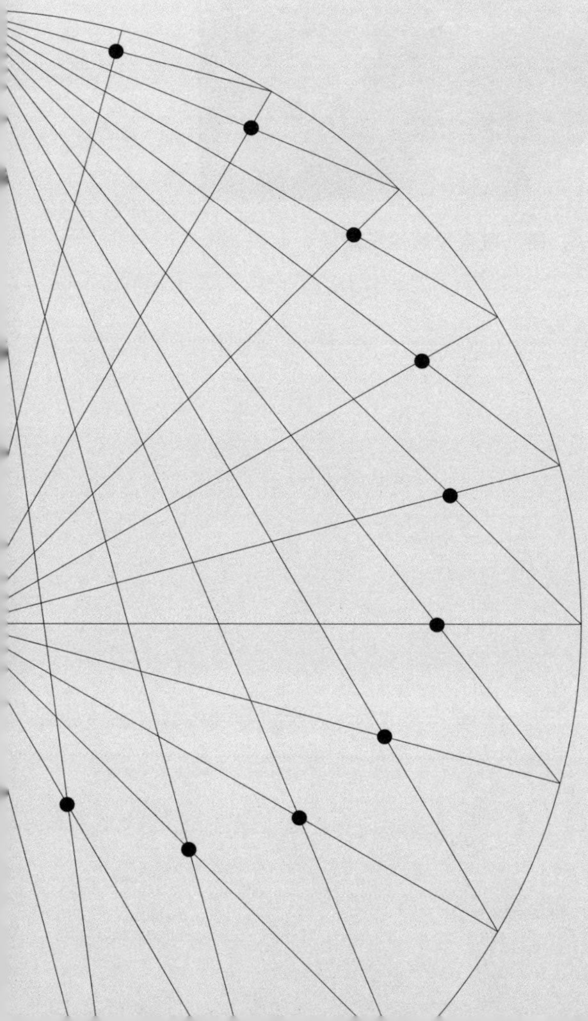

2017年5月27日，2017数博会区块链技术“产、学、研”融合发展论坛现场。

2017年5月27日，2017数博会全球区块链技术发展论坛现场。

2017年5月25日，2017数博会中国区块链标准与应用场景发展论坛现场。

区块链：互联网的下一个风口

大数据战略重点实验室

互联网是工业革命以来人类最伟大的技术发明，它解决了任何人之间可靠的、近乎零成本的信息传递，短短二十年时间就重塑了我们的生活方式。然而，目前的互联网仍然存在很多缺陷，其中最大的痛点是无法从根本上解决信任建立的问题，导致价值的转移方式不得不依赖中介，成本高、效率低。而区块链依靠密码学和数学巧妙的分布式算法，在无法建立信任关系的互联网上，无须借助任何第三方中心的介入就可以使参与者达成共识，以极低的成本解决了信任与价值的可靠传递难题。如果说互联网的诞生引发了一场智能革命的话，区块链的诞生便是大数据时代下智慧生活的新引擎。

联合国、国际货币基金组织，以及美国、英国、日本等国家对区块链的发展给予了高度关注，积极探索推动区块链的应用。目前，区块链的应用已延伸到物联网、智能制造、供应链管理、数字资产交易等多个领域。针对区块链的发展趋势，2017中国大数据产业峰会暨中国电子商务创新发展峰会期间，先后成功举办了“区块链主权管理与应用创新高峰论坛”“区块链技术‘产、学、研’融合发展论坛”“2017全球区块链技术发展论坛”“中国区块链标准与应用场景发展论坛”等。众多大数据领军人物、专家学者、领军企业在区块链主权、区块链产业发展、区块链技术、区块链金融以及区块链标准等方面，分享了其独到的见解和思考，共同探讨如何把握区块链发展新浪潮，抢抓全球科技变革新机遇。

一、区块链如何实现监管——以主权区块链监管区块链

构建网络空间命运共同体是以尊重网络主权背后的国家主权为前提的，同样，区块链发展和运用必须坚持主权原则，摈弃无政府主义、自由主义和泛自由化主义，主权区块链应运而生。主权区块链是指在主权经济体范围内，实现分散中心的社会认同，形成国家主权构架下的公有价值的互认、流通、分享及增值的区块链。主权区块链既保留了区块链的主要优势，又确定了监管权限。

5月27日，“区块链主权管理与应用创新高峰论坛”在贵阳国际生态会议中心召开，论坛由中国互联网协会承办，赛智区块链协办，赛智区块链创始人赵刚主持。中央网信办信息化发展局副局长张望、中国互联网协会秘书长卢卫、工业和信息化部信息化和软件服务业司副司长李冠宇、贵阳市人民政府副市长钟汰甬等4位嘉宾致辞。哈尔滨工业大学副教授张宇，中组部“千人计划”特聘教授、北航数字社会与区块链实验室主任蔡维德，京东万象总经理杜宇甫，美国麻省理工学院斯隆商学院院士、美国高德纳

集团 CEB 公司新兴技术首席执行顾问 Dushyant Shahrawat 和工业和信息化部电子第五研究所软件中心总工、博士后李冬5位嘉宾作主题演讲。北京邮电大学教授杨义先、国家会计学院教授卢力平和贵阳银行大数据金融部总经理郇公弟等6位嘉宾参与了圆桌对话。

针对如何将区块链应用于互联网，哈尔滨工业大学副教授张宇指出，区块链是在不可信且无中心环境下，实现一个分布式的账簿，即达成共识。要将区块链应用于互联网，目标就是要在根联盟内对根区文件达成共识，由此就需要实现只有联盟国家根（或 TLD 权威）才有权交换数据，避免平台所带来的不必要的复杂性及数据交换，无须引入算力竞争。

从区块链互联网分类来看，北航数字社会与区块链实验室主任蔡维德认为，区块链互联网分为异构网络和同质网络两种，其中异构网络中间参与的链是不同的，可能是比特币或者其他币，可能有几百个或几千个链，比较出名的有宇宙模型、金丝猴模型和波尔卡圆点；而同质网络则指的是拥有一致架构、具有拓展性、互通较为容易的网络，如卫星网络和熊猫网络。

针对区块链在数据交易方面的应用，京东万象总经理杜宇甫介绍了京东万象的数据交易区块链服务平台，其利用区块链技术搭建一条联盟链，即在数据进行交易之前，京东万象会先对卖方数据进行确权，明确其归属并将确权证书同步到各个节点上。若未经许可，盗卖没有确权证书的数据，或者证书与区块链确权不匹配的数据，数据提供方就可要求法律保护。这样既解决了数据提供方的担忧，也解决了数据需求方找到合规、正版的数据需求。

美国麻省理工学院斯隆商学院院士 Dushyant Shahrawat 也针对区块链技术提出了自己的三个重要观点：一是比特币技术仍然处在发展的中间阶段，它的整个发展需要二十五年的时间；二是区块链技术可以应用在很多管理模式当中，如经济、政府等方面；三是区块链技术会对数字经济有非常大的影响，区块链技术及分布式账簿会创造新经济模式，甚至会伤害、颠覆传统模式。

二、区块链产业发展如何应用创新——“产、学、研”聚力融合发展

随着越来越多论坛信息的公布，区块链技术作为数字资产和数字货币的战略性支撑技术，对推动新一代信息技术产业发展有重要促进作用。针对区块链技术“产、学、研”对融合发展模式的探讨，将会抢抓机遇，占领技术高地，培育一批区块链创新企业，形成一批可推广的商业模式，推出一批区块链规则和标准体系，努力将贵阳打造成区块链创新要素的集聚地和区块链技术应用创新的策源地，为国家大数据发展提供新动能。

5月27日下午，区块链技术“产、学、研”融合发展论坛在贵阳国家高新区高科一号 C 栋贵阳大数据产业生态示范基地举行。本次论坛以区块链技术基础研究、区块链技术“创新沙箱”、区块链技术“产、学、研”合作模式为出发点，共同研究讨论区块链的行业标准、产业发展、技术成果、人才培养等，对进一步推进区块链技术应用发展将有重要且深远的影响。论坛由数博会组委会主办，贵阳国家高新技术产业开发区管理委员会承办，贵阳数字经济研究院协办。论坛由 BitSE 首席执行官钱德君主持。贵阳市政协副主席、高新区党工委书记、白云区委书记杨明晋致辞。北航数字社会与区块链实验室主任蔡维德，奥马电器董事长、钱包金服创始人赵国栋，北京太一云科技有限公司董事长邓迪，分布士投资执行董事、万向区块链实验室首席研究员余文波等10位嘉宾作主题演讲。在圆桌对话环节，众嘉

宾针对区块链技术“产、学、研”合作模式进行了探讨，认为区块链只有与“产、学、研”领域相融合，才能发挥其魅力，实现颠覆性创新。

目前区块链产业的发展还存在一系列难点，北航数字社会与区块链实验室主任蔡维德指出，区块链在性能、保护隐私、可拓展性、应用方面存在难点，尤其是区块链的高吞吐量和低延迟不能同时兼顾，以及加解密和共识算法难题。与此同时，并非弱化区块链才有高性能，使用同一算法，但不同框架，性能可能有极大差异。解决这些难题，需要实现共识并发、双链架构并发和分片、负载均衡。

针对区块链产业与金融业的创新融合，奥马电器董事长赵国栋认为，大数据时代下的海量数据和飞速发展的信息技术，使未来任何公司终变成科技公司。金融公司会更加注重风险管理，同时通过信息技术建立自身的业务壁垒。金融牌照将逐步放开，数字金融实力增强，金融模式加速创新，互联网金融回归，数字普惠金融迎来风口。同时，他分析了资产数字化的外部需求和内部动力，外部需求是普惠金融、数字货币、区块链技术已成为国家战略，内部需求是资产数字化有利于改善公司治理现状，提升风管能力。

对于如何推动区块链产业又好又快发展，北京太一云科技有限公司董事长邓迪认为，一个产业要做好，依赖“产、学、研”三者之间的融合，互相促进。其中，“产”包括产业发展、产品开发、系统运营、产业孵化等，“学”包括人才培养、学习书籍、培训机构等，“研”包括技术研究、平台研究、应用研究等。此外，他指出区块链人才缺口很大，亟须加大培养力度；区块链应用领域繁多，需要尽快完善技术服务生态。

三、区块链技术如何聚智、聚焦、聚筑——搭建国际交流合作平台

区块链技术被认为是继大型机、个人电脑、互联网之后计算模式的颠覆式创新，很可能在全球范围引起一场新的技术革新和产业变革。随着区块链技术的演进，越来越多的机构开始重视并参与到区块链技术的探索中来。从最初的以比特币、以太坊等公有链项目开源社区，到各种类型的区块链创业公司、风险投资基金、金融机构、IT 企业及监管机构，区块链的发展生态也在逐渐得到发展与丰富。区块链技术作为数字资产和数字货币的战略性支撑技术，对推动新一代信息技术产业发展有重要的促进作用。我国在《“十三五”国家信息化规划》中，将区块链与量子通信、人工智能、虚拟现实等一起列入重大任务和重点工程。

5月27日，“2017全球区块链技术发展论坛”在贵阳会议中心举行。论坛由数博会组委会主办，中国信息通信研究院、贵州双龙航空港经济区管委会联合承办，量子链基金会等全球50家知名区块链企业支持。论坛由凤凰卫视双语主持人王峰主持，工业和信息化部信息化和软件服务业司副司长李冠宇，贵州省通信管理局副局长郭智翰，中共贵阳市委常委、市人民政府副市长杨赤忠，中国信息通信研究院院长刘多致辞。中国工程院院士沈昌祥，中国信息通信研究院技术与标准研究所副所长何宝宏，以太坊创始人 Vitalik Buterin，超级账本亚太区副总裁 Julian Gordon，同济大学大数据与网络安全研究中心副主任、同济金融科技（苏州）研究院院长马小峰，国家互联网应急中心互联网金融风险分析专项组组长吴震，中国信息通信研究院产业与规划研究所副所长徐志发，腾讯集团 FiT 副总经理郭锐，趣链科技 CEO 李伟，江苏华信区块链研究院首席架构师闫洪坤，美

国纽约龙门资本董事总经理朱丽洁，北京博晨技术有限公司董事长兼 CEO 张健，中兴通讯副总裁、中兴新能源汽车总经理冯海洲，杭州复杂美科技有限公司吴思进，PDX 创始人张健钢等16位专家和知名人士分别发表主题演讲。

区块链有望改变互联网治理模式，推动互联网成为新型的基础设施，实现价值的有效传递，改善现有的商业规则，提高多方协作的效率。与此同时，李冠宇副司长指出，区块链发展也面临诸多问题和挑战。对此，工信部正积极采取有效应对措施：一是深入研究产业的发展趋势；二是加速区块链技术落地；三是促进区块链技术的交流体制建设。

针对区块链产业发展中出现的垄断现象，以太坊创始人 Vitalik Buterin 认为，区块链技术可以运用在不同的行业中，比如可以用区块链进行投票，去获得金融服务，或者为没有银行账户的人提供金融服务，而且可以实现 P2P 的共享信息，但一些行业垄断现象的出现，造成了颠覆性的创造很难发生，不利于行业的长期健康发展。

在介绍到超级账本及其目标时，超级账本亚太区副总裁 Julian Gordon 指出，超级账本（Hyper Ledger）是一个开源的社区、开源的项目。超级账本和比特币或者是其他项目的区别，主要是超级账本关注共享层。超级账本的五大目标：一是和社区、企业开发者共同合作，带来分布式账本的框架和开源代码；二是建立起一个中立的开放社区；三是建立一个强实力的社区；四是建立公众教育；五是能够将软件开发者集合在一起。

针对如何制定区块链标准，中国信息通信研究院技术与标准研究所副所长何宝宏认为，区块链可创新网络机制。推进区块链机制的标准，探索可行的标准化思路的评价方法，一是要信息公开，全部公开和开放透明，透明是解决可信的一个最主要的手段；二是要符合在这个标准所定义的区块链的最基本的技术特征；三是要满足最低承诺或用户期望的指标。

腾讯集团 FiT 副总经理郭锐表示，区块链最本质的是支持拜占庭容错协议，其他的则是技术合集。对于区块链的认识，第一，区块链不是军备竞赛，核心技术并不复杂，它需要遵循价值和商业的本质；第二，区块链用技术的手段重塑了信任的基石；第三，区块链的创新价值，期待一个百花齐放的应用和生态。

区块链应用方面，北京博晨技术有限公司董事长兼 CEO 张健指出，区块链应用爆发的三个核心关键节点：一是技术瓶颈的突破，包括区块链底层技术瓶颈的突破和成熟度达到大规模商用的标准；二是数字货币的普及，数字货币是大多数场景需要形成闭环的核心要素；三是监管体系的建立，区块链和传统体系会不断地发生冲撞，需要建立包容性的监管体系，才能为区块链的发展提供空间。而基于区块链技术如何构建有价值的城市智慧交通网络，冯海洲提出了停车充电联盟解决方案的设计思路：第一，多家停车场自愿发布自己的停车共享信息，区块链技术可以解决大家发恶意信息的问题；第二，支持多家企业获取停车场空闲位置信息；第三，多家企业交接用停车场的资源记账信息；第四，停车位的功能预定。

基于可信计算如何解决区块链安全问题，中国工程院院士沈昌祥指出，主要有两方面：一是区块链的安全威胁；二是怎么去解决主动免疫计算机的保护。他提出，区块链是一种利用密码学技术，保证区块链的安全需要，一是投资经营商对账本要进行交易互动；二是安全服务商为区块链计算环境提供可信的保障策略；三是区块链计算环境向区块链审计平台提供可信报告。

在保障区块链的安全方面，国家互联网应急中心互联网金融风险分析专项组组长吴震认为，必须要有完善的监管体制和技术，一是态势感知和预警；二是交易追踪技术；三是非法币种监测；四是区块链安全分析。

四、互联网金融发展的终极形态——区块链金融

从1.0（区块链货币时代）发展到2.0（区块链金融时代），区块链的发展得益于其低成本建立信任关系、去中心化、分布式存储以及大数据特性等优势。但在应对高并发、大交易量场景时会受到网络效率和存储成本的限制。在区块链的创新和应用探索中，金融成为最主要的领域，现阶段主要的区块链应用探索和实践，也都是围绕金融领域展开的。金融业步入“区块链 +”时代。

麦肯锡在《区块链——银行业游戏规则的颠覆者》报告中指出，有一半参与其调查的银行高管认为未来三年内区块链对现有银行业务会产生实质性影响。面对区块链技术的迅猛冲击，麦肯锡在报告中建议中国的银行业者必须尽快形成清晰的战略观点，及时认识区块链技术将如何帮助，或对银行业务形成怎样的挑战，积极与同业及技术公司开展合作，探索可能切入的应用场景，尽快付诸实际行动。

5月27日上午，区块链金融国际高峰论坛在贵阳市新世界酒店二楼宴会厅举行。本次论坛旨在为推动全球区块链金融技术发展，搭建全球区块链金融产业创新创业交流与合作的国际平台，进一步加强贵州、贵阳与全球互联网及区块链行业的国际交流与合作。论坛由数博会组委会主办，贵阳众筹金融交易所、区块链金融协会承办，贵阳众筹金融交易所董事长刘文献主持。贵阳市人民政府副市长王玉祥，美国硅谷库部蒂诺市前市长、现市议员 Barry Chang，中国产学研合作促进会常务副秘书长丁玉贤等3位嘉宾分别致辞。中国人民大学法学院副院长杨东，百度副总裁张旭阳，北京阿尔山金融科技有限公司副总裁张旭，奥玛电器董事长赵国栋，原深圳微众银行行长、现贵阳瀚德金控董事长曹彤等9位嘉宾做主题演讲。

区块链为互联网金融发展带来较大变革。中国人民大学法学院副院长杨东指出，区块链正在对传统互联网进行价值重塑，通过区块链技术保障，将实现信用和价值的低成本传递，实现对传统金融的根本性改造，特别是根本性改变金融监管理论和模式。百度副总裁张旭阳认为，互联网场景时代是水平的，互联网颠覆各个行业，强调用户体验；大数据与AI时代是垂直的，AI赋能各个行业，数据成为商业模式的驱动力。区块链作为新金融的底层账户架构，其分布式账本、加密算法和可编程性等核心技术，正在推动价值互联网、产业互联网的形成，特别是“区块链＋人工智能”的融合应用，奠定了金融科技2.0时代的核心。

随着区块链等资产数字化技术的广泛应用，数字金融的格局将重构。奥玛电器董事长赵国栋认为，一是重构金融领域，制定新金融规矩体系；二是向移动客户端发展，推动数字金融信息更透明、服务更精准、投资更理性；三是创意数字金融加速行业竞争，催生新金融体系形成。

区块链将推动金融业态走向一个新的高度，未来互联网金融会朝着区块链金融整体迁移。贵阳瀚德金控董事长曹彤表示，一是互联网账户的区块链化；二是支付工具和支付体系的区块链化；三是征信的区块链化；四是资产证券化的区块链化；五是金融监管的区块链化。

在谈及金融扶贫时，北京阿尔山金融科技有限公司副总裁张旭认为，金融扶贫是精准扶贫战略的重要组成部分，以区块链技术为核心搭建“精准扶贫金融服务平台”，充分利用区块链技术多方参与、分布式存储的特点，实现各部门间有效信息共享，将贫困户、贷款机构、政府、保险机构、存管银行、企业间的信息流整合，由“资金流”贯穿成为生态圈，配合APP、微信等多种移动应用终端，有效解决金融扶贫的问题。

五、区块链标准规范制定迫在眉睫

1000个人心中有1000个哈姆雷特。这句话用在人们对区块链的理解上，一点也不为过，对于区块链1000个人会有1000个答案。在英国，区块链是一种利用区块存放记录的数据库；在日本，区块链被定义为一种数字资产交易技术；对于部分开发者社区来说，区块链则是一种点对点分布式账本技术。由于标准不统一，区块链这个热词显得有些“高冷”。近年来，不少国家的政府大力倡导鼓励区块链研究应用，多家标准化组织也在组织探索区块链标准的制定，政产学研相结合的产业联盟在各地纷纷兴起，各方面在共同努力推动区块链产业发展，加快成熟完善的步伐。区块链标准规范制定迫在眉睫。

5月25日下午，“中国区块链标准与应用场景发展论坛”在贵阳国际生态会议中心举行。论坛由数博会组委会主办，中国电子技术标准化研究院承办。中国电子技术标准化研究院院长、中国区块链技术和产业发展论坛理事长赵波致欢迎词，贵州省大数据发展管理局副局长康克岩，贵阳市人民政府副市长、贵阳区块链发展与应用指挥部指挥长徐昊致辞。乐视控股高级副总裁、中国区块链技术与产业发展论坛副理事长王永利，Guardtime新加坡总经理 James Koo，网信集团 CEO 盛佳，贵民集团（贵州金控）贵鑫瑞和投资管理公司总经理李波，中国电子技术标准化研究院区块链研究室主任李鸣，北京大学知识产权学院常务副院长张平，万达网络科技集团总裁助理、大数据中心总经理、首席架构师、中国区块链技术和产业发展论坛副理事长蔡栋，首届中国区块链开发大赛特等奖团队获奖代表、海航科技集团有限公司区块链负责人郝玉琨等8位嘉宾作主题演讲。论坛就国家推动区块链发展的最新政策解读、区块链标准与应用最佳实践分享等问题展开了讨论。

每一个技术发展，必须通过标准化工作保证其发展过程中的良性。中国电子技术标准化研究院区块链研究室主任李鸣指出，从标准化视角来看，我们未来将会从以下四个方面逐步推进区块链相关工作。从标准化到标准验证，到应用示范，到开源社区。第一，标准化。需要靠一系列标准共同组成一个标准体系，进而解决整体的问题；第二，标准的测试验证。先依据标准开发测试的套件，后用测试的结果反过来推进标准未来的发展方向，测试和标准之间的关系是相互促进的；第三，开展应用示范。找一些成熟的成果作为典型示范，拉动整个中国的区块链产业的良性发展，推进和促进创新和应用；第四，建立开源社区。

在当今激烈的国际市场竞争中，标准的作用越来越凸显，谁拥有标准，谁就拥有了市场通行证。截至目前，全球各个地区都在推行区块链标准的制定，尤其是由我国工信部牵头编写的《中国区块链技术和应用发展白皮书》颁布以后，为赢得标准制定者的身份，在今后的发展中赢得更多的话语权，从各种联盟、协会到各大校企合作实验室，区块链行业的玩家都希望率先成为制定标准的一方，或者从中抢占某些先机。但笔者认为，区块链标准不仅仅是一种规范。对区块链特别是 IT 领域，技术发展速度快，革新发展速度快，应用发展速度快，标准的功能不再仅仅定位在规范，标准还有另外一层理念的存在——引领发展。区块链的发展亟待有识之士参与其中，在制定标准的同时，加强交流合作，引领全球区块链技术与应用健康持续发展。

基于区块链的联盟式国家根域名体系建设

哈尔滨大学教授　张　宇
（代：中国工程院院士、中国电子首席科学家　方滨兴）

各位领导，各位专家，各位嘉宾：

大家上午好！

我在这里替方老师给大家介绍一下我们科技组如何通过技术手段实现网络主权方面的研究。

我报告的题目叫《基于区块链的联盟式国家根域名体系建设》。研究区块链，我们到底要解决什么样的问题？我们针对的问题是DNS根体系蕴含的中心权力滥用风险，这个风险叫消失风险。去中心化需要面对一个挑战，就是我们要制衡不可信权力中心的同时，还需要维护根区一致性的问题。针对这个问题我们提出一个基于联盟的体系设计，叫互联网根。这个技术我们称之为互联根1.0，能够实现点对点联盟、实现根区数据分发和解析去中心化。我们后面又加上了区块链技术，根据我们对区块链的了解，我们认为区块链的思想可以和现实目标进行结合，解决一些还没有解决的问题。基于区块链我们又提出了一个新设置，就是国家根之间达成对根区数据的共识，我们将其取名为互联根2.0。

中心化要解决的问题主要是根域名解析。根域名中心化可以从三个层面说明，第一个是 DNS 根中心化，任何 DNS 第一步就是根解析。在权力上，ICANN 是管理根区，负责顶级域名的分配，还有 versin 负责根区文件和主根服务器的运维。我们采用的机制主要有两种，在服务器中采用了 root hint 为13个根服务器的 IP 地址，正常情况下只能用这13个根，还有 DNSSEC 中以根区的公开钥 KSK 为信任锚，同样这个公钥就变成了唯一的信任锚。

最典型的风险叫消失性风险，假设把利比亚的域名从文件中删除，要解释 ly 的域名就解析不了，因为根从域名当中被删除了。所以一国的 ccTLD 被从根数据库中删除或篡改，这意味着一个国家被从名字空间中抹去，导致该 ccTLD 下的域名无法得到解析，虽然网是连着的，但是访问不了名字下面的具体网站。中心化为什么会导致风险？而这个风险为什么是存在的、不可避免的？首先从结构上来说，这个名字是一个树，要想切断这个树根没有办法阻止，在权力上这个 ICANN 有撤销管理区，负责域名的分配，它具有消除 TLD 的权限。另外，因为 DNSSEC 中有密码保护，即便搭了一个服务器，数据放进去了，得到验证了，但是 DNSSEC 也不会信任你。

去中心化过程中有很多努力但都没有解决问题，问题核心难点到底在哪儿？有这么一个思想叫“Zooko 三角”，Zooko 在研究过程中提出一个猜想，说任何命名体制中有三个性，就是唯一性、非中心化和用户可理解，但是只能三选二。唯一性就是满足用户可理解，就是用户所起的，保证唯一性，因为有唯一的机构对你进行审核；满足唯一性和非中心化就是比特币，它保证了非中心化，两个公钥产生碰撞我们可以回应；满足中心化和牺牲唯一性就是QQ昵称，这不是唯一的，因为你QQ列表好友中的名字可能和别人QQ好友名字是一样的，但是对应的并不是同一个人，所以必须在三性当中选择一条边。DNS选择的是唯一性和用户可理解，它放弃了非中心化，如果你不这么做，那你做的就不是DNS，那么去中心化就没有任何意义，所以DNS必须去中心化，但现在问题是它去不了中心化。

我们提出了一个思想叫互联根，就是把很多根连在一起。首先将名字分配和解析分离，由IANA负责TLD分配，互联根负责域名解析，然后通过建立联盟信任来化解中心化风险。从左边的顶级域名开始，这个域名要通过IANA来分配，域名对应的IP地址也是通过IANA来提交信息。我们提出的互联根就是保留IANA作为域名的分配权力，我们认为分配名字是不能去中心化的，去中心化的是解析部分，也就是我们提出的互联根思想来做去中心化。

这个设计思路主要包括两个部分。第一部分，建立国家自主根域名解析系统，这个根就是每个国家建立自己的域名根解析系统，中国可以建立中国的，日本可以建立日本的，常态中国家提供的服务和我们现在用的服务是一样的，对用户和运营商一样是透明的。最主要的是建立根联盟，国家根之间有很多国家，每个国家都有自己的国家根，这些国家根之间互联在一起，叫一个联盟。它们通过互相联通，来交换自己的信息，中国有.cn的信息，它对.cn的需求会报备给国家，实际上每个国家都有自己的ccTLD的信息，联盟之后彼此之间就有彼此的信息，这样就实现了数据共享。

举一个例子，假设ccTLD长这样（视频展示），如果我们设计了国家根，每个国家负责下面的领域，那么就多了这些节点，这些节点就形成了互联的结构，因为这里面只有一部分的域名，比如说 .com 任何国家都不属于。在联盟之内通过线下公钥交换，我们的系统不解决公钥分发，公钥分发还是国家之间相互交换，然后线上进行数字签名保护，盟友间进行点对点交换，例如中国和韩国建立一个联盟，国家间为了保护彼此的主义，我们之间交换了公钥，在线上系统交换了彼此的真实数据，都是点对点的。

根的去中心化是一个老问题，从 ICANN 成立的时候就有了，我们这个方案和其他人的有什么不同呢？对根去中心化的方案就是递归根，还有另类根、开放根、全球根和伪装根。我们做的叫互联根，是一种类似开放根的服务器，但是服务器之间不仅提供数据，它们之间还进行数据交换，所以我们的互联根和它们的根区别就一点，就是我们的互联机制建立从 IANA 之外的根区信息发布渠道。

如何做到具体解决风险呢？从结构上，风险是切断和 TLD 的边，你切掉一条边还有其他树可以用，如果根服务器拒绝提供 TLD 的服务解析，我们就建立新的国家根服务器。在权力风险方面，如果 ICANN 撤销对 TLD 的授权，那么没有建立盟友的国家就不能访问，所以通过盟友建立来承认 TLD 的授权。还有，从根区文件中删除 TLD 资源记录，对策是从盟友处获得 TLD 资源记录。在机制风险方面，比如根服务器配置就可以通过 root hint 来改，TLD 记录不能通过验证，可以用公钥来作为信任锚。

有猜想说不能去中心化，那我们到底是怎么去中心化的？我们并没有打破这个猜想，我们的域名空间和现有的一样，这个国家到底有没有权力用这个域名，还是 IANA 说了算，我们解决的是解析结构，实现的是非中心化和用户可理解。要实现这三点，实际上是把这两个三角融合成一个三角，由互联根实现非中心化，所以每个人只做到了一条边，通过放在一起实现三条边。

前面是我们的问题和设计思想，但是在设计过程中我们发现还存在一些问题，就是如何保证所有国家根上的根区文件都一致。第一如何保证国家根的信息发布到其他根成员；第二如何发现根区发布文件不一致，假设我们的公钥和私钥泄露了，就存在安全问题；第三就是如何将两个国家间互相信任扩展到整个根联盟。

具体有两个小例子。第一个例子，假设有一个国家伪装成中国发布数据，而且不知道它是通过什么渠道把中国的私钥给拿走了，它可以拿到任何数据，这怎么办？这是现实中肯定存在的一种可能性。第二个例子，假设这个国家联盟建立过程中，两个国家关系好才建立，和别的国家关系不好，未必会建立点对点的信任，我们希望大家都能够共享这个数据怎么办？

我们想到了比特币和区块链，看它能不能帮助我们解决上述问题。区块链简单来说就是不可信，或者没有中心环境协同下实现分布式账户，换句话说就是达成对操作共识。它也可以分三部分：结构部分，数据是多复本，每个人都有一份，然后这个数据逻辑通过哈希链，网络上是无中心的对等结构，就是 P2P；权力上持有这个财产，通过算力来挖掘，算力强就挖到这个数据，算力弱就挖不了；机制，共识机制是 POW，发布机制是广播，这是比特币。

如何将这个思想应用于刚才的互联根？比特币出来之后很多人想到域名要怎么做，有一种叫名字币，我不知道这个翻译对不对，英文叫 namecoin，它在比特币上附着了一些域名分析，主要对权力做了改造，注册采用的机制叫先占先得，这个名字谁先取归谁，它本质是根据算力来的。记账也是和比特币一样，最终注册信息被别人接受也是靠算力。

有些人说比特币或者名字币实现了思路反转，说三条线同时实现了，但是我们认为不是。为什么？首先命名确实是去中心化了，但是用了比特币的思想之后，其实它在注册的时候是中心化的，因为它要先占先得，大家没有明确商量一个人名字是谁，但是大家的规则是先占先得，谁先抢到归谁，所以并非是去中心化，就是你想申请这个名字并不能马上得到，所以比特币并未打破 Zooko 三角猜想。

如果要将这个应用于互联根，我们认为有三个选择，第一互联根加入必须有特权，第二这个平台必须专用，第三共识机制不能采用算力。

首先有一个根区共识机制，线下大家交换彼此证书，通过线上共识机制实现联盟账户，联盟账户包括两个部分，有一个 TLD 小链，然后融合成整个根的大链，最后根据自己的特点，这个链是共同维护。

联盟账簿包括两个部分，这个是由每个 TLD 作为单一数据源和承认这个 TLD 的盟友形成的量，故事方案是单源下的 PBFT。另外小链把大链串在一起。我们这里只有国家根，因为联盟是承认它，所以有单个源，所以我们在那个阶段做了变形，分为通知、同意，每个国家收到其他国家的数据时有一个同意，就是数据发布的时候不是说发布就发布，而是你发布之后别人同意你，给你背书。更新就是大家承诺更新，把背书进行广播，最后所有根进行执行。

多数据源，就是把数据广播到所有人，整个放到一起。有一句古话叫“兼听则明，偏信则暗”，如果你只通过部分人获得数据那就会存在风险。针对存在的问题有两个案例，假设有人要造假，首先他必须骗大多数人，如果骗得人少造假就会被发现，即使他把很多人都骗了，但是他至少骗不了自己，因为通过广播之后被骗的人也会收到假的比特币。我们认为造假线下解决不了，密钥攻击只能通过线上。联盟未建立之前我们通过容错广度实现了背书，你不是只得到了一份数据，也知道谁承认这份数据，你就不用和数据员建立数据，如果只是提供数据背书的人拿一个人民币，你不是相信给你人民币的人，而是相信人民币是真的，如果实现了未全联盟也可以实现数据共享。

DNS 和互联根1.0与应用了区块链思想2.0的互联根的区别，信任上从单点到点对点，共识上从原来的单边到双边，最后变成多边信任。

谢谢大家！

区块链发展的趋势

美国麻省理工学院斯隆商学院院士、美国高德纳集团 CEB 公司新兴技术首席执行顾问　Dushyant Shahrawat

今天我讲的是区块链发展的趋势。我来自麻省理工学院，我在金融领域也工作了几年。如果大家不熟悉区块链，我想先大概介绍一下基本概念。

区块链是一种分布式账本。传统系统更多是中心化系统，区块链系统更多是去中心化系统。区块链在接下来很多年的发展趋势和过去互联网发展趋势是一样的，就好像互联网在1995年的时候大家都不清楚它是什么，可以做一些什么，它的潜力有哪些。区块链也是一样，现在还在初始阶段，随着时间的推移，人们才能知道它的潜力。现在我们正处于区块链发展的中间位置，所以必须意识到区块链和分布式账簿的真正价值还需要10—12年时间才可以显现出来，这是一个非常漫长的过程。

下面我给大家讲七条关于分布式账簿技术和区块链非常重要的内容：

第一，很多人搞不清楚比特币和区块链的区别，其实比特币只是区块链的一种应用场景，只是一个例子，就是运用这种技术可以做一些什么事。

第二，区块链的核心是它会质疑任何中心化的结构或者中心化的模式，也致力于颠覆任何有中介的模式，一旦有任何中央控制方，区块链技术就会致力于把它分散到各个不同的节点上。比特币致力于把分布式技术分给中心化的东西，不仅仅包括商业、经济，同时也包括政府。现在美国区块链使用得最多的三个领域是金融、数字身份、电子合同。区块链及分布式账本技术发展需要全面的基础架构建设，这张图就显示了很多企业为建立这样的环境所做的贡献（图示）。

第三，区块链如何把非常强大的力量带给全世界各个国家。第一个例子就是金融案例，可以给世界上现在没有获得现代银行及金融服务的国家和人们提供这些服务。这里的例子来自肯尼亚，它们是使用区块链来为穷人提供服务，因为他们没有办法获得传统的金融服务。

第四，区块链可以帮助发展中国家减少腐败，低效率是会导致腐败的。美国国务院通过区块链技术为刚果士兵支付薪水，之前有军官挪用士兵工资现象，通过使用区块链技术创造了更好的环境，政府可以直接把薪水发给士兵。

第五，区块链有两个发展，一个是平台化，一个是共享经济。第一个例子是关于平台的例子，就是大家比较熟悉的阿里巴巴和 airbnb，它们都是 B2B 的网站，它们使用的技术就是类似于区块链技术，虽然它们在区块链技术出现之前就已经诞生了，但是现在有类似于阿里巴巴和 airbnb 的新平台会使用到区块链技术。

第六，例如共享经济案例，美国的 airbnb 和很多类似的公司都使用区块链技术进行资产分享和共享，而不需要政府或者大型机构介入。

第七，虽然区块链会对数字经济产生非常大的影响，但是我们也要看到区块链真正产生非常大规模的影响还需要10—15年的时间，这是一个非常漫长的过程。因为我在金融行业待过多年，在美国和欧洲他们使用区块链来创造新业务。区块链首先可以对任何有中介的模式产生影响，还有就是对有任何影响到决策效果的情况，区块链可以帮助消除摩擦来提升效率。

比特币仅仅是区块链的一种应用形式，如果大家对美国感兴趣便会了解，美国政府在过去对比特币有一些比较混淆和不一致的政策，因为有的部门觉得它是一种资产，有的部门认为它是一种货币。全世界不同国家对于比特币和数字货币的看法也取决于不同政府和政治形态，比较集权的国家不喜欢数字货币，并且想要控制它的发展，像比较开放的国家，例如加拿大就正在考虑发布自己的数字货币。

现在对于传统货币，像美元、欧元、日元、人民币，最依赖对经济的信任，但遗憾的是全球50% 的国家并没有办法能够非常高效地保持对货币的管理。比特币的出现可以重建信任，尤其是一些非洲国家、东欧国家、亚洲国家，因为这些国家的中央政府可能没有办法对货币进行很好的控制，它们可能会使货币贬值或者进行操纵，通过比特币人们可以重新建立信任，交易的时候信任就不再是问题，不用过度依赖于政府。比特币和数字货币也可以将现代金融服务带到一些国家，如果这些国家没有一个很好的中央机构进行货币控制，通过比特币和数字货币这些国家可以更好地向前发展，甚至可以赶上西欧、美国、日本的发展速度。

最后我总结一下：第一，比特币技术仍然在发展中间阶段，因为它的发展需要二十五年的时间；第二，区块链技术可以应用在很多以中央为管理的模式当中，包括经济、政府等；第三，区块链技术会非常大地影响数字经济，区块链技术及分布式账本会创造新经济模式，但是有可能会伤害、颠覆传统模式。

谢谢！

区块链四大技术难题与解析

北京航空航天大学数字社会与区块链实验室主任　蔡维德

各位领导，各位专家，各位嘉宾：

大家好！

今天我在这里跟大家讨论一下区块链的四大难题与解析。很多人都说区块链怎么做，我跟大家讲一讲我的观点。

首先是性能。性能一直讲了很多年，从有区块链以来，性能一直是个问题。性能有两个问题，一个是高吞吐量，一个是低延迟。这两个问题看起来一样，可是在理论上是两个不同的问题。（PPT 展示）右边的图是从排列理论里面看出来的，在这里面我们可以看出，高吞吐量和低延迟是相反的，如果要低延迟不太可能有高吞吐量；要高吞吐量，延迟就会增加。所以我昨天讲，就算在金融领域，不同的场景会设计出不同的链：一个是支付，一个是清算。支付，你要付钱的时候跟商家讲，可以给我50分钟等比特币答复我吗？不要说50分钟，等5秒钟他就会气坏了，所以必须在1秒之内立刻回答，支付必须在这一点上，非常短，它的吞吐量不能太高。所以有人问我，我的支付链跑多少？我就跟他说了。他说这么少，我说这是设计的，我的商家坚持要低延迟。但是清算就是高吞吐量，为什么？因为清算是盘后才结算，已经不在乎时间了，所以它的两个设计是不一样的。

另外一个是加解密和共识，这是传统上区块链的一个问题。因为加密方法大家都差不多，所以很多问题是在共识上面。等一下我会讨论共识怎么做。再一个是保护隐私和可扩展性。

很多人都觉得共识算法，拜占庭将军快不了。错，拜占庭将军是可以快的。从网上看下来可以跑到12000/s，有人说拜占庭将军绝对跑不快，这是错误的。为什么有人跑得快，有的人跑得慢。大家说算法一样，跑出来应该一样，完全不对。因为我们现在谈的是系统，我在去年5月开始讲一个名词叫作系统工程，就是一个算法两种不同的系统设计，会有完全不同的效果。所以同一种算法不同的架构，性能会有极大的差异。很多人因为PBFT 做不快，就做了弱化的区块链。但是我看这边的 PBFT 性能比很多弱化区块链的还要快。这不在于算法错误，而是系统没有设计好。这是很多人的误区，必须要弱化区块链。我昨天讲了一句话，诚信机制不容改变，因为你用弱化的区块链就不算是区块链了，就变成了一种欺诈行为。

应用会产生非常大的影响。一般人做区块链做了很多事情。我是先做实验，然后用很少的量去做就可以了。这就是用很少的量做出来的结果，但是应用的时候就会发觉，这个线一直往下掉，有的时候掉到二分之一，有的时候掉到三分之一，有的时候掉到十分之一去了。这就是因为应用的时候有大量数据跑走，它的共识算法一直往下走。所以有人说我的链跑多少，你的链跑多少，其实就是你的应用用了多少数据，或者说是你用什么系统跑了多少。

另外还有一个非常重要的事情。很多人说我用最好的共识、最好的加密凑在一起，结果跑出来全世界最慢的区块链。世界上跑得最快的轮胎可能是最大的轮胎，最快的引擎可能是航空母舰的引擎，你现在放飞机上面，飞机带不动，轮胎也跑不动。我从去年5月份一直讲到今年，系统工程在决定区块链性能的方面还有很多事情。你说区块链1万的性能够不够，不够。事实上要跑到10万或者100万，因为当你有工作量的时候它会直线往下走，这个量还是不够的。如果你不整体考虑的话，很多事情还做不出来。

这是我提出来的，第一个我们用的 CBFT，就是并行的拜占庭说法，有人说拜占庭将军怎么能够并行呢？因为任何人在区块链用 PBFT，事实上就是 CBFT，因为 PBFT 以前是一个一个交易去做共识，可是在区块链里面是几十个、几百个、几千个、几万个数据放上去。就是我们在不知不觉中已经从 PBFT 走在 CBFT 了，这是一个误区。我看很多专家讨论 PBFT 的时候，拿着原来 PBFT 的讲稿在那边讨论，事实上他们忘了我们不是一个一个做交易，是一堆做交易，所以整个情形是不一样的，不小心的情况下就走进了 CBFT，只是不知道而已。你要做 CBFT 的时候，要用不同的事情考虑。

这是一个很重要的信息。它说一个块是10的3次方的交易会达到最好的效果，就是说块的大小会决定性能。最近有一个很聪明的区块链公司，一块有一个交易，假设它还有共识机制，它的性能怎么样？除非它整体改变，不然性能现在就可以预测，奇差无比。有些事情可以用科学的眼光、工程的眼光看出它性能的好坏。我说这个 CBFT 其实是所有人在搞 PBFT 时用特殊的 CBFT，但是我们做的 CBFT 更加地平行。

双链架构，很多人说一条链就能解决，但是我们把一条链分成交易区块链和账目区块链，分出来之后有什么好处？分出来之后我们的协议变复杂了。但是我们突然发现交易区块链只要处理交易，账目区块链只要处理账目，突然之间系统变得简单了，然后账目区块链还可以做负载均衡。通常来说一个链是很难优化的，但是变成交易区块链和账目区块链之后，反而可以优化。实际上我在做区块链的时候做的很多设计看起来都是很笨的，是花前面的代价让后面能够方便。这样划分就有ABC、TBC，突然由一条大链变成这么多链，并且是可以多链并行的，性能又好起来了。然后又发生一件事情，区块链没有隐私的问题，谁都能看到任何账本，但是把ABC、TBC换掉之后，一个ABC、一个账户链只管自己，不和别人分享，所以同时解决了隐私问题和性能问题。然后可以有负载均衡，有些区块链可以做分片，分片之后还是非常复杂，但是ABC分了之后，用不同的服务器可以完全并行处理，这个是很关键的事情。

我们在做应用的时候发现第四个大问题。在跟银行界还有清算所讨论的时候，很多人都说我们需要的是一个区块链加上一个大数据平台，我们已经有了很多大数据，所以有一个区块链，把区块链数据读进大数据就能做监管。后来讨论了三个月，这个方案被拒了，说这个东西不能解决我们的问题。为什么不能解决问题？比如说现在要查过去5分钟的交易，这个很容易，把区块链的数据从里面拿出来就可以。但要查三年的交易，那就出现问题了，把三年的数据挖出来要花很多时间。假如说把它弄过来，先放在大数据平台，别人就问你的东西被篡改没有，所以有很多问题出现。解决的方法是把大数据平台直接搬到区块链上面，变成下面一个形式。就是说大数据平台是一个区块链节点，这个又改变了一个重要问题，很多人认为区块链是一个低频小数据的概念，现在放进去之后起码不是一个小数据，是一个大数据。大数据平台是很耗计算力的，区块链也很耗计算力，现在又把它加进去，计算力消耗很大，是非常难的问题。而且区块链里面的数据结构跟大数据并不相容，所以这是一个很严重的问题。但这个问题还是需要我们来解决，我们是把大数据平台完全集成在区块链里面，这样数据有一部分来自区块链，让数据可信，可以实时监管。还有一个事情也是国外做不出来的，我们可以做一个面上实时分账。4月27日，在麻省理工学院，DTCC，美国一个最大的计算公司宣布他们并没有把清结算做出来，他们说区块链不能做余额计算，这是错误的，因为我们在3月之前已经做出来了，系统在清算所里面跑了一个多月，多方交易是面上同时清账结算。这个使我们的工作量增加了6倍。所以大家以后想区块链，不是想一个小链跑来跑去，是一个非常大的系统在里面跑，所以做链上实时分账，我们的速度也超过了 VISA。另外我们使用4D 架构，就是多链，每条链多个节点，每个节点多个服务器，每个服务器多个分布式存储，是一个非常复杂的系统。我们采用拜占庭将军，并没有采取弱化的东西。因为我们的数据库和区块链是可以扩展的，可以到千亿级的账户，工商银行大概是5亿的账户，这个系统一直放在这个东西上，可以达到千亿级。可以提供链上的风险控制。

我们灌进了33亿的历史数据，200亿的区块链交易，这个是1秒跑了5000。这个33亿就等于美国纳斯达克13个工作日、伦敦交易所13年的交易量，这是我们能够处理的交易量。右边是实时的，直接打进来了100万次交易，每次只跑150，1秒只跑150，因为它本来就这么慢，是实时交易系统。一个大数据版的区块链现在是可行的，但是非常耗量。现在一个节点是128个 CPU 已经觉得不够了，准备到下一版200多个 CPU，这是我们预备落地贵阳的，也是我所知道的全世界最大的区块链系统，同时也是唯一的大数据版区块链。

谢谢！

区块链重构互联网价值体系

中国信息通信研究院院长　刘　多

尊敬的各位来宾，女士们、先生们：

大家上午好！

首先请允许我代表本次论坛的主办方中国信息通信研究院对参加此次论坛的所有领导、嘉宾表示诚挚的谢意和热烈的欢迎。同时也对邀请我们院举办此次论坛的数博会组委会和贵阳市人民政府，以及此次论坛的合作伙伴贵州双龙航空港经济区管委会表示衷心的感谢。

当前，“互联网 +”已经在深入地发展，也在和各行各业深入地融合，数字经济也在蓬勃发展。大数据、云计算、互联网以及新一代的移动通信、人工智能技术在社会经济的转型和人类社会的进步方面发挥的作用日益突出。互联网作为人类社会发展的一个关键基础设施，与重要创新引擎创造和承载的价值在持续快速地增长。随之而来的问题是，人们如何保证价值能够在互联网上进行可靠的传递与交换？本次论坛探讨的区块链为此提供了新的思路和解决方案。区块链是一种高度可信的数据与计算技术，提供了一种在公开的分布式网络中进行信息与价值传递交换的一个可行机制，区块链已经在跨境支付、结算、清算等金融领域先行应用，在医疗病历存储、数字版权、选举投票、资产登记、供应链管理、产品溯源、公证、征信等非金融领域也相继完成概念与验证，并逐步使用。据世界经济论坛调查报告预测，到2025年全球GDP当中有10%的相关信息将用区块链技术来进行保存。区块链的应用场景非常值得期待。

近年来，不少国家的政府大力倡导鼓励区块链研究应用，多家标准化组织也在组织探索区块链标准的制定，政产学研相结合的产业联盟在各地纷纷兴起，各方面在共同努力推动区块链产业发展，加快成熟完善的步伐。我们也欣喜地看到中国在区块链领域的积极态度与快速发展。中国信息通信研究院作为国家高端专业智库，以行业创新发展平台为己任，以电信业务、互联网信息化两化融合为主要方向，致力于推动中国信息通信产业的进步以及与全球同行们的交流合作。在政府主管部门的指导下，中国信息通信研究院组建了区块链专题团队，积极开展区块链的协议与标准研究、可信与安全测试，以及实用化的解决方案开发，支撑相关的政策及法律的制定工作，希望与海内外各界有识之士一起加强交流合作，为全球区块链技术与应用的健康持续发展，为争取中国在全球区块链发展中发挥重要积极作用，创造更为有利的环境，奠定更加坚实的基础。

在昨天的区块链高峰会上，中国信息通信研究院发布了区块链十大趋势。我们认为，互联网、工业物联网也有望成为整个区块链创新尝试的一个重点领域。基于区块链技术建立工业大数据的可信合作机制则是可能的创新方向之一。利用区块链增强信任，推进合作，将有望为改变信息孤岛状况，有效挖掘利用沉淀数据，优化资源配置与价值交换提供一条可行的路径，推动大数据发展水平跃上一个新的台阶。

今年6月，由工业和信息化部指导，中国信息通信院主办的首届工业大数据创新竞赛将正式开赛。大赛将面向企业实际应用场景，采集现场真实数据，并开放出来，进行建模分析竞赛。在此，我也代表中国信息通信研究院向各界朋友发出郑重的邀请，热烈欢迎专业的数据分析团队、创业团队组队参赛，也希望涌现出更多创新浪潮的引领者，希望有“区块链＋大数据”这样的一些创新解决方案脱颖而出，更好地助力工业大数据的战略创新发展。本次全球区块链技术发展论坛仅仅是一个开端，中国信息通信研究院希望将这一论坛建设成为一个长期性的国际交流的协作平台，打造多方共同参与合作的机制，汇聚全球优势技术资源，共同推动全球区块链的协议研究、测试验证、标准制定与研发实践。

区块链的发展历程才刚刚开始，协议标准、应用场景都需要做更多的工作，才能一步步地生根发芽、开花结果。全球区块链技术发展论坛是把梦想化为现实的起点，贵阳是构筑区块链美好未来的宝地，相信在大家的支持和共同努力下，我们的论坛一定会越办越好，为区块链的发展不断做出新的更大的贡献。

再次感谢各位领导、嘉宾的到来，同时也感谢贵阳市人民政府和数博会组委会。最后预祝本次论坛取得圆满成功。

谢谢大家！

基于可信计算的区块链安全

中国工程院院士　沈昌祥

各位领导，各位专家，各位嘉宾：

大家好！

我向大家介绍一下区块链的安全问题。基于可信计算解决区块链安全问题，需解决两个问题：一是区块链的安全威胁；二是主动免疫计算机的保护问题。

区块链技术大家都很清楚，我就不展开讲了，它是一种利用密码学技术，将系统内有效交易进行编码的、可附加的账本，是一个共享的账本，需要实现以下三点：第一，要达到每次交易必须有效；第二，系统必须对数字资产的归属达成共识；第三，过往的历史篡改可以有据可查。所以，区块链的安全与其他重要系统是等同的，它的应用安全必须检验有效、达成共识，更重要的是它的协同服务资源要安全，不能篡改，不能阻断。

大家如果对区块链感兴趣，可以发现，区块链的发展事实上并不早，大概在2008年左右。2010年8月曾发生利用整数溢出漏洞凭空造出了1840亿个比特币的事，这还有效吗？为了解决这个问题，世界上很多的学者、经营者和企业家企图建立数字自治机构，包括风险投资基金、技术开放社区、区块链创业者等等，发展得很热闹，但是没多长时间就发现有9个漏洞，发展不下去了。最近，发生的比特币勒索病毒事件就是对区块链的考验。区块链是集群、是数据，该病毒正是利用信息网络远程强制执行的漏洞，通过系统把数据加密，你付钱才能给你解密。区块链同样存在风险，黑客就是利用区块链的安全作案的，对方是可以隐蔽的，找不到它。

第一，计算资源可信。因为区块链偏重于应用程序的安全可靠，考虑的是怎么隐蔽、不被篡改和通过加密保护，等等。但是，如果程序不可信，处理的服务器和终端不可信，病毒一样会侵袭。所以，保证区块链计算过程不被恶意干扰，主动免疫防止恶意攻击，这是我们说的可信。第二，交易数据可控。比特币、加密的数字货币等，类型其实挺多的，但它们的原理都一样。应保证它们的存储和传输是安全可控的，不控制无所谓安全，如此次勒索病毒。第三，交易过程可靠。我认为可靠还不够，要可管。所以，要确保交易过程真实可信，不可伪造、可控、可管，此“三可”缺一不可。

因此，要有可信免疫的计算模式与结构。也就是我们在区块链应用程序的过程当中，计算过程的同时进行安全防护，确保计算全程可测可控，不被干扰，使计算结果、交易过程总是与预期一样。只有这样才能改变只讲究计算效率，而不讲安全防护的片面计算式。须以密码为基因的主动保护模式，就像人体免疫一样，对侵入的细菌、病毒要识别，凡是要破坏身体的异常情况出现我们都要知道。其次是保密存储，解锁区块链的过程。其实区块链上所有数据都能加密存储。及时识别“自己”的成分，从而破坏与排斥进入机体的有害物质，相当于给区块链增加了免疫系统，增强了免疫能力。所以，如果计算体系结构只讲计算效果，不讲安全，就相当于新生婴儿没有免疫系统，危害很大。

区块链的安全防护体系必须是双体系结构。构成可信安全管理中心支持下的主动免疫有三重防护架构。第一，区块链的计算中心。一个可信的账本是一个计算中心要完成的。因此，我们要有边界保护，更重要的是有管理，去中心化不等于没有管理，要保证资源能可信地使用，保证数据信息可控地进行访问。第二，要对所有的行为进行检测、监控、审计，相当于一个单位的监护室。第三，国家网络安全法等级保护制度要建立安全事件的标准。这样做到进不去、拿不到、看不懂、改不了、瘫不成、赖不掉。我们对病毒不需要去补漏洞，漏洞都被我们所利用，来保证我们的安全。

确保区块链安全需要用这样的框架和方向来实现。第一，投资经营商对账本要进行交易互动。一个可信的账本，以及区块链交易软件和可信保障软件。必须要有可信的硬件来保护区块链交易软件。对于交易投资要进行安全的交易，而且是安全的金融。可信的系统资源管理很重要。首先要有安全管理平台，把里面的值固定下来，为可信的硬件、软件和安全策略提供度量基准值。第二，安全服务商为区块链计算环境提供可信的保障策略，应用访问必须严格控制。第三，区块链计算环境向区块链审计平台提供可信报告，可根据可信报告确定区块链的异常情况，及时处理。不仅是从技术，更不是保证区块链软件的安全就可以了，这是一个系统体系结构的建设。

谢谢大家！

交易所区块链金融应用场景方面的实践与探索

贵阳众筹金融交易所董事长、区块链金融协会会长　刘文献

杨东院长在我们众筹金融交易所和贵阳新金融创新中一直扮演着重要的角色，再次对他表示感谢！我向大家汇报的是交易所与区块链的结合。实际上，交易所是围绕着资产或者权益的交易展开的，因此怎样记账是根本。我们可以看到人类经历了不同的记账和交易时期，而区块链技术将改变传统记账方式。

陈刚书记前两天讲人工智能会带来一种人类对技术进步的恐慌，但是他认为区块链技术的运用和相关法律可以驾驭技术、驾驭未来。贵阳是世界第一个发布区块链白皮书的城市，书里提到政用、民用、商用的十二个场景，我们金融城有一栋大楼可展示这些场景，希望大家去参观。刚才王市长讲到了，通过这段时间的努力已经形成了一定的体系，一是白皮书的理论指导，再就是成立了全国第一家经民政部门批准的区块链金融协会，

我被推为这个协会的会长。前几天，我们与兰波、一些基金机构、中天金融等共同成立了区块链金融的基金、孵化器以及区块链技术实验室。同时，我们也在推动多个区块链金融的场景，像分布式太阳能区块链、企业发票、大金融健康区块链等，这些和白皮书里的十二个场景是相互补充的。

《众链》是我写的一本新书，这本书把众筹和区块链作了结合，同时回顾了最近三年新金融创新下的起起落落和传统金融在监管上的最新趋势和结合。通过这样的结合我们可以看到，在新技术面前，传统金融和新金融站在同一起点上，它也给了互联网金融一个非常好的新起点。我有个比喻：区块链是基础设施，就像开凿河床。大数据是水，实体经济是港口。目前，贵阳在大数据金融上已经做出了一定成绩，但是如何做众筹呢？这也是近几年大家关心的话题，怎么做估值？怎么做风控？如果没有大数据就只能回到传统金融第三方的证券公司上，数据的真假也很难识别。大数据为我们创造了一个新的金融世界，构建了新的金融秩序和逻辑，这点我是非常认可的。

我们建立了区块链协会、区块链金融行业运用实验室、基金以及一些沙盒计划，还和全国的农商行联盟成立了一个关于银行资产的金融实验室，再就是贵阳现在提的全城无现金支付实验室。在消费提升板块、数据提升板块，也会陆续成立相关实验室。相信贵阳的区块链金融在明后年就可以给大家一个更好的交代。

从交易所的角度，我提出了众链的设想，即交易所所处的市场本身由区块链架构，产品发行过程所涉及的各个主体，包括券商、保监会、投资人、监管部门等都处在这个链条之中，金融延伸品也在供应链的一个链上，监管方可以看到整个交易的过程。希望通过这样的过程，从资产端到上市端再到交易端、增值服务、监管，实现全流程覆盖的区块链数字资产交易，这是我们非常期待的。也希望通过我们的推动，在一些重要场景上能够解决当前行业的热点、痛点、难点、焦点问题。

今天参会的有很多是我们的合作伙伴，像大账房的廖超，其公司已服务了约一百万的中小企业，替它们计账，这过程就产生了大量优质的数据，这也促使大账房成了国家税务总局电子发票的5家单位之一。所以我设想可以建设一个以中小企业电子发票为支撑的区块链信用园区，把企业的经营数据全部记载在这个账本上，该账本对增信机构、银行开放，通过分析就可以得出信用、估值及风控点，这也可以促使我国中小企业融资难的问题得到进一步解决。目前的数据还主要是外部数据，像法院数据、工资数据等，其实真正反映企业风险和估值的应该是它的经营数据，通过对经营数据的确权能推动精准、可信的评估实现，企业股权众筹的可能性就存在了。以大数据和区块链为基础，将电子工商、电子账本、电子税务、电子发票和电子众筹结合在一起，建立股权众筹的社区，就有可能解决中小企业融资难的问题。

接下来我介绍一个分布式太阳能的案例。（图示）我们可以看到两张图，这张图在我们交易所的墙上挂着，它是实时动态的，这个发明很了不起，实现了对每一块太阳能面板的数据抓取并传送到电厂、公司，再通过移动平台发到手机上，这样就可以让每个投资人看到自己的电板发电量，进而算出自己的收益。太阳能产生的中国三个首富都倒下了，很重要的原因是它的投资周期长、融资方法原始，虽然通过物联网、智慧能源技术已经有很大提升，但这样的太阳能传输、数据传输也是可以造假的，因为电厂或者公司可以在数据后端输入一个不存在的电站以篡改数据。如果运用区块链技术，将串联改成并联，形成电站、电网、发改委、银行、投资人、用户等主体的分布式记账数据，这个数据就是真实、不可更改的，得出的能源数据就是非常重要的收益权交易的来源。

太阳能投资领域过去的痛点是什么呢？就是国家的太阳能补贴不能按时到位，而结合了区块链技术的绿能宝项目，可以在一定程度上解决这个问题。这个项目将该领域各相关方相结合，构建了一个公共社区，形成了太阳能的分布记账体系，并在这个社区发行太阳币，这种代币是人类历史上第一个产生能源的币。太阳币不像比特币那样消耗能源，它除了可以扭转电站生态，还可以跟扶贫、公益、碳排放等打通，用它来搭载我们整个的区块链世界，也许会形成一个突破。当前，美国、澳大利亚等国家正在研究这个方向，这会不会成为与比特币比肩的新的区块链社区，我们非常期待！

刚才谈到了太阳能投资领域的一个痛点，就是国家补贴不能及时到位，可能会造成投资人现金流的紧张乃至崩盘，而发行太阳币，这个代币有很多的应用场景，代币就有可能增值。同时，代币的流通就可以构建一个支付体系，形成与商层价值很好的互补：一是实体经济的价值，即发电、碳排放；二是数字金融的价值，实现数字资产增值；三是企业股权价值。如果把这套系统做通，电站众筹就会很简单，也为太阳能的发展打开了新的大门。这事很有公益的、积极的意义，我们可以一起研究、探讨。有人说：“院长，每天那个区块就是你从太阳挖来的金币。”这个比每天消耗电能产生的比特币更激动人心。我们中国也可能会产生比肩世界的这样的应用，再联想到“一带一路”，当阳光沿着“一带一路”照耀过去的时候，也是产生金币的过程。当然，这是个设想，还需要很多论证，包括监管部门、法律法规、区块链专家来论证。我觉得贵阳恰好寓意着“宝贵的太阳”，应该会诞生一些属于贵阳、影响世界的区块链社区和场景。

再次感谢各位，谢谢！

大数据应用的法律保护与规制

北京大学知识产权学院常务副院长　张　平

各位来宾：

大家下午好！

非常荣幸参加技术性很强的这样一个论坛。我来自法律界。听了前面各位专家的发言之后，我快速调整了我的发言提纲。原来的发言提纲我觉得区块链无论如何也是大数据的平台，或者是硬件和大数据物联网合在一起的云，最突出的问题还是个人信息的保护。但听了前面的发言之后，我快速做了调整。前面专家提到了，区块链可能是硬件的云技术或者是一个更大的平台，是所有技术的一种基层。这是来自技术界的认识。我们也可以说说来自经济学界的认识，把它视为新的商业模式或者经济发展的模式。

我们看到最直接的场景应用就是比特币。未来共享经济都会应用这种区块链的思想。但是从法律角度来看，区块链是什么呢？它有没有可能是新的法律规则？刚才的专家提到开源社区，也提到共享经济的模式，无论是哪一种新的理念都基于规则。

从法律来观察什么叫区块链，我们提了两个问题。最近勒索病毒蔓延全球，这次勒索病毒的黑客就选择用比特币支付。由于比特币的特性或者是区块链的特性，不绑定任何用户的信息，黑客可以更加规避监控。怎么样看待这种互联网治理带来的调整呢？也就是说我们在区块链发展过程中，是否也要寻找一种规制，怎么考虑它的安全问题？

马上就要实施的国家安全法，里面至少有两个条款跟区块链有关系。首先，它对于个人信息的安全保护有非常严格的要求。你采集别人的信息要通过别人的同意，同意之前不得转用，还不能被黑客所攻击，这是非常严格的。如果我们今天区块链不去做这些事情，我们来看区块链的特征是什么？有一块特征就是机器自治，就是根本做不到人为的干预。区块链有一个特征就是不可篡改性。我们要求任何企业在进行数据采集的时候，去掉识别化。如果做不到，就违反网络安全法，违反国家的刑法，有可能被追究刑事责任。网络安全法里有关于个人信息的保护，包括披露，包括删除权的行使，都对区块链提出了挑战。

还有一个跨界数据传输的问题。这方面，每一个国家都有苛刻要求。跨界数据传输实际上是保护消费者个人权利，是从国家安全层面考虑的。你想阻止其他国家互联网金融进入本国市场，现在最好的理由是数据跨境。比如说，像我们今天面对的海外和电商，包括搜索引擎公司、互联网数据处理公司等，它们在中国可能是完全按照市场在做数据服务。但他把这些数据拿到以后，到海外进行处理，这在国家法律上是不允许的。如果你要传输，就要脱密，还要进行评估，必须在安全评估通过之后才能跨境传输。反过来中国企业到国外经营，你要发展你的业务，也一定会遇到你的数据是拿到中国处理，还是在当地处理的问题，这是新的网络安全法给我们提出来的规制的要求。

第一个问题是个人信息保护，是从区块链的技术特征来考虑的。对区块链特征的归纳其实有很多，有归纳三个特征的，有归纳四个特征的，也有归纳五个特征的。我从个人信息保护的角度，认为从这三个特征来说区块链非常有挑战性：第一，区块链的去中心化。没有一个主人，全民参与。跟我们今天的共享经济一样，大家参与，才有公开化和透明化、平台化。即使去了中心化可以规避侵权责任，但是逃不了平台商的侵权责任。那么是不是一定要履行通知删除呢？当区块链有侵权行为的时候，通知你删除，你不删除或不及时删除，你就要承担一定的责任。也可能会在欧洲有另外一种权利体现，就是被遗忘权，这是去中心化带来的困惑。第二个就是开放性。可能没有一个企业有义务说我要把你隐蔽起来。特别是在物联网、人工智能这个领域里面。你说我不想被别人拍摄，那是不可能的。在任何公共场合，都有可能被别人拍摄到。或者你的数据信息无时无刻不被去采集。这是一个挑战。对现有法律来说，商业模式的主流，是不是法律应该修订的原则?

第二个问题是我们的网络安全法。网络安全法对于公民个人信息和重要的业务数据是一个模糊的词，有可能是政府信息，也有可能是公共的信息，也有可能是企业自己内部经营的数据。特别是你要向境外提供信息，你就要履行一定的义务。我们看跨界数据转移的问题非常严峻。早期我们看到在国际上还可以达成共识。比如美国和欧洲有数据安全协议，后来有纠纷了，便被替代了。现在特朗普上台，这些又有变化了。当下国际上真的没有一个定性的规则可行。在这种情况下。中国应该怎么办？两家不能达成共识，怎么办？是不是各自为政？我们也可以提供一种新的跨界数据传输的规则。面对国际秩序的构建，不要盲目发展技术，因为技术最终还是要在现行的法律体系下，应该让规则适用技术的发展。

第三个问题就是知识保护。区块链是开源的领域，技术平台都是一些开源社区的软件，或者说我们遵循开源的理念。现在还有人提出开放的法律，不论怎么开放，我个人认为，在市场经济环境之下，知识产权是必不可少的。从取得这个权利，到用权和维权有很多特殊之处，我不展开了。大家不要认为开源社区不要专利和版权，那是早期的开源社区。到了现在3.0的时候，它已经完全变了。我们不排斥你去申请专利，但是我们不主张你申请专利费用。我们修筑知识产权的长城，在这个操作系统上汇聚了1600多万件专利，不允许有人挑战区块链的开源社区，但这1600多万件不是放在那儿当花瓶的，专利是有真正作用的。什么时候发挥作用？就是当你遵循我许可的时候。现在开源社区的许可证越来越五花八门，越来越复杂，变成许可证的重叠。我们说的许可证的安全范围是一个集合。开源里面不能步步自封。软件工程师从来都是忽略法律的，但公司的经营者必须考虑。如果你完成一个技术的成果都落到软件技术证上或者许可证上了，可能会让你的投资前功尽弃。今天中国有品牌的企业为什么这么少，就是因为我们的战略有问题。一方面注重许可证的条件，一方面还要注重专利的布局。

北京大学连续三年对互联网企业做了创新的专利观察分析报告，从专利一个指标，观察中国互联网企业等新型的技术领域。我们来看一看技术专利都在谁手里？我们发现，这些基础专利、标准专利等都在早些ICP企业手里。如果从安全来讲，我们竞争不过微软，从金融支付来说，我们竞争不了IBM。我们的专利远远落后于巨人。在这种情况下，它们会坐等你在这儿发展，然后自己被淘汰吗？在一定情况下，比如当你发展比较好的时候，它们就要出来拦腰一截，最好的理由就是知识产权。我们中国也在搞知识产权，所以我们这些人也会有一种思维，什么时候我的专利权要拿出来用？知识产权的各种问题都有，特别是我们讲到标准化。在做区块链标准化的构建的时候，我们秉承什么样的专利和著作权呢？如果说，我们哪一个区块链的标准绕不开了，一定要采集专利的时候，怎么办？你不能主张专利权，你可能会给它一系列的限制，我们可以这样考虑，但是这种政策要做大量的协调，最后，这一波企业希望不收费，另一波企业希望收费。所以希望中国的法院提高侵权赔偿。还有一些企业说，我的企业很小，刚刚发展，我用了一个专利，你要我赔偿1亿，我马上就死了。标准化组织怎么协调，怎么制定这样的政策，这种政策又如何平衡？

现有的区块链、“互联网＋”、物联网、人工智能领域有知识产权和许可证约束交合在一起的复杂的市场竞争。我们还会遇到另一个问题，就是竞争法制。包括四联的记账机构、垄断协议。谷歌的安卓系统大家都认为是开放的，不要著作权的费用。在我们都用的特别好的时候，发现谷歌遇到了一个问题，它在欧洲、俄罗斯都构成了垄断。因为出现了所谓搭售的问题。操作系统和软件技术是开放的，但是我让你搭上一系列的苛刻的条件，所以还会有这种传统的问题出现。

我们都在讲区块链是机器自治，是智能合约系统，你是好人、坏人我们都没法管，我们自觉维持秩序。这种智能合约可能会构成垄断协议。所以今天我给大家分享的法律挑战和规制，希望对技术界和商业界有一点点启示。我也特别希望有一点点回馈，告诉我们立法应该怎么做。希望在座所有区块链的参与者参与到区块链的法律规制和制定当中。不对的地方请批评指正。

谢谢！

中国区块链开源社区建设总体思路

万达网络科技集团总裁助理、大数据中心总经理、首席架构师、
中国区块链技术和产业发展论坛副理事长　蔡　栋

各位嘉宾，各位领导：

大家下午好！

作为中国区块链技术和产业发展论坛副理事长以及工作开源小组的组长，我来给大家介绍一下中国区块链开源社区建设总体思路。

为什么要开源？我们回顾一下区块链的核心原则。区块链能够在不受信任的环境中建立信任的机制，不依赖任何可信第三方，少数服从多数的民主自治模式，数据和记录不可撤销。有了这些特征，我们归纳一下，应该提供这些功能。就像一个非常好的运动员一样，肯定要进行各种配置。在不同的层次，有不同的应用场景。所以我们希望这个系统可以在各个地方进行应用。区块链不是单独的系统，必然有一个开放的平台或者 API。不同的消息系统、不同的数据库，一定是要开放的。现在看来，成功的大

型区块链应用几乎都是开源的。很多开源的项目在国内一些金融系统本身中不是开源的，我不知道它对不对银行系统开源，如果不是开源的，这个事情是比较有争议性的。区块链还在加速发展，如果不是开源的，所有开源的好处靠一个公司是很难独立支撑起来的。

我们对具体的开源情况做了一些梳理，现在至少有30多个开源项目，包括平台也好，都在快速发展。非常高兴看到不同行业、不同场景中的大量新创公司纷纷投入开源社区。现在主流的技术社区，区块链板块也非常多，有专门的区块链板块。我们一开始就设立了开源推进工作组。我们跟同行，包括工信部，组织了大量的活动。比如万达举办了高水平的马拉松比赛；几天前我们也做了区块链开发大赛，有55个团队参加，55个项目都有很多创新的地方。

这些自媒体、公众号、交流群等等，不仅是开源，还有相关的开源项目。比方说怎么做教育系统，已经有大量的交流群在那里。而且微信的指数不断提高，高质量的人群不断频繁地交流。还有各种行业新闻，大家可以了解那些应用。尤其是大型的跨行业的应用，跨部门、跨公司的应用，非常有价值。这些加速落地的产品绝对不仅仅是金融，各行各业都有。

我们的定位、目的就是一定要推进跨行业的区块链应用落地。以这个为主，然后为孵化项目提供一个孵化平台，让大家很好地做测试。一开始专注在六个主要的典型应用场景上：金融、文化娱乐、知识产权、社会公益、教育、智能制造。这个非常重要。

工信部区块链技术和产业发展论坛与全球技术社区一起合作，利用开源技术为国内区块链技术和应用发展提供助力，使区块链成为共享经济的技术基石，并在中国开源史上掀开新的一页，树立标杆形象。拥有多年标准化 IT 基础设施研究和生态圈发展的经验，工信部区块链技术和产业发展论坛将为全国开源区块链项目提供一个孵化的平台。

具体的做法就是传道授业解惑，产学研结合，推进技术发展，培育行业人才。从这个社区我们来反映刚才说的主要三点：一个是社区，有一个网站提供各种志愿者信息和沟通信息。非常重要的就是创新培训，我们希望把创新培训更大规模地推向整个社会。孵化实验室和培训一定要有。另外有的是平台项目，有的是应用项目，有的是用例库。大家可以一下子找到哪些是开源项目，哪些是应用项目。我们举办各种各样的活动，也包括其他社区举办的活动，大家都可以找到这些信息。我们有开发者大会、会外论坛。另外，新闻也非常重要，尤其是小型新闻，一些初创公司我们也要帮助推荐，最后有一个环境去运行这些开源的项目。我们也是开放协作的模式。比如说蚂蚁区块链、万达大力神等，这些都是非常好的平台，我们也会在平台上给大家提供运行的环境。非常适合做一些大型跨行业联盟链的应用。

我们从4月份开始调研，现在方案大致成形，会尽快将网站推出，然后在第三季度推广发布，紧接着进行运营。非常希望大家能够提出宝贵意见。比方说要接受一些新的开源的项目，怎么提议？怎么评选？怎么判断一个开源是健康的？质量又是怎么样的？什么时候算毕业？应用方案还有案例，都需要有一定的标准和规章制度，因为这是开放的社区，所以我们非常愿意听取大家的意见，同时也希望有开发者的大会，可以看到具体应用、采纳开源的项目。

最后我想用跟区块链非常紧密的话语来结束本次讲话。这些新的技术具有颠覆性的特性，所以造成很多困惑。包括我们自己的同事、某些行业、某些单位有困惑，不敢用这些。我们希望通过开源的方式，通过协作的方式减少顾虑，让大家抓住机会，用颠覆性的技术实现突破性的发展。

另外，中国对数字货币的认识不断加深，热情也越来越高，希望中国能够有自己的品牌。正如一位太原科技的董事长所说，区块链在跨界支付、能源管理、数字货币中有非常大的应用，很有可能首先应用在参与“一带一路”建设的国家上。为什么？相对于参与“一带一路”建设的国家，我们中国拥有更好的移动互联网。所以我们的环境比较好，我们有发展开源技术的创新温床，能够更好地在参与“一带一路”建设的国家有更多的应用，这是个非常好的建议。这是他去年8月提出的。

非常感谢大家！

观点再现

卢　卫（中国互联网协会秘书长）：第一，区块链可以创造出非常丰富的应用和产品，但是也面临不少挑战，区块链也并不是绝对的安全。第二，区块链在技术应用方面还缺乏突破性的进展。第三，区块链的技术、法制、制度等还要进一步地跟上。

张　望（中央网信办信息化发展局副局长）：第一，区块链与现在的新兴技术交叉融合演进，将协同驱动形成未来智能社会的一个基础架构。第二，区块链正在重构数字经济发展的生态。第三，区块链将有效地提升政府治理和公共服务的水平。

杨　东（中国人民大学金融科技与互联网安全研究中心主任、中国人民大学法学院副院长）：区块链的应用存在流动性问题以及合规性风险。流动性问题主要表现在三个方面：一是构建在区块链上的数字货币的交易，相对于传统金融而言，缺乏有效的监管；二是它游离于监管之外，使得我们对政策的评估以及相关的监管，都缺乏针对性；三是区块链技术标准的规范很难形成一致，衍生出新的支付方式会改变和冲击现有的监管规则和法律。合规性风险方面，包括了反洗钱、消费者保护、外汇监管、跨境支付等。

蔡维德（北航数字社会与区块链实验室主任）：区块链互联网分为异构网络和同质网络两种，其中异构网络是指多参与链经中间链连接，中间链不交易，没有合约且要收费用，如波尔卡圆点网络和金丝猴网络。而同质网络则指的是拥有一致架构，具有拓展性和互通较为容易，如卫星网络和熊猫网络。

杜宇甫（京东万象总经理）：京东万象的数据交易区块链服务平台，利用区块链技术搭建一条联盟链，即在数据进行交易之前，京东万象会先对卖方数据进行确权，明确其归属并将确权证书同步到各个节点上。而未经许可，盗卖没有确权证书的数据，或者证书与区块链确权不匹配的数据，数据提供方就可要求法律保护。这样既解决了数据提供方的担忧，也解决了数据需求方找到合规、正版数据的需求。

李　冬（工业和信息化部电子第五研究所软件中心总工、博士后）：在区块链技术发展和应用过程中解决存在的问题，就是要保证区块链技术落地。在应用过程中如何与大家的生活融合起来，和日常工作融合起来，应考虑三个问题：一是区块链产品本身特性辨别问题；二是区块链本身质量保障问题；三是区块链技术应用于生活中存在的技术产品和选型问题。

卢力平（国家会计学院教授）：价值交付是区块链要解决的重要问题，也是信息互联网向价值互联网过渡的重要诉求。但现实中存在一些问题：第一，不同国家、不同组织，甚至不同个人之间有不同的利益诉求；第二，每一个链、每一个专业的网都有不同的边界；第三，每个国家、每个组织具体到链上，都有不同的规则。而现实中，互联网和区块链发展不平衡，规则不健全，秩序不合理。主权区块链解决了这些问题。

曹　锋（深圳瀚德金创 CIO、副总裁）：最开始讲区块链的时候，经常讲去“中心化”。但真正落地到区块链应用时，会发现去中心化行不通。所以退而求其次，讲弱中心化或者多中心化，这和现实实践可以更好地贴合。因为现在整个社会结构不是无国界的，也不是没有中心的，各行各业都有中心。在将区块链与各行各业结合时，就得考虑所谓的多中心。这时，这个“主”定义为什么？如果是一个国家，那就是一个国家的主权；如果是一个行业，那就是行业的领头者，或者重要的参与者；如果是一个企业，就是牵头的人。所以主权和多中心化或者弱中心化是有关联的。

蒋　海（布比网络创始人兼 CEO）：我自己是内蒙古人，经常看到草原上奔驰的骏马，区块链技术就有点像骏马身上的缰绳。缰绳对于马来说是一个负累，但是对骑士来说就是保障。区块链类似于缰绳，它关注的不是更高、更快、更强，而是规则、制衡。在这个基础上，屏蔽或者减缓了人性的弱势，让事情本身获得了很高的跃升。这是很值得玩味、思考的事情。

赵国栋（奥马电器、钱包金服董事长）：随着区块链等资产数字化技术的广泛应用，数字金融的格局将重构。具体表现在，一是重构金融领域，制定新金融规矩体系。二是向移动客户端发展，推动数字金融信息更透明、服务更精准、投资更理性。三是创意数字金融加速行业竞争，催生新金融体系形成。

邓　迪（北京太一云科技有限公司董事长）：一个产业要做好，依赖“产、学、研”三者之间的融合，互相促进。其中，“产”包括产业发展、产品开发、系统运营、产业孵化等，“学”包括人才培养、学习书籍、培训机构等，“研”包括技术研究、平台研究、应用研究等。

区块链存在很多的难点，第一是交易速度，现在区块链没有突破交易速度，只能在有限的行业和领域来运用，如果我们能将交易速度突破，在很多领域就不会受到更多的限制了。第二是认证，是否跟身份、跟相关企业的电子签名能够进行妥善的整合，这是整个行业普遍性的问题。

余文波（分布式资本执行董事、万向区块链实验室首席研究员）：从地域来看，美国占了区块链投资的半壁江山，亚洲相对来说量还不大。目前投资区块链正当其时，这符合一般的新技术发展逻辑。一般一个新技术横空出世后，大家对它寄予厚望，热度很高，希望它能解决很多问题。进行大量尝试后，往往发现有差距，随后热度降下来，但最后真正有扎实基础的应用会留下来，最后到平稳往上走的阶段。区块链也是这样，2013年时比特币暴涨，大家关注得多，认为它能够颠覆一切。在2015年的时候，各种各样的专业媒体报道的都是“颠覆、改造”这些词。但最后一轮 POC 做下来，很难继续推进了，这时区块链进入冷却阶段。在2016年，有一些早期的 POC 已经走出来了，而且在一步一步地扎实推进。2017年开始，应该是整个区块链技术应用的恢复期。

Vitalik Buterin（以太坊创始人）：区块链技术可以运用在不同的

行业。比如可以用区块链进行投票，去获得金融服务，或者为没有银行账户的人提供金融服务，而且可以实现 P2P 的共享信息。但目前市场出现了一些行业垄断现象，致使很难发生颠覆性的创造，不利于行业的长期健康发展。

Julian Gordon［超级账本（Hyper Ledger）亚太区副总裁］：超级账本（Hyper Ledger）是一个开源的社区、开源的项目。超级账本和比特币以及其他项目的区别，主要是超级账本关注共享层。超级账本的五大目标：一是和社区、企业开发者共同合作，带来分布式账本的框架和开源代码；二是建立起一个中立的开放社区；三是建立一个强实力的社区；四是建立公众教育；五是能够将软件开发者集合在一起。

何宝宏（中国信息通信研究院技术与标准研究所副所长）：区块链可创新网络机制。推进区块链机制的标准，探索可行的标准化思路的评价方法，一是要信息公开，全部公开和开放透明，透明是解决可信的一个最主要的手段。二是要符合在这个标准所定义的区块链的最基本的技术特征。三是要满足最低承诺或用户期望的指标。

沈昌祥（中国工程院院士）：基于可信计算解决区块链安全问题主要有两个：一是区块链的安全威胁；二主动免疫计算机的保护。区块链是一种利用密码学技术、保证区块链的安全需要：一是投资经营商对账本要进行交易互动；二是安全服务商为区块链计算环境提供可信的保障策略；三是区块链计算环境向区块链审计平台提供可信报告。

吴　震（国家互联网应急中心互联网金融风险分析专项组组长）：区块链的研究应该有四个方向：一是区块链的底层技术；二是区块链的应用；三是区块链的监管；四是区块链的安全。区块链技术具有去中心化的特性，保障区块链的安全必须要有完善的监管体制和技术：(1) 态势感知和预警；(2) 交易追踪技术；(3) 非法币种监测；(4) 区块链安全分析。

徐志发（中国信息通信研究院产业与规划研究所副所长）：随着区块链自身技术的演进与完善，区块链在越来越多的领域，如金融、医疗、物流、供应链等一系列领域都得到了广泛关注和应用。到目前为止，在金融领域的应用还是区块链最大的一个领域，也是普遍受关注的一个领域，主要包括信托、保险、证券、货币四大块。

郭　锐（腾讯集团 FiT 副总经理）：区块链最本质的特点是支持拜占庭容错协议，其他的则是技术合集。对于区块链的认识，第一，区块链不是军备竞赛，核心技术并不复杂，它需要遵循价值和商业的本质。第二，区块链用技术的手段重塑了信任的基石。第三，区块链的创新价值，期待一个百花齐放的应用和生态。

李　伟（趣链科技 CEO）：区块链国产化很有必要实现。所谓的区块链国产化，是指区块链主要应用场景在金融领域。第一，区块链最终要实现互联互通，需要建立合作共赢的关系，国产联盟链条主要开发社区建设。第二，参与国际开源社区建设。第三，参与产业生态联盟，加快应用落地。

张　健（北京博晨技术有限公司董事长兼 CEO）：区块链应用爆发的

三个核心关键节点：一是技术瓶颈的突破，包括区块链底层技术瓶颈的突破和成熟度达到大规模商用的标准；二是数字货币的普及，数字货币是大多数场景需要形成闭环的核心要素；三是监管体系建立，区块链和传统的体系会不断地发生冲撞，需要建立包容性的监管体系，才能为区块链的发展提供空间。

冯海洲（中兴通讯股份有限公司副总裁、中兴新能源汽车总经理）：基于区块链技术构建有价值的城市智慧交通网络，并提出停车充电联盟解决方案的设计思路：首先，多家停车场自愿发布自己的停车共享信息，区块链技术可以解决大家发恶意信息的问题；第二，支持多家企业获取停车场空闲位置信息；第三，多家企业交接用停车场的资源记账信息；第四，停车位的功能预定。

吴思进（杭州复杂美科技有限公司创始人、CEO）：区块链就是分布式账本。每个账本的账都是相同的，如果要改变必须一起改变。把区块链放在内网里非常安全，但是通过内网把数据的哈希值拿出来，可证明数据的真实性。比特币本身是开源的，能给研发提供非常好的基础，大幅度降低成本。

张建钢（PDX 创始人）：区块链的应用场景非常广泛，因为很多场景都涉及多方之间的互不信任。区块链最重要的作用是为互不信任的各方建立信任基础，自动验证，自动执行合约或者商业协议。区块链本身是非常复杂的，它既包括密码学，还包括安全，也包括隐私，包括大系统以及大系统集群等很多的技术。

曹　彤（原深圳微众银行行长、现贵阳瀚德金控董事长）：区块链将推动金融业态走向一个新的高度，未来互联网金融会朝着区块链金融整体迁移：一是互联网账户的区块链化。二是支付工具和支付体系的区块链化。三是征信的区块链化。四是资产证券化的区块链化。五是金融监管的区块链化。

孔祥辉（贵州数字资产交易金融服务有限公司CEO）：区块链金融如何促进实体经济发展，这个问题可以从三个维度来思考：第一是信息价值；第二是产业金融；第三就是基于去中心化。

李　筑（计亿数科大数据有限公司董事长）：三个观点：第一点，区块链技术使得数据价值的流通更加快捷、敏捷，区块链金融是数字价值流通的催化剂和加速剂；第二点，区块链应用的产业规模化和落地不取决于区块链的技术，主要取决于商业模式；第三点，需要对整个区块链技术做一个追溯，应该放心和大胆地挖掘。

李　鸣（中国电子技术标准化研究院区块链研究室主任）：从国际上的形势和国内的情况来看，区块链标准目前处于上升的态势，但在未来，区块链将会进入技术沉淀期。因此，未来应从标准化、标准验证、应用示范、开源社区四个方面逐步推进区块链相关工作，并在数据格式、数据流动等相关领域的标准上逐步推进标准研究工作，进而形成一个完整的标准体系。

数字安全与风险控制

- 重视大数据发展安全，强化大数据科学治理
- 面向大数据安全的密码技术
- 大数据安全标准研究进展

2017年5月27日，2017数博会数据经济·安全共荣——大数据安全产业实践高峰论坛现场。

2017年5月25日，2017数博会第三届中国大数据安全高层论坛现场。

2017年5月27日，2017数博会大数据网络应用安全技术高峰论坛现场。

数字安全：大风险也是大产业

大数据战略重点实验室

随着大数据技术应用和产业的迅速发展，大数据已经深刻改变了人们的思维方式、生产方式和生活方式，掀起了新一轮产业和技术革命。作为重要的战略资源，大数据将网络空间和现实社会联结在一起，将传统安全与非传统安全融为一体，信息社会由此步入了一个风险多样、挑战多变的复杂新时代。2016年4月19日，习近平总书记在网络安全和信息化工作座谈会上指出："网络安全为人民，网络安全靠人民，维护网络安全是全社会的共同责任，需要政府、企业、社会组织、广大网民共同参与，共筑网络安全防线。"2017年5月发生的"WannaCry"勒索病毒网络攻击席卷全球，150多个国家遭受攻击，被病毒感染的计算机超过30万台，300多万个 IP 地址受到攻击。由此可见，大数据时代任何国家都难以置身事外，一旦出现安全威胁，世界各国的国家安全均会受到威胁，大数据安全，已成为全人类面临的共同问题。

本届数博会将数字安全与风险控制作为七大重要板块之一，紧扣国家网络空间安全战略和《中华人民共和国网络安全法》（简称《网络安全法》）的相关要求，围绕“数据创新安全”主题，举办了第三届中国大数据安全高层论坛，“‘法’‘治’并举 数据长安——中国大数据安全发展峰会”“大数据安全技术创新与产业化论坛”“大数据网络应用安全技术高峰论坛”“数据经济 安全共荣：大数据安全产业实践高峰论坛”“云计算与大数据安全高峰论坛”等多个与数字安全相关的论坛。邀请到信息安全主管部门和相关部门的领导同志、科研院校的专家学者以及致力于数据安全领域发展的企业界代表展开深入的探讨和交流，他们分别从战略、政策、学术、技术、产业等多个视角为大家做了精彩的报告和演讲，与大家共同探讨大数据安全的前沿问题，共谋大数据时代的安全良方。对于全球范围内大数据安全产业可持续发展具有重要意义。

一、安全与风险：大数据是把双刃剑

大数据是利弊共享、得失兼备的双刃剑。只有以安全做保障，这把双刃剑才不会伤及自身。为提升大数据时代我国网络安全保障能力，紧扣大数据时代特色，紧跟大数据技术特点，不断加大和提高自主研发力度及能力，切实维护国家在网络空间的安全和利益，习近平总书记从全局战略高度提出了“网络安全为人民、网络安全靠人民”的重大命题，为网络安全发展指明了前进的方向。同时还需要社会各方高度重视，积极参与大数据安全建设，共同推动数字安全与风险防控处理。

5月25日，“第三届中国大数据安全高层论坛”在贵阳铂尔曼大酒店大宴会厅举行，论坛围绕大数据安全态势感知、大数据安全难点进行了深度分析。本次论坛是数字安全与风险板块的核心论坛，探索了大数据安全关键技术及最新挑战，以期不断提高网络安全保障能力，切实维护国家网络空间安全和利益，为信息安全领域科学发展发现新的契机与亮点。

“得数据者得天下、赢安全者赢未来”。大数据产业的健康发展，离不开先进的安全保护技术、全面的安全管理理念以及完善的安全保障体系。中国信息安全测评中心专家委员会副主任黄殿中认为，数据时代潜力无限，大数据资源的战略争夺和安全治理已经成为全球竞争的焦点，辨识和管控大数据风险是国家繁荣之根本，是监控国家安全能力的试金石，只有综合施策才能打赢这场保卫战，最终促进大数据的健康发展。

随着大数据的发展，安全问题越发多变，传统的信息安全防护手段难以满足大数据时代的发展需求。中国工程院院士倪光南认为安全是发展的前提，发展是安全的保障，网络安全应该通过制度落实安全和发展同步推进的网络发展观，同时建立包括自主可控测评、技术可控、安全可靠等多维度测评体系。此外，他提出网络安全需要强调可控性和可认证性，实现知识产权、技术能力、供应链等的自主可控。

当前的大数据安全面临网络不可隔离、攻击无处不在等挑战，数据的全生命周期安全受到了威胁。奇虎360公司副总裁石晓虹表示，大数据发展需要通过区域、政企、行业、产业间的协同，实现跨层级、跨地域、跨系统的系统发展。中国科学院信息工程研究所翟起滨认为人工智能是实现解决网络动态跟随的最重要手段，由人工智能引起的机器革命已经开始。他表示现在迫切需要数据科学家对大数据进行解析，从而推动人工智能的发展。

网络安全是永远的主题，维护网络安全需要从逻辑正确验证、计算体系结构和计算模式等方面进行科学技术创新。对此，中国工程院院士沈昌祥表示，在计算的同时，我们需要进行安全防护，采用运算和防护并存的主动免疫新计算模式，以密码为基因，实施具有身份识别、状态度量、保密存储等功能的可信计算，坚持纵深防御，用可信计算3.0构建网络空间安全主动免疫保障体系，筑牢网络安全防线。

大数据催生了各类新的产业形态和商业模式，全面激活了人的创造力和生产力，让人们面临非常严峻的安全风险，但也为大数据安全产业的发展带来了前所未有的机遇。未来，中国大数据安全事业的发展直接关系网络强国战略的落实，大数据安全需要我们齐心协力、同舟共济，只有万众一心，才能共享大数据带来的红利，共同开创更加美好的未来；只有同心协力，才能实现“齐抓共管、共治共赢”的优势格局。

二、经济发展与安全保障并驾齐驱

当前，世界正处在新一轮科技革命和产业变革的孕育期，全球数字经济蓬勃发展，正成为驱动经济增长的强劲引擎。数字化和数字经济已经成为引领未来全球经济增长的“牛鼻子”，也是各国竞争新优势的新高地。大数据发展正在驱动经济社会诸多领域发生深刻的变革，推动大数据产业发展，促进经济转型和创新发展已成为当前和今后推动全球经济社会发展的重要课题。G20数字经济倡议充分体现了安全与发展的重要性，提出要在考虑信息通信技术使用安全并尊重网络安全、个人数据和隐私保护的基础上，促进信息和知识的流动，以增强数字经济的信心和信任。要提高基于信息通信技术的关键基础设施的安全，使信息通信技术继续成为加快经济发展的可靠动力。鼓励发展可信的信息基础设施，以促进可信、稳定和可靠的互联网应用。可见安全是发展好数字经济的基本前提。

5月27日下午，由数博会组委会主办、中国互联网协会承办、阿里巴巴集团安全部协办的“数据经济 安全共荣：大数据安全产业实践高峰论坛”在贵阳生态会议中心举行。论坛从政策环境、产业发展以及法律建设等层面深入探讨了以数据为中心的安全问题，有助于帮助企业实现数据安全管理，推动我国数字经济安全发展。

数字经济的核心是数据，数字经济安全防护的核心也落在数据。大数据技术的创新和发展开启了人类社会发掘数据价值、推动产能升级的新纪元。互联网与政务、医疗、金融等各领域融合带来的数据安全风险不容忽视。如何在技术创新发展的同时，强化网络数据安全防护，加强网络数据安全管理是“后棱镜”时代各国都需要认真思考和努力解决的问题。阿里巴巴集团首席风险官刘振飞提出，全面治理以网络空间数据为核心的资源，这是国家经济社会发展的重要任务。这场战役的成败将决定新时期公民的权利、企业的利益、社会的信任，也决定着数据经济的发展乃至国家的长远布局。从政府角度，建议在即将实施《网络安全法》的前提下，提高网络安全执法能力，开展网络长效治理，维护国家数据经济生态，规范发展数据流通市场，引导合法数据交易需求，切实保障国家数据主权。从企业角度，建议规范网络运营者的数据开发利用，加强个人数据和重点数据的安全管理。

中国信息法学研究会理事、法学专家马民虎认为，泄密是大数据时代的一大安全问题。大数据利用面临密码漏洞、密码滥用、证书被盗、可信粒度结构化、虚拟货币等安全威胁，应从国际、国内总体格局上看待大数据，特别是密码应用的安全问题。围绕密码立法，要树立总体国家安全观，以安全与发展的原则、密码分类分级原则、谁加密谁解密原则，重点聚焦密码安全保障、密码出口管制、密码危机管控等问题。

数字经济正在深刻改变着我们的生产方式、生活方式和思维方式，这也让企业的发展进入了新的历史阶段。数据不仅将成为企业的重要能源，也是企业未来的核心竞争力。如何在数据共享、共荣的同时确保大数据安全已成为必须高度重视，必须研究应对，必须加以解决的重大挑战，这也为大数据安全产业发展带来了前所未有的机遇。只有保证了大数据安全才能保证数字经济的健康发展。

三、云计算与数据安全利弊共享

随着云计算新一代技术的发展，以及这些新技术对传统产业的渗透、延伸和重塑，大数据当之无愧成为新的产业，大数据安全问题成为当前急需解决的问题。加强大数据产业与安全融合健康发展，打破先建设后安全模式，全力推进大数据与安全同规划、同建设、同运行，使大数据产业在安全保障中发展，让安全产业在发展中创新。

5月27日上午，“云计算与大数据安全高峰论坛”在贵阳国际生态会议中心举行。论坛由中国可信云计算社区、中关村数安大数据安全产业联盟主办，武汉大学、贵州师范大学、北京优炫软件股份有限公司、大唐高鸿信安（浙江）信息科技有限公司承办。聚焦云计算和大数据安全的关键问题进行深入探讨，旨在建立云计算和大数据安全的良好生态圈，共同推动中国云计算和大数据安全技术与产业的健康发展。

在大数据时代，主动免疫是解决网络安全的重要思路，要建设集系统、安全、审计于一体的三重安全防护体系。在网络安全等级保护方面，保护对象正进一步扩充，保护措施和技术标准体系需进一步完善，支撑体系建设要进一步推进。国家层面要加强对关键信息基础设施保护和网络安全等级保护制度建设。沈昌祥院士指出，为了确保完成计算任务的逻辑组合不被篡改和破坏，实现正确计算，主动免疫的防御，要建立多维度、多种类的大数据科学循环系统。一是要加强大数据资源、环境、系统整体防护，建立多重防护、多级互联网体系结构，确保大数据处理环境可信。二是要加强处理流程控制，防止内部攻击，提高计算节点自我免疫能力。三是要加强全局层面安全机制，制定大数据控制策略，梳理数据处理流程，建立安全的数据处理新模式。

大数据是研究高维空间复杂问题的科学，数据必须具备单空间数据稠密性的分布特性。武汉大学计算机学院院长胡瑞敏就此作了“三元空间可信身份认证与监管技术”的主旨演讲。他强调，在“物理—社会—网络”三元复杂环境下，身份管理理论和技术面临的挑战包括低维身份空间虚假身份乱象、信任中心化带来的安全风险隐患，以及离线环境下身份隐私保护困难等。

在大数据发展中，访问控制、安全交易、数据脱密、信任管理等方面的安全管理发挥着其他手段不可替代的重要作用。因此，应当遵循同步推进的原则，加大自主创新力度，把安全作为发展的前提，把安全作为发展的保障，确保大数据安全的前提下大力发展大数据产业，实现科技强国的奋斗目标。Intel 公司云计算首席架构师李彦表示，TXT 相关技术即是在云和虚拟化的环境下做可信，他认为可信是一个完整的链，把整个链打通就能够描述每台机器信任的程度，从而使云的完整性技术不断延伸、不断加强。

四、技术为大数据发展保驾护航

新一轮的科技和产业革命催生了新一代互联网技术应用，为大数据和产业发展提供了良好的机遇，也对大数据安全和互信带来了严峻的挑战。加快实施大数据战略，提高我国大数据产业核心竞争力，需要我们坚持国家总体安全观，严守安全底线，不断地提升对大数据安全和产业发展的支撑引领作用。对于整个大数据安全保障体系，除了传统的网络安全，还要保证数据可用、可控和可信。为了保障整体大数据的安全体系，需要从战略、管理机制、数据安全专题和从最终的技术实践等多角度来共同保障大数据的整体安全。

5月25日下午，由中国信息安全认证中心主办，中关村可信计算产业联盟、贵阳国家经济技术开发区、中关村产业技术联盟联合会、中关村关键信息基础设施产业联盟（筹）、国卫信安教育科技（北京）有限公司承办的“大数据安全技术创新与产业化论坛”以及5月27日上午由OWASP中国、中国大数据产业观察（数据观）承办，CSA云安全联盟、威客安全协办的大数据网络应用安全技术高峰论坛。从大数据安全的核心关键技术、典型解决方案、成果应用案例以及大数据安全的产业化路径等方面进行深度探讨，对于我国建立大数据技术规则和产业服务平台、保障信息安全、促进科技创新、引领产业进步、提升国际竞争力等方面都具有重要的参考意义。

“WannaCry”勒索病毒给我们敲响了警钟，传统防御是滞后性的防御，攻击方和防守方实际上是非常不对称的。在目前防御非常被动的态势下，我们需要变被动为主动的动态防御。沈昌祥院士介绍，可信计算是指计算运算的同时进行安全防护，计算全程可测可控，是一种运算和防护并存的主动免疫新计算模式，以密码为基因，实施身份识别、状态度量、保密存储等功能，及时识别“自己”和“非己”成分，从而破坏与排斥进入机体的有害物质，相当于为计算机信息系统培育了免疫能力。

大数据发展带来的安全问题超出产业发展和人们对大数据的充分利用。

因此，2010年以来，世界上主要国家相继发布战略规划等指导性文件，推动大数据产业发展。中国信息安全认证中心主任魏昊认为，标准与认证认可是保障大数据安全的重要手段，标准与认证认可的下一步工作是：加快大数据安全关键技术研究和自主可控产品开发，加快大数据安全相关标准修订工作，完善以隐私安全、数据安全、服务安全和平台安全为核心的大数据安全认证认可体系建设。

此外，区块链也是非常关键的技术，被写入“十三五”规划，这种新兴技术可以在数据公信力、数据可信方面提供技术保障。区块链是用密码和共识算法建立的信任机制，实现了共信、共享、共治，构成了一个点对点的低成本价值传递通道，能够实现从信息辅助的人治模式到基于规则的群体和智能协作模式。北京立思辰信息安全科技集团 CEO 周西柱认为，区块链技术给大数据提供了更好的价值，因为它是对网络世界身份的认证，在其分布式的环境下很多数据是可信的，从而减少了垃圾数据的产生。

五、数据安全：“法”“治”并举

面对日益突出的大数据安全挑战，大数据的治理思维亟待推陈出新，一方面要重视合力并举，另一方面要建立完善的协同机制。保障大数据安全除了解决技术层面的问题外，宏观层面的法律法规问题也不容忽视。在我国目前的法律环境中，如何保证安全保障与创新发展并行，如何明确数据安全的责任主体，这需要通过“法”“治”并举，营造良好的大数据产业发展生态。

5月27日上午，“‘法’‘治’并举 数据长安——中国大数据安全发展峰会”在贵阳国际生态会议中心举行。论坛由数博会组委会主办，由信息安全与通信保密杂志社、中国密码学会承办。本次论坛重在厘清大数据生态环境存在的问题，梳理当前较为成熟的大数据隐私保护技术与实践经验，就大数据平台中的运行机制，特别是大数据的密码应用、法制和共享平台建设等相关问题展开交流，为大数据安全、大数据产业生态融合创新提供可借鉴的思路与方法。

国务院发布的《促进大数据发展行动纲要》中明确提出要“健全大数据安全保障体系”“强化安全支撑，提升基础设施关键设备安全可靠水平”。在网络高度发达的信息时代，网络与数据安全无小事。中国科学院院士郑建华认为，信息安全具有保密性、完整性、可用性、可控性、不可抵赖性五个基本属性。大数据安全比一般信息系统安全更为复杂，需要针对不同的大数据应用，建立相应的安全模型，研发先进的密码技术。因此，要高度重视大数据建设和大数据安全建设的同步开展，加大投入，凝聚政府、科研机构、企业三方的力量共同努力，促进大数据建设的健康发展。

在互联网日益成为经济社会运行基础的同时，网络数据的安全意识、网络数据的安全能力、数据安全的保护手段等方面正面临新的挑战。加强数据安全的“法”与“治”，要做到以下几点：一是要在发展和开放中实现信息安全，强化信息网络和数据安全治理；二是要建立和完善数据流动与利用监管立法，构筑信息安全保障体系；三是要依法依规打击信息滥用、侵犯隐私、网络诈骗、盗取商用秘密等行为，加强知识保护，保障公民信息安全权益，净化网络空间。中国工程院院士沈昌祥认为，网络身份认证和管理是网络可信体系的核心内容，也是确保网络安全的首要抓手和基础。网络实名制可信身份认证要坚持“三据”“四不”原则，即执法的依据、认证的根据、追踪的证据，不危及实体身份隐私、不改变现有各种认证协议流程、不影响国家居民身份证系统安全、不重建国家利用法律证件认证系统平台。

随着网络安全被提升至国家安全战略的新高度，《网络安全法》于2017年6月1日起正式施行，集中体现了党中央国务院在推动大数据健康有序发展、确保大数据安全平稳运行等问题上的坚强意志与决心。目前，中央网信办正在牵头制定数据安全保护等方面的法律法规，从国家战略高度、法律层面加强对重要数据和公民个人信息的保护，尤其是依据《网络安全法》开展跨境信息数据安全评估工作。公安部网络安全保卫局副局长李彤提到，下一步公安机关将加强安全立法和工作机制建设，认真履行工作职责，积极会同有关部门完善国家层面的大数据安全保护工作机制，加快推进大数据安全保护法律法规建设、制度建设和能力建设，加大力度开展大数据等级保护工作，加固大数据安全的基石。

重视大数据发展安全
强化大数据科学治理

中国信息安全测评中心专家委员会副主任　黄殿中

尊敬的各位院士、各位专家，女士们、先生们：

大家上午好！

在今年的大数据安全高层论坛上，心系祖国、胸怀天下的学界泰斗，事业兴邦、立志报国的业界精英围绕大数据安全的共同目标再次齐聚贵阳，共谋中国大数据安全发展的大计，我感到由衷的欣慰和喜悦。

中国自古以来强调“随时以举事，因资而立功，用万物之能而获利其上”，在大数据成为互联网发展新动能和信息革命的智慧树之后，我们应积极适应新趋势带来的新变化，厘清大数据发展的安全风险，把握科学治理的思想脉络，敢为人先、顺势而上、主动作为。在此，我借助此次论坛的平台优势与大家一起展开头脑风暴，就大数据的安全发展与大家交流几点看法和思考。

第一，“得数据者，得天下”。大数据成为助推“两个百年”奋斗目标的重要“奠基石”。

当前网络空间方兴未艾，万物互联势不可当，数据时代潜力无限，发展应用前所未有。大数据时代真正掀起全球智力的大变革，带来生活方式的大融合，它是人类信息交流史上的一次大跨越，也是人类生产生活水平的大跃升。从国际形势来看，数字化革命正在改变全球的面貌，以信息化为基础的新工业正取代传统工业成为全球的主导性产业，全球竞争的焦点开始转向对大数据资源的战略争夺和安全治理。世界主要发达国家纷纷提速前行、立体布局，极力确保在战略规划、技术创新和安全应用等方面的领先地位，力争做到与数同行、与时俱进。从国内发展看，党中央国务院准确把握大数据带来的机遇，从发展实际出发，审时度势，以高瞻远瞩的顶层设计和快马加鞭的建设步伐加快并实施国家大数据战略，纵深推进大数据的应用建设和治理工程。

首先，顶层设计的科学引领成为繁荣发展的先锋队。自党的十八大以来，我国先后出台了《促进大数据发展行动纲要》《大数据产业发展规划(2016—2020年)》等十多项政策引导文件，在短短几年内，大数据战略已经从全面总体布局向各大行业、各细分领域扩展延伸，呈现出全面发力、多点突破、蹄疾步稳、纵深推进的良好态势，战略规划的大布局使大数据发展的驱动效应日趋凸现。

其次，管理机制的强化落实成为依法治理的生力军。在北京、上海、贵州、广东、浙江等为代表的多个省、市纷纷设立大数据发展领导小组和大数据管理局。短短两年内，我国已拥有十多个省市级以上的大数据专业管理部门，这些机构致力于帮助政府拟定并组织实施大数据战略，借助数据红利的提升和管理机制的理顺来助推大数据事业健康有序发展。

同时，应用的广泛实施成为驱动发展的主力军。从区域布局来看，数据驱动的新经济给东西部带来了平等的发展机遇。京津冀地区重点打造大数据走廊，利用产业集群效应全力推进经济社会发展；苏浙粤等东部省份则充分发挥经济优势的潜能，以智慧城市云计算等为切入口，积极筹建大数据产业园，推进区域经济的繁荣发展；贵川渝等西部省份也瞄准时机、紧抓机遇顺势推动大数据的内容中心、服务中心和金融中心等产业应用的培育和建设，深层次地激发了产业经济的集群优势，驱动效应日趋凸显。

第二，“辨风险者，辩全局”，大数据风险管控成为检验国家网络治理能力的重要“试金石”。

从总体环境来看，大数据的发展确实为我们营造了有利的时和势，但伴随而来的艰与险也不断增加，不同于传统意义上的安全挑战，大数据风险可以说是非传统安全领域的一项全新的、多变的、未知的挑战，是将政治、经济、文化、国家安全等问题融合为一炉并相互渗透的综合性安全风险。围绕数据资源的渗透与反渗透、窃密与反窃密、攻击与反攻击等网络斗争行为日趋激烈，直接威胁到国家的政治稳定，破坏社会的长治久安，侵害民众的福利福祉。正如古语所云：“治国犹如栽树，本根不摇则枝叶繁茂。”辨识和管控大数据风险已成为治国理政之关键、繁荣富强之根本，它是检验国家网络安全风险管控能力的“试金石”，更是体现国家总体安全水平的“晴雨表”。

从国家安全层面来看，跨境数据自东向西流动的趋势将加剧“敌先知，我未知”的风险程度。当前，数字经济的快速发展助推了跨境数据的流进流出，数据资源自东向西的流向格局越发明显，致使数据的所有权和治理权进一步分离。尤其是当前，大型跨国互联网企业开展云计算、大数据和人工智能等服务，利用其技术优势大范围搜集存储敏感数据、商业重要数据和个人隐私数据，这些涉及经济运行和社会稳定的关键信息一旦跨境流出被非法利用，提炼出其中有价值的敏感信息，将对数据流出国的国家安全形成直接威胁。因此，如何让跨境数据成为滋养经济社会的“源头活水”，而非危害安全发展的“洪水猛兽”，是摆在大数据风险治理层面的安全难题。

从社会治理风险来看，数据治理的“扁平分布”将加深“由谁管，怎么管”的复杂难度。过去，政府机关、企事业单位是数据资源的主要拥有者和监管者，数据治理工作相对单一简单。但是在大数据时代，随着智能生活的深入递进和数据资源的扁平化分布，大型互联网公司和小微创意企业成为海量信息的集大成者，它们得利于经济发展、技术创新，能够广泛搜集和存储更多、更重要的数据资源信息，过去数据资源的“集中统一”变成现今的“扁平治理”。在现行法律法规和相关监管措施并不完善的背景下，企业道德良知的高下和安防技术的高低将直接影响大数据的安全治理水平。去年9月，美国雅虎公司就因为自身技术安防的漏洞被网络黑客利用，造成5亿雅虎用户的信息被窃，引发了“史上最大的数据泄露事件”。网络空间治理规制的相对缺失进一步增大了大数据风险管控的难度，致使大数据安全防护的内外压力陡然增加。

从个人隐私风险来看，数据脚印的“痕迹属性”将加大“被泄露，被滥用”的危害频度。在大数据时代，无论是购物消费、网络聊天等琐碎小事，还是读书买房、结婚生子等人生大事，都不可避免地在各式各样的数据系统中留下必要的“数据脚印”和“数据痕迹”。就单个系统而言，这些细小数据可能无关痛痒，但一旦将它们萃取整合，就会使敏感信息迅速还原，个人隐私无处遁形。同时，随着“互联网+”“人工智能”和“智慧生活”的不断融入，大数据资源的获取渠道开始呈现便利化和便捷化的特征，过去难以获取的敏感隐私，在大数据时代可能变得信手拈来、唾手可得，如果政府部门不对大数据收集、存储、处理和利用的相关行为体进行合理的规制或及时的约束，就会使个人隐私数据泄露的风险加大、重要敏感数据暴露的风险增多。如何打好个人数据安全的“保卫战”，使大数据发展造福于民而非危害于民，是未来大数据治理进程中无法回避的现实风险与挑战难题。

第三，“赢安全者，赢未来”，大数据安全成为全面推进网络强国建设工程的核心“压舱石”。

自古以来，我国就是一个讲求兵法战术、重视学以致用的国家。早在《孙子兵法》一书中就提出“用兵之法，无恃其不来，恃吾有以待；吾恃其不攻，恃吾有所不可攻也”的战略思想。对于大数据时代面临的潜在风险挑战，只有做足充分准备、确保综合施策，才能真正地打赢大数据安全治理的保卫战，具体来说：

一是战略上，要用好治理抓手，确保张弛有度、施策得当。“开放、共享、安全”是我们开展大数据建设工作遵循的基本原则，三者存在辩证的关系，缺一不可。数据开放、数据共享是大数据的基础，也是利弊共存、得失兼具的“双刃剑”，只有以安全作保障，这把双刃剑才不会伤及自身，对于那些不涉及政治、经济和国家安全等国家机密，又确实有利于经济社会长足发展的大数据资源，我们应鼓励开放、正确引导，对涉及国家安全、核心利益和大是大非的原则性问题，我们必须坚守底线、拿出实招，确保大数据安全战略施策得当、张弛有度。对那些已经看得清的已知风险，要深入研判、早作谋划、从容应对；对暂时难以看清的未知挑战，要密切跟踪、未雨绸缪、灵活施策。只有科学合理地布局大数据安全战略，切实有效地发挥治理抓手的作用，才能使我们的发展与安全同步推进、并肩而行。

二是战术上，要重视多管齐下，确保掷地有声、卓有成效。“审度时宜，虑定而动，天下无不可为之事”。在强化大数据安全治理问题上，要综合运用政策法规、技术保障、人才培养和市场引领等施策手段，充分调动和发挥国家、企业和个人的优势力量，用好“十个指头弹钢琴”的方法，切实加强大数据发展的安全治理与综合施策，具体包括：

一、切实用好顶层立法和战略规划的治理抓手，布好大棋局、下好先手棋。坚持把“数据主权”纳入网络主权范畴，明确数据所有权、治理权和管辖权的边界与划分；及时出台并推动落实相关法律法规，加强对信息网络和关键领域重要信息系统的数据安全保护；加快推进数据资源权益和个人信息保护方面的立法工作，明确大数据使用中各方行为体的权责义务，加强对数据滥用、侵犯个人隐私等行为的治理和惩戒。

二、着力完善大数据安全的审查评估和制度建设，设好预警阀、打好主动仗。积极研究数据开放、共享和保护等方面的制度建设，实现对大数据资源采集、传输、存储、利用的规范管理，建立并实施符合时代发展需求、符合本国安全需要的大数据资源“分级分层管理办法”，进一步完善数据安全管理制度；同时，结合测评认证和风险评估方面的工作经验，研究出台大数据安全审查办法，加大对重点行业、重点领域大数据应用的审查和评估力度。

三、全力推进大数据安全的预警监测和行业监管，织密防护网、擦亮金睛眼。在监测问题上，要适时启动国家级大数据监测分析中心工程项目，加快推进大数据环境下“防攻击、防泄漏、防窃取”监测预警系统建设；突破多维语义分析的数据指纹提取和匹配技术、动态并发的大数据脱敏技术、触发式的完整性验证与修复技术、细粒度的访问控制与授权技术，全面提升网络和大数据态势感知能力、事件识别能力、安全防护能力、风险控制能力和应急处置能力。同时，要进一步加强信息安全领域的行业监管，加大对重点领域敏感数据监管的监察和执法力度，发挥行业自律，规范大数据的使用制度和方法流程，切实保障各行业、各领域大数据应用的健康有序发展。

四、全面提升大数据安全的自主可控和技术能力，夯实金刚墙、把好安全门。未来，应进一步推进国产芯片、国产网络设备、国产操作系统、国产数据库和国产云平台、云存储、云安全等关键软硬件产品的规模化应用，分期分批实现关键软硬件的自主化；同时，积极构建支持自主可控的大数据安全产业链条和技术研发，使自主软硬件产品有条件、有渠道进入采购市场，坚持采用安全可控的大数据安全产品和服务，对涉及国家核心利益的信息网络和信息系统，实行高级别技术保障，确保大数据安全又好又快地发展。

嘉宾们、朋友们！在推动大数据事业健康、有序、安全发展的道路上，我们只有筑牢信念之基、补足发展之钙、把稳安全之舵，才能集思广益把握时代机遇，众志成城应对安全挑战，立行立改破解风险难题。今天，我的发言就到这里，感谢大家对中国大数据安全事业的关爱与支持，预祝本次论坛取得圆满成功。

谢谢大家！

高分辨质谱＋互联网＋数据科学／地理信息（GIS）三元融合技术提升食品安全保障能力

中国工程院院士　庞国芳

尊敬的各位领导，各位专家：

大家下午好！

今天我有几点体会想跟大家分享。分享之前，我想问一下在座的朋友们有没有做检验工作的？如果没有做检验工作的话，那我就现身说法。我做了三十多年，快四十年的检验工作，检验工作的测试一般是测完之后需要定性定量，定性定量靠什么？就是靠物质标准。比如我们要测一种物质，拿到仪器中去，出一个份，这个份是什么东西？它的量是多少？那就需要配置一个标准溶液，也同样放置到仪器中去。然后根据溶液高低判断它的份是多少。要采用标准，记录到仪器中，看看它的份是多少。接下来需要解决什么问题呢？首先要把物质标准变成电子标准，要依靠大数据变成电子标准，电子标准能提高效率，能发生一次深刻的革命。

下面我讲三个方面的问题：一是农药实物标准电子化、数字化；二是农药残留分析报告智能化、自动化，因为电子化实现后速度快、效率高；三是农药残留检测的目的是什么？是风险溯源。风险溯源才能够使食品监管迁移，最终才能实现食品的真正安全，如果一直处于被动的局面，不转变成主动局面，我们的进度就会变得缓慢。

第一个挑战是农药残留检测如何实现电子化，这个方案已经有了。农药残留定型鉴定以电子标准取代实物标准，可以实现农药残留鉴定电子化。如何实现呢？首先是要建立世界常用的1200多种农药质谱库，怎么建库呢？每个标准在测量中把农药分子打碎形成碎片，形成碎片之后因为质量不一样，要在电子书中传输，根据传输速度，在速度定量之下，根据质量不同把农药碎片分子移植，有的跑得快，有的跑得慢，就能分出来了。把农药分子打成碎片的离子作为将来电子数据的基础，从而建立一个大数据库，这样就能够建立非靶向检测技术。过去我们用的标准是靶向检测，现在实行的都是非靶向检测，各个部门都是靶向，要变成非靶向，这是一个大革命。

在这种情况下，我们为世界常用的1200多种农药设立了电子标准，像大家出国的时候通关需要照相，人的虹膜一辈子不会变，建立一辈子不变的电子标准，这样就可以实现以电子标准替代传统的实物标准，实现农药非靶向的跨越式发展。一次制备样品，两种技术可侦测1200多种农药，这个指标只在中国实现了，1200多种农药指标一举拿下。现在还没有标准技术，而我们的标准是无数的、无限的，所以这个潜力很大。物质标准只有电子标准库建立后，在电子库里永远服务，节省了环境、减少了污染、提高了速度，从而实现绿色发展、环境友好、清洁高效。

我们同时研究了农药残留质谱自动匹配定型鉴定软件，只要把软件置入仪器当中，实验室测试的溶液就会自动运行。我们还研究开发了农药残留质谱自动匹配定性鉴定智能筛查软件，实现了高速度、高通量、高精度、高可靠性、高度信息化和自动化，大大提高了方法效能。它适用的种类达到国家标准目录的18类150多种水果、蔬菜，可以说民众常吃的水果、蔬菜都在它的天罗地网之内，所以要实现电子化。

第二个挑战是农药残留大数据报告生成如何实现自动化。“高分辨质谱＋互联网＋智能分析”三元融合技术可以实现农药残留大数据报告的自动生成。大数据从何而来？现在还在示范。我们的联盟实验室分布在各地，有10个联盟实验室，实验室按照“五统一”规范操作：统一采样、统一制样、统一检测方法、统一格式数据上传、统一格式统计分析报告，虽然实验室分布在全国各地，但是是封闭运行的，保障了数据的统一性、完整性、安全性和可靠性，这是至关重要的。如果数据来源五花八门，安全性、可靠性和高质量就无法保证。实验室从2012年开始就在不停地运行，形成了网络实验室，这是大数据的来源。同时我们还建立了五大基础数据库，分析的数据是多维的、活的，而不是死数据。

我们的实验室分布在全国，农产品种类五花八门，受农药毒性、水平、地域等影响，农药残留有各种表达，需要建立20多个指标、维度来分析，目的是为了建立“高分辨质谱＋互联网＋智能分析”三元融合的技术软件，系统由数据层、访问层、业务层和战线层组成，这是大数据的智能分析。这种情况下技术平台已建成，“高分辨质谱＋互联网＋信息技术”三元互联互通的融合技术构建了农药残留侦测技术平台、五大基础数据库、智能分析系统、10个示范实验室。2012年到现在还在运行，检测范围是全国31个省会／直辖市、284个区县、600多个采样点，样品采样地覆盖全国25%人口的生活区域，具有一定代表性。

从液相色谱来看，31个省份检出农药174种，检出率为39%～88%，检出频次25448次。大数据结果统计显示，全国蔬菜平均合格率96.9%，水果平均合格率84.3%，这个合格率基本是安全的。从气相色谱上看，检测农药343种，检出率54%～97%，检出频次20418次，全国蔬菜平均合格率96.3%，水果平均合格率98.7%，这个合格率基本是安全可靠的，当然也会有安全隐患。从侦测样品种类范围看，18类146种水果、蔬菜涵盖国家标准名录的80%，表明了这个方法的普遍适用性和效率性。

《智能大数据报告》全国31个省份都各有一份，其中也包括贵州省。《2012—2014年智能大数据报告》基本上将全国省份都做了一遍，这份报告有四五百页，实现了“一键下载”，关于一个省的图文并茂的侦测报告可以30分钟内完成下载。没有大数据、没有信息化就没有我们的今天。

2016年我们配合京津冀筛查了一遍，如果解决了京津冀，如果解决了31个省会城市，我们的水果蔬菜就安全了。通过筛查，我们摸清了国内市售水果蔬菜农药残留的“家底”，发现了20项违规。

第三个挑战是农药残留风险的溯源如何实现视频化。这是最重要的，要实现视频化，就要通过“高分辨质谱＋互联网＋地理信息系统”。现在我们已经形成了两个产品，一个是《31省会／直辖市市售水果蔬菜农药残留水平地图集》，另外一个是“31省会／直辖市市售水果蔬菜农药残留风险溯源在线制图系统”。假如有一台装有中国农产品农药残留检测在线制图系统视频软件的电脑或手机，那么31省会／直辖市农药残留的情况就一目了然，并且可以随时观看。

我们还有人机对话的模式，例如可以将全国检测农药最多的10种蔬菜、水果在表上列出来，实现互联互通，并且可以随时点击查看，就像剥洋葱一样。例如山东省全省10种水果蔬菜、20个窗口互联互通，济南市也是一样的。现在可以说农药残留大数据库的构建已具雏形，31省会／直辖市，284个区县，600多个采样点，18类146种水果、蔬菜，20000多批样品，400多种检出农药，1.4亿张残留农药质谱图，2500万字图文并茂的侦测报告，这些资料永远在数据库，任何时候都可以取出。

这项重要研究成果得益于国家“十三五”规划纲要第十八章“增加农产品安全保障能力”和第六十章“推进健康中国建设的主题”，该项研究成果可在这些领域的发展中发挥重要的技术保障作用。健康中国离不开这个。

我的报告到此结束，谢谢大家！

面向大数据安全的密码技术

中国科学院院士　郑建华

尊敬的各位领导，各位专家：

大家好！

前面我听了两个报告，也是大数据安全方面，但它们的大数据安全是基于大数据网络安全技术。我今天的主题是"面向大数据安全的密码技术"。大数据的概念比较宽泛，是基于大数据做安全，还是给大数据做保护？这个不太一样。随着大数据应用越来越普遍，它的安全需求也越来越迫切，信息安全的基本属性可以用"五信"来概括，"五信"之间的有机关系不能清晰地看出来，我们用一句话来概括：信息安全的最终目的应该实现什么？信息使用要在信息所有者许可之下严格按照要求真实合理地顺畅运用。信息的来源和信息使用均可以认证，这是我们遵循信息安全的目标。我们现在面临的各种威胁和信息攻击，实际上是否没有使我们目标中的某一项实现，用这句话大体上就可以体现。

大数据作为信息已经是高级的使用，因为它的重要性大家都很清楚，它应该服从信息系统安全基本需求，具备一般信息系统安全的要求更为复杂。我们希望针对不同大数据的应用建立相应的安全模型，建立健全相应的密码技术。它的复杂主要体现在从两个维度考虑安全需求：一是大数据系统中至少有三方管理，有时候有四方，甚至更多关系。数据所有者就是提供数据的，数据的管理者就是云服务平台的管理者，另外就是数据的使用者。大数据应用都离不开这三个方面，而云计算、云储存只有数据所有者和数据管理者两方，这是因为自己的数据自己用，本身是所有者也是使用者。我们有时候讲云安全，可能也没有突出大数据的特征，公有云、私有云等云安全是指把东西放在云上从而提高效率节省开支，主要是自己使用而不和别人发生关系的称为云。大数据与云不同，它是多方数据汇聚在一起，通过它们的关联融合来挖掘新的知识，产生价值，离不开所有者、管理者、使用者甚至还有第四方。根据安全架构有可能需要可信的一方，比如说做数据审计还涉及审计服务器的审计系统，根据应用模型应用需求，安全架构设置可能有第四方，甚至第五方。要充分考虑多角色之间的关系，要把不同的安全诉求、不同的应用需求之间关系平衡好是非常复杂的事情。大数据应用主要从第二个维度考虑，大数据的应用提炼概括为身份识别、权限管理、数据的审计和保护、数据的查询和安全计算，不同的应用和应用类型都可以用这四个方面来概括。大数据安全的考虑一定要完整平衡系统里面各者之间的关系后解决应用中的问题，只有这样才是一个完善的面向大数据的安全体系。

数据所有者一定不是一家，而是多家。一家的数据可以直接挖掘加工，多个数据所有者的数据量则非常大。数据量小可以通过加密分在云上，解密使用后再放回原处的方式解决安全问题。巨大的数据量则需要数据的融合，将所有不同数据加工，从而实现深度大数据的应用，这些特点决定了大数据安全是非常难解决的，目前世界范围内还没有解决得非常好的，相应密码技术都在破解中，离彻底解决还有一定的差距。

美国很多年前把云服务安全控制体系做了一些标准规范，有17个大项，后面还有小项、增强项，加起来近200项。并且先提出为政府或者国防部门提供云服务，信息系统要服从规范，提出介质保护、五里河环境保护、人员安全等一系列规范，在这方面美国做得比我们早。

要平衡好三方甚至四方的安全诉求，需要清楚具体的诉求，根据要求提供数据并做到可控运用。可控是两个概念：一是真实和完整。数据是真实的，现实的数据没有经过篡改，数据是保鲜的，具有真实完整性；二是使用是可控的。数据类型、使用程度等要经过授权才能使用，保证数据的安全性和可控性。数据使用者可以按数据所有者赋予的权限高效、真实、安全地使用数据。数据管理者严格按照数据使用者的授权管理数据、处理数据、加工数据。这要求多个密码系统和密码协议有机融合，才能全面解决大数据安全问题。

刚才分析大数据安全需求，现在介绍一些新密码理论和密码技术，比如现在比较热门的全同态加密，它的难度更大，影响更广，对密码技术发展引领作用更强，列为一种理论。提出全同态加密的概念近二十年，到2009年给出第一个解决方案：全同态加密是在加密状态下实现对密码任何的操作，最后把结果发回来，对结果进行解密以后得到所想要的结果，这很贴合前面所讲的安全需求。大数据如何将加密保护后的安全数据进行统计呢?一种办法是用户把数据解密后放在云平台上，最后提供给数据使用者，这样造成云平台和数据使用者都掌握数据，安全问题太大，不希望是这样。

数据通过加工使用给出加工结果，效率极低。现在数据加密经过加工，加工以后拿到加密数据，保护原始数据，使得数据管理者和使用者掌握不到原始数据，但同时又做到对数据可加工、可融合，这是非常好的密码学概念，但是挑战性非常大。密码是加密以后越随机、越混乱越好，在这个条件下加工使用，相当于外面加了保护层，里面可以进行所要的加工处理，这是一种全新的想法，也是一种挑战。

经过十多年的努力，经过各国学者的深入研究不断提出新方案并进行丰富和完善，现在有7个加密方案。基于不同的安全假设从单用户拓展到多用户的数据，数据可扩展但效率比较低，使得加密数据膨胀。比如原来1K的数据加密后是几十倍的膨胀，运算效率低，但也是迈出了一大步。把原来对大数据的安全需求实质性推进一大步，如果提高效率会对解决大数据安全问题起到核心作用。

根据数据使用者对数据的完整需求，提出第三方数据审计技术，这基于公钥密码技术：PDP 和 POR。数据审计是审查数据是否被改动并将改动后的数据恢复，这是现在的研究热点。数据加密放到云环境里，第三方经过授权定期或者不定期对数据真实性进行审计，数据放在管理者处需要保证数据的真实性和完整性，这种需求下提出数据审计技术。

密文搜索是指数据加密条件下放在云平台上，在密文状态下搜索数据。无论是结构化或半结构化，如果将所需查询的数据都重新拿回来解密后查找则效率极低。数据管理者在加密状态下搜索是密文搜索，分为可搜索对称加密技术和可搜索非对称加密技术。还有安全计算，数据使用者按照数据所有者授权在密文情况下进行加工是全同态密码加工，多方参与能进行加密状态计算，如果低于阈值不能进行计算，这就是基于特定应用的安全计算模型。统计需要多方结合，比如只有三个人同时到场才能统计结果，其他相关密码技术如谓词加密、属性加密等和大数据安全有密切关系。

特定的姓名、年龄等有指向性的关键数据隐含、净化可以保证大数据的安全。除此之外，还应该有一些安全需求，比如计算结果可证明，基于对大数据平台的认识，要求云平台做的行为是否按照要求真实完成，是否进行过修改。在这个模型下考虑安全问题和安全计算结果可证明要做到计算结果、数据类型、使用程度等可追溯，从而保护数据所有者的经济利益，这里面涉及很多和安全关联的问题，我觉得可以提出新的概念和新的需求。

整体来看，面向大数据安全的密码理论和技术尚处于积极研究但不成熟的阶段。部分方案有安全性、功能、效率等各种各样的问题。客观来看，密码技术和大数据安全需求还有一定距离，这就需要密码研究人员大胆创新、积极探索，能够早日完善技术方法。

很多密码概念都是国外提出来的，但我们跟随很快。中国人脑子很聪明，但是不善于提概念、提新问题，都是跟在后面。原来信息化水平低，没有需求，现在信息化走在前面，要引领科学新领域和方向。如果大量应用推进后安全跟不上，会影响大数据应用的深度和广度，因此，企业要充分发挥积极性带动技术落地，做一个成熟的包罗万象、非常圆满的方案是不可能的，但要尽快有这样的技术涌现。

这是我的想法，谢谢大家！

大数据安全标准研究进展

中国电子技术标准化研究院信安中心技术部主任　叶润国

尊敬的各位领导，各位朋友：

大家好！

今天很高兴能够在这里和大家一起交流大数据安全标准化的情况。我今天和大家交流的主要内容包括以下三个方面：一是简要介绍一些大数据安全标准在研究和规划方面的背景；二是介绍一些大数据安全标准工作组在近期的研究成果；三是简要介绍一下大数据安全主要标准基本情况。

随着大数据的应用和发展，大数据的产业变得日益完善。大数据产业链包括以下几个方面：首先是提供数据的公司；其次是大数据硬件厂商和软件厂商，以及在上面开发大数据应用的厂商。目前，大数据的应用蓬勃发展，包括政府大数据、企业大数据、能源大数据，以及健康医疗大数据等。虽然现在大数据得到很大的发展，但是安全问题也正在阻碍大数据的发展。

大数据应用场景下，我们关心的数据安全和用户的隐私问题变得日益严重，主要表现在以下几个方面：

第一，在大数据场景下，多源数据关联分析正在严重威胁用户隐私，数据的过度收集和集中存储可能会导致数据被滥用。我们看到，现在为了消除数据孤岛，数据在流通，也在交易，可能会形成地下黑产。我们急需要考虑大数据安全和隐私保护问题。

从管理的角度来看，从标准化角度来说，需要建立健全大数据安全的保障体系。大数据安全标准是大数据安全保障的重要组成部分。我国政府非常重视大数据安全工作，2015年发布的《促进大数据发展行动纲要》提出，要健全大数据安全保障体系，强化安全支撑。2016年11月发布的《中华人民共和国网络安全法》提到，要鼓励开发网络数据安全保护和利用技术，促进公共数据资源开放，并且提出要采取各种措施，防止网络数据泄露、窃取和篡改。“十三五”规划提出要实施国家大数据战略。

大数据安全标准研究的边界包括五个角色：数据的提供者、数据的消费者、大数据框架的提供者、大数据应用提供者以及上层的系统协调者。大数据参考架构包括两个价值链条。从横向的角度来看，它是一个信息价值链条，它是从数据生命周期或者数据价值增值的角度来说的，包括数据的收集、预处理、分析、可视化和访问等。从垂直的角度来看，它是一个IT价值链，它是从构造大数据系统的角度、IT协议战的角度来看的，包括底层大数据分析、上层的数据管理分析系统以及最上层大数据的应用软件。我们看到，信息价值链覆盖数据中心生命周期的各个方面，所以我们认为，研究大数据的安全和隐私以及标准化需要全面考虑大数据环境下的五大角色以及大数据的两大价值链条，要全面覆盖两大价值链条各个环节的安全问题。我们在研究和规划大数据标准的时候也提出了一些新问题。

第一个问题是到底大数据安全和哪些概念与网络安全标准相关？我们认为，大数据安全和经常接触到的数据安全与各类信息安全的概念是息息相关的。大数据安全包含海量的数据，传统的数据安全是围绕数据生命周期的各个阶段来防范数据安全问题的。也就是说，传统数据安全标准或者一些研究技术在大数据的场景下应该是适应的，但是大数据特有的一些技术，可能也会需要制定一些新的安全标准来保护数据的安全。

第二个问题是大数据经常会包含大量的各类信息，个人隐私的安全也是大家非常关注的一部分。国际国内在个人隐私方面都制定了大量的标准，我们认为现有的这些标准在大数据的环境下应该都是适用的。但是，在大数据场景下有一些新的技术，比如关联分析技术、数据聚合技术等可能会导致一些传统的隐私保护技术失效，因此需要研究一些新的隐私保护方法以及一些新的隐私保护标准。我们认为，信息安全是比大数据安全更大的概念，大数据安全是一个特殊的信息安全，信息安全解决的是信息和信息系统的安全。安全是相对的，安全是需要付出的，它需要在安全的代价和收益之间得到一个平衡，主要是要从风险管理的角度来解决信息的安全问题。在大数据安全的场景下，我们其实仍然可以使用信息安全风险管理的思路来考虑大数据安全的问题。

大数据安全标准的制定主要来自两个方面：第一个是我们国家的一些法规政策，包括网络安全法，主管机构正在制定的一些网络安全审查管理办法以及数据安全管理办法、数据出境管理办法等；第二个是我们需要满足大数据产业健康发展的需要，实施大数据安全保障，为大数据应用的健康发展保驾护航。

第二，简单介绍一下全国信安标委（全国信息安全标准化技术委员会）近一年开展的工作。2016年4月成立了全国信安标委，组长是王建民和陈兴蜀老师。2017年4月启动了多个大数据安全标准的编制工作，包括大数据安全能力成熟度模型、大数据交易服务安全要求、数据处境安全评估指南和个人信息去标识化指南，同时也启动了两个标准的预研工作，包括大数据软件安全技术要求和数据安全分类分级。

全国信安标委工作组为了规划以后的工作，发布了《大数据安全标准化白皮书》。这个白皮书对现有的大数据法律法规政策和现状进行了调研分析，包括标准化组织大数据工作的情况，以及大数据安全相关标准的现状。大数据安全和传统的安全标准都是相关的，我们也对它进行了调研和适应性分析。第三章是整个白皮书的核心部分，它提出了大数据安全标准体系框架，这个可以用来指导全国信安标委后期的一些工作。第四章给出了一些标准化的建议，在附录方面得到了一些厂商的支持。我们梳理了一些典型行业大数据的应用和安全分析，并且也梳理了一些大数据安全应用的实践，包括国内和国外的一些公司，这个在白皮书里面都有详细的介绍。这个白皮书发布的大数据安全标准体系有五个部分，包括技术标准、平台和技术的安全、数据的安全、服务的安全和行业应用安全，并且制定了相应国家标准的名字，应该说这些标准都已经正式启动了。

第三，我想简单介绍一下研究中的大数据安全国家标准的基本内容，包括以下几个：个人信息安全规范、大数据服务安全能力要求、大数据安全管理指南、大数据安全能力成熟度模型、大数据交易服务安全要求、大数据处境安全评估指南和个人信息去标准化指南，等等。

一是大数据信息安全规范标准，涉及的对象是个人信息的系统及组织。这个标准规范了利用信息系统处理个人信息时应遵循的原则和采取的安全措施，也适用于网络安全相应的主管部门等组织开展个人信息安全管理评估和自查工作，它的亮点是提出了个人信息保护的八大原则。这个标准已经到了送审稿阶段，是今年开展标准的试点工作。

二是大数据服务安全能力要求。标准化对象是提供大数据服务的各类组织，规范了大数据服务提供者的基础安全能力、数据服务安全能力和平台及应用安全能力要求，覆盖数据生命周期各个阶段的数据活动，以及大数据系统安全设计、安全建设和安全运维能力。目前这个标准已经到了送审稿的阶段。

三是大数据安全管理指南。标准化对象是大数据生态的各类角色，它的主要内容是提出大数据安全管理基本原则、大数据安全管理基本概念和大数据安全风险管理过程；提出大数据的数据收集、存储、使用、分发、删除等主要阶段的概念和管理要求；规范组织内部不同大数据安全的职责。这个标准适用于指导大数据生态各角色构建自己的数据安全管理体系。这个标准在征求意见稿阶段。

四是大数据安全能力成熟度模型。这个是2017年4月刚立项的一个标准，标准化对象是大数据服务组织。它的主要内容是定义了大数据安全能力成熟度模型，基于组织的数据生命周期，从组织建设、人员能力、制度流程以及技术工具四个能力纬度，针对组织在大数据环境下的数字化数据安全过程，构建规范的大数据安全能力成熟度分级评估方法。这个标准也是在送审稿阶段。

五是大数据交易服务安全要求。这个标准主要是针对目前我国正在发展的大数据交易市场提出标准，对它进行安全监管。标准化对象是提供大数据交易服务的组织，主要内容是提供了大数据交易的原则，规范了大数据交易的主体、交易对象、交易模式、交易过程、支撑系统这几个角度的安全要求。它的适用范围是为提升大数据交易服务的安全能力提供标准的交易，为大数据服务安全监督和第三方检查评估提供标准依据。这个标准目前在草案阶段，争取6月转为征求意见稿。

六是数据出境安全评估指南。标准化对象是数据所有者和控制者，主要内容是对数据出境安全评估的工作要求、方法流程、评估内容和结果判断进行描述和规范。这个标准也是在草案阶段。

七是个人信息去标识化指南。标准化对象是各类拥有数据的组织和控制数据的组织，标准的主要内容是为开展个人信息去标识化工作建立整体的原则，并指导、规范个人信息去标识化的工作方法和过程，提升组织机构的合规能力。一方面可以为个人信息处理相关方提供去标识化的指导，另一方面为第三方机构测评提供发展。解决的问题是要在数据可用性和信息安全之间达到一个平衡，促进数据的共享和开放。

谢谢大家！

网络安全等级保护的最新进展

公安部十一局处长　祝国邦

尊敬的各位领导，各位专家：

大家下午好！

非常高兴受武汉大学和贵州师范大学的邀请来到爽爽的贵阳，这几天不管是天气还是氛围都给我们一种爽爽的感觉。借这个机会，我把网络安全等级保护工作的一些最新进展情况跟各位简单汇报一下。大家都知道业界将等级保护制度分了1.0和2.0，自等级保护制度在我们国家实施以来，实际上对网络安全工作起到了极大的促进作用。

首先介绍信息安全等级保护制度1.0的几个特点：

第一个特点，我们国家的信息系统要按等级进行保护，等级保护制度由公安部门提出，是在1994年确立的，非常早。

第二个特点，我们对信息系统进行分等级保护和分等级监管。分等级的概念是我们通过制度确定下来的，而且当时是对信息系统分等级。在1994年的时候，计算机单机还很少，在大众应用的领域还很少，我们提出信息系统要分等级，那时候还只是科研院所、各单位、各部门有信息系统。

第三个特点，在等级保护层面，我们对信息系统进行保护。实际上，我们是对系统层面进行防护，并不是对每个单机、软件进行防护。在系统层面进行保护的时候，我们提出了信息系统等级保护的基本要求。在基本要求中对信息系统的维护，包括从管理和技术两方面多维进行保护，即一个中心三维防护。我们采取不同的模式对信息系统进行保护。等级保护是一个制度，为什么在我国落地生根，在各个部门发展起来？在1.0时代，不管在法律层面还是在政策层面都设计了这样一套信息系统的保护体系。在1.0时代，我们主要强调五个规定动作：信息系统定级、备案、安全建设整改、等级测评、监督检查。在1.0时代，公安机关重点做的工作任务是建立了一整套等级保护的政策体系、标准体系、法律体系和实施体系。我们会同相关行业的部门来推动几个规定性动作的实施，把等级保护的制度要求在各行各业落地，尤其是我们与企业之间的合作。政府部门的制度如果没有企业在产品、技术和其他方面做支撑，很难落地。

其次介绍一下新时期等级保护的最新进展情况：

第一，目前等级保护2.0更多的是一种理念，在目前情况下，等级保护重点要开展哪几方面的工作？等级保护2.0是从2017年开始的，因为2017年《中华人民共和国网络安全法》正式实施。等级保护的重要支撑就是把信息安全等级保护制度由四部委的规范性文件变成了国家各行业、各部门都需要贯彻落实的一个国家制度。《中华人民共和国网络安全法》第二十一条明确规定国家实行网络安全等级保护制度。原来叫信息安全等级保护制度，现在改名叫等级保护制度。2014年我参与国家在这方面的立法，当时提的是信息安全条例，后来又提网络与信息安全和网络与空间安全。我们把这方面的安全都归结于网络安全，信息等级保护制度改名为网络安全等级保护制度。目前公安部正在牵头国家保密局、国家密码管理局起草《网络安全等级保护条例》，以国务院法规的形式出台，作为《中华人民共和国网络安全法》的一个下位法推动各行业、各部门来执行等级保护制度。

第二，进一步扩充网络安全等级保护对象。公安部把贵阳市作为国家层面的大数据和网络安全的试点示范城市。目前贵阳重点打造国家的大数据示范区，我们把试点也放在贵阳。对于网络安全等级保护制度，我们目前做的工作就是把原来只是对信息系统进行防护，变成对整个网络。《中华人民共和国网络安全法》对它也进行了重新定义，包含了所有的相关信息系统。因为信息系统这个概念，之前的范围是比较广的，目前随着技术的发展，比如云计算、物联网、公共系统、大数据，未来还有区块链技术以及很多人工智能技术的发展，如果继续用信息系统的概念，很多人会觉得这好像并不是信息系统，或者觉得信息系统一般都是我们（拥有者）的。现在在云平台、大数据的情况下，很多人虽然说是在建信息系统，实际上只是信息系统的拥有者和使用者，而非系统的开发者。比如我们用的阿里云平台、腾讯云平台，系统是它们的，我们更多的是购买服务和资源。这样，整个信息系统的概念、边界和形态发生了很大的变化。在等级保护2.0中，修订了等级保护定级指南，将新的业态全部纳入等级保护管理。我们针对不同的大数据如何定级、云平台如何定级，纷纷出了相关的细则，把它纳入到等级保护进行监管，这样才能解决基础层面的安全。

第三，进一步完善网络安全等级保护措施，这是我们目前主要推动的一项工作。近十年以来，我们做的一些重点工作就是推动等级保护制度的落实。实际上我们推动这方面的工作，更多的是公安机关通过监督检查，包括在行业的宣传培训，带动各行业、各部门做等级保护的定级备案、测评、整改和相关工作。下一步，我们要完善等级保护的一些措施，把这几年行之有效的措施，比如风险评估、监测、通报预警、事件调查、应急演练、灾难备份、自主可控、供应链安全、效果评价、综治考核等重点纳入等级保护制度实施，变被动防御为主动防御，变层面防御为综合防御。

第四，推动等级保护相关标准的完善。我们前期做了基本要求等一系列的标准，结合目前形势的变化，对标准进行了修订。目前，我们已经起草了云计算、大数据、物联网、移动互联、工业控制系统等相关标准。下一步，我们将完善相关的标准，为各行业、各部门开展新技术和新时代的等级保护提供标准支撑。

第五，进一步完善网络安全等级保护支撑体系。网络安全“打防管控”一体化工作机制，比如刚刚结束的“一带一路”，我们通过大型活动的安全保卫来建立一些机制，与等级保护的测评机构、安全服务机构、科研院所、网络安全企业合作共享，共同推动等级保护的安全体系建设。

第六，是目前我们在做的，我认为也是最核心的问题。《中华人民共和国网络安全法》规定了我们要落实等级保护制度，而且还要在等级保护的基础上加强对关键信息基础设施的保护。对于关键信息基础设施的保护，等级保护是一个普适性的制度，保护的核心就是关键信息基础设施。等级保护和保护关键信息基础设施是不是两回事？不是的，就是一回事，关键信息基础设施的保护是我们的核心。《中华人民共和国网络安全法》已经指出什么是关键信息基础设施，我们认为至少应该在等级保护的三级以上的保护对象中确定。对关键信息基础设施的保护，是保护、保障、保卫相结合的体系，通过落实等级保护的标准要求、政策要求来加强自身的防护。我觉得关键信息基础设施里面很重要的一点是保障，国家层面要对整个关键基础设施里面服务的人员、经费、技术、装备等加强一系列的国家层面的保障。另外，我们还要加强一些保卫，因为对关键信息基础设施的保护，不是一个部门能承担得起的，我们要从国家层面加强安全方面的保卫。公安部正在会同中央网信办加强国家层面对关键信息基础设施的保卫。目前中央网信办、公安部正在会同有关部门制定《关键信息基础设施安全保护条例》，通过这个条例把关键信息基础设施确定下来。这个条例基本上形成了初稿，在不久的将来就会在网上公开征求意见。

因为等级保护现在是法律要求要落实的制度，希望通过社会各界对政策标准、技术方面的研究来共同推动等级保护的贯彻落实。

谢谢大家！

观点再现

陈小刚（贵阳市副市长、市公安局局长）：2017年以来，借助这两年的发展基础，大数据发展与产业应用持续发力，但同时大数据的发展也面临着共享难度大、垄断程度高、融合能力弱、应用价值低以及安全风险大等一系列的制约因素，因此，需要对大数据发展过程中的安全问题给予重视和关注。

沈昌祥（中国工程院院士）：我们要做到网络可信实名认证，提出"三据""四不"的原则。"三据"：第一，执法依据；第二，认证依据；第三，追踪依据。"四不"：一是不危及实体身份隐私；二是不改变现有各种认证协议流程；三是不影响国家居民身份证系统安全；四是不重建国家利用法律证件认证系统平台。在建立安全可信系统架构方面，要确保体系结构可信、操作行为可信、资源配置可信和数据存储可信，要构建可信计算安全、可信边界、用户终端这三重可信安全管理中心支持下的主动免疫三重防护框架。

倪光南（中国工程院院士）：在网信领域，一些技术、标准、知识产权、文献资料、产品、服务、解决方案，往往形成一个信息技术体系，该体系及其关联的经济社会环境构成了一个生态系统。相应地，市场竞争也从产品或服务之间的竞争上升到生态系统之间的竞争，造成了网信技术的高度垄断。要想打破网信领域现有的垄断，不仅要突破单项网信技术，还要在信息技术体系及其生态系统的竞争中取胜。

马　利（中国互联网发展基金会理事长）：5月12日，全球网络中爆发了蠕虫式的勒索病毒，这无疑是对数据安全的威胁和挑战。在风起云涌的大数据时代，数据的多样化、广泛化、复杂化对大数据网络应用安全，对数据安全保护等方方面面都提出更新的要求。推动大数据的应用，同时也会面临着更多的安全风险和挑战，特别是对基础运用平台和应用系统的安全保护，已经成了大数据应用安全的重中之重。

石现升（中国互联网协会副秘书长）：大数据技术的创新和发展开启了人类社会发掘数据价值、推动产能升级的新纪元。而互联网与政务、医疗、金融等各领域融合带来的数据安全风险不容忽视。如何在技术创新发展的同时，强化网络数据安全防护，加强网络数据安全管理，是“后棱镜”时代各国都需要认真思考和努力解决的问题。

何良生（国家密码管理局副局长）：大数据安全归根到底也属于网络与信息安全的范畴，我们常讲网络安全的三性或者五性，都可以通过密码技术来进行保障，数据的采集能力、存储能力、应用能力、传输交换能力、安全运用能力是构成大数据能力的重要方面。在数据采集环节要保护隐私，同时也要确保数据来源的真实。

徐汉良（国家密码管理局副局长）：未来大数据技术与虚拟技术、物联网、云计算、智能制造等技术的深度融合将可能改变现代科技发展进程，推动社会的深刻变革。密码是解决网络与信息安全最可靠和最有效的手段，在大数据发展中，急需经历保护、访问控制、安全交易、数据脱密、信任管理等方面发挥着其他手段不可替代的重要作用。

孙大伟（国家质量监督检验检疫总局副局长）：随着大数据在国家治理乃至全球治理中发挥日益重要的作用，围绕大数据的安全质量、技术创新和开发共享发展等问题日益受到关注。加快实施大数据战略，提高我国大数据产业核心竞争力，需要坚持国家总体安全观，坚持以质量效益为中心，进一步加强质量技术基础建设。

陈天莹（中国网安云计算与大数据事业部大数据产品线总监）：当前公安行业依然面临数据孤岛现象严重、数据分析研判能力较弱、海量音视频分析智能化程度不足、社会资源和警务资源对接困难等问题，传统警务工作要向数据警务转型，公安大数据需要以应用为目标、以情报信息研判为支撑、以多警种合成作战为主要手段，以信息安全为保障，形成完善的工作体系。

叶润国（中国电子技术标准化研究院信安中心技术部主任）：大数据安全与数据安全、各类信息安全概念息息相关，但大数据因其特有的技术，需要制定新的安全标准来保护数据安全。我们正在研究的大数据安全国家标准，包括个人信息安全规范、大数据服务安全能力要求、大数据安全管理指南、大数据安全能力成熟度模型、大数据交易服务安全要求、大数据出境安全评估指南和个人信息去标准化指南等内容。

庞　鸿（贵阳市委常委、政法委书记）：数字经济正在深刻改变我们的生产方式、生活方式和思维方式，这也让企业的发展进入了新的历史阶段。数据不仅将成为企业的重要能源，也是企业未来的核心竞争力。如何在数据共享、共荣的同时确保大数据安全已成为必须高度重视、必须研究应对、必须加以解决的重大挑战，这也为大数据安全产业发展带来了前所未有的机遇。

赵平生（中国大数据技术与应用联盟副理事长）：大数据已经成为社会发展的重要基石，数据的质量是大数据的"生命线"，数据的真实性是大数据的生命之源，数据的完整性是大数据的价值核心，数据是数据经济的基础，安全是数据经济的保障。当前大数据共享与流通的主要矛盾表现为"五个不"：不敢、不愿、不易、不实、不符，导致数据存在造假空间。

荆继武（中国科学院信息工程研究所副所长）：要重视大数据交易与处理中的技术研究。数据脱敏具有可逆性，是数据库的安全技术之一，数据脱敏具有阻塞、随机化效果，支持分布重构的脱敏，能够准确获得聚合分类结果。用户可将数据进行同态加密后，提交给数据中心存储，可在不知道用户数据的前提下正确处理数据，保障数据安全。

翟起滨（中科院研究生院信息安全国家重点实验室教授）：因为人的智能是有限的，如果不给出一种新的方案，人工智能就没有办法协助人处理大数据。伴随网络产生的海量数据，类型繁多、动态变化、难以跟随，使大数据分析工具几乎做不到对大数据的跟踪处理。我们必须寻求一个新帮手，让其协助做好网络动态跟随，这个帮手应该是会思维的机器，即人工智能。

魏　昊（中国信息安全认证中心主任）：近年来，大数据安全事件和事故层出不穷，大数据安全成为网络安全的焦点。大数据安全标准与认证工作应该满足大数据产业发展规划的需要，满足认证认可强国建设的需要，满足质量提升行动的需要。下一步，要加快大数据安全关键技术研究和自主可控产品开发，加快大数据安全相关标准制修订工作，完善以隐私安全、数据安全、服务安全和平台安全为核心的大数据安全认证认可体系建设。

张铠麟（国家发展改革委高新技术产业司信息化处副处长）：大数据平台中存储着的海量数据资源极易成为网络攻击的重点目标，大数据的技术也同样可以被用作恶意攻击，这都加大了数据隐私泄露的安全风险，美国“棱镜门”事件以及近期的一些网络安全事件都凸显了大数据信息泄露的特征。未来，随着大量新技术、新应用的不断出现和深度应用，大数据安全未知风险与挑战可能将远远大于已知，因此应对大数据时代的安全问题刻不容缓、时不我待。

郝叶力（国家创新与发展战略研究会副会长）：2016年12月，在贵阳市组织的大数据与网络攻防演练中，贵阳以省会城市的实网为目标，进行真刀真枪的供给性测试，在国内尚属首创。这次演练是一次自上而下的安全推进、真抓实干的安全摸底、难能可贵的安全创新、问题驱动的安全亮点、举一反三的安全唤醒，是一次历史性的突破，具有里程碑意义。这次演练为贵州建设国家大数据综合试验区又增加了一张亮丽的名片。

董贵山（提升政府治理能力大数据应用技术国家工程实验室副主任、中国电子科技集团公司首席专家）：安全管理和法规保障非常必要，在安全高效的驱动下制定能力的提升。其中有三个安全问题，一是以大数据安全为核心的大数据基础平台及服务防护；二是大数据赋能的各类政府治理应用的规范化支撑；三是多安全级、多样态政务大数据的汇聚交换机理。

胡祥义（网络密码认证北京重点实验室主任、研究员）：大数据时代，我国政府和金融部门的网络私密信息受到信息战的威胁。同时，国家基础设施也受到网络恐怖主义的威胁。国际上解决大数据安全的方法基本上都是采用密码技术，主要功能是身份认证功能，实现安全登录。在网络应用层建立数字签名和数据加密协议，实现数据信封功能，保证两用户之间数据的传输安全；采用 VPN 技术建立，保证数据传输的安全。

马民虎（中国信息法学研究会理事、法学专家）：泄密是大数据时代的一大安全问题。大数据利用中，面临着密码漏洞、密码滥用、证书被盗、可信粒度结构化、虚拟货币等安全威胁，应从国际国内总体格局上看待大数据，特别是密码应用的安全问题。围绕密码立法，要树立总体国家安全观，以安全与发展的原则、密码分类分级原则、谁加密谁解密原则，重点聚焦密码安全、密码安全保障、密码出口管制、密码危机管控等问题。

胡瑞敏（武汉大学计算机学院院长、网络空间安全学院执行院长）：大数据是研究高维空间复杂问题的科学，数据必须具备单空间数据稠密性分布特性。在物理—社会—网络三元复杂环境下，身份管理理论和技术面临的挑战包括低维身份空间虚假身份乱象、信任中心化带来的安全风险隐患，以及离线环境下身份隐私保护困难等。

李德芳（中国石油化工集团信息管理部主任）：数据是重要的资产，是下一代的“石油”，但是这就需要保护好，不能被偷走，不能被攻击。所以安全也越来越重要，除了传统的防病毒、准入、身份、防控之外，怎么样使我们的安全更加可靠，我们提出了管技并重，就是管理和技术并重，无论用大数据技术做数据安全，还是用人工智能、机器学习，人的因素非常重要，所以管理和技术并重。

杜跃进（阿里巴巴集团副总裁、首席安全专家）：大数据的快速发展，要避免陷入“数据恐慌”，大数据安全是数据本身的安全，数据安全治理的核心目标是让数据安全能力成为竞争力，让数据安全成为市场的主动行为。而数据安全治理的最终目标是建立良性生态，保护消费者信息，让大数据产业和数字经济获得更好的发展。

刘振飞（阿里巴巴集团首席风险官）：全面治理以网络空间数据为核心的资源，这是国家经济、社会发展的重要任务。这场战役的成败决定着新时期公民的权利、企业的利益、社会的信任，也决定着数字经济的发展乃至国家的长远布局。从政府角度，建议在实施《网络安全法》的前提下，加强网络安全执法能力，开展网络长效治理，维护国家数据经济生态，规范发展数据流通市场，引导合法数据交易需求，切实保障国家数据主权。从企业角度，建议网络运营者规范数据开发利用，加强个人数据和重点数据的安全管理。

包悦忠（OWASP 中国区副主席）：在信息挖掘时，用户主要有数据提供者、收集者、挖掘者、决策者4个角色。使用分布式计算系统加密最常用的方式就是 RPC（远程过程调用协议），可以提供三层保护，包括验证、完整性和隐私。对于分布式计算，一些简单安全模块就可以完成安全保护的工作，使用其他先进技术可以同时允许多个用户访问程序和文件。

周　斌（腾讯云安全总监）：对于数据安全也好，云安全也好，除去平台自己的治理工作以外，需要云上的客户一起承担共建共管的责任。随着云计算、人工智能，以及物联网技术发展，相信未来将会在数据安全上有更加复杂和多样的挑战，安全是所有资源在整合后能力的表现。

刘　霖（北京天空卫士网络安全技术有限公司 CEO）：目前，国内对安全的攻和防都集中于应用，而且不对等。全球都在提攻防不能用同样的技术，如果我们的思维方式还停留于此，遇到的问题会越来越多。传统安全技术具有不能智能感知内容和防止 APT 攻击带来的泄露等特点。在业界，从攻防和管理的角度，会认为数据防泄露技术，即 DLP 技术是 APT 攻击的最后一道防线，同时也是防止内部窃取的最后一道防线。

张有成（南京壹进制信息技术股份有限公司董事长兼 CEO）：大数据时代的数据安全保障有三个特性。保密性是组织非授权的访问，解决手段有很多，比如加密、访问控制、信息隐藏，等等。完整性主要是阻断未经授权的篡改，如勒索软件，实现的手段是备份、拍照、数据复制、持续数据保护等。可用性指授权主体在需要数据信息时能及时得到服务的能力，技术手段很多，比如说容灾、容错等。

张照龙（上海观安信息技术有限公司首席顾问）：整个大数据安全设计过程中有四个要点：一是开源与封闭，很多的做大数据安全是封闭的。二是变化，因为这当中很多功能和组件不断增加，怎么提升它的安全性，这是一个关键点。三是管理方便性，因为很多大数据都是单点的，没有统一的防护手段，所以要结合大数据分析的方式和集中管理及展示的简便方法，提供可控、可管的大数据安全管理平台。四是扩展性，因为大数据的价值就在于管理和扩展性，与传统的安全是有差异的。

数据共享与开放

—《中国电子商务发展指数报告》的简介

—云联系中心驱动的大数据电商

—移动互联网时代的信用生态

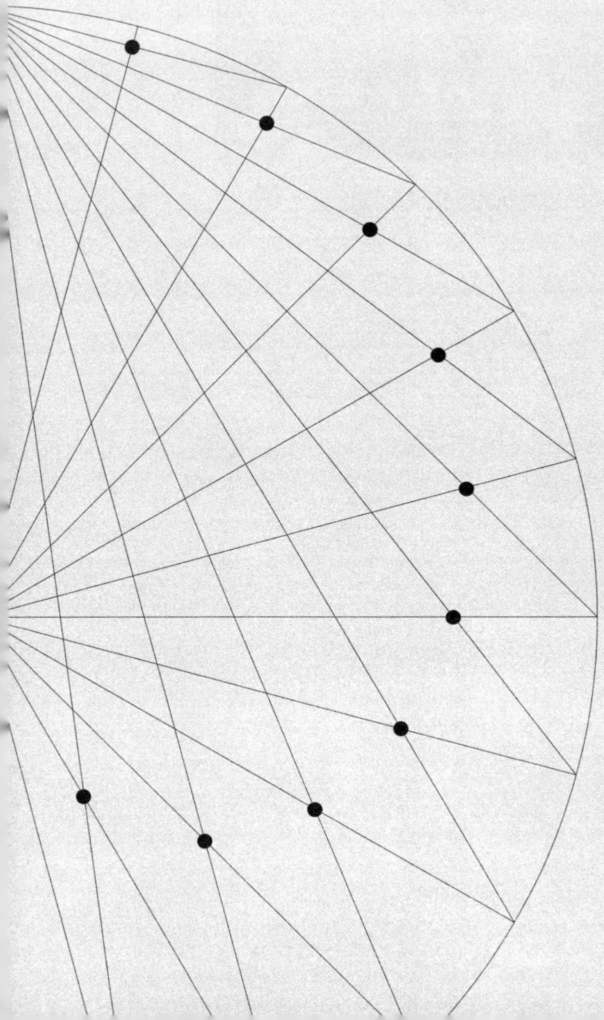

2017年5月27日，2017数博会“数据开放与隐私保护”高峰法治论坛现场。

2017年5月27日，2017数博会中英大数据交流合作 · 英国日现场。

2017年5月26日，2017数博会数据开放共享技术自主协同创新高峰论坛现场。

2017年5月26日，2017数博会智慧城市与社会治理亚欧论坛现场。

走出数据孤岛，培育经济增长新动力

大数据战略重点实验室

全球范围内，运用大数据推动经济发展、完善社会治理、提升政府服务和监管能力正成为趋势。数据在国民生活中已成为一种重要的生产要素，深刻影响着国民经济活动及生活。政府作为数据的重要持有者，政府数据的共享开放程度，已成为影响一个国家国际竞争力的关键因素之一。各国皆意识到政府数据共享开放的重要战略价值，将其提升到国家战略高度。消除政府数据孤岛，促进数据共享融合，并在安全可控的前提下向社会积极开放，同时带动个人、企业、科研机构和社会组织对数据进行创新应用，对于促进国民经济和社会发展，构建透明政府，提升政府公信力和行政效率，具有极高的战略价值。

美国2009年5月21日率先开通了集中的政府数据开放门户“Data.gov”，这是全球首个提供自由下载政府数据的开放数据门户。英国政府任命互联网之父蒂姆·伯纳斯－李与南安普敦大学教授奈杰尔·夏伯特作为政府数据开放工作顾问并指导相关工作，2010年1月开通Data.gov.uk。欧盟将开放数据门户作为欧洲数字化议程的其中一项重要内容，2012年上线测试版网站，积极推进高价值的科学研究数据向社会开放，并于2012年和2013年分别启动了“地平线2020”数据访问试点项目和研究数据开放试点项目，向社会开放科研数据。我国各地方政府数据共享开放分为两步走，第一步先推动政府数据的“统一汇聚”，即完善信息基础设施并打通数据壁垒，使各部门、各层级、各系统互联互通，各省市采用的普遍做法为建设一体化的网上政务大厅、共享交换平台、云数据中心、基础数据库等措施。第二步建设开放门户向社会“集中开放”数据。同时，各地方政府开始政府数据开放的先行实践，北京市政务数据资源网2012年10月试运行，上海市政府数据服务网2012年上线运行，武汉市政府公开数据服务网2015年4月29日上线运行，贵阳市政府数据开放平台2017年1月18日正式上线运行。

在数据共享开放已经形成全球态势的背景下，2017中国国际大数据产业博览会暨中国电子商务创新发展峰会先后举办了数据开放共享与政府管理创新论坛、数据开放与隐私保护高峰法治论坛、2017中英大数据交流合作·英国日、数据开放共享技术自主协同创新高峰论坛、政务数据开放与增值应用发展论坛、智慧城市与社会治理亚欧市长论坛、2017中美大数据发展及应用高层论坛、中国地方政府数据开放指数发布暨交流论坛、政务·智能——云栖政务论坛等一系列高端论坛，来自全球范围内的专家、学者、企业领军人物齐聚一堂，共同围绕数据开放共享与政府管理、数据开放与隐私保护、政府数据增值应用等话题展开深度的演讲与探讨，对于推动数据共享与开放具有重要的意义。

一、政府数据开放的国际经验与我国现状

所谓政府数据，是指政府和公共机构依据职责所生产、创造、收集、处理和存储的数据。政府数据的开放，有三个层面的含义：一是政府数据应该可在线访问及获取，因而格式应该是开放且标准的；二是政府数据应允许再利用和传播；三是开放具有普遍参与性和非歧视性。

从国际上看，政府数据开放还处于初期阶段，主要通过制定战略或政策文件形式指导开放，又因涉及多个部门，往往由最高领导层发布，如美国总统奥巴马在2009年和2013年两次发布开放政府数据的行政令；英国2010年和2011年先后两次发布《致政府部门开放数据函》等。

在开放的形式上，一般采用国家统一的门户网站形式开放数据，目前已有大约52个国家和地区建立了这样的数据平台。政府数据开放过程中，各国通常会把它作为一种国家资产进行管理，要求建立相关的制度。比如建立数据资产目录，各部门需梳理数据资产，明确各类数据的开放属性（公开、限制公开、不公开）；建立数据开放的目录，确定哪些是已开放的，哪些是将来会开放的。而且，这两个目录都不是一次性的，需要持续地更新和补充。

国际上很重视建立公众的参与和反馈机制，确保用户的需求得到及时反馈，优先释放用户需求最为迫切的数据集，美国基本上每个季度会对数据开放的相关进展进行评估。

在数据利用方面，目前最普遍的一种许可方式是及时共享许可协议，用户只需按照作者或许可人指定方式进行署名就可以了。从国际趋势看，政府数据的获取正在向免费或边际成本收费的模式转变。

2015年我国密集发布了多个相关文件，其中最主要的是国务院《促进

大数据发展行动纲要》。纲要对相关政策进行了梳理，提出在开放前提下加强安全和隐私保护，在数据开放的思路上增量先行，在2018年年底前建成国家统一的数据开放平台。纲要对数据开放的相关管理制度作了原则性规定，包括要建立公共机构《个人数据保护法》资源清单，建立大数据采集机制，制定政府数据共享开放目录，并提出优先开放的一些领域。北京、上海、浙江、青岛、武汉等地方政府都已建立了专门的政府数据开放网站。气象、林业等部门这两年也建立了自己专门的数据开放网站。

2017年5月27日上午，中国地方政府开放数据指数发布暨交流论坛在贵阳新世界酒店举行。论坛由数博会组委会主办，复旦大学、提升政府治理能力大数据应用技术国家工程实验室协办。中国公共管理研究中心研究员、中山大学政治与公共事务管理学院讲师郑跃平主持，中国行政体制改革研究会常务副秘书长王露致辞。清华大学国家治理研究院执行院长、教授孟庆国，著名大数据专家、阿里巴巴集团原副总裁涂子沛两位嘉宾作主题演讲。同时邀请了贵阳市信息产业发展中心高级工程师黄明峰，上海市民信箱服务有限公司总经理王兆进两位专家进行有关地方政府开放数据的经验分享。复旦大学数字与移动治理实验室主任郑磊发布《中国地方政府数据开放平台报告》，并对该报告进行了详细解读。

数据开放可以分为狭义的数据开放和广义的数据开放，清华大学国家治理研究院执行院长、教授孟庆国认为，数据开放不单单是网站模式的数据开放，还存在系统对接的开放。随着智能社会的到来，数据开放还会更加深入，比如智能关联开放，就像手机自动接入网络一样。数据的广义开放不仅涉及数据本身的开放，还涉及数据采集、数据存储环节的开放，以及数据使用环节的开放。开放数据不仅是政府的数据开放，同时还要鼓励社会数据的开放，甚至鼓励企业的数据开放，这样才能形成数据的海洋，真正实现大众创业、万众创新。

著名大数据专家、阿里巴巴集团原副总裁涂子沛表示，所谓广义的开放指开放是有层次的，可以开放到个人，开放到全社会，也可以开放到局部的企业。目前要把数据开放提高到一个新的高度，即首先把政府数据和个人数据开放到个人。

谈到国际性的评估报告中对开放数据的界定，复旦大学数字与移动治理实验室主任郑磊提到，《2016联合国电子政务调查报告》中将政府数据开放定义为“主动在网上公开政府信息，使任何人都能部分不受限制地获取、再利用和再分发”。《国际开放数据宪章》的界定是“具备必要的技术和法律特性，从而能被任何人、在任何时间和任何地点进行自由利用、再利用和分发电子数据”。加州提出了开放政府数据的八个基本原则：完整的、原始的、及时的、可公开获取、可机器读取、非歧视获取、非专属、免于授权许可的。信息公开与数据开放的区别在于信息公开的主要目的是保障知情权，开放不仅是保障知情权，不仅是透明度，同时还要保障让社会可以使用。

二、数据共享开放促进政府管理创新

从我国政府治理的发展状况来看，政府部门依然还是自上而下的管理角色，数据化决策的能力非常有限，政府与公民之间的信息不对称以及信息鸿沟问题仍非常显著，公民扮演着被动接受管理的角色，对于政府管理的参与度非常有限。从与政府治理水平相对应的政府信息化发展的历程来看，虽然各部门、各省市县都建立了自己的信息系统，对政府部门的业务流程效率、对公众的服务等政府治理水平的提升起到了重要作用。但不同政府部门之间的信息孤岛林立，数据的碎片化现象非常显著，信息系统之间的共享与互联互通面临很大的挑战。从为公众服务的角度来看，各级政府都纷纷建立了自己的门户网站，但活跃度和访问量都有限，政府部门的公众号和政务微博发展迅速，但与公众的互动、公众的主动参与程度还比较有限。在数据利用的有效性上，这些年政府实施电子政务积累了大量的数据，但真正的“活”数据非常有限，数据对政府科学决策的支持以及创新创业的作用有限。

推动政府数据开放将会释放数据的活力，对政府治理起到巨大的推动作用。数据开放有助于政府部门盘活积累的数据资产，从而通过大众和企业的创造力，利用外部智慧提升政府的公共服务创新能力和水平，提升社会运行效率。通过让公众和企业都参与政府治理，使政府与公众主动、充分地互动，实现政府对公众服务的精准化和个性化，使政府从单纯的管理角色向多元共同治理方向变革。数据开放有利于多个部门之间数据的互联互通，提升政府在管理和决策方面的科学化和精细化，规避过去各部门主要依据自己本身的数据进行决策的弊端。

政府的数据开放先行，起到示范作用，将会带动其他行业的数据开放共享，有利于整个社会数据文化的形成，推动大数据领域的技术、产品、解决方案以及应用的落地及规模化发展。

2017年5月25日下午，数据开放共享与政府管理创新论坛在贵阳国际生态会议中心举行。中国行政管理学会副会长、国家机关事务管理局原副局长于永水，中国行政管理学会副秘书长、信息公开与政务服务研究会副会长兼秘书长、研究员张定安，贵州省行政管理学会会长、中国致公党贵州省委副主委张燕平，中国行政体制改革研究会常务副秘书长王露4位嘉宾主持，贵州省政府副省长陈鸣明、中国行政管理学会副会长段国华致辞，贵州省政府政务服务中心主任李荣，全国政协委员、中国财政科学研究院研究员贾康，深圳市政府副秘书长王刚，国家信息化专家咨询委员会委员、国家行政学院教授汪玉凯，四川省政府办公厅电子政务处副处长林洁等19位嘉宾作主题演讲。贵州省政府办公厅副主任李先进等15位嘉宾作点评发言。中国行政管理学会副秘书长、中国行政管理杂志社社长兼主编、研究员鲍静进行总结发言。

数据开放共享是一个双赢的局面，阿里研究院数据经济研究中心秘书长潘永花认为：第一，政府数据开放能大大激活个人和创业者的活力。第二，基于政府开放进行创新创业，对于阿里巴巴这样的互联网平台有重大意义，可以降低治理成本。第三，能加速业务创新进程。只有越来越多、越来越好的商品在平台上，才能促进平台自己的业务创新。

开放政府数据将进一步推进"互联网＋政务服务"工程，国务院办公厅电子政务办公室副主任童鹤指出，随着政府职能转变的不断深化和信息化发展的不断深入，网上政务服务已成为政府为社会、为公众提供服务的重要方式。"互联网＋政务服务"正逐步成为创新政府管理和服务的新方式、新渠道和新载体，这是一项涉及全局、影响深远的系统工程，也是一项开创性的工作，其中既有加强顶层设计的全面性问题，又有信息孤岛、条块分割的普遍性问题。

中国电子政务水平和很多发达国家还有很大差距，政府服务质量还有很多的问题，通过分析发现政府服务内容、服务方式、服务渠道有许多数据存在严重质量问题，出现了孤独数据、僵尸数据和碎片数据。数据开放对数据质量完善提供了思路，为政府提高服务质量提供了机遇。电子科技大学政治与公共管理学院院长汤志伟指出，由于数据开放，政府可以多层面分析公共需求，特别是潜在需求，可以让公众获得更高甚至超出预期的服务。同时线下与线上结合，打破了原来信息不对称的局面，让公众能更方便快捷地享受线上线下服务的完整融合。

三、盘活政府数据，推动智慧城市落地

城市“智慧化”的每一个领域无不是建立在数据的充分开发和利用基础之上的。智慧城市的建设和健康发展，都需要基于涉及该城市各方面的大量数据的采集、整合、组织、挖掘、分析和利用，这种对大量数据的开发和利用需求与政府数据开放的趋势是契合的。政府数据开放的基本要求是可以为社会自由获取、广大公众与政府机构可以互动、API 对外开放。现有的政府数据开放平台（如 Data.gov）的数据采集基本都是采取分工协作、多点聚合的方式完成，对于跨部门、跨领域、跨地域的情况是可行的。如果将政府数据开放与智慧城市建设有机结合起来，既可以实现政府信息的高效公开和深层开发，又可以实现数据资源的便捷获取和对公众需求的有效引导，不仅能提高政府运转的效率和城市发展的智能化水平，而且将大大提升对市民的服务水平。数据开放有利于社会公众和企业基于政务公开的数据资源，开展大数据领域的创新创业，激发大数据产业的活力，促进大数据产业链中采集、加工、分析、挖掘、展现等多个环节的健康、快速发展。

“智慧城市”的建设应该包含两个方面：一是搭建政府公共数据平台；二是面向老百姓提供公众服务平台。开放数据是数据挖掘的重要来源，城市数据来自市民和政府，城市数据服务于市民和政府。只有开放数据，才能使智慧城市的数据收集更全面，才能让数据更好地服务于智慧城市建设，才能真正实现智慧城市的落地。

2017年5月26日下午，智慧城市与社会治理亚欧论坛暨联合国开发计划署“智慧城市与社会治理：参与式指标制定指南”发布会在贵阳国际生态会议中心举行。论坛由数博会组委会主办，联合国开发计划署承办。联合国开发计划署驻华代表处副国别主任何佩德主持，贵州省人民政府副省长钟勉、贵阳市人民政府副市长钟汰甬、欧盟驻华公使薄思睿3位嘉宾致辞。武汉城市规划与设计研究院数字规划中心主任工程师熊伟、联合国人居署驻华总代表张振山、清华同衡规划设计研究院创新中心副总工王鹏、德国国际合作机构中德城市化伙伴关系主任Peter Sailer、法国大使馆可持续发展技术合作专员Matthieu Berton、德国国家科学工程院院士Otthein Herzog、摩拜单车首席技术官夏一平、义乌市政府副市长方刚、北京腾云天下科技有限公司首席执行官崔晓波共9位嘉宾就“公众参与、城市化与智慧城市开发”“智慧城市与大数据应对城市问题”两个板块作主旨演讲。

城市怎么变得更加智慧？德国国家科学工程院院士Otthein Herzog指出，城市要变得更智慧首先就是要有数据，但是数据本身是不够的，城市内部可以搜集各种各样的数据和信息，但是只看数据不会马上得出结论，要求我们进一步深入分析观察，在数据搜集的基础上，把大数据和数据寓意关联起来，可以获得更多的知识。在此基础上通过建立模型作出智慧化的决策。

人类只有合理地使用大数据，才能充分发挥大数据的作用和价值。法国大使馆可持续发展技术合作专员Matthieu Berton表示，法国十分关注运用大数据技术助力智慧城市的发展。随着世界人口的不断增多，各种各样的城市病层出不穷，大数据能够为城市的可持续发展提供良好的基础。在运用大数据支持决策的过程中，应该进一步鼓励公众的参与，这样才能获得更加合理、更加理智的决策。

四、用法律平衡数据开放应用与隐私保护

政府开放数据的推进增加了数据获取利用的渠道和方式，在带来便利的同时，也随之产生了隐私保护的问题。不仅如此，网络和大数据技术的使用让隐私保护变得更加复杂，尤其对政府而言。信息技术的发展带来信息的爆炸式增长，隐私保护作为一种保证信息合理流动的方式和制度也碰到了信息外溢的很多挑战。电子政府会导致很多人的个人信息被不恰当地披露，而且这种泄露在信息技术环境下扩散更为迅速。

隐私保护含义范围较广，具体定义取决于法律、社会、文化和技术背景的不同。综合目前国内外的研究，隐私权利包括但不限于：被遗忘权、限制对自我信息的访问、秘密性（对其他人隐瞒某些特定事务）、对个人信息的控制、人格保护、私密信息保密等。政府掌握的信息繁杂，很多都牵涉到公民个人隐私，对政府开放数据中的隐私关注要高于一般商业实体。

在隐私保护方面，英美都提出了全生命周期的概念，即应该在政府数据开始产生的每个流程，都加入隐私分析和设计，而不是在最后环节才考虑。美国规定各部门应对照现有法律规定和部门高级隐私专员一起来决定数据的公开是否恰当，并需向法律部门咨询协商最后确定。英国则在推进数据开放的主要部门任命专门的隐私保护专家。

5月27日下午，2017“数据开放与隐私保护”高峰法治论坛在贵阳国际生态会议中心举行。论坛由数博会组委会主办，中国政法大学协办。中国政法大学副校长、教授于志刚主持。中国政法大学党委书记、教授石亚军和贵州省人大常委会副主任李岷等3位嘉宾致辞。最高人民检察院法律政策研究室副主任王建平，中央网信办政策法规局副局长李长喜，清华大学法学院院长、教授申卫星，中国社会科学院法学研究所教授、《环球法律评论》

主编周汉华，中国人民大学法学院副院长、教授杨东，中国政法大学副校长、教授时建中，贵州省政府法制研究中心主任王剑波等12位嘉宾作主题演讲。论坛围绕数据开放的风险聚焦、数据开放与隐私保护的法治体系、数据开放和隐私保护的应对考量等三个主题展开交流，对探索个人隐私安全在数据开放中的法律保护途径具有重要意义。

如何保护公民个人信息安全是我们要思考的问题。最高人民检察院法律政策研究室副主任王建平指出，在数据产业蓬勃发展的同时，法律对隐私保护却极其脆弱。侵犯公民个人信息犯罪处于高发态势，并且与电信网络诈骗，甚至绑架、敲诈勒索等犯罪存在密切联系，社会危害巨大。目前，我国在保护公民个人信息方面存在以下问题和不足：一是缺乏一部专门的《个人信息保护法》，关于公民个人信息保护的规定散见于其他法律法规之中，且较为原则，对个人信息的采集、使用、管理缺乏明确和可操作的标准，影响了对个人信息的保护效果；二是民事责任缺位。长期以来，对侵犯公民个人信息的行为以追究刑事责任为主，权利人很少获得民事赔偿；三是行政处罚的规定不完整、不统一。同时，他建议，首先，在国家层面要制定一部保护公民个人信息的专门法律，对个人信息的收集、使用范围和保护措施等作出统一规定，明确有关部门的监督管理职责，完善侵犯个人信息举报奖励机制，将侵权行为计入诚信档案等制度，真正落实“谁收集、谁保护、谁泄露、谁担责”的原则。其次，在制定《中国民法典·侵权行为法编》时要明确侵权人所应当承担的损害赔偿责任；向他人非法提供个人信息，给权利人造成损害的，承担连带责任；违法所得高于实际损害的，以违法所得确定赔偿数额。同时，对权利人主张侵权人在履行职责或者提供服务过程中泄露自己个人信息的，可以考虑实行举证责任倒置。最后，行政监管要全面及时，防止出现“九龙治水、群龙无首，你管我管、谁都不管”的局面。

就数据开放与隐私保护的法治构建，中国政法大学副校长、教授时建中提出，要从四个方面去考虑，一是处理好收集隐私信息需要经过隐私权人同意的原则。收集个人隐私信息必须经过隐私权人的事先同意。二是只要涉及个人隐私的数据，无论什么样的数据以及无论怎么开放，是有偿还是无偿开放，开放者的责任和义务是对等的。三是隐私和数据保护的法律责任应该与风险的控制能力相适应，应当与获利的能力相适应。无论这个数据是自行收集的还是二次开发，清洗的或者交易的，如果控制数据有可能产生风险，毫无疑问就会出现一个责任主体，这个方面特别是共享经济背景下，共享平台一定是需要承担法律责任的。四是对于个人隐私的保护需要并用民事、行政和刑事责任。单纯的任何责任类型都不能严格地保护个人隐私，需要综合的民事责任赔偿，并且还要创新具体的责任类型。因为既有的法律责任类型都不足以保护个人隐私。

推进“互联网＋政务服务”

国务院办公厅电子政务办公室副主任　童　鹰

尊敬的陈省长，段会长，各位朋友：

大家好！

很高兴参加这次论坛。下面我重点围绕深入推进“互联网＋政务服务”，与各位专家、各位领导作一个简要的交流。

本届政府成立以来，围绕信息化发展战略全局和简政放权系列改革，陆续出台了“互联网＋”、大数据、云计算、智慧城市、信息云等系列政策文件。从信息化发展的不同角度、不同领域，通过相关政策的衔接配合，对信息化与经济社会融合发展作出了重大的战略部署和顶层设计，强调了以“互联网＋”、大数据、云计算等创新技术融合发展，促进传统经济转型的重要作用，提出了总体思路、发展目标、重点任务、保障机制，明确了实施路线和行动指南。2017年2月，中办、国办印发了《国家电子政务总体方案》，将政务数据资源体系、业务协同体系和政务服务体系作为电子政务的三大内容框架，首次将政务服务纳入电子政务重点工作领域，为今后一段时期电子政务的发展指明了方向。

随着政府职能转变的不断深化和信息化发展的不断深入，网上政务服务已经成为政府为社会、为公众提供服务的重要方式。“互联网＋政务服务”正逐步成为创新政府管理和服务的新方式、新渠道和新载体。

根据党中央、国务院的决策部署，近两年，国办将“互联网＋政务服务”作为重点工作来推动，2016年9月国务院印发了《关于加快推进“互联网＋政务服务”工作的指导意见》，也就是55号文件，同年年底国办印发了《“互联网＋政务服务”技术体系建设指南》，这两个文件对“互联网＋政务服务”工作进行了顶层设计，作出了总体部署。2016年11月，国办在南京召开了全国推进“互联网＋政务服务”工作现场会，就落实55号文件提出了要求。前段时间，又面向各地区各部门举办了技术体系建设指南集中培训会，这些举措有力地促进了各地区各部门深入推进“互联网＋政务服务”。

与此同时，各地区各部门也在按照部署积极推进行动，将“互联网＋政务服务”纳入重要议事日程，31个省市自治区、直辖市政府工作报告中将此列入了2017年重点工作，“互联网＋人事”“互联网＋公安”“互联网＋税务”“互联网＋林业”等领域行动计划陆续颁布。根据2016年年底开展的调查，31个省市自治区直辖市以及新疆生产建设兵团和27个省级政府已建设开通政务服务平台或者网站，参与调查的45个国务院部门中有40个已建设了网上政务服务平台，网上政务服务成为政府公共服务的重要形式。27个省级政府已建设统一的行政权力事项管理平台，推动政府权力全流程网上运行和动态管理，行政权力网上公开透明运行渐成常态。20个省级政府依托升级数据交换平台，汇聚政务资源，促进了政务信息资源共享共用，特别是部分地区和部门围绕“互联网＋政务”模式，结合实际，勇于探索，先行先试，取得了积极的成效，也积累了丰富的实践案例和宝贵的经验。

前不久，我们到部分地区进行了调研，了解到一些最新的情况。

江苏省通过在政务服务网上开设政务服务旗舰店，打造政务天猫、政务京东，2017年4月28日，江苏政务服务网首家旗舰店江苏国税旗舰店开通，纳税人一键登录江苏政务服务网后可一站办理90%以上的常用办税事项。此外，江苏政务服务网还将发布“不见面”和“见一次面”政务服务事项的清单，积极推进政务服务网上批、快递送、“不见面”和“见一次面”政务服务事项的数量。

浙江省围绕“最多跑一次”改革，运用互联网思维和手段，以数据资源共享互通为支撑，全面推广电子证照、电子文件、电子印章的应用，优化“最多跑一次”事项网上办理的指引，推行政务服务网上申请、快递送达，加快构建网上与线下一体化的新型政府服务体系，让人民群众在共享互联网发展成果中有更多的获得感。此外，还出台了《浙江省公共数据与电子政务管理办法》，推进电子政务标准化，为深入推进“互联网＋政务服务”提供制度保障。

广东省采取了共建共享方式，通过政务服务系统，逐步汇聚数据。目前共享平台已连通71个省级单位和21个地市共享信息467类，沉淀数据达到60亿条，已初步整合400多万法人信息、1.2亿人口信息和超过5.5亿条的网上办事数据，覆盖人、事、物的政务服务大数据初步形成，有效支撑了网上办事的开展。

我们也看到各地区各部门在推进“互联网＋政务服务”中也遇到了一些突出的问题，主要包括：一些国务院的部门纵向业务管理系统与地方政务服务平台尚未实现有效的对接；政务服务电子化缺乏制度性的保障；电子材料的法规政策还不完善；电子印章、电子档案等法律效力不足；与网上配套的政务流程优化和政府职能转变还不到位。

这些问题既有加强顶层设计的全面性问题，又有信息孤岛、条块分割的普遍性问题，针对这些突出的问题，国务院2016年印发了《政务信息资源共享管理暂行办法》，前不久国办又印发了《政务信息系统整合共享实施方案》，就推动解决有关问题作出了安排。此外，我们还将通过国家政务服务平台建设，组织开展“互联网＋政务服务”试点示范，加强网上政务服务能力第三方评估和督促检查等多种方式，逐步推动破解难题。

推进“互联网＋政务服务”是一项涉及全局、影响深远的系统工程，也是一项开创性的工作，我们要集众智、集众力开创“互联网＋政务服务”新格局，共同把政府职能转型、切实便民的重要工作向纵深推进。

最后，祝此次论坛取得圆满成功。

数据开放环境下的政府服务创新

电子科技大学政治与公共管理学院院长　汤志伟

尊敬的各位领导，各位专家：

大家好！

从2016年联合国电子政务报告中可以看到，中国电子政务水平与20世纪相比，排到第七位，在全球处于中等偏上水平，但是必须清醒地看到，中国电子政务水平和发达国家还有很大差距，政府服务质量还有很多问题。

通过分析发现，政府服务内容、服务方式、服务渠道有许多数据存在严重质量问题，出现了孤独数据、僵尸数据和碎片数据。数据公开既为数据质量完善提供了思路，也给政府服务职能提供了机遇。在传统互联网时代，两个小狗在上网，小白狗告诉小灰狗你不要再玩了，你玩太久人家知道你是狗就没有人和你玩了。数据开放后，不仅仅知道你是狗，而且还知道你是公狗还是母狗，所以数据开放给政府服务提供了新思路。

同样，数据开放让政府服务质量发生了改变，表现在三个方面：第一个是公众主导。什么是公众主导？由于数据开放，政府可以多层面分析公共需求，特别是潜在需求，可以让公众获得更高甚至超出预期的服务。那什么叫超出预期的服务？若干年以前的古希腊爆发战争，这场战争打了十年，为什么而打？我们知道是因为一个叫海伦的女人，很难想象一个国家为一个女人打十年仗。我们想不通，当时的人也想不通。白发苍苍的人纷纷提出抗议，说不能因为一个女人两个国家打仗死人。当他们议论的时候，海伦被带到他们面前，他们看到海伦时就说再打十年，这就是超出预期。政府服务就是能提供超出预期的公共服务。第二个是虚实结合，就是线上线下结合。线上在一定程度上改变、打破了原来信息不对称的局面，线下解决了时间不对称、空间不对称的问题。如果线下线上结合将实现什么？让政府、公众能够更方便快捷地享受线上线下服务的完整融合。第三个是去中心化。优步、滴滴让我们感受到去中心化的好处，这个去中心化不是没有中心，它有中心，是以公众为中心，政府服务要以公众为中心思考怎么提供更好、更高、更有水平的服务。

此外，利用以前的图片了解拍摄的角度、位置，再和现在的城市位置对比，可以了解城市发展的脉络、历史，以便为城市规划提供更好的支撑。西班牙公众开发了一个分享和寻求解决城市问题最优方案的平台，这是数据开放给政府提供的一个很好的途径。

政府怎样通过开放数据来推进服务创新？一定要重视两个空间的双向映射，政府服务有一个物理空间，还有一个网上数据空间，现实的物理空间到网上以后就形成了城市数据画像，数据画像经过分析又映射回现实的物理空间，能更好地推进数据应用。当然，这些可以具体通过数据渗透、数据再造、数据驱动和数据协同四个环节来完成。我们不是唯数据论，是希望数据说真话、说有效的话帮助政府管理，提高服务质量。当然，这一切都是在确保数据安全有序和服务可靠的前提下来推进的。所以，数据开放可以推进服务数据质量，进一步提升政府服务创新。

怎样提升政府服务创新？主要有三个环节。第一，创新政府服务新模式；第二，构建政府服务新平台；第三，重构政府服务新生态。

创新政府服务新模式我们已经感知到，由于数据开放，许多城市开发了市民随手拍，公众可以下载免费 App，看到城市问题，就传到政府云平台，很快政府就进行治理。波士顿城市路坑怎么发现？原来城管很辛苦，但是不敢保证他能快速发现城市路坑。波士顿刚刚开发了一个平台，就是一个 App，公众可以免费下载。下载后，车碰到路坑自动记下位置，把信息自动传到政府云平台，可以进一步帮助政府为公众提供更好的服务。政府服务如果没有公众参与，精度肯定不高，所以一体化的服务、个性化的服务、包容性的服务、参与性的服务，还有我国推进的“一号一网一窗”都是创新模式的落实。

构建政务服务新平台，不是各个部门提供，而是形成共享平台来提供，在更好的基础上打造政府服务新生态。政府服务不再是由政府单一提供，公司系统、社会系统共同提供共享服务。如果一个政府不开放数据，绝对不是一个服务型政府；但是如果开放数据水平低，也绝对不是公众满意的政府。所以面对数据开放，我们唯一的选择是顺应潮流适应它，这就是趋势。

最后送大家一句话，永远不要和趋势作对。

数据开放中的隐私保护问题

最高人民检察院法律政策研究室副主任　王建平

尊敬的各位领导，各位嘉宾：

下午好！

非常荣幸能够受邀参加“数据开放与隐私权”高峰法治论坛。人类社会经历了三次工业革命，每次革命都引起世界翻天覆地的变化，造就了一个或几个称雄世界的超级强国。从蒸汽时代、电气时代、计算机时代到现在的数字时代，第四次技术革命的前夜已经来临。未来，人工智能、虚拟现实、万物互联等新技术将给我们带来深远的影响。不久的将来，许多职业都可能消失，医师、律师、金融师、投资顾问可能被人工智能所取代，甚至在司法领域，人工智能将参与记录、询问、翻译、鉴定和量刑等过程，司法效率和质量都会大大提高，这种颠覆性革命的基础就是大数据。从去年轰动全球的“AlphaGo”碾轧世界所有围棋名将事件可以看出端倪，人工智能轻松获胜不仅因为它强大的计算能力，更是因为它学习了3000多万本棋谱。可见，数据是未来支撑人工智能的一个重要资源，在信息化快速发展的大背景下，大数据已成为国家重要的基础性战略资源，正引领新一轮科技创新并深刻改变人类社会的未来。

坦率地讲，我是技术门外汉，对大数据的了解不如在座的各位，除了惊叹科技发展速度之快，作为法律人，职业的敏感让我更关注数据应用中可能涉及的法律问题，在大数据和云计算时代，包括个人信息在内的数据，只有充分地流动、共享、交换，才能实现集聚与规模效应，最大限度地发挥价值。但是，如何保护公民个人信息安全，避免个人信息失控扩散，侵犯公民的合法权益，更是我们要思考的问题。《孙子兵法》有句名言："不尽知用兵之害者，则不能尽知用兵之利。"我们要用辩证的眼光看待大数据发展给我们生活带来的积极和消极的影响。只有最大限度地保障数据安全、减少隐私泄露风险，我们才能更好地享受数据开放带来的积极成果。

在数据产业蓬勃发展的同时，法律对隐私保护却极其脆弱。侵犯公民个人信息犯罪处于高发态势，并且与电信网络诈骗，甚至绑架、敲诈勒索等犯罪存在密切联系，社会危害巨大。2016年8月，山东女孩徐玉玉由于个人信息被泄露而遭遇电信诈骗，郁结于心，导致心脏骤停不幸离世，再次引起了人民对个人信息安全的关注。电信诈骗由过去漫天撒网，发展成为通过非法获取个人信息实施精确诈骗，令人防不胜防。侵犯公民个人信息犯罪已成为电信诈骗的"上游犯罪"，并逐步产业化。根据有关统计，2016年全国公安机关侦破侵犯公民个人信息案件2100多起，涉及个人信息500多亿条，抓获犯罪嫌疑人5000多人，其中有450多人是金融、电信、教育、医疗等各行各业的内部人员。中国互联网协会发布的《2016年中国网民权益保护调查报告》显示，54%的网民认为个人信息泄露严重，其中21%的网民认为非常严重，84%的网民亲身感受到了不良影响。据报告估算，我国6.88亿网民因为诈骗信息、个人信息泄露等遭受总体经济损失约915亿元，比上一年度增加110亿元，人均经济损失133元，其中9%的网民经济损失在1000元以上。

我国关于个人信息的保护，刑法走在了专门立法的前面。2009年《刑法修正案（七）》增设了“出售、非法提供公民个人信息罪”和“非法获取公民个人信息罪”。2015年《刑法修正案（九）》将两个罪名整合为“侵犯公民个人信息罪”，对该罪构成要件作了修改。一是将犯罪主体扩大到了任何单位和个人；二是将侵犯公民个人信息罪违反的规范依据由“国家规定”扩展为“国家有关规定”；三是将利用履行职责、提供服务便利获得个人信息出售、提供给他人的作为从重情节；四是提升了依法定刑幅度。情节特别严重的，处三年以上七年以下有期徒刑并处罚金。

但从司法实践来看，法律适用仍有争议，定罪量刑标准尚不明确。为了加强对个人信息的刑法保护，2017年5月9日，“两高”联合发布了《关于办理侵犯公民个人信息刑事案件适用法律若干问题的解释》，进一步加大了惩治力度，严密了刑事法网。一是扩展了“公民个人信息”的范围；二是明确了“非法提供公民个人信息”和“非法获取公民个人信息”的认定标准；三是明确了侵犯公民个人信息罪的定罪量刑标准；四是明确了为合法经营活动而非法购买、收受公民个人信息的定罪量刑标准；五是明确了设立网站、通信群组侵犯公民个人信息行为的定性；六是明确了拒不履行公民个人信息安全管理义务行为的处理；七是贯彻宽严相济的刑事政策，明确了从宽情节；八是明确了涉案公民个人信息的数量计算规则和罚金刑的适用规则。

司法解释的实施，对于严厉打击侵犯公民个人信息犯罪，维护公民个人信息安全和其他合法权益，必将发挥重要作用。但是，保护公民个人信息安全仅靠刑法的“单兵作战”还远远不够。侵犯公民个人信息违法成本小、获取利益大、侦查取证难、追责风险低、治理成本高。刑法作为保障法，具有谦抑性，只有具有严重社会危害性的行为才会纳入刑法。因此，杜绝个人侵犯信息，必须织密立体法网，进行综合治理，充分运用刑事、民事、行政等法律手段，加强源头预防，全程监管和责任追究。对侵犯公民个人信息行为“打早打小”。目前，我国在保护公民个人信息方面存在以下问题和不足：

一是缺乏一部专门的《个人信息保护法》。关于公民个人信息保护的规定散见于其他法律法规之中，且较为原则，对个人信息的采集、使用、管理缺乏明确和可操作的标准，影响了对个人信息的保护效果。二是民事责任缺位。长期以来，对侵犯公民个人信息的行为以追究刑事责任为主，权利人很少获得民事赔偿。2017年公布施行的《民法总则》第一百一十一条明确了个人信息受法律保护。任何组织和个人不得非法收集、使用、买卖、提供或者公开他人个人信息。但没有规定侵犯个人信息应该承担的民事责任。实践中缺乏裁判依据。并且，权利人通常无法举证证明自己的个人信息受到侵犯，维权难度较大。三是行政处罚的规定不完整、不统一。如《居民身份证法》只规定了对国家机关或者金融、电信、交通、教育、医疗等单位及其工作人员泄露在履职、服务过程中获取的居民身份证记载的个人信息的，由公安机关给予行政处罚。《消费者权益保护法》只规定了对经营者侵害消费者个人信息的，由工商行政管理部门或者其他有关行政部门给予行政处罚。《网络安全法》规定了对网络运营者、网络产品或者服务的提供者侵害个人信息的，由有关主管部门给予行政处罚。

针对上述问题，我认为，首先，在国家层面要制定一部保护公民个人信息的专门法律，对个人信息的收集、使用范围和保护措施等作出统一规定，明确有关部门的监督管理职责，完善侵犯个人信息举报奖励机制，将侵权行为计入诚信档案等制度，真正落实“谁收集、谁保护、谁泄露、谁担责”的原则。其次，在制定《中国民法典·侵权行为法编》时要明确侵权人所应当承担的损害赔偿责任。向他人非法提供个人信息，给权利人造成损害的，承担连带责任；违法所得高于实际损害的，以违法所得确定赔偿数额。同时，对权利人主张侵权人在旅行职责或者提供服务过程中泄露自己个人信息的，可以考虑实行举证责任倒置。再次，行政监管要全面及时，防止出现“九龙治水、群龙无首，你管我管、谁都不管”的局面，有关主管部门一是要明确权责，各尽其职；二是要加强协调配合，对同一违法行为多个部门都有处罚权的，在贯彻“一事不再罚”原则的前提下，按照较重规定给予罚款，同时依法没收违法所得，加大行政处罚的威慑力。最后，良好的法律需要良好的执行。信息网络主管部门、公安司法机关、金融机构、电信网络运营商要认真研究新情况、新问题，通过法律、行政和技术等手段，对个人信息实行“全链条”保护，积极防范和惩治侵犯公民个人信息违法犯罪行为，使我们在享受数据开放时代便利舒适生活的同时，免于人身、财产安全的忧虑，生活安宁不被打扰。

以上是我的一些个人浅见，请各位专家指正。

谢谢大家！

数据开放与隐私保护的法治构建

中国政法大学副校长、教授　时建中

首先，非常感谢有机会在这儿发表演讲，和大家分享我对这个问题的一些思考。由于时间的关系，关于数据开放与隐私保护的法治构建，我主要讲三点：

一是区分隐私和隐私数据。二是对隐私和隐私数据进行分级并且进行程序上的保护。三是对法治构建基本原则的思考。

关于第一个问题，区分隐私和隐私数据。隐私是一个专业术语，如果用非专业术语表达就是当事人不予公开的信息。对于当事人而言，隐私是具体的。但是有关当事人隐私数据可能是具体的，也可能是抽象的。因此，需要把隐私和隐私数据区分开来，而抽象的隐私数据要针对当事人的所有情况。比如针对我本人，可能会有一系列的数字，包括家庭住址、婚姻状况、孩子的工作单位、我自己的住所、我每天的出行活动、出行的轨迹等，这些都是我的一些隐私。现在这些数据是针对个体当事人的，也可能是针对当事人同类的情况，例如大家好奇大学老师的工资是多少？工作时间多长？在时间的分配上他要做哪些活动呢？他们在校内的工作时间和校外的工作时间怎么分配的呢？这里面一系列数据，可能针对某一类型的情况，也可能是针对某一种情形的。比如我们看年收入20万元的群体包括哪些？有大学老师、有从事其他工作的一些人员，这些通过数据可以得到。我们通过收入来明确都有哪些人达到了这样一个收入空间的状态，所以说抽象的数据可能是针对具体当事人的，抽象的隐私数据可能是针对某一类现象的，也有可能是针对特定一类当事人的。

如果我们用大数据的方法去分析已经公开的所有离婚案件的判决文书，就可以搜集整理出相关的数据，并且发现不幸的家庭也有相似的原因，同时找出很多规律性的信息。比如从离婚的角度看，我们肯定会发现，改革开放之前离婚率非常低，改革开放之后离婚率升高了。还有一个现象，发达地区的离婚率普遍比不发达地区的高。那么我们是不是就能得出男人有钱就变坏、女人变坏就有钱的结论呢？其实并不是这样的。例如，江浙一带的离婚率比广州的离婚率高，可是广州同样有钱，而且广州的离婚率比东北的离婚率低，所以这里就揭示了一系列规律性的东西。

最近几年，离婚家庭的年龄普遍有往低走的趋势。过去离婚更多地集中在四五十岁，现在普遍是在30岁左右。所以这些数据背后反映了相关性，再去分析它相关原因的时候，就发现它呈现了规律性的东西。这个时候可以看到，如果我们披露具体离婚案件信息的时候涉及他们的隐私，当我们说广州的离婚率比浙江的离婚率低的时候，这些信息是个人的隐私，但这些个人隐私形成的数据不作为隐私。所以我的第一个观点是，我们要区分隐私与隐私数据。我认为隐私数据源于隐私，但不完全等同于隐私。隐私数据的开放与交易不等同于披露当事人的隐私。因此，如何在开放与交易隐私数据的同时保护个人隐私是我们关注的一个重点，同时也是关注的难点。

第二点是隐私的再分类和隐私数据保护与开放等级。在法律上对隐私进行细分，针对不同的隐私建立不同的搜集、开放、交流的程序，并针对不同的隐私数据建立不同的保护等级。隐私数据的再分类和隐私数据保护与开放等级的关键，要注意个人的隐私与公共服务的关系。核心是设定隐私权的统一程序，以及不同隐私数据的开放程序的范围。其实这个结论是要以上面提到的区分隐私与隐私数据为基础，把隐私和隐私数据一个分离，看到它们之间的关联，同时在它们参与之后再去看。保护隐私就要建立隐私权的统一程序，同时基于隐私产生的不同隐私数据进行不同等级的划分。基于这些等级的划分，再看它开放的范围和保护的等级，在彻底开放的情况下才可以进行交易。

一方面，隐私数据涉及个人隐私，甚至涉及个人的安全。例如，我们每个人的手机上都安装了各种 App 或一些客户端，那么我们将产生大量的个人活动轨迹，从这些数据当中甚至可以精准地对这个人的家庭、家庭成员以及家庭成员的生活规律、活动规律、现在所处的位置，包括孩子上学每天经过的路线都能够做出非常精准的判断。因此，涉及这样的隐私数据毫无疑问是不能够自由开放的，所谓不能自由开放就是对它的开放要做适度的限制。另一方面，有些数据同样是一些隐私数据，但是它可能会涉及公共安全。比如说在某一个特定的区域，大范围地出现了一种现象，如购买某一种药品，那么这个时候可以猜想，可能是在这个地方发生了地方性的疾病，如果出现这种情况的话，毫无疑问政府要根据这些数据进行适度地干预。再比如，有些健康数据可能会涉及商业活动，某种特效药出现了，在治疗某种病的时候大家纷纷购买这种药物，这里面涉及药品生产商的利益和患者的健康利益。

再如，有些健康数据涉及国家安全，比如我们的血液供应情况，这些数据是不能完全开放且禁止交易的，这些数据涉及公共安全了。

隐私是一种社会公共群体不愿意让他人知道的信息，但基于隐私产生的隐私数据，如果说隐私数据与公共利益密切相关的时候，与公共利益的关联性以及相关度是隐私数据开放的必要前提，甚至这种相关度也决定了隐私数据开放的范围和程度。

第三点是对法治构建的一些基本原则的思考。我个人的归纳是要从五个方面去考虑，或者说我初步认为应该有五个原则：第一，处理好收集隐私信息需要经过隐私权人同意的原则。如果你收集个人隐私信息的话必须经过隐私权人的事先同意。第二，无论是什么样的信息，当中涉及个人隐私，无论是政府数据和政务数据以及公开数据和非公开数据等，只要是涉及个人隐私的数据，无论是什么样的数据以及无论是有偿还是无偿开放，开放者的责任和义务都是对等的。第三，隐私和数据保护的法律责任应该与风险的控制能力相适应，应当与获利的能力相适应。换句话说，无论这个数据是你收集的还是二次开放的，你清洗的或者交易的，如果是控制数据有可能产生风险能力的话，毫无疑问成为一个责任主体，这个方面特别是共享经济背景下，共享平台一定是需要承担法律责任的。第四，对于个人隐私的保护需要并用民事、行政和刑事责任。单纯的任何责任类型都不能严格地保护个人隐私，需要综合的民事责任赔偿，并且还要创新具体的责任类型。因为既有的法律责任类型都不足以保护个人隐私。

我们知道与隐私相关的数据，无论是收集、开放、清洗和二度开放，包括交易，涉及大量技术的规范和技术的要求。因此，法律规范和技术要求的统一也应当成为法治构建的一个最基本的原则。

谢谢各位！

政务大数据的挑战与问题

中国科学院院士、西安交通大学教授　徐宗本

各位领导，各位同行：

大家都知道我的背景是数学家，所以经常讲一些大数据科学问题，我本人是做算法的，如果我在这个场合讲这个问题，会有点偏。所以我想改变之前的题目，就“关于数据开放共享的若干思考”这个方面谈一谈。

首先，从昨天到今天参加这么多的会议，看了这么多的成果，确实让我动容。为什么到这个论坛上来呢？我来是为北大梅宏院士团队做的这件了不起的事情喝彩，同时也为贵阳市能够率先在全国解决大家看起来都很难解决，但又是大数据发展中必须要解决的问题而喝彩。我今天就在这个主题下谈几个认识，这些认识或许是我比较关注的几个方面。

第一，数据开放共享是大数据产生大价值的必备条件。先从科学的角度来讲，大家都知道大数据现在炙手可热，为什么呢？当然是知道数据蕴

含价值，但是要真正实现从大数据中挖掘价值，你要遵循基本的规律、基本的原理，这是不可违背的。我概括了三条不可违背的基本原理：第一条是量变－质变原理。之所以有大数据，是因为我们的信息技术、获取技术太容易了，数据量集载非常之快使得数据集载量的量变达到了质变。质变就是指数据量已经大到只看数据量就能知道它背后的故事，这个数据量就是大数据的临界量。大数据之所以有用，是因为对于很多问题而言，数据量的积累超过了这个临界量，超过临界量我们就叫大数据，否则就不叫大数据，这是大数据的学术界定。什么是大？大就是指数据集的量已经超过了临界点，临界点就是指数据到了一个量，从外面可以看到其后面的故事和规律。所以我将其概括为量变－质变的原理。第二条是价值原理。如果大家仅仅是搜集数据、汇聚数据就说它可以产生GDP，说实话太不可能了。只有读懂数据背后的故事才令人可信，这个就是分析出价值原理，否则只是买了米没有做饭。第三条是数据关联原理。大家会说懂得应用数据也是今天才开始的，我们都知道要应用数据来决策，但是过去和现在不一样。大数据时代不一样的地方，就在于我们会把过去看起来根本不相关联的数据、过去彼此之间不可能发生联系的数据，现在联在了一起，这才是产生不一样价值的根本原理。

举个例子。火锅店老板本来就知道要统计每天什么时候来多少客人、什么时候买多少菜，这没有什么了不起的。但是大数据时代，他想提高火锅店的营业额，就要跟政府要地区周围的人口分布数据，是贵州人多、四川人多，还是浙江人多。哪个地方聚集哪些人，火锅店老板会想这些事情吗？不会想。另外，我向国家要天气预报的数据，潮湿度怎样、温度怎样，大家都知道这事情跟火锅店有不同的关系，不同地方的人吃火锅爱好程度不一样，温度、习惯不一样，选择火锅就不一样。把这些事情聚在一起就可以得出一个方案，知道怎么吸引客人，从而解决问题。这个原理就叫作数据关联原理。数据关联就体现在跨界、体现在前流程。智能制造其实就是把过去以产品为中心的分离制造，转变成以服务为中心、以价值体验为中心的企业改造。这个改造当然依赖于过去看不起的售后服务数据、看不起的客户关系管理数据，因为它们提供了我们设计的灵感和依据。所以现在说，顾客不是上帝拿来记的，而是拿来用的，是生产力的一部分。

从科学角度讲，讲究数据的完整性和数据各方面的同一结构性才是问题的本质。坦率地说，大数据做得好不好，不是取决于量有多大，而是取决于分析水平的高低，取决于数据的关联与宽度。从这个意义上来说，数据的开放共享是大数据产生价值的必要条件。当然，我们要从国家战略需求的高度来认识这件事情。国家制定的战略规划讲，2017年达到什么样的目标，2018年达到什么样的目标，2020年达到怎样的目标。说实话，我们过去对能不能达到这个目标是感到疑虑的。但是，我看到贵阳做了这件事情之后，觉得过去不可能做的事情也能够做到，所以这就说明大数据开始茁壮成长了。所以我真正觉得贵阳在做的这件事情是值得欢呼的，这说明只要重视、技术对口，都可以做成功。当然，数据开放共享也是国家的需求，不仅仅是大数据产生价值的需求、科学的需求，更重要的是国家的需求。

刚才讲了数据开放共享中的不愿、不敢、不易，大家都知道这是现实。所以我很想知道这些是怎么解决的。不愿、不敢、不易是客观存在的，因此促进数据开放共享必须三管齐下。我觉得第一步要靠应用驱动。靠大家的应用驱动、民众的呼声、市场的诉求来促使数据开放。所以我要强调三管齐下，其一是应用驱动，其二是政策支持，其三是技术创新。

第二，推动数据共享开放必须要有相应的公共政策支持。我列出了五个政策，这是我认为必须要出台的。

一是数据属性分类与按数据属性分类管理政策。我很想知道贵阳关于这方面是怎么考虑的。大家都知道，泛泛讲共享开放只是一个口号，一定要解决数据该开放的就开放，该共享的就共享，该保护的就保护，这是一个必然。自然数据当然应该向社会开放，比如网络数据、地理数据、气象数据、人口分布数据，是免费向全社会开放的，我觉得这个大家没有意见。但是专有数据，比如医疗数据、科学数据、工业数据，应该受法律保护。公共数据尤其是政府公共管理数据、资源数据到底要不要开放、怎么开放，我觉得应该制定政策。自然数据免费开放，专有数据可以付费使用，政府数据可以授权使用、分级使用，这些大道理都知道，但是我很想了解怎样有一个周全的政策考虑来支撑这件事情。

二是数据所有权界定。刚才听贵阳市的介绍，他们成立了一个国资公司，叫块数据公司。这说明一个事，他们认为政府数据是国有资产，其实这是一种认识，我走了几个省都发现这个问题。政府数据到底是国有公司开发，还是由民营公司去开发？这个问题希望能引起大家不同的认识。数据现在到底属于谁呢？这种情况就相当于钢铁企业不强，矿山不值钱，而大家都想占有这个矿山。很多企业都想把数据资源占有了，这里面会不会有一点数据资源的非法占有和国有资产流失的嫌疑呢？这个关系要怎么处理是值得考虑的一件事。因为都是大数据，国有资本哪有贵阳这么大方一项一项地干，我们都知道每一个企业都不太可能像贵阳市政府这么上下联动，也确实做不到。

三是数据价值判断与定价。关于数据产品的属性，我们知道，作为一项技术，政府买去了，但是没法报账，因为数据不是软件，不是一个东西，财务无法报销。所以数据定价是个大问题，数据到底怎么定价，值多少钱，这是很复杂的法律问题。我的基本观点是，毛数据、元数据和加工后的数据价值肯定不一样，数据的真正价值是靠加工之后所产生和反映出的价值，数据如果从来不用，那就达不到这个价值。这好比埋在山里面的宝石矿，它值多少钱？我觉得只有经过工匠打磨之后成为一颗漂亮的钻石或商品才值钱。所以这中间有很多具体的政策问题、法律问题需要解决。我很想到贵阳来调研，了解他们是怎么解决这个问题的。

四是鼓励数据开放、开发与共享政策。这个政策大家都知道，肯定是先易后难、逐步开放、试点先行。但是我觉得一定要培育多元政策执行主体，就是不要认为推动数据共享开放仅仅是政府的事情，应该是政府与企业、中介机构齐心协力一起做，这很重要。当然还有政策监管体系，这样的数据开放即使用技术解决了，但是我不相信这个技术那么完美，它也是在发展之中的技术。

五是数据质量标准。现在大数据应用不太好，其实就是因为数据质量不高。数据质量不高对大数据发展有很大的影响。

这五个政策，我特别希望大家能有所考虑。我也希望了解一下，贵阳在实践当中对这五个问题能不能给出好一点的答案。我们正在收集这方面的建议，希望对将来上升到国家战略政策能有所帮助。

第三，推动数据开放共享必须要有切实可行的技术。这是今天这个论坛的主题，虽然我不是做这一行的，但我非常希望有这么一个技术。因为我们过去的历史不同、系统不同、信息化的发展程度不同，当然决定数据不能一下打通，再加上利益分割等各方面的因素，这是很难解决的问题。我看了燕云 DaaS 这个系统后，感觉到打破信息孤岛是另辟蹊径，这个思路他们总结为自适应数据总线加系统智能适配。在开放难控的“比特”互联网上，构造自主可控的“数据”互联网，实现物理分散、逻辑统一、管控可信、标准一致的大数据共享、开放、流通、治理。我认为这是一个很了不起的技术、很好的思想，值得点赞。刚才他们汇报说，一个月中间就把53家单位315个系统都打通了，我很震惊。他们管这个叫大数据的“贵阳速度”，我觉得叫“联通速度”更合适。

第四，互操作技术必须更加支撑综合分析与挖掘。除了燕云 DaaS 这个技术之外，我还听到了一个澳大利亚的技术，叫微服务。我很高兴看到不同的技术都在朝着这个目标去做事情。但是大家不要忘记，打通数据只是做了第一步，让我们互通、互调，要真正达到互用还很难。这个“用”有很多含义，如果仅仅是查询和查看报表是很容易做到的，我们的这项技术在支撑这个应用上没有问题。但是我们最终目的还是分析，我很希望中国的财务数据、税收数据、交通数据、医疗数据能为经济社会发展提供直接的服务。比如说我想出一个政策，这个政策该不该出，那就可以在这么多数据当中进行分析、模拟，这是我们需要做的一件事情。这件事情本身就叫分析挖掘。所以我们前面系统打通了，就可以支撑后面的分析挖掘，这是根本。但是，这个系统能支持多大程度上更复杂的分析挖掘，当然这需要一个过程，任何技术不要期望它什么问题都能解决，否则要科学家干什么。我很希望把这个做成一个标准，大数据来了之后，可扩计算、并行计算、分布式计算、实时计算、跨媒体计算等这些计算以多大的程度可以支撑就很容易得出了。

什么是分析挖掘，技术的要点是什么？大数据应用是一个一个的应用，比如基于财政数据、税务数据等制定养老政策，我想给超过65岁的人每人每月多少补贴，这个政策好还是不好，要有一个说法。这就是一个产品，叫数据产品，所有大数据应用都是以数据产品的性质来解决的。研发产品是需要技术的，技术是什么？大体上划为两类问题来做，一类问题叫处理，是以搜索、排序、比对、溯源、转移、推理为基础。另外一类就是分析，尤其是刚才讲到的辅助政策决策是要看看哪个地方有共性、哪个地方有特殊性，这就是所谓的聚类问题。还有分类、回归（学习）、寻优、相关性、隐变量识别等。分析和处理是两类最基本的数据处理技术，这两个技术不一样。处理技术大多存在于计算机学科，而分析技术大多存在于数学、统计学科。处理是以逻辑为基础、以计算机算法为特征，而分析技术是以模型为基础、以反复迭代为特征。你们记住两个例子，在我们教室里面找个儿最高的，这个问题叫处理，就是不停地查，比一会就知道这个是最高的。但分析不是这样，在教室里面谁和我们王主任的关系最好，这是分析。

另外就是技术层次。大家注意技术是从基础来的，就跟大学一样，一二年级学微积分、电路，都是基础层次的。技术一定是跟基础相关联的，真正好的大数据分析和处理技术是来源于基础的。而这个基础现在绝大多数没有解决。总而言之，大家很熟悉的基本的计算问题、数据问题，比如基本的统计量、最优的线性方程式怎么求解，大数据环境下这些基础问题没有解决。所以大家要注意，我们在追求大数据技术的时候，不要忘记解决基础问题。解决这些问题要反复地迭代、反复地使用数据，那打通的体系能不能解决？异构数据统一表示以及分析和处理技术能不能支持？我希望无论谁做这个技术，都要把这个考虑进去。

第五，应努力研发开放共享与隐私保护共存技术。比如我很想知道邓主任一个月工资多少，但他肯定不愿意告诉我，人总要有隐私的，但是我又特别好奇。我们能不能换一种方式，比如说你们单位多少人，你们单位工资差别大吗？你这个级别应该是最高的吧？我多问几次，就可以猜出来，这个技术就叫数据抽象，就是从技术上帮助解决这个问题。我希望有总体的技术框架，能够帮助保护隐私，我不希望知道他的隐私，只想知道我想知道的，这个时候分布处理技术就是基本的。我想这个技术正在成型、正在发展，请大家关注。

总结一下我的五个观点。第一，数据开放共享是大数据产生大价值的必备条件。第二，推动数据开放共享必须要有公共政策支持。第三，推动数据开放共享必须要有切实可行的技术。第四，互操作技术必须更加支撑综合分析与挖掘。第五，应努力研发开放共享与隐私保护共存技术。这是我今天想传递的信息，不对的地方请大家指正。

数据开放的历史、现在与未来

著名大数据专家、阿里巴巴集团原副总裁　涂子沛

听了孟院长的演讲，非常有感触，我每次听他演讲都很有收获。什么收获？我们从北京、上海到贵阳，今天的手机能够明显感觉我们到了。但是，公民要是从贵阳迁徙到上海，我们的公共服务是没有办法切换的。未来有没有可能，从北京迁徙到上海的时候，就把北京的数据全部自动切换到上海，我相信一定会有这么一天，就仰仗在座的各位，我们做电子政务、做智慧城市的人要不断努力。

很高兴来和大家交流，我想数博会已经成了一年一度交友的平台，见到老朋友非常地高兴。孔子说过两句话：人生有两乐，第一乐，学而时习之，不亦说乎；第二乐，有朋自远方来，不亦乐乎。第一乐是说读书，读书是跟古人交谈，事实上还是在讲交朋友之乐。所以，我想我们今天探讨一个很大的话题，一个很有价值、很有意义的话题，但是人生不仅要有意

义，还要有意思。我想接着孟教授的话题，往下谈谈我最近的观察和体会，就是“数据开放”。

孟教授刚刚讲数据开放有狭义的开放、有广义的开放，事实上广义的开放一直就存在；我刚才听到王露兄讲数据开放是对权力的监督和制约，数据开放对权力的监督和制约也自古就存在。我讲一个宋朝的例子，宋太祖黄袍加身当了皇帝。有一天，宋太祖在后花园里用弹弓打鸟，打得不亦乐乎，这时候丞相来报，说有重要的事情。宋太祖说：“有什么重要的事情，你没看到我忙着？是不是非常重要？”丞相说：“非常重要。”宋太祖就听报告，一听完，太祖非常生气：“这算什么，你耽误我打鸟。”这个臣子回答：“我认为任何一件事都比打鸟重要。”宋太祖一听，很生气，一下就打过去，打落了丞相的两颗牙齿。这个丞相去捡牙齿，宋太祖说你还要记仇？丞相说：“陛下我不敢记仇，但是会有史官把它记录下来。”史官就是记录皇帝一言一行的，所记对皇帝也不开放，皇帝是看不到的，等驾崩了，下一代才能看。宋太祖一听，脸色马上变了，为什么？他知道史官会记下来。宋太祖立刻换上笑脸说：“你做得对，国家任何事情都比打鸟重要，我要赏你。”结果就赏了这位大臣金银和锦缎。这件事情还真的被史官记录史册了。

数据与记录有一种力量，这种力量非常强大，它可以改变一个人的行为结构。我们能看到马斯洛需求层次论，说人是理性的，西方经济学告诉我们人是理性的。但是，一旦我们知道有数据在记录，有镜头在对着我们，我们的行为就会发生改变。如果你不相信，我们继续去深入了解，去看看宗教。基督教说你死的时候上帝要审判你，你做的所有事情上帝在看着，什么意思？上帝记录了你的所有言行。上帝要根据你的言和行来审判你，决定你上天堂还是下地狱。中国的宗教异曲同工，迷信也好、民间习俗也好，传说阎王手里有个生死簿，生死簿上记录了一个人99辈做的善事和坏事，一旦有了这个记录，阎王就能判断六道轮回你该去哪儿，如果你坏事做多了就应该去做畜生。

我认为，从古至今数据开放是一直存在的，只不过范围不同，在时空上的限制不同。我们说史官的历史数据终归是向后人开放的，你一辈子的言行有上帝在看着，头顶三尺有神灵，他看着你，这种开放是非常有力量的。但是开放也带来了一些新的问题。

我讲几个杭州的案例。去年杭州发生了一件事情，我印象非常深刻。杭州之江花园发生一起血案，十三年前有一个人到别墅里把一家人杀掉了，当时杭州警方把神探李昌钰从美国请过来还是没有破案，十三年后，这个案子突然破了。这个案犯在远离杭州的诸暨吃了一碗面条，跟摊主发生口角，就砍人，留下了血迹。诸暨警方对这些血迹进行了分析。当时杭州市开始形成了一个物证云，其他地方的数据在云端可以与杭州的数据进行对比，一对比，就发现这个人是十三年前的案犯。案子破了，但是给我们提出了一个新的问题。我们知道警方破案是非常讲绩效的，那今天破案的功劳归给谁？是诸暨的警方还是杭州的警方，还是归功于数据，说不清楚。这是对功劳的划分。当功劳在一定程度上可以量化，甚至可以变成现金。产生收益的时候，我们又该如何划分？

我再讲一个例子。杭州城管有一个老大难问题，就是乱停车，贴了罚单以后收不到钱。从2016年开始他们想了一招，跟交管部门把数据打通，贴了罚单收不到钱就不给你发交通证件，这样，钱就收到了。可问题也来了，这也是数据开放，这是政府部门之间的开放，如果政府部门之间都不开放，就更难谈全社会的系统化开放。但是我们又想，因为收到了钱，涉及的问题就是利益怎么分割、怎么划分。城管局该不该把一部分利益切割给交管部门？数据开放提了很多年，每年数据开放是一个很大的话题，有很多有价值和有意义的方向，但是我们谈得最多的方向实际上是最普通的方向，如果没有利益的驱动，政府很难做到系统化的开放。我们怎么去赋予政府利益，让政府确实从开放数据中获得好处。

我接着孟院长的话题探讨下去，什么样的数据应该开放，什么样的数据应该交易？政府开放的数据是什么数据？现在开放的基本上是关于社会总体状态的数据，比如交通的、环境的、空气的，我们开放的是这种数据。但是我们知道，政府还有大量的数据资源，这些数据资源是什么样的数据？是关于个人情况的数据。这种数据能不能开放？如果要开放，该怎么开放？首先，我们今天谈的不是狭义的开放，而是广义的开放，所谓广义的开放指开放是有层次的，可以开放到个人，开放到全社会，也可以开放到局部的企业。我们今天要把数据开放提高到一个新的高度，怎么提高？我有一个想法，政府数据、个人数据应该开放，怎么开放？先开放到个人。什么意思？一个人有权利知道政府记录了我什么样的数据。我们不知道政府记录了我们每个人什么数据，我们首先要求开放到个人。

我讲一个亲身的经历，就是在数博会上发生的事情。我接到太太的电话，太太非常着急，她说我们家的车被扣了，我们家有两个孩子，没有车非常麻烦。我说为什么扣，她说走在路上被警察拦下来，警察告诉她有多少次超速的记录、闯红灯的记录，但是这些我们都不知道。这存在一个难题，我们家2016年有一个司机，都不是我们开的，这司机现在不干了，怎么办？我太太马上提了一个问题，看来这个钱只能我们交。如果这份记录我们能够提前知道、及时知道，至少对我们家来说，对我太太来说，就能及时地进行处理，我们有没有权利知道被政府罚款了，我们多少天之后才知道。政府罚款的目的是纠正我们的行为，我们闯红灯了，我们超速了，半年以后才告诉我们，半年之内我们还在持续地闯红灯、持续地超速。我们有没有这样的事情，在同一个路口，一段时间之内被罚款了两次，而事实上不应该发生的。为什么会被罚款两次？如果第一次及时告知，及时缴纳了罚款，第二次可能就不会犯同样的错误。所以，数据开放是不是可以考虑要开放到个人，把个人的数据开放给个人，个人有权利知道政府记录了我们什么，记录的不对的东西，我们是不是可以提出意见。怎么提出来？今天的电子政务、信息技术已经非常完善，从技术层面给我们提供了一个解决方法。

数据怎么向企业开放？政府的数据比如社保数据，很多企业都想获得。但是我们知道，政府不能以盈利为目的，企业甚至愿意掏一部分钱来获取政府的数据，政府能不能答应？这个数据确实能给社会产生价值。政府应该通过什么样的渠道，将这部分数据用广义的、开放的形式推到社会上去。我很想听听大家对这个问题的探讨，政府应该怎么做？我在阿里巴巴工作的时候，非常清楚，我们今天的支付宝有芝麻信用，芝麻信用非常想与政府合作，获得政府的数据，目的是什么？目的是更加精准地去评估一个人的信用，它甚至愿意付钱。但是，这个钱政府不能收，我们就想，我们今天的难题，整个社会不止阿里巴巴一家企业在做信用，我们能不能把政府的数据通过一个平台开放给社会所有的信用公司？在这个过程当中，如何保护公民的隐私。我们的技术能不能做到这一点？

受时间的限制，我今天的分享就到这里。我是抛砖引玉，希望我提出的问题，能够在这个会上讨论。我现在离开了阿里巴巴，自己在做企业，商业大数据我们也做，智慧城市大数据我们也做，所以这里有很多老朋友，有很多大学教授、院长，我很欢迎大家将自己优秀的学生推荐到我的企业。我也告诉大家，我们特别欢迎女学生，因为我们公司职员性别严重失调，基本上都是男的。所以我们敞开怀抱与各位合作，将视野放到整个中国。

我最近的项目在南京做，下一个项目在湖南做，我们很希望把这个项目做到北京去，在座很多都是北京的朋友，希望大家携起手来，共同推动社会进步。我的分享就到这里。

谢谢大家！

政务·智能

阿里巴巴集团资深副总裁、阿里云总裁　胡晓明

尊敬的李书记、景局长，各位领导，各位嘉宾：

大家上午好!

我这两天跟我的同事在持续讨论，说如何去总结前四年阿里巴巴集团、阿里云跟贵州的合作，如何总结今天中国政务云平台整体的发展。马云有一句名言，他说，我们错过了三十年前的广东、浙江，不能错过今天的贵州。我自己也认为，中国的大数据能够有一派生机勃勃的景象，并且在政务体系当中得到应用，贵州走在了全中国的前面。如果今天要看政务云，就看云上贵州。通过这四年的努力，云上贵州已经变成了贵州经济发展的一张金名片，所以特别感谢贵州省委省政府、贵阳市委市政府给予阿里巴巴的厚爱、给予阿里云的支持。

我非常清楚地记得第一次来贵阳，那是2014年9月，我还没有做阿里

云的总裁，我的目的就是来和云上贵州一起实施云上贵州项目，从2014年9月到今天，我已经是第19次来贵阳了。在这19次当中，我可以清晰地看到云上贵州的发展，也可以清晰地感受到贵州大数据产业的发展，在这背后，我特别感谢贵州的务实、贵阳的务实。我们每次交流不仅仅是互联网公司跟贵州省、贵阳市的交流，我认为更多的是我们能够从贵州省、贵阳市汲取很多对于云计算、块数据、大数据等一些相关的认知，对产业的一些前瞻性的看法。阿里巴巴作为一家互联网公司，我们在8年前开始做云计算，当时做云计算的时候，在中国还没有人开始尝试，甚至很多做技术本身的领导者也认为云计算在中国是非常难的，就如同四年前所有人谈云上贵州的时候认为这是不可能的，怎么可能把所有的贵州省各厅局的相应 IT 系统都迁到一个叫云上贵州的体系中来，并且把所有的预算和规划由云上贵州这个组织来统一管理，八年前我们就开始了，因为马云先生坚信阿里巴巴必须要做云计算，如果不做云计算，阿里巴巴就没办法对数据进行大规模的处理，当时下了一个决定，我们希望连做十年，来尝试云计算跟阿里巴巴业务的结合。

通过这八年的发展，阿里云完全是自主可控设计了我们的飞天系统，这个飞天系统今天承载了中国将近200多万家企业在云计算领域的发展，承载了中国将近37% 的互联网公司在阿里云平台的发展，承载了像12306、中国公安部、中国海关、国家天文台、中国地震局，也承载了像贵州、浙江、广东，还包括像北京海淀区等政务体系的发展。

今天在阿里云平台上，我们打造了一个最安全的云计算平台，每天我们接受对于阿里云平台上应用的攻击、破解超过2亿次，这2亿次背后每次通过技术来保护着我们的应用。通过八年的发展，阿里云的业务系统沿着“一带一路”，开始在日本，新加坡，德国的法兰克福，美国的美东、美西，印度尼西亚的各个地方开始布局，2017年我们还会在更多的地区，比如在亚太地区开始布局，今天中国的技术已经成了全球的服务能力。

其实做操作系统是非常难的，中国还没有一个完整的操作系统是能够服务全球的，在三十年前微软做了一个操作系统叫 Windows，今天谁都离不开它，以至于中国有一个很大的梦想，我们希望做一个桌面操作系统，这是非常难的。

同样，我们今天来看，从现在到未来二十年，以云计算、大数据、人工智能为主的公共云服务体系开始保持高速发展，在这个过程当中，中国如果有一家公司或者有更多的公司承载了把数据中心的操作系统、人工智能、大数据本身的能力集成起来为全世界提供服务，我认为今天阿里云将作为其中的一员承担重要的责任，如果今天我们不努力，有可能再过五年就跟 Windows 一样，中国的云上操作系统就由美国人来承担。

在今天，我坚信中国的互联网应用比美国的互联网应用在很多层面上会有领先，中美在互联网的应用中交互前进。今天，全球电子商务最好的技术一定是在中国，全球最好的互联网金融技术一定是在中国，甚至中国互联网金融技术领先美国三四年。

当美国人还在用支票交水煤电费的时候，贵州、贵阳等很多城市的市民开始拿手机出来买一碗面，背后将留下很多数据，这何尝不是互联网应用的进步。同样，我们在社交领域，在互联网很多领域，中国今天都在领先全球。但是我们再看，中国今天互联网应用本身的人员群体最多也就9个亿，特别是在以中文为主要语言的国家开始应用互联网，以美国为主的互联网公司从第一天出来就是服务全球，服务英文系国家，全世界如果未来有50亿人使用互联网，并且用互联网应用的时候，作为中国的互联网公司能够服务全球多少互联网客户？对阿里巴巴来说希望在未来二十年服务20

亿的消费者。服务20亿的互联网用户，这就意味着我们必须沿着“一带一路”配合国家战略往前走，这也是中国互联网公司的机会，更是中国云计算公司发展的机会。

四年前我们跟贵州省一起打造云上贵州，今天越来越多的贵州的地市业务系统开始迁到云上来，并且构建了可持续性的、系统领先的、数据能够聚、通、用的平台，阿里巴巴在四年前与贵州已经作了很多努力。在阿里我们有这样两个坚信：

第一，哪怕未来我们公司收购得越来越多，或者我们的新业务增长得越来越多，有三个要求是马云布置给我们的，不得突破：

1. 数据必须在一起，这跟云上贵州体系的“聚”有相似性，互联网公司比较幸运的是所有的数据都是存在一起的，今天对云上贵州来讲最难的事情是原来各个业务系统由于条块的原因，都是分布在不同的业务系统，所以要把它存在一起，首先要把它聚在一起。

2. 阿里巴巴规定：所有的技术必须统一，也就是说我们必须要有统一的技术平台来服务阿里巴巴本身的业务板块，保证当我们技术革新时，随时随地可以进行技术创新，保持基础平台的技术统一性。

3. 非常重要的是，在阿里巴巴我们必须坚持用户账户的统一性，我们在四年前云上贵州开始的时候就是往这个目标构架的，今天的云上贵州我们就是“聚、通、用”。

第二，我们坚信这两条：一切业务数据化、一切数据业务化。数据和业务这两个词颠倒过来完全是不同的意思。我们看到的是一切业务数据化，必须用数据分析业务的好与坏、业务的可持续发展、业务本身的市场前景。所以，每一个阿里巴巴的同事都要学会看数据，但这还不够，我们更主要的是如何使用这些数据，今天阿里巴巴把数据作为一种资源开始驱动各类业务的发展。

大家如果提共享单车，你非常明显地感受到如果你用支付宝客户端去支付，无论是小蓝还是ofo，只要你刷了这辆共享单车，你不需要付押金，背后是以数据驱动的芝麻信用在发生作用。今天，600分以上的蚂蚁金服用户（蚂蚁金服用户首先也是淘宝用户），只要拿着支付宝客户端，你不需要交299块钱的押金，只需要开锁、提车、还车，付1块钱或者两块钱的手续费就可以，这背后是让我们的交易成本迅速下降。同样，大家如果通过淘宝、天猫预订酒店，我们有一个服务叫信用柱，在信用柱当中你不需要交任何的信用卡押金，可以凭芝麻信用住酒店，退房的时候把房卡给酒店就行了，背后由芝麻信用来提供服务。背后我们跟很多金融界在交流，西方的很多银行说你们不是我们所说的信用体系，我们的信用体系只有借钱、还钱才有用，我说那是你在工业时代的信用体系，因为在工业化时代数据没有被积累下来。今天我们可以通过移动互联网把数据自动留在云上，这些数据都将成为资源。所以在西方工业化时代定义的信用体系和今天我们定义的移动互联网时代的信用体系完全不一样。我今天买东西、付钱、收款、签收难道不是信用吗？我今天约会不迟到难道不是信用吗？我今天除了借钱有信用，借物不是也有信用吗？今天我们将重新定义信用这个词。

当然，在这背后，我们认为在移动互联网时代，特别在互联网时代，很多的经济学理论和金融理论将会重新定义，因为数据将发挥积极的作用。前十年，互联网是互联网公司的互联网，接下来的十年，互联网是产业的互联网、工业企业的互联网、农业的互联网、政务服务的互联网、国防体系建设的互联网，今天谁不再拥抱互联网，一定是落后的。

很多人认为互联网对实体经济有冲击，不是互联网冲击了实体经济，而是今天所有的实体经济的发展必须要跟互联网结合在一起。为什么？因为在座的各位所有的行为都停留在了互联网上，连晚上去洗手间我们都习惯摸一下手机，看一下手机上的所有人给我钉钉、微信的留言，没有手机，就像丢了什么东西，今天所有基于移动互联网的数据将被沉淀在云端上。

我跟我的很多同事说，我们这批人是幸运的，起码我比一百多年前我的爷爷、我的爷爷的爸爸都要幸福，因为我现在想去听听一百多年前我祖先的声音，看看他的图片是不可能的。但今天，我们可以确定地说，我们留下来的大量的图片、声音、资料可以让一百年以后我们的后人看到。这就是数据的力量，可以让我们有这样的机会把数据作为资源来降低成本，提升效率，今天在云上贵州也是这样。谁说政务一定要到政府的柜台上接受服务？谁说政务所产生的数据不能对社会治理、社会管理产生影响？

我给大家举几个例子。我们跟贵州省交警一直在合作，已经合作两年多，对贵州的车辆、道路进行有效的数据分析。今天我们已经做到了对贵州“两客一微”等本身的行为、路程、轨迹进行跟踪，对高速公路上的车辆进行跟踪，我们得到了贵州省公安厅的大力配合，也得到了贵州交管的大力支持。待会儿我们还要发布贵阳市块数据的服务。

我们曾经统计过，中国境内一个老百姓从出生到死亡，政府要提供2500项服务，非常了不起。所以这背后需要更高效的IT系统，由更高效的大数据分析平台来提供这样的服务。

在浙江，我们跟浙江省政府合作，企业和老百姓要办一个证，一项服务本着“只跑一次”的策略，如果离开了互联网，你根本连想都不敢想。今天云上贵州正往这个方向发展。

通过这四年，我们跟云上贵州无论在政务，IT服务系统，政务大数据的聚、通、用，还是在政务本身的应用系统创新上，都开展了非常积极有效的尝试。应该说，今天云上贵州已成了贵州的一张金名片。今天，云上贵州也成了中国政务创新的一张金名片。这背后有来自贵州省、贵阳市的创新精神、务实作风。因此，我非常感谢贵州和贵阳市的支持。

我想跟大家分享的是我们接下来会怎么样。今天我们越来越感知到大数据和人工智能对产业的影响，在这背后，我们看到的是中国制造业的提升机会，所以在全国，我们跟主要的经济发达区域一起合作推动智能制造。智能制造不是像德国人所说的“工业制造4.0”，“工业制造4.0”尝试用黑灯工厂、机器人替代人来对流水线进行优化，这是一种方法。但是中国改革开放三十多年所积累的先进制造业的能力不可能一夜之间全颠覆，怎么办？面对互联网，我们不得不寻求改变，所以我们在贵州也尝试跟茅台集团合作，不仅仅是提升茅台的 IT 系统，还跟茅台一起尝试去提升它的营销系统，把茅台系统、茅台电商平台所积累的数据跟淘宝、天猫本身的相应数据进行匹配，去提升它精准营销的能力。我们目前正在努力。

在苏州我们跟中国最大的一家太阳光伏能板的公司一起努力，把它生产链中产生的数据进行加工处理。通过近一年的努力，我们将它本身的良品率提升了1%。别看这1%，240亿乘以1%，就提升了净利润2.4个亿，中国工业制造 GDP 几万亿。如果算一下，这些制造业企业都能把生产链过程当中积累的数据进行加工，提升1% 的良品率，利润将提升一大块，1% 的力量是很大的。

我们跟吉利汽车一起合作，把吉利汽车的 CRM、ERP、供应链体系进行优化，整体提升它的效率。原先吉利新车发布通过线下营销和品牌营销，今天吉利的新车发布通过互联网；原来通过汽车展会，大家看看热闹就走了，现在一辆新车的发布全部通过互联网，由阿里云提供技术支撑和服务。

不仅买车的人，没有买车的人也留下相关信息作为吉利的潜在客户进入它的 CRM 系统，这是效率的提升。

在我看来，中国会有越来越多这样的制造业跟云计算、大数据、人工智能结合，为什么要寻求这个改变？因为今天对云计算来讲，不单纯是一个 IT 的技术，更是寻求变革的一种力量。在任何一家企业和政府，原来人力资本作为一种资源、资本作为一种资源、土地作为一种资源，在今天的互联网时代，生产力这个要素将被重新定义。生产力要素当中将包括数据、科技的能力、智能的力量，今天这些所有的数据和科技的力量将被纳入生产力体系当中。

因为我接触很多企业，我自己认为中国的国企、央企、省属和市属企业在这一轮变革当中对新技术的拥抱远远高于民营企业，很多人说用不用这些技术是民营企业说了算，但我觉得下一轮经济结构调整以后，当中国经济开始上升的时候，所有的机会将给到在科技和技术方面已经开始有积累的这些公司。比如像茅台、中石化、中石油，还有国有银行，它们在目前本身的调整期当中大量地提升的科技能力和技术能力，技术将变成下一轮产业竞争中最重要的核心竞争力量。同样，在政府服务当中也是如此。

这背后真正的价值和意义是巨大的，我们所有的消费者、客户都在寻求互联网，寻求服务，我们是否要适应这样的变化，如果适应了变化，云上贵州就是大家效仿的一个榜样，茅台集团就是我们效仿的榜样。

我到贵州近20次，在这四年当中，我非常高兴地看到贵州的发展，贵州本身产业的集聚，是看到贵州未来产业的发展，以及在数据智能、云计算、大数据、产业变革过程当中所积累的一些能力。

互联网是基础设施，数据是资源，计算是能力，人工智能是未来，在这个点上，已经形成了充分的共识。我也希望我们在贵州，特别在云上贵州，在贵阳的块数据中心，在茅台 IT 的升级变革当中，看到越来越多的技术创新、产品创新、服务创新，因为你们就代表了最先进的生产力。

再次感谢各位。谢谢你们!

观点再现

马　源（中国信息通信研究院政策与经济研究所副所长）：关于推进我国公共信息资源开放的相关建议有：第一，加快数据开放相关制度保障和标准体系建设。一是法律上要明确，使开放工作有法可依；二是明确统筹推进机构和各个行政部门之间的职责分工，明确边界，建立协调、检察、保障、绩效评估的相关制度。第二，加强数据开放网站安全保障和功能优化。重点加强数据全生命周期安全管理，从数据上线到数据管控、数据管理、用户访问行为追溯等方面举措要做好。第三，同步推进数据开放，创新应用和评估检查。一是加快重点领域数据开放，加快数据分级分类；二是鼓励开放数据再利用，主要是依托网站建立互动渠道，通过互动推动数据开放。

潘永花（阿里研究院数据经济研究中心秘书长）：我们发现数据在发生着非常大的变化，IT 时代的数据集中化，到 DT 时代，有了云计算等基础设施，使得数据能够激发出新的生产力，数据融合共享、开放、流动都成了现实。政府数据开放其实有着非常重大的意义，因为数据开放就意味着数据能够流动起来，成为活的数据。从政府角度来说，第一，通过数据双向流动，政府可以盘活它的资产。第二，政府监管方面会有创新。第三，公共服务方面会有创新。第四，科学决策也会有创新。

李长喜（中央网信办政策法规局副局长）：数据政策的发展与完善存在一个很大的问题，宏观性的、纲要性的、原则性的规则和要求都提出了，但是具体怎么细化落实？我个人认为以下三个方面是下一步要重点关注的问题：一是数据权利的性质，应该确定它的主体以及权能。二是数据开放共享的规则。三是数据安全保障的措施。

杜　平（国家战略性新兴产业发展专家咨询委员会秘书长）：政府的数据开放可以带来以下四个变革：一是提高宏观调控的精准性和及时性，不只精准，还要及时；二是希望提高社会治理的合法性、合理性和有效性；三是促进信用社会的全面建立和完善；四是为人工智能或者类人脑的大发展提供产品化、商品化的技术条件。

孟庆国（清华大学国家治理研究院执行院长、教授）：由于政务服务资源向社会开放的延伸，会呈现更多的用户价值和用户体验，这种服务范式不是对原有的模式或者渠道的一个取代、削弱，而是加强。从服务的方式上，由单纯的独占型向社会化服务范式转变。另外，数据的开放共享使得政府部门、企业和社会三者形成更加有效的互动机制。从服务的内容上，开发者、消费者共同参与，而且这种参与不单单可以重构服务的模式和过程，更能够满足于用户的需要，在推进数据开放的同时，我们一定要强调这种社会参与机制的建立。

郑　磊（复旦大学数字与移动治理实验室主任）：开放数据还有六项基本原则：以开放为默认原则，以开放为常态，以不公开、不开放为例外；及时和全面；可公开获取和可利用；可比较和互操作，其实就是要关联起来；致力于改善治理与观众参与；致力于包容性发展和创新，不仅仅是大企业才有机会用到这个数据，创新型企业也能拿到这个数据。

吴翰清（阿里云首席安全研究员）：我们认为阿里云安全今天成功的秘诀在于持续的运营。安全是一个持续对抗的过程，安全和其他技术不一样，安全有一个研究对象，这个对象就是你需要对抗的对象，所以安全是一门研究对抗以及对抗技术的学科。

王　刚（深圳市政府副秘书长）：行政审批数据要完成三个方面的治理：首先就是实现权力开放，推动政务服务办事信息公开。其次要解决政府内部数据共享问题，如果政府内部数据不能共享，结果不能共用，整个社会所谈的政府数据开放就不可能实现，这个过程中政务服务中心作为一个支撑平台，一定要发挥一系列的作用。最后要实现政务服务数据必须建立六大工作体系，包括基础体系、制度体系、标准体系、目录体系、整理体系，以及其他通过整合之后重新加工和使用的塑造体系。

汪玉凯（国家信息化专家咨询委员会委员、国家行政学院教授）：实施好政府大数据战略，要从两个方面做文章。从政府层面，第一，建立全国大数据中心；第二，加大政府自身变革的力度；第三，促使政务数据开放。从市场层面，第一，借助市场力量整合各类数据资源；第二，进一步激活社会创造力，深入开发利用各类数据资源；第三，以市场为纽带，培育大数据产业的生态链。

申卫星（清华大学法学院院长、教授）：关于个人信息保护有如下三点建议：一是个人信息原则上应该直接从本人身上来收集，取得本人直接的民事同意，这是一个重要的前提。二是在未来利用数据过程要有底线和目的，不能超范围、超目的使用。三是要建立相应完善的个人信息救治制度。

周汉华（中国社会科学院法学研究所研究员、《环球法律评论》主编）：开放数据是整个开放政府中的一部分，是适应网络时代的历史性变革。只有确立了新的价值观，才能实现治理体系与治理能力的现代化，利用大数据的方式实现社会治理。

齐爱民（广西网络与大数据法治战略研究院院长）：我们认为中国政府数据开放基本原则就是以开放为原则，不开放为例外，这个例外的规定涉及国家安全、个人隐私、商业秘密以及阶段性的政务数据。这个阶段性的政务数据不公开是非常重要的，以及公开时间的选点，比如说金融信息在一定时间前是绝对不能公开的，但是一定时间节点后是必须公开的。整个政府数据的开放是庞大的系统工程，牵扯到一系列法律的平衡。

蔡雄山（腾讯研究院法律研究中心首席研究员）：数据规则是数据经济的基本制度，数据的制度将成为信息时代的一个基本制度。中国应在构建数据保护和开发的规则方面作更多的贡献和引领，以促进产业的发展，抢占竞争的制高点。

王　伟（北京交通大学信息安全系副主任、教授）：政府有责任和义务去关注隐私泄露的问题，并建立隐私保护的法律体系。在宪法和民法当中，承认隐私权独立的权利地位，构建公法和私法隐私架构，为公民隐私权提供一个全方位的法律保护体系，并且使得隐私权在公法与私法保护上拥有共同价值基础。

于志刚（中国政法大学副校长、教育部长江学者特聘教授）：数据开放与隐私保护表面上看是两个事情，推进数据开放必然会造成个人隐私风险，保护隐私必然会限制数据开放。但在它们之间可以找到平衡点，法律的任务就是找到这个点去固定、保护它。目前，数据开放的安全法的严重匮乏反而给数据开放造成了隐患，严重遏制了数据开放的社会价值。数据开放已经是大势所趋，法律规则的同步介入极为必要，立足于数据开放的现状和前瞻性的发展趋势，构建适应隐私保护的法律体系迫在眉睫。

王　杰（北京大学党委常委、副校长）：创新不仅仅是技术的突破，更意味着体制和机制的重要变革。大数据在政府管理和公共服务领域的应用，不仅提升了政府信息化程度和工作效率，而且意味着政府工程流程的再造和部门权力的优化。

吕卫锋（北京航空航天大学计算机学院教授，国家智慧城市标准化总体组组长）：大数据不是一蹴而就的，任何一个大数据的成功应用都需要五到十年，才可以在某一个城市、某一个行业进行全面的重构和深度的改革。未来的智慧城市将不断地演进和发展，其中很重要的就是大数据驱动的城市计算智能系统，也叫城市大脑。在智慧城市的大数据基础设施建设中的挑战是数据统一描述问题、数据活化问题、数据理解问题、知识决策问题和数据质量问题。

徐　昊（贵阳市政府副市长）： 数据在未来数字社会中的定义应该是，在新一代的信息技术和互联网技术的支撑之下，对人与自然和人与社会之间相互关系和相互作用的数字化描述的总和。在数字社会当中，数权法的出现是必然的。进入数字社会以后，我们不仅仅在享受或者我们不仅在使用某种物品给我们带来的使用价值，我们更多的要转入到通过去采购、消费、购买凝聚在这个物品背后的服务，也就是说在未来的数字社会当中，服务的内涵可能要远远高于物品本身给我们带来的价值和分享。

张振山（联合国人居署驻华总代表）： 关于城市建设，不光是政府、专业人员对城市的规划和设计，还要有我们城市的主人——居民来参与到城市的设计、管理等方面。这样才能把居民和社区的能力充分发挥出来，使我们的城市能够更加美好。

Ottheim Herzog（德国国家科学与工程院院士）： 城市有很多集群，应跳出其面对的行政界线进行跨越界限的思考，包括资源分配、协调发展等问题。在城镇集群之中，要做好数字化工作，但是只有数据本身是不够的，观察大数据的相关关系，在此基础上，才能支撑你作出智慧化的决策。

崔晓波（北京腾云天下科技有限公司首席执行官）： 现在中国整个城市的发展碰到了一个瓶颈，由于工业化发展带来城市规模也在高速增长，以前中国城市资源的配置基本上是中心式网络的配置结构，一些大城市，特别是北京会明确地感受到这一点，在交通、基础设施、健康医疗等领域都存在巨大的压力。城市未来应该建立弹性的模型，首先，通过人的通行及生活习惯要了解人的需求；其次，因为需求是时时变化的，所以应该建立模型预测人的需求，这是未来不管是智慧城市还是智慧社区发展的一个方向。

傅毅明（北京大学院长助理兼战略合作部主任）：现在的治理已经不像以前的自上而下，也不是一种市场化，而是网络化数据驱动的治理，数字治理本质上是数字时代国家治理创新的变革。而转型为数字治理遇到的困境有两个：第一，数据的开放共享。第二，数据质量问题。改善困境的核心理念还是要把小部门的生产模式纳入社会化大生产中，在开放中去改善数据质量。

刘　伟（EMC 公司全球副总裁兼 EMC 中国研发集团）：一旦说到数字，连接就变得非常容易，人跟人、人跟物之间的连接马上变成光速的连接。今天共享出行爆炸式的发展，最根本的技术就是数字化，但数字化转型只是一个工具。不是说我们想生活在虚拟的数字世界，而是想用数字工具让我们的工作更有效，能够让原来看不见的，通过数字化看得见，来指导我们的工作，而数字化的核心是 IT 技术。

景亚萍（贵州省大数据发展管理局副局长）：“云上贵州”平台要做好，更多的是实现“聚、通、用”，强力推进聚，关键抓住通，鼓励各部门用。如果说“聚”只是解决了物理的聚，只有“通”才能发生化学反应，使数据产生价值，所以要建立数据标准。三个环节的关键不是技术，更关键的是机制。

程　璟（阿里云政府业务事业部总经理）：城市大脑是前瞻性的实践，利用城市丰富的数据和互联网的创新技术发展和完善社会治理。城市大脑是一个基础设施，是为城市定做的一个公共产品。我们需要做到全局和实时两个关键，通过全局和实时能够综合地看到整个城市资源的优化，并且探知整个城市在治理过程中的缺陷来进行一系列的调整。城市大脑是城市演进过程中的一个重要阶段，就好像一个城市当年引进了自来水、电、交通系统一样，城市大脑会成为整个城市演进过程中一个非常重要的里程碑。

孙　晖（数梦工场副总裁）：互联网和政务的结合存在着挑战，一是使政务服务在线化，这就意味着海量的访问以及实时的业务需求，在数据这一层面的挑战就是需要从传统的点对点的数据交换方式变成基于云架构之上更高速、更实时的共享方式。二是现在的政务安全是非常复杂和不确定的，要进行从被动到主动、从单点到体系的安全架构和安全模式的转型。

贾　康（全国政协委员、中国财政科学研究院研究员）：大数据、云计算等信息革命前沿概念发生的经济和社会影响与日俱增，表现为新技术革命大潮的汹涌澎湃以及与之同来的机遇与挑战。五大发展理念以创新为第一发展动力引出协调、绿色、开放、共享发展。而我们在发展思路上一定要充分认识大数据的意义，因为信息革命进展中大数据表示的是人类前所未有的信息搜集和处理能力，以这个能力不断提升作为依托，大数据会从供给侧进一步把握住它对于需求侧的具体情况作出反映，进而引出、推动有效的供给侧的创新，并且会进一步引导和创造出强有力的经济社会发展引擎。

汤志伟（电子科技大学政治与公共管理学院院长）：数据开放让政府服

务质量发生了改变，一是公众主导。由于数据开放，政府可以多层面分析公共需求，特别是潜在需求，可以让公众获得更高甚至超出预期的服务。二是线上线下结合。打破了原来信息不对称的局面。三是去中心化。去中心化不是没有中心，它有中心，是以公众为中心，政府服务要以公众为中心去思考如何提供更好、更高、更有水平的服务。

李先进（贵州省政府办公厅副主任）：关于数据的开放共享，有以下4点体会。第一，开放是原则。只有公开才会让权力不再任性，只有开放才会让政府接受监督。第二，平台是支撑。各个政府部门将现有的信息化系统逐步、有计划地迁移到平台，真正地根除数据开放障碍。第三，应用是核心。大数据必须要有应用，每个人既是数据消费者，也是数据生产者。第四，共享是目的。数据开放的目的就是要实现共享。

郑　磊（复旦大学数字与移动治理实验室主任）：真正开放的数据要让别人有获得感，有些城市拼数量，但是这些数据没有太大的价值，因为这些数据不是基于别人的需求开放的。开放最多的是统计部门，这是归总和加工后的结果，创新应用价值并不高，业务部门反而没有开放数据，开放的数量再多，但是没有价值，这样的数据开放也没有用。

张　晓（中国互联网络信息中心副主任）：大数据发展有“四观”。第一，数字变革观。从以电子商务为代表的互联网走向了以“互联网＋”为代表的移动互联网。第二，普惠共创的发展观。首先要让人享受互联网的红利，其实这就是一种连接，未来我们要重塑和政府的关系就是让人和政府服务之间更好地连接。第三，科学共享的数据观。数据要流动起来才能有价值，无论是数据开放、内部共享、社会交易，都需要数据流动起来才能产生价值。第四，包容共治的生态观。在各种创新中看到多层次、多维度、多角度，大家参与都非常好，但是制度设计要充满弹性和包容性。

承孝敏（安徽省芜湖市政府信息化办公室党组书记）：政府数据共享利用的痛点有三个：第一，数据共享、条块融合依然缓慢。第二，优化业务、纵横联合举步维艰。现在面临最多的就是国家部门壁垒没有办法打通，技术完全可以解决，但问题就在于我们的思维。第三，有效可信数据匮乏。由于缺乏精准数据，使得很多管理很难达到有序化和高效化。

张勇进（国家信息中心信息化研究部处长、研究员）：关于数据开放推进。第一，数据开放不是中国本土产生的，而是从国外进口来的。既然是国外进口来的，它必然要和中国国情进行结合。数据开放不是为每个群众服务的，它是为部分企业、部分专业人员提供的，从而进行数据挖掘。第二，数据开放需要很高的成本，成本需要政府出，效益可能是某一部分人获取。第三，数据无论开放还是共享，都是基于政务数据的一种新型服务方式。

刘文静（暨南大学法学院教授）：信息共享带来的最大法律风险有四个：第一，信息集中会带来安全隐患，哪怕是物理上分离，逻辑上集中，只要信息处理者能够集中，其他人也有可能攻破。第二，信息传播如果控制不当，它有可能带来泄密和侵犯私人权利的风险。有人说信息有所有权，但是我的研究是不赞成这个观点的，在传统法律框架下所有权没有办法规定，只能设定控制权利。第三，信息权限如果不清就会造成政府机关责任不清。

人工智能

- 三元空间大数据计算理论与方法
- 人工智能助力中国制造
- 以数字化转型思维拥抱人工智能

2017年5月25日，2017数博会中国大数据与智能科技发展战略高峰论坛现场。

2017年5月25日，2017数博会人工智能赋能产业升级论坛现场。

2017年5月27日，2017数博会人工智能·甲秀论剑论坛现场。

聚焦人工智能，引领社会发展

大数据战略重点实验室

当今世界科技进步日新月异，互联网、云计算、大数据等现代信息技术深刻改变着人类的思维、生产、生活和学习方式，作为21世纪世界三大尖端技术之一，人工智能在社会生产生活中更是起到了无可替代的巨大作用。伴随着云计算、物联网、大数据等新一代信息技术的发展，人工智能的科学基础和实现载体也面临新的突破，人工智能正进入一个新的发展阶段。

2017年，我国首次将“人工智能”写入国务院的政府工作报告，明确提出要加快培育壮大包括人工智能在内的新兴产业，人工智能成为新常态下我国经济稳增长、调结构、转方式的新引擎，受到了国家及各级党委政府的高度重视和产学研各界的共同关注。2017年是中国人工智能发展的新开端，人工智能将在中国的政治、经济、学术等各个领域发挥越来越多的积极作用。

针对人工智能领域普遍关注的焦点，2017中国国际大数据产业博览会先后举办了“2017人工智能暨新一代信息技术创新高峰论坛”“人工智能赋能产业升级”“2017年中国ICT市场趋势论坛——人工智能与认知技术的大未来”“中国大数据与智能科技发展战略高峰论坛”“人工智能·甲秀论剑论坛”，邀请了众多政府领导、企业代表、专家学者及研究机构，结合国内外人工智能相关产业的发展情况，围绕人工智能前沿发展和未来趋势，重点就人工智能在经济发展、信息安全、技术创新、传统产业升级、大数据产业发展等方面的应用展开一系列有思想高度、有技术深度、有应用广度的探讨和交流。

一、技术创新为经济发展注入新动能

随着全球经济的发展，网络信息技术产业已经逐渐成为世界经济活动的主要内容，信息技术的创新不断为全球经济发展注入新动能。特别是中国正处于工业化、城镇化、信息化、农业现代化和绿色发展的高速发展期，迫切需要发展新一代信息技术来改善人们的日常生活水平、解放社会生产力、优化城镇发展结构、提高资源利用效率、支持可持续发展，加快解决教育、医疗、贫困、环境、资源等一系列紧迫问题。在科技日新月异的今天，新一代信息技术的发展离不开多学科交叉和新兴学科的发展，更离不开各界在技术创新上的交流与合作。

2017年5月27日，贵阳国际大数据产业博览会期间，由中国通信学会承办的“2017人工智能暨新一代信息技术创新高峰论坛”在贵阳国际生态会议中心召开，会议邀请了工业和信息化部信息化和软件服务业司副司长李冠宇、中国工程院院士沈昌祥、中国工程院院士谭建荣等政、产、学、商、研界的领军人物和专家学者，以“培育壮大新动能——加快发展新经济”为主题，从战略、技术、产业、学术、应用等多个视角，全面解读了人工智能及新一代信息技术的发展情况，探讨了新一代信息技术发展的新战略、新技术和新思维。

“新一代信息技术是当前世界创新最活跃、应用最广泛、辐射带动作用最大的技术创新领域，也是人才密集型、资金密集型产业，充分利用网络化、信息化手段加快实现产业创新发展，对于实现国内结构调整和提质增效升级，进一步改造提升传统动能、培育发展新动能具有十分重要的意义。”工业和信息化部信息化和软件服务业司副司长李冠宇对新一代信息技术的战略定位作了深刻的诠释，对新一代信息技术的发展寄予了厚望。

没有网络安全就没有国家安全，人工智能及新一代信息技术的发展也离不开网络安全的问题。中国工程院院士、中国科学院院士沈昌祥认为，网络安全是永恒的主题，在新一代信息技术发展中，我们应该以科学观念去看网络安全。为此，他提出了用可信计算构筑人工智能安全生态圈的方法，通过创新可信计算标准体系、创新可信密码体系、创新主动免疫体系结构、构筑安全可信的主动防御保障体系来打造网络安全空间主动免疫的人工智能安全生态圈，筑牢网络安全防线，为新一代信息技术的发展提供保障。

二、人工智能推动传统产业升级转型

在传感器、大数据、处理器能力三者高速发展的基础上，人工智能得以突破门槛，获得空前的发展机遇。随着相关技术的进步，人工智能已经可以在空间层面、物理层面、产业层面实现提质增效，是真正能够对行业效率产生革命的一项技术。当前，中国正在面临“人口红利”逐渐消失、劳动力成本持续上升的问题，迫切需要深入发展人工智能技术，提升人工智能的产业化应用，不断在一些精细化领域实现机器替代，促进产业的转型升级。但是，对于人工智能来说，传统产业认知不足、资本支持有限、上下游产业链协同缺乏共识、技术不够成熟、商业模式有待探索、技术人才空前缺乏、研发周期长等问题依然存在，凝聚各方力量，共同探讨人工智能与产业升级深度融合、协同创新的模式与方法，是推动人工智能发展、促进产业变革的重要途径。

2017年5月27日，以“人工智能赋能产业升级”为主题的人工智能产业应用论坛在贵阳国际生态会议中心举行。论坛邀请了亿欧联合创始人王彬、森雅科技创始人陈晖、中云投资董事长王钢、金山云 AI 技术总监张东进、百融金服副总裁陈浪仙等10位人工智能产业应用领域的行业领军人物，就人工智能如何助力产业升级进行交流，就人工智能在集成电路安全、大数据金融、市场洞察、科技金融、医学影像、企业效率变革等方面的应用进行了深入探讨，涉及金融、芯片、征信、物流等多个领域。亿欧联合创始人王彬认为，在将大数据、互联网、人工智能的概念引入传统产业的时候，要对传统产业有敬畏之心。

“大数据是离不开芯片的，我们的大数据芯片全部依赖进口，每年中国的芯片进口总额达2000多亿美金，我国对国外芯片的依赖程度远远高于对石油的依赖程度。虽然近几年我们在这个领域有一些进步，但是主要集中在低端产品，我们是在别人的芯片基础上进行大数据与云计算的开发应用工作。”内蒙古中云产业发展投资有限公司董事长兼总经理王钢表示，我国现阶段芯片的生产能力无法满足大数据发展的需求，从国外采购核心芯片、核心设备也是一个必然长期持续的过程，为了有效保证大数据安全，最基础的层面是需要保证芯片的安全性。

量化派创始人牛峰认为，“大数据 + 人工智能”的方法促使金融领域产生了极大的变革。在风险评估方面，它使信用风险评估能够覆盖70%的人口，带来了消费金融的迅猛发展；在征信方面，它变人工审核为全自动化，使审核时间由一个月缩短到几秒；在金融服务方面，它可以帮助服务方在很短时间内获取用户画像；在金融效率上，它对比传统的金融机构有大幅提升。他表示，利用“大数据 + 人工智能”的技术能够精准定义用户的需求，解决市场或行业中的痛点，提高行业的整体竞争力。

三、人工智能与认知技术的大未来

人工智能是推动人类发展的重要技术，是第四次工业革命的重要推动力量。在科技快速发展的背景下，人工智能已经纳入国家战略。2015年国务院正式出台了《中国制造2025》，其中智能制造成为中国制造的主攻方向。目前，全球针对人工智能方面的投资增长速度极快，中国人工智能的市场前景非常光明。在我国政府的大力支持下，中国 ICT（信息和通信技术）市场已经成为世界第二大 ICT 市场。在过去的六十年，人工智能经过大量演练以及技术更新，已经得到一定的积累，一些互联网巨头、传统的 IT 厂商、传统的龙头企业甚至很多新兴的高新企业，都为人工智能技术的发展作出了巨大的贡献。

2017年5月25日，“2017年中国 ICT 市场趋势论坛”在贵阳国际生态会议中心举行。论坛邀请了 IDC 全球研究总监 Chwee Kan Chua、Swizzle Global 首席运营官 Nicholas Andrew Szabo、北京明略软件系统有限公司 CTO 冯是聪、IDC 中国研究总监张卓等行业领军人物和专家学者，从认知技术、知识工程、下一代人工智能的融合需求、数字化转型思维等方面对人工智能面临的新挑战和新机遇进行交流。

信息产业已经进入智能时代，人工智能作为整个智能时代的核心，不断推动整个信息产业向更广泛和更深入的方向进发，也推动了信息行业向数字化转型。IDC 中国研究总监张卓认为，现在越来越多的行业开始去拥抱人工智能，促进整个行业的发展，“人工智能 +”将成为新业态，并越来越多地涌现出来；目前人工智能市场中的创投公司特别多，它们有着先进的团队配置、先进的技术能力和健康的现金流，未来人工智能是前景非常广阔的产业；中国人工智能市场在传统数据端有一定的优势，但人才储备将成为限制中国人工智能发展的一个重要因素；机器学习、深度学习都取得了非常关键的突破，但人工智能的全面发展还需要更多技术和数据的积累。

四、智能科技助推大数据产业发展

随着大数据的发展，大数据产业发展已经进入深水区，逐渐成为大数据发展的核心。在这个过程中，大数据产业与智能科技的发展是相辅相成的。首先，智能科技起步较早，如今的大数据正是在智能科技发展的过程中逐渐积累起来的，数据体量的发展在近几年智能科技的技术突破中得以爆发。其次，巨大的数据量为智能科技提供了发展空间，数据越多越有助于人工智能的发展。另外，大数据也需要更新的模式和技术来处理它，通过这些模式和技术的创新可以发现更多隐含规律。

2017年5月25日，“中国大数据与智能科技发展战略”高峰论坛在贵阳国际生态会议中心举行。论坛邀请了中国科学院院士鄂维南、中关村管委会副主任张永强、滴滴出行高级副总裁章文嵩、中山大学数据科学与计算机学院教授印鉴、中国信息安全研究院副院长赵惟等行业领军人物和专家学者，共同聚焦大数据与智能科技发展的国际前沿和中国挑战，探讨中国在抢占新一轮智能科技前沿中的对策，展望大数据在人工智能前沿科技和金融、交通、安全等领域的应用。

在大数据产业链中，大数据分析技术是产业链中非常重要的一环。北京大学大数据分析与应用技术国家工程实验室主任鄂维南院士说，现在大数据在国内非常火，主要有三个原因：一是人们拥有广泛的、新的数据资源，大家经常用数据分析的思维进行思考，这是以前没有的；二是深度学习使数据应用能力产生了根本性的变化，处理数据的能力比过去有了很大的提升；三是人们认识到大数据分析对各行各业、各个领域都是有用的，社会各界都对数据分析感兴趣。但是相比国外而言，我们“山寨能力强，原创能力弱”，即国内的大数据挖掘与分析能力比较弱，算法应用综合能力不高。而且在大数据分析应用方面，企业界远远走在学术界的前面。

“中关村是北京数据资源和高新技术企业最为密集的科技园区，一直以来都致力于推进大数据产业的高速发展，现已形成包括数据存储与处理、数据分析与应用、数据可视化、数据交易交换在内的完整的大数据产业链条。培育了像普林科技、数据堂、京东、滴滴出行等一批大数据企业。特别是自2013年建立中关村贵州科技园以来，三年间两地发挥各地优势，打破了区域产业和行业的限制与束缚，合作领域越来越广泛，为中国数字经济产业的发展催生出了源源不断的发展动力，也唱响了中国大数据产业发展的‘双城记’。”中关村管委会副主任张永强表示，这种区域合作模式是利用先进地区的智能科技发展大数据产业的有益探索。

五、大数据与人工智能推动生产力变革

随着数据的爆发以及机器学习技术的快速发展，人工智能正在全球范围掀起新一轮的科技革命与智慧化浪潮。人工智能产业正以其高端的新兴技术、巨大的商业价值、广阔的应用前景和庞大的产业空间，成为“战略石油”和“AI城市驱动力”，成为国家政府和大型企业高度关注并积极布局的战略制高点。

2017年5月25日，“人工智能 · 甲秀论剑”论坛在贵阳国际生态会议中心举行。论坛邀请了中国工程院院士倪光南、工业和信息化部信息化和软件服务业司副司长李冠宇、中国电子信息产业发展研究院院长卢山、英伟达全球副总裁沈威、SAP硅谷创新中心首席科学家郐学宁等行业领军人物和专家学者，围绕“中国如何迎接全球人工智能浪潮”和“中美人工智能对弈与合作”两大主题，深入探讨了人工智能技术热点新演进、中国人工智能发展新战略、中美人工智能互动新模式等议题。此外，还就中国人工智能产业发展的关键要素、重要方向与发展路径作了深入的交流和探讨。

近年来，人工智能已经发展成很多国家的国家战略，我国也非常重视人工智能的发展。李冠宇表示，工信部将坚持创新驱动和应用牵引，从四个方面推动人工智能的发展：一是会同相关部门共同策划部署人工智能的重大国家战略，加强顶层设计，统筹部署产业发展；二是将人工智能产业发展与一系列重大应用工程相结合，引导人工智能在各行业、各领域开展合作；三是重点突破关键技术和重点产品，进一步推动人工智能相关各方面的技术转化为各类产品和各种应用；四是支持开展培训和人员交流项目，积极参与国际人工智能领域的标准化合作，提高国际影响力。他希望，通过引导智能制造重大需求和人工智能技术成果相结合，不断拓展人工智能

在不同行业领域的应用空间。

谈到与人工智能发展密切相关的大数据，中国工程院院士倪光南认为，虽然大数据通过数据分析得出的结果是相关性而不是因果性，但其实在相关性后面可能隐藏着很多的因果关系，由于这些因果关系数量太庞大了，不能用一个简单明了的模型来表示，所以我们只看到相关性，但这并非说它没有因果性。他指出，大数据是财富，但是它可以发挥比一般财富更大的作用，对经济社会有更大的推动作用，所以大数据可以称为新的生产力。目前国内的大数据市场偏重于数据中心等硬件，服务还不够，今后应努力把大数据的产业链构成体现在大数据提供的各种服务上。

三元空间大数据计算理论与方法

清华大学计算机系副主任、千人计划专家、
973首席科学家　朱文武

尊敬的各位领导，各位专家，各位嘉宾：

大家上午好！

今天的主题是人工智能，大家知道在人工智能2.0的发展计划中，我们国家确定了四个方面：一是大数据智能，二是跨媒体智能，三是人机交互智能，四是群体智能。今天举办的是大数据博览会，我就讲讲大数据智能，结合我参与的973项目，谈谈大数据如何产生智能？

一、三元空间大数据

大数据处理的第一步是大数据感知，大数据感知主要有两个空间。一是信息空间或者网络空间，信息空间的数据信息量非常大，比如说百度搜索每天就能有100PB的数据，微信天天都在产生数据，我们对这个信息空间研究了很久；二是物理空间，比如现在比较热的物联网空间，各种各样的传感器本身也在记录数据。这两个空间的数据不一样，但这两个空间本身都是大数据空间。到了人工智能时代，人类社会空间不只有一些基础数据。人的发展原来是沿着整个物理世界展开的，因为人和大自然要接触，还有人本身是一个群体，要有人与人的接触，互联网出来之后多了一个虚拟空间，人除了事物之外还有知识，能对本身单一网络空间或者单一物理世界进行指导，也可以对信息空间和物理世界进行融合。

为什么要融合？因为我们知道，单一空间可能信息不全，也可能它本身在线上线下的特性不一样。比如说，互联网空间的我和物理空间摄像头捕捉的我是不一样的，包括我在互联网空间说的话和真实世界说的话都不一样，需要一个映射关系。相当于有几个不同侧面，需要把这几个侧面进一步融合起来。现在一个人决策的时候是在多个信息空间的环绕之中，单纯一个空间的信息量是不够的、不全面的，所以三元空间大数据处理给我们带来很多挑战。

大数据处理是从数据中找出规律来给我们提供决策，但是数据本身每个都是个体，都在最底层，它存在一个现象，即每个个体都在干自己的事情，这个是没有规律的。我们怎么从数据中发现规律，这个规律被发现之后才能作出预测。

从复杂系统来看，可以把三元空间归纳成一个复杂系统。复杂系统一定有它的复杂性，我就提两个复杂性：一个是关联复杂性，因为大数据多，不像小数据，小数据可以简单地通过统计方法去归纳总结算概率，但是数据量大了之后，几百PB或者几百亿PB的数据，根本无从下手。数据多了之后，第一步是感知大数据，第二步是要认识、分析、理解这个数据，找到数据规律，这也带来很多的挑战。所以，大数据的分析和处理不是一件很容易的事情。

现在，谈论大数据的浪潮也在变化。2012年我们在美国开会的时候，大数据刚开始热，当时我跟IBM的沃森总设计者在聊天，他说大数据来了之后会有大数据浪潮。2014年我又到IBM作一次交流，他们那时候就谈认知，到现在谈人工智能。但是不管怎么样，大数据出来之后引起很多争论。因为传统的数据方法仍存在，到今天我们也在用统计基础，但是统计基础是基于小数据、小事件，所以可以算概率，就那么几种可能性是可以筛选出来的。

在大数据环境下，无论识别数据还是存储数据，都是放不下或者分析不了，我们不知道怎么下手。对于我们搞计算机的人来讲，这也是很大的挑战。原来数据是很好算的，现在数据来了之后不知道怎么算，因为数据量太大，读取和存储都十分困难，所以大家开始思考整个分析基础是什么。计算模式也受到冲击，因为冯·诺伊曼的模式也有一定的局限，它是基于图灵模式的，虽然可以在图灵模式下做计算，但是人的思考本身不是停留在计算层面的。下面介绍下一三元空间大数据面临的两大挑战。

挑战之一：关联复杂性。我们知道，有了数据之后第一步要表征，不表征的话，这个数据没法算。大数据有几个特点，一是多维演化和多元异构，不同的数据单元都是不一样的。二是数据关联，关联的规模不一样（比如关联到贵阳市，关联到贵州省，还是关联到全国），关联的数据不一样，它所导致的结果也不一样。传统的分析方法是找一个特定空间（比如说我们分析图像，我们就找图像、颜色等这些主要特征），把所有数据在这空间中进行分解处理，让人们知道在何时何地发生了什么事情。

比如今天我们在这个会场里面，都有谁出席大数据人工智能的研讨会。这样一件事情要想能映射出来需要三种数据，这三种数据怎么进行融合分析？怎么能建立不是事先指定空间的表征理论？对于这种异构空间数据怎么进行关联表征？是关联表征，并不是统一表征，关联表征就是这个数据一定有关联性，关联性最重要。原来数据分析基础是因果分析，只要按照传统概率思想进行分析就可以，但是数据量大了之后分析不了，就要作关联分析，而作关联分析的第一件事就是关联表征。

挑战之二：认知复杂性。三元空间数据不稳定性造成三元空间认知的困难。大家知道，如果十年之后想做的事，十年前就要开一个会。2016年我们开跨学科的会，就在研讨社会科学、信息科学和计算科学交叉的计算方向。社会科学是通过人判别数据、分析数据，做完之后，数据可解释性是非常好的，因为人有严格的逻辑和知识来判断这个事情。我们可以给计算机建一些模型，让它去计算，但是这个没有很好的可解释性。

一个句子有很多种理解，可能不同的专家去判断这个句子可以做成一系列答案，这时候需要群智。到今天，我们可以大胆地说用群体智能计算来做，比如说我们在一起开会，你一言我一语，事先不知道是什么，最后形成一个智慧，形成一个结论，这种用计算很难模拟，但是用人工智能未来可能能做。机器计算出来可能不准确，但是人有这方面的知识，可以进行数字驱动和知识指导相结合，这样既能弥补大数据机器的弱点，又能增加人在里面起到的知识和指导的智能作用。所以，我们认为第二个问题就是怎么把大数据分析方法和人工智能里面的知识指导方法进行有机结合，从而对大数据分析起到很好的指导作用？

二、科学问题

第一个问题，三元空间异构数据的关联表征。如何实现先验局限，从数据中学习三元空间的有效统一表征空间？数据量大了之后，我们可以简单做一些数据标识，做一些预处理，做一些数据清洗，甚至做一些亚采样，让我们能求解。但是，如果标得不准，如果预处理的时候做得不好，也可能导致问题无法求解，因为它不知道哪一家先验。当然，现在的机器学习最热，无监督学习就是不需要任何经验知识的学习。但是机器学习没有可解释性，怎么能增加它的可解释性，这里面的难题就是在无先验或者弱先验的情况下怎么求解。

第二个问题，数据驱动与群体智能协同的知识发展机理。数据驱动方法就是数据量形成越大越好，计算机可以计算，不是人计算，但是出来的可解释性会比较差。另一方面是群体智能做的方法，就是由人判别。比如文科的博士采访100个人，跟踪五年，就可以写一篇科学文章。打分方式有两种：一种方式是100分里面彼此不知道是怎么打的，像无记名投票。还有一种方式是我们都知道，我们都看得见，比如说我转微信大家都看得见，这是社会科学的人做的。每一个东西都有严格的逻辑分析结果在里面，我们怎么把数据驱动方法和社会科学这种逻辑分析、实证分析结合？因为计算机做的东西都是虚的，人做的东西是能摸得着看得见的。

一个是人的群体，另外一个是自然的世界，怎么把两者结合起来，关联表征很重要。建了模之后就用群体智能计算，在这方面我们也做了很多工作，因为在座的很多都不是搞学术的，我就不详细地介绍了。群智计算里有“众包计算”这个词，我和浙江大学吴飞在做的时候正好是2013年，2013年4月16日发生了波士顿马拉松爆炸案之后，计算就靠人民贡献力量，美国政府可能没有那么多的摄像头，但是各家小店有很多的摄像机，包括现场大家拍摄的很多视频，然后通过这些来分析和寻找线索。所以当时我们想把这个叫群智计算，但是这个在国内推广很难，一旦和人打交道，在人机交互的过程中，这个模型怎么建立？你一言我一语的这个过程怎么计算？这是很难的。

三、行业大数据应用

今天是大数据的博览会，我想讲一下行业大数据怎么做。最早华尔街也找我做一个基础大数据的软件分析包，把各种各样的数据都分析完其实不可能，那我们考虑能不能把行业的数据做一个分析包。因为每个行业有每个行业的特点，各行各业都有它的知识。如果把左边各行各业的数据给我，用数据分析可以分析出右边我的行业知识结果来，因为做医疗大数据、旅游大数据、智能制造大数据等各种各样的大数据是不一样的。

以前行业是提供程序员，十年后可能是提供数据分析师或者数据工程师。我们经常去美国访问，美国硅谷公司像 Google、Facebook 都有这样的抬头。为什么这样说？因为做大数据分析需要两个团队在里面，一是需要懂数据算法的人，无论是统计算法还是计算机深度学习算法；二是需要能解读计算结果的人，给它提供知识反馈，让它永不停息地去学习，这种情况下需要行业知识的深度融合。所以做大数据分析想做到成功的话，最好一个行业有一个数据分析包，在这上面还要建应用的行业大数据分析软件包，这样才能够进行深度的融合。我觉得行业知识与大数据深度融合非常重要，否则，如果做不深，推不到实际应用的深度，即使上去之后也得不到很好的效果。

最后给大家汇报一下现在人工智能时代的机器学习在做什么、怎么来做。整个大数据包括人工智能发展到今天能够变得这么火，最主要的原因是多层神经网络的深度学习。数据量大了之后，用于各行各业都好。首先就是分析模型，其次是数据多，能够找到里面各种各样的关系，分析之后就能取得非常好的效果。现在 AlphaGo 包括 IBM 的沃森能成功，就是有知识反馈在里面。这一点为什么非常重要？因为机器产生智能。

所谓机器学习它本身是在学一个模型，用一些规则建好模型，人类只给它一个规则推理的东西，它最终学一个结果出来之后需要人给他进行反馈或者指导。数据本身具有的知识可解释性可能不好，也不知道对不对，需要用外界人的知识、群体知识进行修正，这样的话就可以让机器会永不停息地提高自己，因为机器学习之后有人不断地指导它，最后它越来越厉害。其实不是它产生很多智能，而是通过人和机器混合智能，把人的智能灌输给计算机了。

举一个例子，人可能一天读一二十本书就很累了，但是计算机可以读上一百万本，然后人告诉它哪儿是不对的、哪儿是对的，这样它会不断地去改进。这很重要，AlphaGo 能赢不是靠高端的智能推理，也不是靠逻辑推理，它就是用博弈论下棋有百分之几的概率赢你，能看到比你远多少步的棋局。前面用的是机器学习，第二步是知识反馈，第三步靠的是反馈维护知识网络的架构，通过知识网络架构的知识图谱决定下一步怎么走。所以，我们把机器学习和人的指导相结合，这是非常好的例子。

另外一个方向是从达尔文进化论说起，不是说最好，只要足够好就行了。这跟婴儿长大的过程是一样的，将来会不会通过大数据来训练婴儿，那很可怕，因为数据是一样的，那训出来的人就一样了。另外一个维度就是小数据怎么办？因为婴儿出生没有数据，他是慢慢感知这个世界的，这个就是传统的贝叶斯思想。这篇文章是在深度学习最火的时候（也就是2016年年底）发表的，为什么它能成为另外一个派别？文章中第一句话说大数据做不好的事情就是没有很好的推理性和可解释性。虽然这个就是小数据集，它就是写笔画，你上一笔是什么、下一笔是什么，可以通过概率推算出来。这个成功之后，他写了一篇文章在《科学》上发表，提出“贝叶斯大脑”的概念。2016年年底开会，他自己很有激情，但是其他人都不太认可，觉得这就是一个统计算法而已，还不能算“贝叶斯大脑”。

总结一下，我们认为未来方向是“数据驱动＋知识驱动”。我们举办的是大数据博览会，主题又是“人工智能暨新一代信息技术的发展”。所以我认为分成两块，现在是数据驱动这样一个大数据的时代，又有冯·诺伊曼的架构，我们能用数据驱动做很多事情。但我们现在还做不到知识驱动，现在只能做机器学习，人机交互就是群体智能，用群体智能去指导大数据的数据分析，最后人机混合智能。因为大数据分析产生智能的结果和人工智能最理想的境界都是把这个线往右推，但是现在还没有实现，所以我们希望通过在座所有人的共同努力，一点一点往右推。这样人工智能会偏离现在计算机处理的思维和方法，越来越像人一样思考、像人一样具有处理事情的方法。但是大家一看就知道这是一个很艰难的过程，有待于类脑计算的发展和对认识的理解提升，然后慢慢建立新的人工智能体系。

我今天汇报就到这里，谢谢大家！

人工智能助力中国制造

传化智联副总裁　项天成

各位来宾朋友：

大家上午好！

很高兴今天来参加这个论坛，感谢亿欧，感谢主办方让我有机会跟各位交流和学习，探讨人工智能怎么赋能产业升级。我今天讲的是怎么用 AI 帮助我们的业务，主要讲我们传化智联在做供应链平台的过程中怎么思考，怎么应用人工智能，怎么实现产业的升级转型。我今天的分享主要分三个部分，首先简单讲一讲中国在制造行业、生产性服务业到底有哪些不足的地方；其次讲一讲传化是怎么打造基础设施平台助力生产性服务业；最后介绍具体在业务产品当中，到底有什么场景有机使用人工智能提升我们整个产业的效率。

首先我们看一下中国的产业现状。说起中国制造很多时候我们觉得是大而不强的低端制造，其实并不是这样，在一些局部的领域我们并不落后，至少对土豪的资本家而言，完全是可以全球采购的，可以买到最先进的、各种各样的流水线和数控机床。但为什么说中国制造不强呢？原因是我们在一些生产线配套行业大大落后，这是一个典型的短板，削弱了整体。有几个数据，比如说资产的流动性、库存率，还有物流占企业生产成本，像德国物流在产品的成本里面只占了不到15%，但是中国平均都在30%以上，差距非常大。

哪方面是更短的短板呢？比如说生产线服务行业，有不同的服务，如物流、仓储。其中，一块很大的短板就是公路物流，整个物流无非是铁路、水运和公路，中国公路是大头，占了70%以上，恰恰是这70%给大部分人的印象就是四个字——小散乱差。大家想象一下，我们的高铁、航空公司、港口码头，各种配套设施是很先进的。但我们的公交车、长途车、大货车等管理手段却很落后，所以我们希望通过公路物流的切入提升整个物流效率，从而促进制造业产业升级。

怎么做这个事情？我要简单介绍一下，我们是通过打造传化网的基础设施平台提升行业效率。我们希望构建中国智能网络运营系统，处理中国的公路物流，服务于整个产业的基础设施，成为技术驱动的数据公司，也就是说数据是我们的根本，我们打造传化网核心的基础设施服务于制造企业，尤其是中小型企业。

我介绍一下传化网到底是什么。说到网络大家都知道淘宝、京东等，我们把传化网定义成一个立体的网络。首先，物要流动起来，必须在现实中有一张网络，我们规划建设城市物流中心，计划在五年之内，到2020年打造160个基地、170个骨干节点。这些节点可以形成基本的网络，促进货物有效流动。除此之外，建立行业联盟，让类似的物流园区、铁路场站、港口码头加入我们的网络形成联盟，保障货物运输更加顺畅，真正实现货物一站到底，有效串联起公路、铁路、水运等，打造协同运作的立体网络。仅有这样的网络是不够的，还需要利用互联网技术提供更多的SaaS服务，如运输管理服务、仓储服务，以及围绕不同行业、各种生态实体提供的金融服务，向司机提供融资租赁服务，向物流承运商提供应收账款的保底金融服务，所有的服务都可以沉淀大数据，反过来大数据可以引导线下业务更有效优化。

传化网是一个供应链的服务平台，不仅仅是物流，还希望形成整体供应链闭环。企业从采购、入库、生产、加工、制造、出库、运输到下游客户，下游客户又进一步生产，闭环形循环是整个生态的过程，每一个过程都积累很多数据。除生产之外也支持司机的生产和生活。比如司机进行ETC充值、油卡充值、更换轮胎、购买生产资料，以及衣食住行的生活，都能通过互联网、O2O等实现更顺畅、更高效、更低价的服务，所有服务的背后都是数据的支撑。

本质上来说，线上数字世界和现实世界互为映射，一方面现实世界体现到数字世界中，另一方面我们在数字世界中可以通过发现数据等改变现实世界，比方通过计算得出结论，做出指令，并下发到现实世界，从而改变现实世界。我们希望通过打造这样的网络去收集各种数据，沉淀大数据。

回到今天的重点，我们怎么利用大数据、场景和服务，通过人工智能技术进一步优化社会供应链。这两天AlphaGo在横扫围棋界，还有我们会场一楼的王阳明机器人，这些都是典型的人工智能的案例。我相信这对书法家们也是很大的考验和威胁，因为机器人会写得越来越好、越来越快，很可能像AlphaGo一样最终成为世界冠军。可以说人工智能不再是一个概念，而是实实在在地，拥有很完整的场景。我们认为人工智能首先是应用在生产性服务业。服务对象主要是人和非人类，而人的要求比物的高，服务也相对较难。人工智能会带动线下各种相对边缘化的地方发展。

基于我的理解，人工智能有三个要素。首先是感知，与人类一样有视觉、听觉，能够收集现实世界的信息，这方面的技术比较成熟，如传感器在温度、湿度方面的技术，机器通过模式识别手段拍照、识别图片等，这就是典型的感知场景。其次是认知，通过对采集的信息进行理解、判断，寻找背后规律。典型的案例就是 AlphaGo，它能判断当前局势的优劣，能预知每一步棋情况的好坏。最后是反射，认知后要做进一步的反射，按照认知的结果行动，而不是僵化地行动。例如数字版的“王阳明”，它知道怎么去写毛笔字，并结合机器学习的方式不断训练手臂，通过自我学习使书法越来越漂亮，终有一天会超过人类。以上是我对人工智能的理解。

在现实场景，特别是物流场景当中很多地方可以用到智能。物流的两大主要因素是车和人，大部分公路物流需要车辆运输，目前有很多车载终端、智能传感器等能够采集发动机的情况。如运动轨迹，甚至包括轮胎状况等都可以实现数据采集，再结合互联网技术上传到云端，从而实现感知环节。感知结果可以帮助云端进行各种算法并作出进一步决策，比如基于发动机数据检查发动机是否存在隐患。无论是基于运算的规则还是自学习的方式都可以去循环，从而提高预测结果的准确性。进一步下发指令给车辆的执行器，从而避免了隐患，提高了车辆效率。

关于人的因素主要是指不好的行为习惯，例如大客车70% 的车祸都是发生在急转弯，我们可通过采集的数据识别出来哪些司机在急转弯的时候存在不良习惯，从而发出提醒，实现提前预警。再比如说，行业中存在司机偷油等不良行为，可通过行驶数据发现油耗是否有偏移，判断是否存在偷油行为，通过大数据实现监控功能，这也是一种人工智能的应用场景。

人工智能是一个很宽泛的概念，只要是结合计算机的各种算法得出知识，就属于一种人工智能的范畴。

物流还有一个重要的场景就是库内作业，如何让货物进出效率更高、时效更快、成本更低，这也是一个课题。人工智能里的无人驾驶可能首先会在物流领域落地，实际上已有无人驾驶的叉车运行作业。浙江省一个机器人研究院新推出一款基于机器人视觉的无人驾驶叉车。人类可以通过视觉差估算大致距离，但机器人可以通过拍照对现实世界进行3D建模，精确计算距离到厘米，基于这个技术可以很精准地控制叉车托运物体，并放在精确位置。机器人的视觉技术应用到现实场景中，比基于激光导航的技术有所进步，这也证明了我们人工智能这两年在加速发展。除此之外，基于运筹学手段做最优解的库存优化策略可以准确判断货物存放库区，降低成本、提高效率。这也预示未来几年无人仓或智能仓必然会全面开花。

在运输过程或货物的链路优化方面可以实现优化车辆行驶路径，判断车辆调度距离和成本，解决多路旅行商不同目的地路线规划问题等，可以综合应用运筹学、数学等来提高效率。从城市角度出发，很多地方货物和车辆是不平衡的，我们需要引导车多货少地方的司机去货多车少的地方，利用预测的算法合理规划仓储达到综合平衡，通过大数据的积累才能得到客观正确的结论。

对很多企业来说，在全国各地有很多分仓，根据客户位置、需求量、运输目的地等建立分仓。比如在全国建一个大的总仓可以有效控制生产成本，但是在分区建立分仓则成本变高，但全国各地建分仓，虽然运作成本变高，但是贴近用户的成本变低。所以需要综合考虑各个因素寻求最优解。这是基于大数据换算出关键权重，当这个高维的举证有几千个因变量的时候就要通过计算机模拟或反复训练计算，这本身也是人工智能领域很重要的仿真课题。

传化网在现有的体系基础上，引入看上去高大上、其实已经应用很成熟的技术，进一步引导物流过程和供应链过程，帮助客户、企业实现共赢。

谢谢大家！

以数字化转型思维拥抱人工智能

IDC 中国研究总监　张　卓

尊敬的各位来宾，女士们、先生们：

大家好!

首先，我们看一下最近比较火的三个词：A、B、C。A 是 AI 人工智能，B 是 Big Data 大数据，C 是 Cloud 云计算。信息产业进入了智能时代，人工智能作为智能时代的核心，更大力度推动整个信息产业向更广更深进发，也推动行业向数字化转型。未来，更智慧的机器和网络，将人与服务更紧密地联系在一起。人工智能、大数据、云计算将是未来的支柱型技术。我们预测，未来三年中国人工智能市场规模的复合年增长率将超过50%。从行业现状来看，金融、政府、医疗行业的应用占整体人工智能市场行业应用总数的一半，在零售等其他行业也有很多丰富的应用场景涌现出来。

IDC 的人工智能生态体系主要分为三个层面，最里面一层是人工智能生态体系的基础支撑层，包括众多的厂商。第二层是人工智能核心技术层，比如语音识别等。最外面一层是 AI 的应用层，包括 AI 赋能、流程管理的应用等，这三层实际都囊括在人工智能框架体系中。

从中国的市场规模来看，人工智能领域创业公司非常多，根据统计数据显示，全球人工智能领域投资额五年内增长6倍，中国人工智能领域投资增速和投资总数都是全球的两倍。

从整个细分领域来看，当前中国人工智能获投领域最多的为计算机视觉、机器人和 NLP（神经语言程序学）三类。基于对市场的洞察得出整个中国人工智能的十个关键点，这十个关键点既包含技术层面的，也包含产业层面的，我们认为中国人工智能市场有四大产业趋势。

第一个趋势："人工智能 +"将成为新业态，并越来越多地涌现出来。现在越来越多的行业开始拥抱人工智能，促进行业进一步发展。

第二个趋势：目前在人工智能市场中的创投公司特别多，实际上创业公司有着先进的团队配置，包括先进的技术能力和健康的现金流，非常受资本市场的青睐，未来人工智能是前景非常广阔的产业。

第三个趋势：中国人工智能市场在传统数据端有一定的优势，但相较于美国、欧洲，人才配备非常匮乏，包括产业链人才。在未来五年，人才储备将成为限制中国人工智能发展的一个重要因素。

第四个趋势：机器学习、深度学习都取得非常关键的突破，作为一种比较专业的人工智能，人工智能的全面发展需要更多技术和数据的积累。

实际上，我们给厂商和追踪用户提出一些核心建议：第一，我们建议厂商将更多的 AI 能力融入产品和解决方案中，增强现有产品的应用和服务；第二，积极扩展"AI+"，"AI+"一定会成为基于"互联网 +"之后发展非常迅速的行业，要加速 AI 行业的落地；第三，成为广泛 AI 厂商，把

AI 加入到平台架构里面。

近期我们会推出中国人工智能生态体系报告，从基础设施等层面走访上百家厂商，报告里包含核心技术的应用场景、相关领域的细分以及众多厂商最新的解决方案、产品和成功案例，同时我也欢迎大家积极参与到这本报告的访谈，或者为我们提供更多、更丰富的应用场景案例。

谢谢大家！

政府治理大数据分析与预算关键技术

中山大学数据科学与计算机学院教授 印 鉴

各位来宾，各位同人：

非常高兴有机会跟大家交流一下我们的体会。今天我主要讲讲政府治理方面的一些工作。我是做技术的，只是从 IT 角度理解政府治理，明白政府治理需求之后再从信息角度看到底能做些什么。

政府治理是指市场经济条件下政府对公共事务的治理，在管理学方面有三种方式：一种是封闭管理，一种是半封闭管理，一种是开放治理。所谓封闭管理就是国家作为唯一的管理者，由国家进行总体管理。半封闭管理是由国家和各种社会组织（比如说团队、企业）作为监管部门。开放治理是公众参与量比较大。就我国来说，这三种管理方式并存。

在这样一种管理方式下，社会治理是一个很复杂的问题，这方面大家都有很多体会，比如说市场监管方面大家熟知的“蒜你狠、豆你玩”，这都是属于政府治理的范围。为什么出现这样的情况？在政府治理过程中，市场预测、风险预警是非常困难的事。政府肯定不希望价格突然涨这么快，但没有很好的办法预测这件事，往往出现问题之后再出手，对整个经济、社会伤害会比较大，这就需要有相应的科学性的办法来管理。

除了市场监管之外，其实还有很多类似的事情，比如说杨教授讲的风险管理、股票风险等，这些都是政府治理的范围。如果没有科学合理的方法，就会给社会经济带来很大的伤害。如何利用信息化的技术手段，把这种伤害降到最低，这是我们所面临的一个问题。

政府治理方面已经有很多研究，我主要介绍一下我们的理解。政府治理首先是政府作决策之前要对所做事情进行分析，分析一般有五个过程：第一是广泛探索，第二是对比比较，第三是解释，第四是测试，第五是总体概括。在这个过程中，核心问题就是如何选用政策进行治理，这需要依据大量事实以及已经发生的事情、历史经验等来作出决定。到目前为止，这些在信息化时代都被称为数据，这就是使用大数据进行分析时提供前提与可行性保证。

传统上政府治理主要是因果分析方法，所谓因果分析方法就是根据不同的原因导致不同的结果，但现在这种方法很难达到一种好的效果。随着信息化发展，计算机对科学的研究给出了一个范式，这个范式的概念也可以移到政府治理上。第一个范式是实验研究。第二个范式是理论研究，不是完全做实验。第三个范式是仿真研究，模拟现实情况。随着信息化发展，我们有了更好的方法，这是因为积累了大量数据，有能力获取数据并通过信息手段充分利用数据，更好地服务于政府治理。

意识到重要性之后，全世界的国家都把大数据政府治理作为国家战略。2015年国务院发布了《促进大数据发展行动纲要》，专门有政府治理的大数据工程，包括宏观调控、决策支持、信息共享、应用体系等，说明大数据在政府治理中占有很大比重，可以发挥很大作用。2016年习近平总书记讲话指出，要把信息化和大数据技术应用到决策里。目前我们处在非常好的时机，有条件利用大数据做政府治理相关工作，接下来的报告我简单汇报一下我们在这方面所做的工作。

政府治理利用大数据进行分析与决策，首先一定要有数据，我们把它分为两部分：第一部分是政务大数据，即从政府部门所获得的数据。这些数据相对来说质量比较高，也比较精确。另外一部分就是互联网数据，这方面的范围比较广，除了网上数据外，各种媒体的数据都可以作为互联网的大数据。所以现在数据来源比较充分，当然也存在着开放共享的问题，但我相信随着国家政策的制定会逐步得到解决。

有了数据来源后，分析与预测的框架就很简单。输入大数据，通过技术处理输出得到预测结果。依据政务大数据的不同进行分类，不同行业有不同方式，比如说资源、税收、财政等，政府部门的数据很多，如果能充分利用好是能够为政府治理作出很大贡献的。

有了分析框架之后，如何在技术上提升政府治理大数据分析的能力。我归结为三方面：首先是数据的感知能力。政府的数据存放范围广，因果关系复杂，能获取的数据较为片面，这就要求我们思考如何拿到比较全面、统一、丰富的数据。其次是提升数据的分析能力。前面多位老师已经讲了很多技术，但有一些技术存在解释难的问题，政府治理方面需要既能给出数据又能给出比较合理的解释。最后是决策重构能力。政府作出决策后需要探讨如何评估效果，如何对效果进行反馈。

针对以上三个方面的不同挑战，我们有三点分析：第一点是提升数据的关联度。数据来源广泛，类型很多，而且部门比较独立，使得掌握数据变得困难，掌握的数据呈碎片化，又各自为政。针对这一点，我们提出了基于数据拼图的全局数据感知方法。所谓数据拼图就是像拼一幅图，我们把一幅画撕烂，每一个碎片都能描述一幅画的一部分，通过把这些碎片拼起来得到事件的整体认知。

第二点是提高分析能力。在现有分析方法的基础上，对可解释性差等问题进行处理，比如深度学习一个缺陷就是解释性比较差，我们提出基于大数据的可解释性的分析能够给出一个合理的解释。

第三点是关于政府决策评估。人民大众对政府影响越来越大，政府决策要充分发挥大家的主观战略性作用。基于此，我们提出数据众智的决策与评估方法研究。例如滴滴打车的很多信息能通过点评得到反馈，反馈可以辅助决策。

这些是我们提出的战略思路。中山大学有一个大数据团队，也是大数据分析与应用技术国家工程实验室的共建单位，还有一个超级计算机广州中心，我们有很好的条件，希望以后有机会能跟在座的各位有更深入的交流。

谢谢大家！

中美人工智能对比启示

中国电子信息产业发展研究院院长　卢　山

尊敬的各位领导，各位嘉宾：

大家好！

非常荣幸能够在这里代表中国电子信息产业研究院给各位报告中美人工智能发展的对比和比较。刚才劳伦斯和大家分享了人工智能的理念。提到人工智能，大家更多的是对人和机器的比较，思考到底人是否能战胜机器，或是机器最终能否战胜人类。那么我们现在也很难给出一个结论，在这一轮的竞争和较量当中，中国和美国也在布局。今天我就把我和其他同事前期研究的成果跟大家作一个分享，来比较一下中美两国在人工智能领域各自做的事情。

首先，给大家看一下人工智能所带来的产业变革，这里头有几个数据是蛮有意思的。第一个时间点是1956年，第一次提出人工智能，是在达特茅斯会议上。参加会议的最后一个人是2016年去世的，也就是在围棋大战开始之后。曾经人工智能是无法战胜人类的，在他去世之后，不到一个月的时间，我们看到人工智能战胜了李世石。在这场比赛之前，大概半年的时间，曾经在内部进行过一次评估，到底人工智能和李世石谁能胜利，那时候大家都判断，人工智能胜利的可能性很小，所以大家把那场比赛拿到全世界去看，结果可想而知。

所以我们给出这样的一个概念，就是经历了整整六十年之后，人工智能经过两次低谷，2016年再次在全世界引起了关注。前天，我们看到在乌镇最新的比赛，第一场是人工智能第三个版本又胜了，那么这一局背后，我们思考人工智能是否会以人类不可企及的速度在迭代。我们得到这样的一个结论，即人工智能以人类无法想象的速度在变化。

背后的力量我们总结为三个方面：第一个是算力。刚才沈威先生分享GPU 的发展，背后代表的就是这个算力。我们看到，在乌镇这次的复盘过程当中，谷歌讲得最多的一个词是 TPU，这是谷歌自己的计算器的 GPU。第二个叫算法。就是我们所说的，不管是深度学习也好，CN 也好，还是LEN 等不同的算法。第三个是算距。算距实际上就是大家所说的大数据。但是这一次比赛，我觉得谷歌的团队告诉了大家一个很有意思的结论，我们过去一直认为数据在人工智能当中扮演了特别重要的作用，或者讲大数据在中间怎么关键。但是这一次的比赛告诉我们，人工智能强大的地方在于算法，更强大的算法比数据更为重要。

算法解决的是什么？算法解决了直觉和计算的问题。过去我们讲算力算得越来越快，只是解决了一个计算的问题，但是算法解决了人类所擅长的一个直觉的问题，所以在这个过程当中，我们认为算法、算力、算距是驱动人工智能获得新生的三个基本要素。最为核心的基本要素是什么？是时间，没有时间的迭代，AlphaGo 进展一定不会那么快。我们过去有一句话叫“天上一日，地上十年”。今天是人类的一天，可能对于人工智能是十年的时间，所以短短的一年过去了，人工智能的智慧可能已经增长了十岁。

在这次人工智能发展的浪潮当中，中美双雄的格局初步显现。除了美国和中国，世界上各个科技领先的国家都在布局人工智能。我们作了一个测算，人工智能能够推动 GDP 的增长，到2035年将达到8.1%，这是我们顾问的预测，如果所有的测算可以做复盘的话，那意味着我们所说的新常态，经济增长的 L 形曲线，可能会在未来因为人工智能等科学技术的发展带来新的拐点。

同样地，爱森德也作过预测，美国的经济增长到2035年将会达到4.6%。大家可以想象，这是一个多么可怕的数据。那么这样就带来一个比较，到底我们怎么样来看待中美人工智能的发展，我们列出八个方面来进行比较，其中算法、数据、应用以及人工智能平台四个是核心要素。还有四个方面是环境要素，包括政策、人才、投资创业和研发投入。我们从这八个方面分别做一个比较。

第一个是算法。刚才跟大家报告了，算法解决的是计算和直觉的问题。在《MIT 科技评论》所发布的2017年的上榜技术当中，中国的很多算法已经榜上有名，包括百度、阿里、科大讯飞等，当然美国的很多算法本来就遥遥领先。比较之后，我们基本的结论是，在 CV 细分的领域当中，中国有了明显的优势，在去年比赛，我们拿了5个单项第一。之前我们一次冠军都没有拿过。

第二个是数据。中国是一个数据大国，我们比别人在数据的积累方面更有优势。2016年中国的数据资源占全球的21%，到2030年，将占到全球的30%，也就是三分之一左右。而同样美国到2030年，数据占全球的29%。

也就是说到2030年，中美在数据量的占有上基本持平。

第三个是应用。2016年中国人工智能的市场规模是100亿元人民币，增长速度是24%，其中不包括人工智能的硬件、软件。

第四个是平台。美国人工智能市场562亿元，增速18%，比较起来，美国的应用市场更为成熟。平台的比较在这一轮当中，算法、算距、算力三个一定要基于平台结合。虽然中国也做了很多的平台，但总的来说，成熟的较少，比如百度的平台。其他的更多是垂直行业的平台，比如说语音的平台、图形图像的平台，而美国人工智能的巨头，它们的平台更多的是全方位的一个部署。

上面四个方面是最核心要素的比较，接下来快速比较环境因素。美国政策方面，跟中国相比它更全面。我们国家现在还缺少国家层面的人工智能的发展战略和计划，虽然2017年已经把人工智能列入政府工作报告，但整体的研发投入，中国跟美国还有很大的差距。截止到2016年，美国 NSF投入9亿美金。

投资和创业方面，中国与美国之间虽然差距比较大，但是我们看到进步很快，在全球100家值得关注的人工智能企业中，中国有27个席位，仅次于美国。人才方面，美国现在人工智能的专业化人才总量保持领先，而且通过数据分析，美国人工智能领域有五年到十年以上工作经验的人才，比中国占更大的优势。我们把八个方面作总体的概括，就是美国和中国双雄的格局显现，但总体来讲，美国比中国领先，在特定的领域当中，比如数据和人才，我们和美国的差距越来越小。

第三个部分，报告中美人工智能在特定领域的应用。我们选择了特定的十个领域来比较一下中美人工智能的发展优势。我们看（PPT）这张图的最右侧是无人驾驶，目标是无人驾驶的车辆能够达到100万辆，占满格需要十年。我们可以看到中国和美国的差距很小，美国可能用六至七年达到100万辆，中国可能要用七至八年，也就差一年多的时间。在人脸识别方面，我们看到中国的渗透率达到50%的速度要远远快于美国，我们可能用两至三年，而美国至少需要十年以上。

大家可能觉得很奇怪，为什么美国要这么长时间，这里面涉及个人隐私数据保护等，不仅仅是技术问题。后面的分析还包括智能红绿灯等领域，我们可以看到除了在人脸识别、智能红绿灯这些特定的领域，我们比美国的应用要来得快得多，其他的基本持平，或者要慢一些。

这张图（PPT）列出了中国和美国在这十个领域当中一些企业的布局，我们看到各有千秋。下面，我们拿几家公司作比较。

第一个是百度和谷歌，它们都是正在或者说已经启动了从互联网公司向人工智能公司转型。从研发投入上来说，两家的研发投入强度基本差不多，一个是13.6%、一个是14%，但是绝对额的差距，就差不多有10倍。从软件和硬件上来看，软件上大家都试图构建一个人工智能的平台或者操作系统，硬件上的差距也比较大，一样的可能是无人驾驶汽车，谷歌在底层芯片部署方面要比百度做得更快。

第二个是阿里巴巴和亚马逊，它们都是从电商向人工智能企业转变的公司。它们的研发投入也基本上差不多，是12%和13%这个比例。总额投入差距也在六七倍左右，软件都是基于云，阿里的阿里云，亚马逊的AWS，它们也做自己的硬件，两者相似。

第三个是科大讯飞和IBM，科大讯飞更多的像Siri，正在由单纯的语音识别向人工智能转变，它的投入强度、研发强度是最高的企业，差不多四分之一用来作研发，也开放了自己的平台。

最后跟大家报告下趋势和启示。未来智能的本质到底是什么？在回答这个问题之前，我们先来回答三个方面的问题：

第一个是中美人工智能的比较，决胜的关键点在什么地方？过去更多的是基于闭源来做平台，无论是过去的 Wintel 平台还是 IOE 平台都是闭源的平台。但我们看到物联网、大数据导致闭源基本被淘汰，大家都选择了开源。在这一轮当中，能否建立一个以开源平台为核心的生态系统，这是关键。在这个生态当中，一定有一个领军企业，就是“1＋N”的结果。过去我们讲企业的竞争是产业链的竞争，现在更多的是生态环境的竞争。再有一个是以行业应用为核心的主战场。中国这一轮想突破，一定是基于特定的行业应用。举例子来说，刚刚说智慧城市摄像头的动态图形图像识别，可能是一个特定的细分应用，但是这样的细分应用，我们一定比美国、比其他国家来得要快得多。

第二个是现在对中国的挑战，包括监管制度、研发投入、行业领军人才等，刚才也跟大家作了汇报，这里就不再赘述。

第三个是如何破局？从政府关心的角度来说，首先就是以政府的示范项目来带动人工智能的应用。我们和业内的100多家企业做了一个人工智能的创新联盟，这个联盟运营的模式，跟美国的 Open AI 极其相似，是基于特定的行业应用。我们现在选择的是动态图像图形的识别和智能报告产生这两个细分领域。其次是开放政府数据，制定数据的互联互通。我们很高兴看到贵阳已经出台了相关的条例，但这件事情落地起来难度还会很大。最后是针对的重点应用领域，加速政策和法规的创新。很多人说，我们选出来的十个领域当中，技术不是问题，关键是监管和政策问题，还有如何吸引优秀的科学人才，以及加大技术的研发，等等。

结束我的汇报之前，最后想请大家看一个1分钟的视频。这个视频告诉我们，AlphaGo 也不是不可战胜的，它也是一个自我迭代的过程。我们分析中美对比不重要，更重要的是中国、美国以及所有人类智慧能够连接在一起去对抗机器的智能。也许有一天，AI 这个词会过时，那时候有两个词更为重要，一个叫作 MI——机器智能，是人去研究机器智能。还有一个是 HI——机器去研究人类智能。当人研究 MI、机器研究 HI 的时候，那时真正的智慧对抗才会到来，所以智能的本质是让我们挑战 MI，发现宇宙最深刻的规律。

谢谢大家！

观点再现

李冠宇（工业和信息化部信息化和软件服务业司副司长）：新一代信息技术是当前世界创新最活跃、应用最广泛、辐射带动作用最大的技术创新领域，也是人才密集型、资金密集型产业，充分利用网络化、信息化手段加快实现产业创新发展，对于实现国内结构调整和提质增效升级，进一步改造提升传统动能、培育发展新动能具有十分重要的意义。

衣雪青（中国通信学会副理事长兼秘书长）：大量的并购和资本涌入，加速了人工智能技术更紧密地与新一代信息技术和应用相结合，更快向实体经济转化，人工智能与新一代信息技术产业需求结合也催生出服务模式的重大转变。

沈昌祥（中国工程院院士、中国科学院院士）：人工智能像一个新生的孩子，生出来的这个孩子是一个没有带免疫系统的残疾儿。所以，我们必须要改变思维，用逻辑正确验证。对计算机系统结构和计算模式等方面进行科学技术创新，以解决逻辑缺陷的问题，不被攻击者所利用，形成攻防兼备的统一体，确保为完成计算任务的逻辑组合不被篡改和破坏，实现正确计算，这就是主动免疫防御。

徐　雷（欧洲科学院院士）：现在智能有一个叫“群体智能”，我们很难说有大脑是离开群体存在的，人类大脑都是在群体中实现的，这实际上就是群体智能。跟我们通信有关的群体智能我认为有三个要素：首先是通信交流，其次是数据积累，最后一个要素是经过融合的和谐团队。群体智能能教育、影响提升每个大脑，每个大脑智能是集体智能的一部分。

吴　飞（浙江大学计算机学院副院长、国家杰出青年）：人工智能的智能学习可能有三种模式，我们把它命名为“用规则去教、用数据去学和用问题引导”。“用规则去教”是说有一个很大的知识库，这个知识库都是用逻辑规则去表达的，有强大的逻辑推理引擎，通过逻辑式推理和计算，源源不断从已有知识里面提取新的知识，这是传统人工智能想解决的问题。“用数据去学”就是专家们没有强调的大数据驱动的人工智能方法。它去学一些假设空间和先进经验的模式，本身是学习一种分类的模式。最后一种学习方法是“用问题引导”，就是现在比较热的强化学习。不给数据，也不给知识，就在问题空间里面不断朝着要解决问题的目标前进。如果做对了，就给奖赏和激励，如果做错了就惩罚。与前面不一样的，前面是学知识和推理，而这种试错式学习是学一种策略和决策。

卢浩洋（中国联通集团信息化部大数据中心产品运营处总经理）：其实智慧就是数据，智慧广泛意义上是数据的有效集成和融合，有了数据才能开发出城市所需的智慧应用，而城市数据主要来自于政府和企业。随着智慧城市建设不断推进，政府相关部门积累了大量数据，这些数据往往与公众生产生活息息相关。我们集成融合政府大数据，实际上对实现政府科学决策、城市有效治理和服务城市民生具有重要的现实意义。

杨明川（中国电信股份有限公司北京研究院副总工程师）：在智能时代，可能我们正在改变“人”这个要素，“人”这个要素的改变，可能会引发产业的巨大变革。所以，人工智能将引发巨大的产业革命，这个产业革命可能比我们以前认识的工业革命的影响、速度、规模都要更大、更快。

冯俊兰（中国移动研究院首席科学家、千人计划专家）：人工智能有各种深度学习的模型、各种各样的连接方式，但这些相对我们大脑的复杂度其实还远远不够。现在意义上的人工智能系统至少需要具备六大能力。第一是需要有学习能力，第二是需要有语言能力，第三是需要有运动感知能力，第四是需要有推理能力，第五是需要有创造能力，第六是需要有规划能力。

谭建荣（中国工程院院士、浙江大学教授）：大数据的产生为人工智能开辟了一条新的道路，不是致力于寻找因果关系，而是找出它的关联关系，从多个层面的关联关系当中寻找出规律，在这个过程当中把大量数据凝练成知识的关系。如何把过去我们通过实验、计算、经验获得的大量数据总结出来，凝练出设计知识、加工知识、装配知识、服务知识，这个将是智能制造的关键。

李肯立（湖南大学信息科学与工程学院院长、国家超级计算长沙中心执行主任、国家杰出青年）：目前传统企业如何拥抱大数据和人工智能，主要存在三个方面的问题：第一方面是海量数据的存储与管理问题，产生于多部门、多环节的数据，包括异构、动态过程中的数据。第二方面是海量数据的处理与分析问题，取决于计算平台。第三方面是目前企业缺乏有效的智能制造决策支撑平台，就是数据存储、处理之后如何为企业在管理方面发挥效益。

乌耀庭（北京东方国信科技股份有限公司战略总监）：我们认为数据在三个领域存在：第一个领域就是行为意识信息，这可能存在每个人身边，我们佩戴的智能设备、智能终端，每天无时无刻不在生产行为数据；第二个领域是客观存在的数据，看得见摸得着，家居、商品甚至我们开的车，这些信息也会客观存在物理现实里面；第三个领域是社会活动的信息。

鄂维南（北京大数据研究院院长、北京大学大数据分析与应用技术国家工程实验室主任）：大数据变"火"的原因主要有三点：一是我们有着广泛的新的数据资源，以前想不到的数据，现在也成了数据；二是我们处理数据的能力比过去有了很大提升，除了硬件支撑以外，最重要的发展是深度学习，深度学习对数据应用能力产生了根本的变化；三是我们认识到大数据分析对各行各业、各个领域都可以用得上，不仅学术界或者专门做数据的研究人员感兴趣，而且整个社会都感兴趣。

杨晓光（中国科学院数学与系统科学研究院研究员）：大数据有助于我们更好地刻画风险，向着"天网恢恢疏而不漏"方向发展。大数据可以帮助我们更好地理解风险，可以开发更好的工具管理微观、中观、宏观风险，大数据与风险管理的结合是一个蓝海，有着广阔的发展空间。

章文嵩（滴滴出行高级副总裁）：滴滴可以说是“物移大智云”的典型代表，它是全世界最大的车联网，用户通过移动互联网知道物理位置，使出行变得简单容易。其背后是基于大量人工智能算法和云计算引擎的驱动，最本质是大数据。通过积累大量与出行相关的数据反映交通状况，并拿到过去交通管理系统没有的路径数据，路径数据与路口数据融合，可以对国内交通做到很好的改善。

韩玉刚（360人工智能研究院副院长）：人工智能能落地有两层含义：第一层含义是人工智能只是技术，要与应用和产品结合才能产生价值。第二层含义是人工智能技术不仅在实验室里，还要在实际当中跑起来，这样才能发挥真正的作用，像智能驾驶、手机等。

张海涛（贵阳市人大常委会副主任）：贵阳市作为大数据引领的城市，正在全力加大开放、创新和融合的力度，努力打造成为区域创新型中心。当前，大数据相关的产业在贵阳风生水起，并落地生根，我们非常欢迎ICT这样的数据公司能够在贵阳大数据的热土上与大家携手发展，共创美好的未来。

赵　惟（中国信息安全研究院副院长）：网络空间经济的繁荣将会促进未来国家经济发展，乃至于引领全球经济。而网络可信身份战略，将作为未来控制全球网络经济的基础环节。

倪光南（中国工程院院士）：邓小平同志说过：“科学技术是第一生产力。”根据这个论述，我们认为大数据是新的信息技术，因此大数据也是生产力。一般认为大数据是财富，这是毫无疑问的，我们把它看得更高一点，它可以比一般财富发挥更大的作用，对经济社会有更大的推动，所以我们把它称为新的生产力。

Donald Lawrence（英国伦敦大学学院教授、阿兰图灵大数据研究院负责人）：随着智能化不断向前发展，对经济有什么样的发展影响？我们很多的工作，在未来可能会消失，还有很多系统，可以帮助解决未来信息复杂度的问题。AI 的研究会不断地去了解基本问题，不断发展智能化，不断解决问题。这不光是智能化，也是人与机器的融合，机器的深度学习可以帮助我们更好地分担人类的许多工作。

沈　威（英伟达全球副总裁）：在未来几年，我们会用到人工智能和深度学习的场景，就是智慧城市。到2020年，全世界会有超过10亿个摄像头的处理，这里面就需要有海量摄像头处理的能力，通过摄像头拍摄到的视频来预防踩踏、预防重大事故发生是国内外应用非常广泛的场景。深度学习和人工智能在智慧城市的发展已经融入我们每一天的工作中，并不是只有百度、腾讯、阿里巴巴这些大公司在使用，而是与大家生活息息相关。

Nicholas Andrew Szabo（Swizzle Global 首席运营官）：过去一百多年前，很多工作都是人工做的，机器的反应速度使得现在很多工作都已被电脑和机器取代。有一些人会觉得需要思维的非手工劳动是机器不能做的，而人工智能会实现真正的自动化，不仅是手工劳动的自动化，还有思维决策的自动化。

马维英（北京字节跳动科技有限公司副总裁兼人工智能实验室主任）：推动人工智能发展的动力主要有三个：一是大数据。即世界万物的数字化，一切被数字化表达之后，计算机就能通过算法来直接计算。二是大计算。云计算时代的到来，提高了使用服务器来分析所拥有的数据的能力，这样的能力民主化之后，人人可按需使用。三是大模型。有了大计算之后就可以建立大模型，包含统计模型、符号模型、知识表达等，利用机器学习来构建软件，就可以推进更加自动化，继而推动人工智能的发展。

Michael Wu（加州大学伯克利分校生物物理学 / 哲学博士、硅谷锂技术软件公司首席科学家）：如果要人类去相信 AI，那么 AI 要有足够好的性能。目前，大部分人工智能的分析都是无用的数据进、无用的数据出。我们希望能够获得一些功能性强的数据，通过数据功能的完善为我们带来可信任的自动化决策。

任东英（信威集团数洋智慧科技有限公司副总裁）：现阶段的规划应当从产业发展、城市功能完善和人才培养引进等多个角度进行考虑。只有将这些元素结合在一起，才能真正做好“产、城、人融合”的规划。人工智能应用在这样的产业规划中，主要是通过产业空间布局、产业政策对比、产业发展与集聚、产业规划的动态调整分析四个方面来实现。

蒋　韬（同盾科技有限公司 CEO）：通过人工智能，用风控技术来识别风险，能够更好地解决大数据时代的金融风控问题。智能风控的解决之道，在贷前反欺诈需要注意两个维度：一是技术能力。需要搭建稳定性非常好的数据平台，数据越干净越好。二是数据能力。需要多维度风控数据，比如风险名单数据、信贷表现数据、社交数据、消费能力数据、社会信息等。然后再建立机器学习的平台，针对不同客户生成新的模型，以此来识别欺诈申请。

冯是聪（北京明略软件系统有限公司CTO）：做人工智能的理念，就是知识工程完成的工作。我们通常把它分成四步：第一步是把企业或者政府各种各样的数据汇聚起来；第二步是知识的链接构建；第三步是知识应用；第四步是可以进行简单推理。

王　彬（亿欧联合创始人）：谈人工智能必须谈大数据，谈大数据必须谈中国。根据大数据行业的市场预测，全球的增速在逐步下降，中国目前是平缓上升的，但是却面临劳动红利消失、劳动成本提高的挑战。所以现在必须精细化运行，就是依靠科技的力量，依靠人工智能去替代一些人类能做的事情。

王　钢（内蒙古中云产业发展投资有限公司董事长兼总经理）：人工智能是解决数据挖掘的重要方法，基本思想是利用大量的训练数据，求解、分类或回归问题的决策函数，然后对未知样本进行决策。人工智能的目标是从已有的经验中构建机器学习，并通过机器学习进一步对未知数据进行分类和预测。由于经验的表示通常是数据，因此机器学习也通常可以理解为通过已知数据构建机器学习，然后通过机器学习进行分类或预测，并在这一过程中不断完善所构建的机器学习知识。

张东进（金山云 AI 技术总监）：人工智能不仅仅是科技企业或者是互联网企业的机遇，也是我们传统行业、传统企业的机遇。我们发现人工智能正在为传统行业，比如水、电、煤、金融、电信、医疗、教育等行业提供非常好的产品创新。

陈浪仙（百融金服副总裁）：为什么深度学习受到业界的关注？因为深度学习可以自动提取高层的特征，把数据高层的特征自动化地提取和表达出来，相当于原来让人工做的事情真真正正地变成机器来做。这个也是为什么深度学习在机器学习领域发展突飞猛进的原因。

智能制造

— 从机器学习到机器创造

— 可视化——让大数据触手可及

— 智能制造是《中国制造2025》的主攻方向

大数据是智能制造的基础和关键

2017年5月25日，2017数博会第二届大数据科学与工程国际会议科学大数据与可视化论坛现场。

2017年5月25日，2017数博会第二届大数据科学与工程国际会议现场。

2017年5月27日，2017数博会“智领中国·创赢未来”论坛现场。

2017年5月28日，2017数博会“用大数据·享新价值”论坛现场。

大数据时代：智能革命重新定义未来

大数据战略重点实验室

大数据浪潮汹涌来袭，与互联网的发明一样，这绝不仅仅是信息技术领域的革命，更是在全球范围启动透明政府、加速企业创新、引领社会变革的利器，对国家治理、企业决策和个人生活都在产生深远的影响，并将成为云计算、物联网之后信息技术产业领域又一重大创新变革。未来的十年将是一个“大数据”引领的智慧科技的时代，随着社交网络的逐渐成熟，移动宽带迅速提升，云计算、物联网应用更加丰富、更多的传感设备、移动终端接入网络，由此而产生的数据及增长速度将比历史上任何时期都要多、都要快。

针对大数据带来的智能革命和创新空间，2017中国国际大数据产业博览会期间，先后举办了“第二届大数据科学与工程国际会议（2017）——大数据科学引领与创新”“第二届大数据科学与工程国际会议（2017）——

科学大数据与可视化”“第二届大数据科学与工程国际会议（2017）——大数据管理与决策”“智领中国·创赢未来——2017智能制造与大数据国际高峰论坛”“用大数据，享新价值”5场论坛，中国科学院院士陈润生、徐宗本，中国工程院院士邬贺铨、谭建荣，中国科学院计算机网络信息中心大数据部主任、CODATA中国委员会秘书长黎建辉，中国科学院国家天文台信息与计算中心主任崔辰州，中国科学院微生物所网络信息中心主任马俊才，中国科学院虚拟经济与数据科学研究中心副主任田英杰，中国工程院制造业研究室主任屈贤民等众多国内外大数据领军人物和领先企业就大数据战略、大数据管理、大数据医疗、大数据科学、“中国制造2025”等议题展开交流，共同探讨大数据时代智能革命重新定义的新未来。

一、大数据科学引领与创新

大数据不仅仅是一次颠覆性的技术革命，更是一场思维方式、行为模式与治理理念的全方位变革，对于创业创新者而言，大数据带来了巨大的变革潜力和创新空间，正在深刻变革着人们的科研、生产、生活方式，推动社会经济的发展、相关领域技术的创新发展，甚至国家竞争力的提升。大数据已经成为全球关注的热点，成为国内外学术界、产业界普遍关注的热点研究领域，在全球掀起了一个空前的研究热潮。

2017年5月25日，由中国国际大数据产业博览会、人民邮电出版社、中国计算机学会大数据专家委员会主办，信通传媒，《大数据》杂志承办的“第二届大数据科学与工程国际会议（2017）——大数据科学引领与创新论坛”在贵阳国际生态会议中心召开。论坛由清华大学教授、原中国计算机学会理事长郑纬民主持，人民邮电出版社副社长刘华鲁，中国计算机学会大数据专家委员会秘书长、中国科学院计算技术研究所研究员、副所长、副总工程师程学旗致辞。中国工程院院士邬贺铨，中国科学院院士陈润生、徐宗本，英国帝国理工学院数据科学研究所终身教授、所长郭毅可等嘉宾作主题演讲。重点研讨了大数据带来的技术创新、应用创新、市场创新、商业模式创新等方向，着力反映国际大数据技术研究和创新应用的最新进展。

大数据、云计算、移动互联网、宽带网络等一系列技术构成广义的互联网，只有借助互联网这一动力引擎，才能助力智能制造实现工况在线感知、智能决策和控制、装备自律执行，使人从简单重复的劳动中解脱出来，从事更加富有创造性、附加值更高的生产活动。中国工程院院士邬贺铨指出，互联网可分为消费互联网、产业互联网和政务互联网。大数据的诞生，提升了产业互联网的价值，而制造业的发展拓展了大数据的生产空间。制造大数据是制造业生产与管理的重点支撑。未来二十年，产业互联网将比消费互联网带来更大价值，大数据对制造业的转型升级具有重要作用。

大数据也为精准医学带来新的变革。随着新一代信息技术的发展，生物分析技术的进步以及对基因医学的深入理解，精准医学的概念从系统医学、转化医学、4P 医学等概念中提炼出来，成为一种高度综合且细致的医学新模式。全面考虑健康与疾病的影响因素，精确寻找到疾病的原因和治疗的靶点，以实现患者最佳的个体化诊疗方案。中国科学院院士陈润生表示，精准医学已在全世界蓬勃开展，组学大数据与医学的结合是精准医学的本质和核心。精准医学促进了从诊断治疗到健康保障医疗体系的构建，促进了生物样本库和数据库产业、分子诊断行业、个性化医疗产业等相关产业的发展，已成为国家发展的新一轮战略制高点。

大数据的关键并不在于数据量大，而在于能够通过技术手段发现并挖掘其潜在的价值。对此，中国科学院院士徐宗本强调，大数据是当前的科学技术任务。在大数据技术中，分析与处理是核心，需要多学科综合研究。大数据算法是大数据分析处理的核心技术和共性基础。处理对象上的数据特征突变、处理目标上的跨界关联、方法论上的传统理论失调等构成了当前大数据技术发展的挑战。

大数据与人工智能携手前进，二者常被比喻成哺育天才的奶粉和拥有无限潜力的婴儿。英国帝国理工学院数据科学研究所终身教授、所长郭毅可指出，目前人工智能的发展在于对大数据的深度学习，这一发展已经走向实用阶段，我们已经到了新智能文明的前夜。寻找最好的判断、最好的理解、最好的策略，是机器学习的实质。生成意味着理解，理解是创造的第一步，和人一样，机器创造来自学习、理解和想象。

二、科学大数据与可视化

大规模巡天望远镜、大型粒子加速器、高通量基因测序仪等源源不断产生巨量科学数据，使得全球科技创新进入一个前所未有的科学大数据时代。科学大数据已成为科学发现的新型战略资源，一个国家的科学研究水平将直接取决于其在科学大数据的优势以及将数据转换为知识的能力。面向大规模的科学数据管理，以及科学大数据应用，只有在被合理采集、解读与表达之后才能完美展现它们的瑰丽与深奥，而可视化则无疑是让数据变得亲切和便于理解的最有效的途径。

2017年5月25日，由中国国际大数据产业博览会、人民邮电出版社、中国计算机学会大数据专家委员会主办，信通传媒、《大数据》杂志承办的“第二届大数据科学与工程国际会议（2017）——科学大数据与可视化”在贵阳国际生态会议中心召开。论坛由中国科学院计算机网络信息中心大数据部主任、CODATA 中国委员会秘书长黎建辉主持。在论坛上，中国科学院国家天文台信息与计算中心主任崔辰州，中国科学院微生物所网络信息中心主任马俊才，北京大学教授、大数据分析与应用技术国家工程实验室副主任袁晓如等嘉宾分别作主题演讲。重点分析和讨论了大数据如何助力科技管理系统的升级、天文研究的更好发展、微生物的全球合作，以及大数据与可视化的关系。

科学大数据是科研活动的输入、输出和资产。但究竟什么是科学大数据？如何给科学大数据一个确切的定义？迄今为止，还在困扰着学术界。对此，中国科学院计算机网络信息中心大数据部主任、CODATA 中国委员会秘书长黎建辉提出，科学大数据是对客观对象的某些现象进行描述。这种描述，一般是指在领域或学科知识指导下，对客观对象进行科学抽象和概念化后，就其中的某些现象进行系统地、有目的地观测、调查、实验所形成的实体。科学大数据是以科学证据形式存在的事实，它至少应该包括科学观测与监测的数据、实验数据、计算与模型模拟输出的数据、对情景或现象的描述数据、对行为的观测或定性描述数据、用于管理或者商业目的的统计数据等，以及描述数据的元数据。它们通常是科研活动的输入，是证实、证伪科学发现、科学观点的事实与证据，或者是论证推理的基础。

天文大数据也是科学大数据的重要组成部分。天文学已经进入数据密集型时代或者说大数据时代。数据挖掘和知识发现在数据密集型时代大有可为，自身也必将获得长足发展。中国科学院国家天文台信息与计算中心主任崔辰州指出，虚拟天文台是通过先进的信息技术将全球范围内的天文研究资源无缝透明联结在一起形成的数据密集型网络化天文学研究和科普教育环境。国际虚拟天文台联盟致力于为实现数据的互操作制定有关的标准和规范，使数据产品生成、管理和使用的各个环节都在标准的框架下进行。虚拟天文台的诞生消除了各个数据库系统访问标准不统一的问题，使得星表数据交叉认证、异构图像和光谱数据的分析处理、多波段数据的可视化等以往棘手的工作可由程序和软件来完成。

中国有世界上独特的高盐、高温、高酸、高碱、高盐碱、高酸热、高干旱、高辐射、高浓度重金属离子等极端环境，形成了生物尤其是微生物特有的生境和生态系。2010年，WDCM 落户中国科学院微生物所，是我国生命科学领域的第一个世界数据中心。中国科学院微生物所网络信息中心主任马俊才表示，微生物不仅是科学基础的材料，为我们人类所用，同时由于它的代谢产物的多样性，尤其是繁殖速度的高速性，微生物在产业上得到了应用。生物资源已经不再是发达国家所倡导的，而是大家共同的遗产，发达国家使用生物资源要更加尊重原产国的利益，要有利益的反馈。

超级计算中心和各种大科学装置产生巨大的数据，人类的日常生活和网络活动更是产生了前所未有的信息。然而拥有大量的数据并不等于获得相应数据的价值，复杂数据对发展相应的分析工具提出了新的挑战和要求。可视分析通过将人的因素积极引入分析过程，提供了处理复杂大数据的新的途径。北京大学教授、大数据分析与应用技术国家工程实验室副主任袁晓如指出，可视化是数据与人类之间架起的一座桥梁。因此，他认为人在数据分析和管理中是通过交互、认知去理解数据，然后回头反馈到数据决策之中，其中可视化实际是人们对事物建立心理模型的过程。

三、大数据管理与决策

大数据中蕴含的巨大商业价值、科学研究价值、社会管理与公共服务价值以及支撑科学决策的价值正在被认知与开发利用。面向大数据的管理决策研究将有助于厘清数据交互连接产生的复杂性，掌握数据冗余与缺失双重特征引起的不确定性，驾驭数据的高速增长与交叉互连引起的涌现性，进而能够根据实际需求从网络数据中挖掘出其所蕴含的信息、知识和智慧，最终达到充分利用网络数据价值的目的。大数据不再是产业环节上产生的副产品。相反地，大数据已成为联系各个环节的关键纽带。通过对网络数据纽带的分析与掌握，可以降低行业成本、提升行业效率、促进行业生产力发展，并可能催生出一系列战略性的新兴产业。而大数据管理决策相关研究的突破，将可能诞生数据服务、数据材料和数据制造等战略性新兴产业。

2017年5月25日，由中国国际大数据产业博览会、人民邮电出版社、中国计算机学会大数据专家委员会主办，信通传媒、《大数据》杂志承办的“第二届大数据科学与工程国际会议（2017）——大数据管理与决策”在贵阳国际生态会议中心召开。论坛由中国科学院大学经济与管理学院副院长、发展中国家科学院院士、国务院参事石勇，美国哈佛大学 Fellow、俄亥俄大学商学院管理信息系统（MIS）系终身正教授、西安交通大学管理学院院长黄伟分别主持。石勇、黄伟，清华大学经济管理学院教授教育部长江学者特聘教授陈国青，复旦大学计算机科学技术学院教授、上海市数据科学重点实验室主任朱扬勇，中国科学院虚拟经济与数据科学研究中心副主任田英杰等嘉宾作主题演讲，西昌卫星发射中心参谋长邓洪勤等人参会。本次论坛重点研讨了大数据驱动的智能管理与决策，重新定义了社会管理与国家战略决策、企业管理决策、组织业务流程、个人决策的过程和方式。

在谈及大数据管理与决策时，石勇认为，大数据源于政府、企业、开源等领域，大数据要进行精确的数字化。我国的大数据战略主要分为数据整合、数据决策、科学决策等步骤来开展。“一带一路”的发展要注重政策的沟通、设施的联通、贸易的联通等。而清华大学陈国青认为，数字世界与物理世界的联系越来越密切。大数据本身是数据，同时又是资源。围绕管理和决策，数据的分析加工非常重要。通常管理者主要关心企业发展状态、问题存在、制度制定等，实质就是关注业务、数据、决策等管理层面，要解决好这些问题，需要强化大数据分析能力。

数据质量在大数据环境下显得尤其重要。高质量的数据是大数据发挥效能的前提和基础，强大、高端的数据分析技术是大数据发挥效能的重要手段。美国哈佛大学黄伟指出，质量是大数据的基础。要把大数据做好，数据质量定义与标准是关键。为什么世界第一个大数据交易所会在贵阳？不仅与创新意识有关，更与国际上数据质量的定义不明晰有关。未来贵阳大数据交易所发展的困难程度，实际上取决于数据质量方面的研究。

2015年，国务院印发的《促进大数据行动纲要》明确指出，大数据将成为提升政府治理能力的新途径，并提出建立“用数据说话、用数据决策、用数据管理、用数据创新”的管理机制，推动政府管理理念和社会治理模式的进步。复旦大学朱扬勇教授分享了基于大数据特异群组挖掘的决策分析，他认为大数据给社会治理提供了非常好的技术和方法，其中，特异群组是非常有用的领域。挖掘特异群组以实际应用为目标，重点在数据收集、数据建模、设计度量等方面开展落实。

四、大数据与智能制造

当前，以大数据为引领的新科技革命和产业变革正在兴起，全球工业技术体系、发展模式和竞争格局迎来重大变革。发达国家纷纷出台以先进制造业为核心的“再工业化”国家战略，美国大力推动以“工业互联网”和“新一代机器人”为特征的智能制造战略布局；德国“工业4.0”计划的提出旨在通过智能制造提振制造业竞争力；欧盟在“2020增长战略”中提出重点发展以智能制造技术为核心的先进制造业；日本、韩国等制造强国也提出相应的发展智能制造的战略措施。可见，智能制造已成为发达国家制造业发展的重要方向，成为各国发展先进制造业的制高点。我国在2015年推出的“中国制造2025”战略中也强调了智能制造的重要性。在当前以中高速、优结构、新动力、多挑战为主要特征的新常态下，发展智能制造不仅是我国产业转型升级的突破口，也是重塑制造业竞争优势的新引擎。

2017年5月27日，由工业和信息化部工业文化发展中心、北京三达经济技术合作开发中心、智能制造大讲堂课题组、及时雨（北京）信息咨询中心承办的“智领中国·创赢未来——2017智能制造与大数据国际高峰论坛”在贵阳国际生态会议中心召开。论坛突出以“领域专注性、观点前瞻性、听众高端性、形式互动性”为特点，围绕“智领中国·创赢未来”这一主题，全面展示我国制造业的智能化发展趋势以及最新成果，重点介绍大数据助推智能制造发展的科技应用范例，深入探讨新技术、新趋势，以及全面提升大数据与智能制造深度融合发展的核心驱动力。

泸州市委常委、副市长王建翔表示，坚持创新驱动、智能转型、强化基础、绿色发展，以实施科技重大专项和科研项目为依托，大力推进重大技术装备发展和自主创新，突破核心关键技术，重点发展智能制造装备、新兴产业所需装备等，加快实现从制造大国迈向制造强国。同时他指出，实现制造强国的战略目标要分“三步走”：到2025年，实现制造强国综合指数接近德国、日本实现工业化时的制造业发展水平，进入世界制造业强国第二方阵；到2035年，实现综合指数达到世界制造业强国第二方阵前列国家水平，达到世界制造强国阵营中等水平；到2049年，实现综合指数率略高于第二方阵国家的水平，与美国并驾齐驱，进入世界制造强国第一方阵。

谈及智能制造的发展态势，中国工程院制造业研究室主任屈贤明在《智能制造是“中国制造2025”的主攻方向，大数据是智能制造的基础和关键》主题演讲中指出，我国智能制造发展态势可以总结为“顶层设计，基本就绪；专项行动，全面落实；试点示范，初见成效；城市地区，梯次展开”。目前，我国已经度过了智能制造的培育期，进入成长发展期。但是，还应当高度重视四个方面的问题：第一，推行精益生产，优化生产工艺是基础。第二，智能制造核心零部件和装备的自主化是关键。第三，人才培育是最主要的特征。第四，培养系统集成公司是推行智能制造的重要条件。

工业大数据是工业互联网的核心，是实现智能化生产、个性化定制、网络化协同、服务化延伸等智慧化应用的基础和关键。中国工程院院士、中国大数据技术与应用联盟理事长谭建荣指出，把握和运用好大数据支撑下的协同设计和协同制造要注重十大关键：第一，客户需求与概念设计要协同。第二，几何模型与物理性能要协同。第三，数字样式与技术层面要协同。第四，制造资源与制造知识要协同。第五，作业流程与时序节拍要协同。第六，精准生产和现场管理要协同。第七，人、机器人与机器要协同。第八，创新设计与智能制造要协同。第九，批量产品与客户定制要协同。第十，软件技术与硬件设备要协同。互联网技术是实现制造业智能化的动力引擎。

大数据与精准医学

中国科学院院士　陈润生

尊敬的各位领导，各位专家：

大家好！

非常荣幸能够在这里介绍一下关于精准医学的情况，非常高兴能跟各位大数据专家进行交流，下面我就根据自己对精准医学的理解跟大家进行一些交流。

2015年1月20日，美国时任总统奥巴马提出启动精准医学研究，从此美国的精准医学走上了国家计划的轨道。这个消息很快就传到国内，习近平总书记和李克强总理作出了重要指示。2015年5～6月，中国14个部委启动了以精准医学命名的重大专项研究。通过指南的提出和招标，2016年6～7月，成立了60个以精准医学命名的重大专项项目，总投资超过12亿元人民币，精准医学在我国也开展起来。第二批的招标，已经结束，现在正在评议过程当中，说明精准医学在全世界已经蓬勃开展起来。

大家知道，包括人类在内的所有生物都是由细胞组成的，遗传物质在染色体里面，这个遗传物质拉长了就是一维链，把这个链展开是很漂亮的，螺旋结构，每个点就代表一个遗传的基本单元。如果你把它数字化，实际上遗传密码就是由很长的一维链组成的，一个一维链由四个符号组成，长到3×10^9。人的每个细胞都有3×10^9个一维链，这个链代表了我们所有的生长和发育，代表了我们一代传一代的信息。

20世纪90年代，在人类科学史上发生了一个重大事件，就是人们可以开始测遗传密码了。90年代测人类的遗传密码，全世界六个国家一共消耗了大约100亿美金，由于这个技术对人类健康的意义重大，短短三十年的时间，这个效率提高了106倍，价格降低了100万倍。现在即便是在国内，花6000元人民币就可以得到自己的遗传密码，可以刻到光盘上自己欣赏，但是没有大数据谁也看不懂。这就是一个非常简单明了的事，即没有大数据，遗传密码可以测，但是不知道它的含义。

最近国际上正在发布一个更加有效的系统，大约在2017年年底每个人花600～700元人民币可以测自己的遗传密码，不管是否明白，它代表你的遗传特征和信息。我相信，在未来有一个简单的事实，不管医院、医生接不接受，任何一个人花600元左右的人民币可以拿光盘找你、问你，这个里面我怎么了，这就是当前的现实。以后很明确这样的一个事情，就好像刚才提到云计算，很快就会铺天盖地地涌入人们的日常生活。从现在开始，每个人都有希望拿到自己的遗传密码，这就是当前划时代的科学进展的背景。下面我就精准医学来谈一下自己在五个方面的理解：

第一，精准医学的核心是什么？精准医学的本质是什么？我所理解的精准医学的本质，一句话就是组学大数据与医学的结合。近代生物医学革命性的变化就是得到了以遗传密码为基础的大数据。这是人类生物科学史上划时代的，以前没有，以后我们就开始用，并且成了常规的事。因此，这个数据刚开始价格很高，现在变得普通、便宜了，任何人可以得到自己的遗传密码，并对这些遗传密码进行分析，分析什么？分析正常人和得了肿瘤的人遗传密码有哪些不同，然后就可以获取信息。

跟肺癌相关的，你的遗传密码的不足在什么地方。如果我们分析了更多人与肿瘤、心脑血管疾病、血液疾病相关的大数据，其他人花几百块测遗传密码同这些进行比较，就会提前知道哪些方面如果存在突变，你就会有得这个病的风险。举一个著名的例子，大家知道美国的影星安吉丽娜·朱莉，她姨妈和母亲都是得乳腺癌死的，她发现自己的一个典型的遗传密码跟正常人不一样，虽然还没有发病，但是她采取了措施，她把乳腺切掉，就避免了乳腺癌的发生。这个就是我们通过组学大数据与医学结合分析得出来的。

我们从20世纪90年代以来可以测每个人的遗传密码，除此之外，还有各种各样的大数据，比如蛋白质的大数据、以遗传密码为代表的各种组学数据，通过大数据分析这些组学数据获得知识，就可以构建数据库来对人类的疾病进行判断。这样的结合实际上就是当前精准医学的本质。精准医学和传统医学相比较增加了组学大数据，把组学大数据加在临床医学中，这就是精准医学的核心。核心就是增加了以遗传密码为代表的大数据，也就是一系列的自遗传密码破译以来提到的转化医学、个性化医学等思想的延续。

第二，精准医学虽然是把组学大数据加入临床医学中，但是它的意义并不仅仅在于提高了临床医学的几个百分点，可能还有更深刻的意义。这个更深刻的意义我们也可以用一句话来概括，即精准医学的本质意义就是可以使医疗健康的概念发生本质变化。健康科学的核心是诊断治疗。所以健康是为病人服务的，有了病才去医院找医生，这是健康体系的核心。

有了精准医学以后，我们可以对任何人在不得病的时候，在他／她整个生命的全生长过程，从出生到死亡做全范围的监控。这个时候，实际上做的并不是对病人进行治疗，而是对每一个活在世界上的人健康做测量、做评估、做干预，使得有一些疾病不发生或者延缓发生，大大地提高了人们的生活质量。所以，在精准医学的措施和概念下，健康医学的概念将会从现在以诊断治疗为主发展到精准医学实现以后的以健康保障为主。这是未来医疗体系的架构，所以这是本质的变化。这个本质的变化有人估计会带来相应的产业发展，我看到一个资料，说2018年全球跟精准医学相关的产业带来的产值将有2000亿美金。

2017年我参加了一个讨论会，我们院做了另外一个数据，这个数据可能更有说服力。这个数据表明，到2020年精准医学带来的产业总份额可以达到1.89万亿美金，1.89万亿美金在国家的GDP里会占可观的比例，所以从医疗体系概念上的变化到产业产值和生产结构的变化，也许是引起各国领导人重视的更加深刻的背景。

精准医学研究已经成为新一轮国家科技竞争和引领国际发展潮流战略的制高点，很多人把精准医学和国家发展政策相关联。美国积极开展精准医学研究，最明显的是它要测100万自然人的遗传密码，大约一个月以前它已经测了68万人的遗传密码，这个进展非常快。欧盟也在开展精准医学计划，它的计划某种意义上和美国形成了互补。它要测10万个肿瘤和罕见病人的遗传密码，这个可以和美国每年100万自然人的遗传密码进行关联分析，可以在大范围内找出真正与恶性疾病相关的图片。日本也制订了精准医学计划。那么精准医学到底在哪几个方面导致产业的变革呢？我想至少可以推动如下四个方面的产业升级。

第一个产业是百万量级的生物库和数据库。我们知道，这些样本都是来自人体的样本，这些样本有一个百万量级样品的收集，收集以后要保管，同时要提出相关的组学材料，然后还要分配给相应单位使用。那么怎么做到这一点？一定得有一个相当规模的样本库的设施，这样才能保证百万量级的样本库，这是一个巨大的试验。这些百万量级的数据是为了测量组学数据，测量以后有相应百万量级的数据库来收集这些数据，所以第一个产业将会促进百万量级的生物样本库和数据库产业的发展。

第二个产业是以基因组测序为代表的各种各样的组学测量产业。样本收集出来，一定要进行测量。这个组学测量的公司有上千个，发展非常快，但是我不知道它们怎么生存。如果只靠降低价格，我相信90% 都会死亡的，现在很多都在测。有人估计到2018年，整个基因测序的产业规模可以达到117亿美金，我想这是一年前估计的数据，这个数据过于保守。如果一个人测序要600元人民币，那么中国13亿人口测序远远大于这个数。

第三个产业是海量数据的挖掘。挖掘两个非常宝贵的东西，一个是疾病诊断的分子标记，这是过去没有的海量数据。我们把海量数据，比如与肿瘤、肝癌、肺癌相关的数据挖掘出来变成数据库，得到这种疾病有哪几个位点变化进行判断，这样就会得到很多严重疾病的早期发现，或者现在不能发现的能得到发现，这是非常重要的。我们知道，现在疾病的诊断率很低，70%～80% 的肿瘤看不准，因为大量的分子标记没有发现，有了海量数据以后就可以发现分子标记，于是我们就有救了。另一个是发现药物治疗的靶点来设计新的药物。大家不一定知道，美国的沃克公司最近有一个治疗肿瘤的药，每年的销售额大概是百亿美金。我们通过大数据分析得到非常多的跟疾病相关的药物的靶点。我认为这个将是价格比最好的产业，谁优先把这个大数据挖掘到，谁就优先得到治疗这个疾病的分子标记和治疗的新兴药物，这是一个非常重要的产业。

第四个产业是新的概念下精准医学需要新的设施，这个设施会缔造千亿美金的产业。所以，如果至少在四个方面能够促进新的精准医学产业的发展，那么我国的精准医学的目标就会跟国际一致。

第三，实现精准医学要建立哪些基础？既然精准医学是重要的，也有重大的发展前景，要实现精准医学需要具备两个基础。

第一个叫组学大数据基础。实现精准医学首先得获取组学数据，但是获取的组学数据谁也读不懂，所以必须利用大数据分析的理论技术和方法。因此要获得分子水平和疾病相关的知识，必须把组学数据的获取和大数据挖掘两大前沿领域有机地融合起来，才能得到跟疾病相关的知识，所以第一个基础是组学大数据的基础。没有组学，没有大数据，我们就不能够得到有效的知识。刚才邬先生讲了实际上有很多数据只被利用了很少的一部分，下面我也会讲到，我们基因组充其量能利用3%，而97% 都没有挖掘，所以我们有巨大的潜力。

第二个基础就是把分子表性变化与疾病之间建立桥梁，有了这个桥梁，把大数据挖掘的成果应用到临床医学中来，所以这是实现精准医学必备的两个基础。但这两个基础，一定要和当前临床所用的影像学和生化学结合起来，这两个是有机结合的。一些测序公司为了宣扬自己的能力，过度宣扬说我测了什么都可以解决了，实际上这是不对的，是片面的。精准医学建立在现代临床基础之上，没有与现代临床的结合，精准医学独自是不能实现目标的。

第四，精准医学现在走到哪一步了？精准医学那么好，目标那么远大，我的观点是精准医学才刚刚上路。为什么呢？因为在精准医学这个概念下，精准医学的核心用它来衡量，我们离达到这个目标还很远。我们遇到了非常大的困难和挑战，所以利用这个机会讲一下我们遇到的困难和挑战。

在组学和遗传密码当中，只讲一个挑战，这个挑战就是遗传密码存在暗信息。大家请看这个图（见PPT），我们现在可以花五六千元测得完整的遗传密码，2017年年底可以花六七百元测得遗传密码。我们的问题是，现在把全世界生物医学领域的知识集中起来，这个遗传密码我们能读懂多少？我告诉大家，现在的科学进展告诉我们，这个遗传密码你可以很容易测得，但是真正从根本上、从规律上能读懂的部分不超过3%，这3%我们称之为遗传密码当中的编码序列，也就是大家从中学就了解的遗传密码当中蛋白的遗传密码，那些遗传密码的规律我们是知道的，因为我们知道中性法则，所以它的规律我们都知道了，但是这一部分只占到3%。

我参加了基因组计划，当时我就觉得测完了遗传密码我们什么都知道了，结果分析以后找不到基因，最后我们以为是自己的能力有限，但是后来发现全世界60多个国家谁都找不到。于是我们得到的共识是，过去我们认为编码蛋白的部分其实没有那么多，刚开始认为可能有10%，后来觉得只有5%，现在的看法大约充其量有3%，这是对遗传密码认识的疆界。另外97%不是用来造蛋白的，这一部分我们叫遗传密码当中的非编码序列，这个非编码序列很重要。但是作为规律来讲，我们迄今为止并不掌握，在这种情况下如何做到精准?

从这个简单的例子可以看到，我们的精准医学才处在起步阶段，我们的起步点就是只能分析3%，然后随着全世界科学家的努力，不断地增加比例，这样才能逐渐做到精准。这一件事其实比其他问题都好解决，只要查一篇文献就可以。大家可以看2010年12月17日的Insights，它评选了人类进入21世纪以后，从2001—2010年这10年自然科学领域最值得人们关心的

10件事情。第一个事就是基因组当中的暗物质，也就是指基因组当中现在不掌握的遗传密码。它指出，迄今为止我们仅有1.5%的遗传密码是知道归类的，其实我觉得是在1.5%～3%之间，但充其量不到3%，虽然97%的遗传密码可以测得，但是不知道它的生物学作用。

生物数据同样是大数据，我们一个人就是3×10，这个只是它的一个遗传密码，还不是它的蛋白质组，如果一个人把这些都加在一起远远比这个多。但是对人来说，一个特点就是增速非常快，由于测量速度的价格越来越便宜，所以它的增速越来越快。另一个特点就是质量不太好，目前测量误差比较大，有缺失值。所以从数据源来说，虽然认知了大数据，但是它的质量不太好。

双螺旋结构的发现者沃森，他发现了DNA双螺旋结构。这是他自己的遗传密码，大约是人类会测遗传密码十年以后，测他的遗传密码花了100万美金，并把结果放在小盒子里。实际上我们知道了一些东西，但是大部分东西存在这儿，依然不知道小盒子的含义是什么。我们知道现在我们的基因组，我们的健康状态不仅和人有关，还和我们的肠道、唾液中的各种微生物相关。如果把人连同他的微生物一块测的话，那么一个人的遗传密码就不只包括人了，存在跟人共生的微生物的遗传密码加在一起大约是人的10～100倍，这时候要测量一个广义的人的话，这个量很大。

从样本源来讲，虽然我们的数据源很大，但是比如说我们要研究肿瘤，就需要得到样品。我们在研究肺癌时，需要找到100个肺癌患者是很难的。我跟协和的肿瘤医院院长合作，他应该是最容易得到肿瘤的，但是我们两个大约收集了很长时间，才收集到150个食管鳞癌的样本，所以要做某一个相关疾病的特定样品收集是很困难的。比如说肿瘤、心脑血管病，实际上都是多基因病变的结果。如果运用数据建模的话，它的自变量是千数量级的，但是得到的样本只是百数量级的，这个模型是不熟练的。

这样的变量都是几千个，如果你只能收集几百个变量，那么你的模型是很发散的。怎么办呢？国际和国内精准医学的办法就是测10万、100万样品的人群，这样的话我的样品量就大于体积的自变量数，但是作为我们研究组来讲办不到这点。因为我们没有那么多钱，只能采取数学建模的办法找到子系统，分解出子系统的自变量数，这样的话才能解决这方面的问题，这是在数据处理当中的第二个挑战。

第三个挑战，实际上同样一种疾病发生的微观遗传位点不一样，发生肺癌的这个人可能是这点变了，另外一个人可能是那点变了，好不容易收集了100个肺癌病人，发生的微观遗传却分布在10个位点上，结果平均看来每个位点只有10个样品，所以这种有效事件不是百分之百出现的，而是按一定频率出现的，这就增加了样品提取的挑战性。因此我们从组学水平提出分子水平的哲学概念，就是共同的疾病什么是分子水平共同的基础？什么是同样疾病个体的差异？这个需要在新的组学意义上定义。

影响某一种疾病不仅仅是基因的变化，还有基因和基因的相互作用，所以一定要考虑各个遗传密码的相互作用。复杂的网络包括信号传导网络、大分子相互作用网络、调控网络等，这些复杂网络是动态的。由于网络之间都是有目的的，所以它是有向的。这个复杂网络是双向的，而且本身不是单一的蛋白质组成的，所以它可能是双色和多色的。网络和网络元件之间的关系是非线性的，对于一个动态有向且不是单一节点组成的非线性的网络分析，这在数学上是一个复杂的挑战。进一步说，我们不仅仅研究的都是组合学，还要整合影像学，比如做核磁、CT 等关键高度数字化的数据如何整合。

最后一个是数据共享的问题，我们知道要做大数据，现在每个医院都存在数据，怎么在国家层面上进行数据共享？这不仅仅是科学问题，还是管理问题、政策问题。没有大数据的共享，那我们就是在大数据时代做小数据的工作，所以这实际上是一个更难解决的问题。

第五，我们遇到的困难对我们来讲是无限的创新机遇。比如基因组的研究中，我们的遗传密码只知道3%，而97% 都不知道。对于精准来讲这是很不利的，但是对于创新来讲，这是绝对的创新机遇，所以创新重大的机遇是对我们的驱动和鼓舞。从遗传密码来讲，我们有97% 的基因组不知道，问题是这97% 是否有用呢？我们来看看不同生物的遗传密码（见 PPT），这个是大肠杆菌，它既是单细胞原核生物，也是最简单的生物。它的遗传密码很小，通过整个圆盘算它的遗传密码，红色部分就是掌握归类的，85% 都是用来编码蛋白的，所以对一个大肠杆菌来讲，把遗传密码测了大致就知道它是怎么活的了。

（见 PPT）但是上面中间的酵母生物就要高等一点，是单细胞真核生物，然后我们已知归类的部分变成70%，而不知道的部分变成28%。我们看最上端是线虫，它是多细胞生物，虽然很低等，这个时候掌握规律的编码蛋白质只有28%。下面最左边的果蝇，更高档的昆虫，遗传密码减少到只有17%。而人类98% 都是非编码基因，这个跟我们中学建立的生物越复杂、蛋白越多、编码基因越多的概念完全不同。生物越高等我们没有解析的那一部分越多，说明生物从简单到复杂增加的是我们没有破译的非编码序列，事实证明，人类那97% 的遗传密码绝对是重要的。

从信息传递的观点来讲，任何一个基础遗传密码要发挥生物学作用，一定要信息发放表达。所谓信息发放表达，在生物学上来讲，就是要产生一个由它制造出来的东西。所以当人们了解这97% 是有用的时候，就去找这97% 的遗传密码有没有产物、有没有信息发放。这个结果从人类进入21

世纪就在找，结果是百分之百来自那97% 的转入产物，就是说它在每时每刻都在发放信息。不容置疑的是，这10% 每时每刻都发挥着重要的作用。

下面我给大家举几个跟肿瘤相关的例子，虽然97% 没有破译，但是人们关心这个变化是否会导致肿瘤。第一个例子，有一个东西来自那97%，最后它也发放信息，这个发放出来的信息没有蛋白质，但是它产生的 RNA 会导致前列腺癌。第二个例子，也是来自97% 的转入产物，这个可以导致白血病。第三个例子，大家知道我国肿瘤上升最快的是肺癌，多是非小细胞肺癌，而这97% 的元件的突变可以导致非小细胞肺癌。这三个例子说明，97% 的突变可以导致肿瘤，而我们现在在临床医院检查的只有3% 的指标是绝不包含这些的。因此去医院看肿瘤，只用3% 的信息，另外的97% 没有用，因为没有这个知识。

只检查3%，得了肿瘤你能判断得准吗？如果是那97% 引起的呢？现在的状况是，没有把97% 的变化作为治疗肿瘤的法典。从这个意义上讲，包括肿瘤、心脑血管疾病、代谢疾病等大部分疾病没有被发现，大部分可设计药物的靶点都没有发现，所以这是巨大的机会和财富。这是我们跟协和做的例子，可以找到97% 的例子来预测食管鳞癌，我们也做干细胞和免疫有关的例子，这里就不详细讲了。

97% 的遗传密码都是元件，3% 的遗传密码大概有2.5万个，而这97% 里面表达出来的元件相当于蛋白质有多少？我举一个日本的例子，日本用小鼠做参考，人在97% 里它的下限最少数目也有6.1万元件。到目前为止，我们只发现大约2000个，现在还有这么多等着大家发现。虽然是巨大的挑战，但是机会也很大。我告诉大家，我一天就发现这个东西，但是做功能比较困难，我手里至少有一万个放在那儿做功能，虽然有很多机会，但是有很多工作要做。另外一个例子，大家知道研究这97% 的遗传密码的科学家，只有一个获得了诺贝尔奖。我们虽然面临巨大的挑战，但是挑战给我们引发出了无限的机会，所以非编码的研究对疾病的诊断治疗会有全新的平台，或者为全新的药物设计和研发提供方向，会对动植物新品种的培育提供全新的思考。

我就讲这些，谢谢大家！

从机器学习到机器创造

英国帝国理工学院数据科学研究所终身教授、所长　郭毅可

各位专家，各位同事：

大家好！

今天非常有幸来报告这个研究，刚才几位院士的报告非常精彩，我从中学到了很多东西。特别是徐院士讲的最后两个内容，我当时看文章的时候没有想到他是用展开的方法系统得出来的，我们是几个学生拼命地学出来的。

我讲的题目是从机器学习到机器创造，实际上是讲敢去创造，这是我们研究的方向。我们讲这个的时候，柯洁在跟 AlphaGo 打架。不管怎么说，柯洁讲的一句话很有道理，就是机器下围棋和人下围棋是不一样的，机器和人的思维有很大的不同。我2016年作报告的时候，跟一位教授讨论机器智能最高的极限是人的智能这样一个问题，我答应他在2017年这个报告上

讲这个问题。

先简单地解释一下我理解的 AI，再讲机器创造的部分。AI 是20世纪90年代帝国理工的一位导师写的，就是所谓的第五代计算机。这个时候大量的研究问题，就是把 AI 转换成算法的问题。最大的问题就是下象棋，就变成了规划问题来解决，那个时候计算机大可以算出来。后来到了重要的十年，有一个重要的问题，神经元还不那么热闹，AI 主要是实施感知和信号处理。

在2005年有了第一辆自动车，这个时期是跟着系统方程进行规划，就是运用这种理论进行目标调整，这种研究在 AI 的时候很热闹。刚才徐院士说了一个问题就是推理和分析不同，到了2010年，AI 进入一个推理阶段。举个例子就是人和机器辩论的时候，人辩论不过机器，因为机器有很大的存储和逻辑推理能力，能够达到很好的效果。

现在最厉害的一个人机智能的问题，就是 AlphaGo，它实际上是深度学习算法加上大数据，这个学习的过程，导致了 AlphaGo 有很漂亮的算法。不是以搜索为标准，而是通过一个强化学习，对结构化的分析利用深度学习和强化结合做出的一个很好的算法。现在的算法越来越好。实际上 AlphaGo 怎么完成的呢？就是两个机器对打，人是很难战胜它的。结果是机器的智能在很大程度上胜过人类。刚才陈院士讲了精准医学，还有一个很重要的问题，就是我们的病例数据和以前医生所有诊断的历史，如果这些数据拿到的话，就有了一个类似于下围棋一样的治疗基础，就可以把治病看成是下棋。

AlphaGo 在医学领域有一个很深入的研究，我们现在和帝国理工研究肾病、心脏病，用的是医生过去的诊断数据。虽然心脏病研究还没有看到好结果，但是肾病的研究已经超过了医生的水平，所以这也是很惊人的发展。而游戏越来越复杂。围棋仅是两个人的对弈，现在打得更好的就是桥牌，不好玩了，是一对一的对弈，这种博弈现在是机器战胜人类，也就是薯片机器和人可以联合起来打败机器和人。人和机器之间有一个交互，这些都是人工智能发展的一个历程。

刚才徐院士讲了计算是很大的要求，这个对我们学习计算都是迭代，这个时候迭代算法有需要、有非常好的计算机的支持。原来计算机如果还不够的话，现在 Google 都在做继续学习的芯片，清华大学也做过这个工作。做这样的工作使得我们的计算能力加强。还有一个重要的问题就是 AI 一个产品的构造，AI 解决方案的构造已经结构化。我也跟上海一家公司一起做过事情，把所有 AI 的模块搭积木一样拼搭成方案。刚才徐院士讲得很对，关键是要有领域知识的支持，这个是要分布在各个领域方面的。

将来的 AI 怎么做就是一个很有趣的研究，就是要打破原来的大学模式，大学研究怎么样去跟大公司竞争，大公司有钱有数据，假设将来你有一个集团，那些科学家可以邀之即来、来之即战，如果他们战之不胜，可以通过建立问题俱乐部，根据模块的这些方案来研究解决问题，有这样一些模式，是非常有意思的。我在江苏省的支持下，在南京做了一些尝试，做了这么一个架构。

下面我就讲一讲创造。我们已经到了新的智能文明的前沿，这是我自己的一个看法。我们今天站在一个非常有趣的时间节点，过去把人变成机器，现在是把机器变成人，这是一个非常有趣的科学研究。我认为今天 AI 的发展是大数据的一部分，没有大数据 AI 跟过去就没有区别，而今天的 AI 是完全不一样的。我们知道 AI 有三个主要的学习任务：一个是监督学习，一个是强化学习，还有一个是非监督学习。

现在主要讲非监督学习，在这个领域，你的数据大概有几个模态？一个是数据库的数据，就是关系数据。一个有图，一个有文字，如果我把整个信号归在里面，那其中就有很多的应用了。从低精度到高精度，图像分割就是 MI 的例子。在图块上进行分割，这些工作都是 AI 技术，作用都在大数据上。所以一个 AI 做得好不好，跟数据源好不好有很大的关系。现在我们做 AI，我的学生最大的问题不是不会算法，而是没有好数据，没有好数据就很困难。比如说我想生产一个机器人跟我吵架，这个很有意思吧，但是我没有办法找数据，只能找电影里的数据，但是电影里的数据太少，这个搞不清楚，那个里面不好弄，所以大数据对机器学习非常重要。

我们现在有五个研究所，第一个研究所做文化和社会分析，我今天主要讲这个，它是专门研究机器创造的。第二个研究所做模型和数据本合。第三个研究所，主要研究数据交易。第四个研究所是做大数据、机器学习后面的模型管理。第五个研究所跟精准有关系。今天讲的主要工作就是一个文化。

我们为什么要做这个研究？我们想的问题是不是机器学习的本质？机器是不是在想问题？机器学习无非是讲这三个问题。判断学习，最好的理解是把数据给我，我看它有什么样的性质，有什么样的隐藏量或者有内在关系。强化学习是找到一个最后的策略，学来学去无非是到处找方向，那个节就是你要用的。实际上我们有两类主要的机器学习模型，一个是生成模型，一个是判别模型。生成模型是生成数据的，这是模型上的一个说法。实际上要做的就是变量，就是怎么表达这个数据？怎么理解它？只有理解它的变量的深层次分布，才有数据，这个理论对应的就是非监督学习。生成数据很重要，如果给我一个数据，我学习它的性质最后生产出来，这就有了一个基本的创造功能。第二个是判别模型，就是监督学习。你给一个数据、一个目标，有了这个观察以后我们判断类别，所以它是一个条件数据。深层模型就是非监督学习，对整个数据进行建模。举一个例子，李白写的一些五言绝句，如果它的韵律是隐变量，把这个隐变量找出来就会有一个很好的模型。怎么样生成模型呢？给一个随机变量，随机变量给模型，模型就会生成五言绝句。再举一个例子，我有刚才的数据，然后知道了这个隐变量，现在取一个变量，比方说毛主席的生日，就会从生成模型到生成诗句。

我们讲一个概念就是机器创造，如果把生成模型学出来是可以创造的，实际上现在计算机写诗就是这样，所以生成模型是具有创造性的。第一个特性化的数据，它把模型变成一个结构。这个很难得，这个要发现韵律，计算机发现韵律不容易，这个时候就是要构成一个结构的空间，有了空间以后抽象，从简单的结构抽象。最后总结，你就会得到一个新的机器产生的项目。

这是机器创造的基本，是第一步的工作。专注于生成模型，生成意味着理解，它是创造的第一步。比如，你把一堆核磁共振的图拿过来就可以做不同的模型，生成非常有用的脑区图。深度学习最开始的算法其实就是生成模型。今天我稍微地讲一下，不简单地讲数学，而是讲实用和基本思想。

给你一个数据要求出它的编码，统计上来讲是有隐变量。用学习的方法是指给你一个数据，后面的隐变量用来做什么呢？做两件事情，我用隐变量编码你，编码有个要求就是我最后可以恢复你。要求恢复什么东西呢？要求恢复正确，原来的数据和恢复的数据之间的差要最小，那么编码就是对的。虽然没有标志，把两个数据一给，我只要把中间两个生成一样就可以了，这是自编码的基本思想。当然也不能完全相等，要有些噪声，要相等得有一个选择性。

刚才院士也说了，配额不好，有些我要求它有一些规矩，然后要求能恢复原来的数据，也不是恢复数据本身，而是分布。这个里面我设计两个非常好的，以保证这两个分布有一致性，这就是后面的一套数据。那么这些有一个问题，这个问题就是搞计算机的人很懒，跟数学家不一样，数学家找工具，我们找懒的办法。神经元就是一个懒的办法，最近叫对抗生成网。要怎么办呢？就要有最简单的办法，做一个生成器，但做一个自动生成器是否可以？

我给一个隐变量生成一个数据，这边给一个判断模式，要求对这个判断模型来讲，我是无法区分的。所以我要拼命区分真假，如果我们觉得判断说明不好，你就去改，要改到判断不了，这两个在打架，一个是拼命地想骗你，一个是不想被骗，最后就刻画了元素的分布。这个是对抗模型，给一个隐变量，进行判断，判断是真的还是假的，判断出来就可以学。这个对抗就很有意义，你突然可以非常有效地做很多生成模型，可以做很多有意思的计算机的生成。这个里面有非常有趣的叫条件对抗生成网，如果我要条件怎么说？比如说我要生成一首情诗，我要生成一个描述图怎么办？

这个图就是说，在生成的范围里能不能做到这一点就很有趣，能做到就有很多事情可以发生。比如说我现在是这个样子，还有一堆年轻人，一堆老年人，最后问我年轻时候是怎么样的？你没有见过，你给我收集一下年老的照片，我给一张年轻的照片。这个做法是怎么做的呢？通过对年轻和年老进行编码进行转换。比如说我以前没有见过你，我是通过很多人从年轻到年老的变化知道有皱纹、有白发的。

我的学生还做了很多有趣的研究，不光是可以对一张图片的，还可以对分离化的进行标注，比如说这只鸟的颜色、羽毛的颜色等。作为特征拿出来以后，我可以做改变，给一只红鸟就生成一只红鸟，给一只白鸟就可以生成白鸟，这个很有趣。字体也是，你只要把字体拿出来就可以生成各种各样的字体。还有就是说，可以在学习的时候把艺术家的风格掌握了，梵高的画、齐白石的画等，现在都做得很好。

这个模型就是拿来做 MI 的，同时我们也有同样的算法做图像的存够。刚才说了钱是王道，比如说广告的自动生成就是这样，里面有很多的例子。我们知道怎么样生成一张图，怎么样生成一个意境，做什么路线，只要知道这个生成模型以后，像我这样不会画画的人，大概可以生成一张草图，不断地进行交互以后可以生成一则有意思的广告，这是我们的一个工艺项目，里面分割开来就是很多的创造模型。

还有一个非常有趣的概念就是机器的生成生物信号，很有趣，我们现在有很多传感器，比如说有心电图、脑电图等。有趣的不是每一个信号能决定你的状态，而是不同的信号程度，不同信号特别难测，因为没有完全不一样的信号。你唯一可以做的就是把生成的模型相关性找出来，可以生成相对应的模态，比如说脑电图生成心电图，这个电图把同步的问题转化为相似的问题，这又是一个机器的问题。

我觉得机器正在创造，这本书不知道大家看过没有，这本书是机器小冰写的。这是小冰的训练，你给它一张图，在手机上，小冰会写一首诗，你再给它一张图又会写一首诗，这个工作是机器做的，跟刚才说的例子是一样的。机器不仅仅可以创造现有的，还可以创造未知的。美国最近电影里面外星人的语言、外星人的文字，都是机器创造出来的。

我讲这么多，三年前我就在英国讲，这种哲学文章，我英文还没有达到这个本事，所以很难写。实际上问题是什么呢？图灵测试出来是一个误区，图灵一百年英国有一个纪念大会，我这张图片假设可能有一点过时，什么叫图灵假设？大家都知道。但有一个问题，这个假定在于机器智能是人的智能的根本，人的智能是机器智能的极限。但是现在机器智能很可能跟人的智能不一样，它是另外一种智能，所以这种比较没有意义。

我认为人类不要太傲慢，我们赋予机器不一样的智能，机器下棋跟我们人下棋不一样，过去的 AI 是以人为中心，它是基于人类的角度。这个是不是说我们一定是对的呢？为什么机器不一样呢？如果这样想问题的话，很多事情就会完全不同，所以我们不要太傲慢了。

谢谢大家！

WDCM：微生物领域的全球数据合作

中国科学院微生物所网络信息中心主任　马俊才

尊敬的各位领导，各位专家：

大家好！

非常荣幸参加今天的论坛，感谢有这样的机会同大家分享。我今天的题目是："WDCM：微生物领域的全球数据合作"，主要介绍两个部分的内容。第一部分是介绍我们在微生物领域开展的大数据工作。第二部分，因为我们同样关心大数据如何与产业组合起来，所以介绍一下生物技术和生物产业。

现在我们讲生物就是动物和植物，不见得很多人知道微生物。一般人类已经认识的微生物只占微生物总量的1%，我们人类使用的微生物大概只占人类认知微生物的0.1%。而微生物的特点我们看看 PPT，其特点是任何环境里面都有微生物的身影，它顽强地生存，不论是刚才看到的核辐射，还是多么冷或多么热的地方，都有各式各样的微生物，同时微生物与人类生活息息相关，我们平常吃的酱豆腐、喝的啤酒和生物制药都要用到微生物。

举一个例子，最著名的微生物就是青霉素，这样的微生物菌种对后续人类开发生物技术起到了什么作用？青霉素使当时人类的生命延长了10～20岁。同时，青霉素又在这样的一个领域形成了一个巨大的全球性市场。这样一个微生物的菌种，当时保藏在英国的保藏中心，为科学和产业所使用。

微生物的另外一个特点是不仅造福于人类，而且也干很多的坏事。比如SARS、禽流感等病毒，也是微生物做的坏事。人类肠道里面有大量的微生物菌种，现在普遍的说法，从母亲怀孕到我们两岁之前，你人生100天肠道里面形成的菌群体系，对你未来的健康和饮食很重要。我们经常说母亲的味道，喜欢吃母亲饭的味道，其实不是你喜欢吃那样的味道，而是你肠道里面的微生物喜欢吃。所以微生物既做了很多的好事，也做了很多的坏事。

微生物有方方面面保藏的地方，比如液态的氮气、石蜡等。不同的微生物生存条件不同，需要不同的保存条件，通过负180度的液态氮可以保存微生物10～20年。所以从数据的角度来说，随着学科的发展，随着我们对微生物认知的发展，它产生了大量的数据。微生物不仅是为人类所用的科学基础材料，同时由于它的代谢产物具有多样性，尤其是繁殖速度的高速性，使得其在产业上也得到了应用。

关于人类已产生的测序数据，目前我们可以读懂的只有3%是有用的。根据目前的研究或者研究能力，97%的数据我们是不懂的。换言之，你这个钱花了，目前只可以读懂3%的数据，但是这3%的数据却产生了40～50

位的诺贝尔奖获得者。按照预计，剩余97%的数据将会产生1400名的诺贝尔奖获得者。

今天这个论坛上，有很多科学家也是从事生物信息的。如果你要成为这1400名诺贝尔奖获得者之一，我个人建议你去研究微生物。微生物是最简单的，用现在生物信息学的方法和技术体系更能够明白微生物。如果你对这样的技术以微生物为材料去开发更好的算法和大数据的平台，将来可以更容易成为这1400名之一，哪怕你前面坐的人一定程度上挡住了你的视线，但是你把这些弄明白了会跑得更快。

我们现在负责世界微生物中心的工作，这个微生物中心是在联合国教科文组织下建立的全世界唯一的世界微生物中心，现在落户在我们的微生物所，也是生命科学院第一个世界数据中心。这样的数据中心在全世界有一定的管理，比如全世界75个国家和地区的700多个保藏中心在我们中心注册，注册之后给一个唯一的编号。刚才说的青霉素保存在英国的保藏中心，同样这个保藏中心在我们这里注册，那样微生物是我们保藏中心的一株微生物。

针对世界微生物中心，我们倡导了一系列的国际合作计划。全球的保藏中心菌种是对外出售的，你制定一个目录的数据库，也把全世界目录的数据贡献出来，我们建立一个全球的目录，这个目录的特点是每条记录对应保藏中心的一株活的微生物。

刚才说的，查到青霉素菌种在英国保藏中心的编号，就可以买到活的菌种。到今天，我们倡导的数据平台已经有43个国家的110个机构参加，全世界39万株的微生物资源聚集在我们的数据平台。在这个数据平台39万微生物菌种卖给别人怎么用？被别人申请了多少专利？发表了多少文章？乃至全世界哪些科学家研究这39万株的每一株菌？我们都可以在平台查到数据。

这个是我们中国科学院微生物研究所（见PPT），我们号称是亚洲最大的微生物保藏机构之一。参与我们数据平台的有欧美的保藏中心，也有小的发展中国家的保藏中心。我们号召一个国际计划却不给别人一分钱，别人凭什么把他们的数据提供给我们的数据平台。现在都谈中国的大数据，我们组建一个大数据平台的时候，如何吸引别人的数据？我们是一个成功的案例，我们的所有数据是公开的

刚才说了，43个国家的110多个机构，包括美国、墨西哥、日本、韩国、泰国、德国、法国等国家都参加了中国倡导的合作计划。任何一株菌你都可以检索，通过检索可以看到哪个国家有哪些菌出售，点击这个菌种之后可以看到保藏中心在哪里采集，同时可以看到用户发表了什么文章。

为什么中国倡导的大数据平台有那么多的国家参加？我们是一个为数据提供者做增值服务的平台，现在做微生物的大数据，微生物的大数据不仅是资源的大数据，而且是分类的大数据。在我们的大数据平台，不仅有全世界实物的资源，有海量的文章，有专利，还有核酸序列。把这个关联起来，这是我们前期做得很好的工作。

基于大数据平台，我们可以得到很多的功能。全世界微生物的菌种里面最活跃的菌是什么？全社会哪个菌申请的专利可以进行挖掘？比如美国ATCC13032号菌种专利数量图，这个菌是专利里面出现最多的，这个菌被申请了2000～3000次的专利，每年这个菌所产生的序列都可以得到，我们不仅生成这样的分析，我们还可以形成专利报告。这个菌有2000多个专利，这些专利是哪些国家申请的？他们申请专利保护这个菌干什么？通过分析报告都可以在大数据的体系里面得到，我们建立这样的微生物评价平台来为我们的客户服务。

刚才说到欧美国家为什么加入进来？日本的一个保藏中心不仅保藏微生物，还保藏动物和植物，它的微生物、动物和植物保藏排在全球前三名，它凭什么参与我们的合作计划？凭什么把日本保藏中心的菌种数据给我们？在过去三十年，全世界有3000多篇文章发表，3000篇的文章里面描述了4000种菌，全世界有144个专利，同时提到了微生物的菌种。全世界与你相关的期刊，分类学其中的一个期刊上有2000多篇文章与你的菌种有关。我们提供这样的报告，你在全世界最著名的菌是什么？你9743号的菌发表了多少文章？综合影响力怎么样？还有德国，这是德国的保藏中心，自1985年成立以后，科学家用它的菌种向全世界出售，这样的数据我们就可以挖掘。

发展中国家为什么进来？越南为什么进来？我自动给它申请EXCEL表，它可以直接填写，我们可以很轻易地帮助中小国的体系与全世界进行交流，让发展中国家和发达国家进入这个平台。微生物原始的采集菌种目前涉及171个国家，现在大家都知道，生物资源已经不再是发达国家所倡导的，生物资源是大家共同的遗产，发达国家使用生物资源要更加尊重原产国的利益，要有利益的反馈。

2014年，我们倡导建立了一个全球的微生物实物资源获取跨国转移和使用状况的监控，我们提出所有的GUID。全世界进入这个平台的微生物菌种，我们给唯一的ID，这样唯一的ID，未来将作为专利和文献以及跨国转移的唯一的ID体系。泰国有2014种菌保藏在别的中心，通过数据挖掘体系，我们可以知道有多少的微生物菌种保藏在泰国的保藏中心。我们不仅为科学服务，而且也为国家利益服务，也为产业服务。

数据标准也是很重要的，我们开发的数据标准不仅成为行业的标准，现在我们ISO组织开发新的IC276IBOTECHNOLOGY标准，同时我们的平台是一个开放的数据平台，所有的数据是开放的，与全世界主流的网络合作。来自美国的访问最多，因为我们与NCBI合作，我们与欧洲的网络都在建立一系列的合作关系。我们不仅做干好事的微生物，同时关于坏的微生物，我们也建立了很好的数学模型，开发了很好的数学体系，发表了很好的文章，针对这样的病情得到了很好的科学依据。

目前美国启动了国家微生物组的平台，我们也启动了，国家领导对微生物组启动也很关心。我们世界WDCM有自己的研讨会和培训班，培训班不仅在中国办，在其他国家也办。以前都是国际组织在中国建立分支机构，现在我们是国际组织，我们走出去建立国际组织在不同国家的分中心，跟一系列的国家网络建立我们的分中心体系。2016年9月，我们刚刚召开了世界微生物中心成立五十周年大会，历届的国际主席都出席了我们的大会。WFCC8位理事都参加了我们的学术研讨会，基于大数据体系，我们发布了中国微生物资源的报告，新闻联播也进行了播告。

最后还有几分钟的时间介绍生物产业，生物产业是我们的新兴产业，生物产业在未来几年占到GDP的5%～6%，所以生物产业的发展是很快的。我们也一直思考，生物产业里面的信息平台，如何为企业、为国家的特色园区、为政府的科研机构和金融机构提供更好的服务？我想，未来我们可以与贵阳的大数据体系有很好的合作，我们也有很好的、独有的核心数据资源，包括国家的政策、专家的资源、高校的科技成果。目前，中国的生物技术信息网及工业生物信息网都是我们开发的，我们也有一系列的国际合作伙伴，这个是中国产业信息网，我们与国家开发银行有直通车，如果申请投融资的话，你在我们的平台填写表格，然后它会直接申请。

在我们这个平台上，我们有一个生物技术的门户，我们国家的生物技术有多少企业？这些企业正在产生什么样的产品？以及中国科学院有哪些生物技术的成果可以进行转移、转让？国家开发银行、德国投融资机构愿意用什么钱投入项目？你的企业有什么需求？都可以填表。有什么教授开发什么项目？这些项目如何与企业对接？以及我们国家有很多的生物技术企业如何走向世界？世界有什么大的公司愿意进入中国的市场？这些都是我们开发的功能。

园区在我们这里有一个二级的页面，园区里面几百家企业信息统一发布。比如我们的国家园区进来之后自有的管理平台，我们想为园区服务，这是我们中国重要的特色，为企业服务也是。企业注册之后可以得到这样的功能，每一个企业在后台有自己的管理权限，找资金、找服务在这个数据平台可以实现。还有成果对接，最新的成果在我们这里可以发布，专家可以对成果进行评价。专家对应的介绍也有，专家也可以管理自己的信息，企业也可以与专家进行互动，可以提问，这些功能在我们这里都可以实现。

同时我们的战略情报，对现在很时髦的技术形成了一系列的分析报告，我们也可以受国家和企业的委托定制和开发面向产品和技术的报告。比如生物丁醇是很热的技术，国内外现在都有什么技术？都有什么厂家？主要的技术热点是什么？已经有关的专利是什么？目前你投资有什么风险或者什么机会？市场规模是什么？在这个报告里面都可以得到，同时对丁醇专利的分析也可以得到。

科学院整个科技服务的平台也是由我们开发的，任何一个科研院所可以把技术放进来，任何一个企业找专家也可以做到，微生物的菌种可统一购买，从下单到最后购买是21天。我们希望生物技术是一个大数据的平台，同时也是一个永不落幕的交易会，我们得到了“863”的支持，也得到了国际上的组织和相关机构的大力支持。

此外，我们团队的年轻伙伴们也非常努力，我在这里一并表示感谢。

我就分享到这里，谢谢大家！

可视化——让大数据触手可及

北京大学教授、大数据分析与应用技术国家工程实验室副主任
袁晓如

尊敬的各位领导，各位专家：

大家好！

可视化与数据是密切相关的，数据诞生的时候人类希望用各式各样的方法理解可视化，可视化是与人类之间架起的一座桥梁。每个会场我们都在说各式各样的数据，各式各样的内容，从科学数据的角度来看，可视化是让人更好地接触数据。从科学的角度来讲，数据处理的流程有几个部分，人才参与数据分析和管理，通过认知去理解数据，然后再反馈到数据决策之中，在这个里面可视化实际是我们对事物建立心理模型的过程，就像还没有办大数据活动的时候，大家对贵阳的心理模型是很远的一个地方，但是今天我们大脑里面的印象，对贵阳的心理模型，加上每年大数据的会议，其实是对外界事物的认知。

今天从用户的角度，用可视化帮助我们更好地接触。今天的主题是讲科学数据，我们首先讲讲科学家，我们对于可视化的需求是不一样的。可视化产生大量的数据，我们可以计算、可以观测。无论是微生物，还是天文数据，我们需要提供对于基本数据的展示和基本的操作，去发觉隐藏在空间的关系，我们有很多的事情要做，科学家希望可视化帮助人们更好地看到面临的数据。

举一个例子，比如对于全球我们可以模拟风场，在这个里面是模拟数据通过中国的数据，从中国出发会到哪里？会通往日本、美国，所以日本经常埋怨我们的雾霾。那我们看看从美国出发会发生什么情况，这个里面都是同样的数据，但是对于这些数据我们需要给用户选择，只有选择之后才可以发现数据之间的联系。把所有的数据交给你，你不能看到从中国出发是怎么样，从美国出发是怎么样。

我再举一个例子，贵阳有很多的工厂，中国的大飞机已经正式试飞，我们选取了一个小块的空气动力计算结果，我们不能直接通过一个照片来看，而需要一个手段让大家看到这些数据的内涵。当然这些说起来根本谈不上大数据，这个里面只是单一的数据。但是再往后，我们会关心对于复杂的数据如何增强，在模拟中我们要了解一个聚分，要观察温度、湿度、压强，合起来才可以描述一个聚分的现象。上面的例子是针对很多的维度在空间中的数据，我们可以设计相应的交互界面，最后可以比较快地定位出来，比如风眼是什么。这些可以帮助科学家更好地理解。

我们还可以比较模型，比如上面是一个全球风厂的模型，我们讨论全球气候变暖，世界各国都在计算模型，但是中国计算的模型与美国计算的模型不一样，我们需要用什么工具来比较这些模型，PPT 展示比如这个里面实际上每条线代表了风往哪边吹，这是八个模型算出来的结果，这是中间找到的点，我们看到这八个模型不一样，有几个模型很像，有几个模型不一样，我们通过可视化的方式告诉科学家它们哪里相像、哪里相近。我们还可以得出它们也许在太平洋中部差不多，而不是给出的数据没有办法判断结果，我们需要有更好的手段去接触了解这些数据。

还有一个跟我们生活相关的，比如城市交通，贵阳的交通人多了就拥挤，所以我们需要获得各式各样的数据，对于这些交通更好地理解。但是我直接把数据给你你能不能得到一个更好的交通图像，其实也不是，这是我们把北京的出租车的轨迹拿过来，可以看到每辆车是怎么走的，但在这个里面数据其实太杂乱，很难得出清晰简单的结论。我们可以从另外的角度来看，简约一点，我看某一天，我把所有的模型压缩成几个不同的色块，我们看到整个的态势，北京哪一块比较拥堵？比如早上黄色的地方拥堵，再看右上角可以知道有车在等待。这里面看不到单个的个体，但是可以把握整个的态势。

我们可以看到北京的右半部分朝阳有很多的酒吧和娱乐区，这些数据也需要提供一个更好的交互，比如在这里面我们可以拿一些非常特殊的过滤手段，比如从这个地方出发的轨迹有哪些？从 A 到 B 有哪些？但是对于广大的用户来说，用这个可以很快学会、很快找到。但是如果教他一个数据库，他会拒绝，在这些方面任何人都可以很方便地接触数据。我们还可以通过这样的方法，每一行是一天，一格是10分钟，看整个交通的拥堵情况。

大家如果做过数据分析，数据的清洗是头疼的事情，这里面可以引出交互的工作，举个例子，在这里面左边是拿到的数据，原始数据其实不是这样，是一团乱麻，上线的很多数据是很奇怪的，有一个点到北京，后来到天津，下一秒回来了。显然我们知道不可能有这么快的汽车，很多时候是因为各式各样的数据有问题，有可能是人为的，有可能是机械的。我们通过交互的手段，筛选出一部分让背后的系统学习，然后它可以帮你找出其他的，这个叫作交互式可视化的数据清洗工作。

我们再看一下社交媒体，很多人用微博、微信，在上面发布很多消息，比如今天你到了博览会参加我们的论坛会发一个消息，后面有一堆人给你转发，有的时候还有一些讨论。当然我们会看到一些社交媒体、一些突发事件，这些突发事件爆料出来，然后下面可以非常快地涌现。对于这样的信息我们需要一个方式来了解，如果仅仅是通过微博来看回复，很难更好地理解所有的信息，同样通过可视化可以帮助我们理解一些复杂的信息，举几个例子。

比如单个用户的影响力和信息的传播。单个用户的影响力是什么？这个是我的数据，我选择了一段时间我发的500条微博，这些微博发出来之后有上千人与我互动，我发了不同的内容，回复的人是不一样的，有的时候我讲北大的事情，回复的可能是校友和老师。我写大数据，回复的可能是大数据的业内人士，这些人在我们的虚拟空间看得如此不一致。但是怎么更好理解？我们可以转化为地图，转化为地图之后，看到四川马上联想到吃辣，看到新疆马上联想到天山。其实每个省份和城市地域的人有不同的特点，都是不同的用户，这个可以把社交媒体上互动的人划分为不同的省份，每个省是一个互动的好友，这里面有的关心教育、有的关心大数据，如果我发一条微博，我可以把很多这样的微博浓缩到一个图上，这个图可以交互。

我们可以考虑很多的特性，必须考虑参与者的影响力。谁是主要的参与者？信息是怎么发散和分布的？我们根据这些特点把这些聚集起来。PPT 展示这里面每一个蜂窝代表一群人，周围不同的颜色代表相同兴趣的人，我们在里面比较一些色块，比较深的颜色不仅代表一个人，还代表一群人。我发布了这些信息，首先是人口比较多的块转发我的信息，进行传播，我可以进行筛选，我可以看有哪些人转发知道了我的微博，同时我可以知道转发我微博的是哪些地方的人。

一事件的传播，首先从我自己 C1传播到 C2，然后传播到 C3，这个是在几个不同的类别之间相互传播。我在这个里面还可以做一个事件是怎么传播的？我可以把这个事件看作是在一片土地上，人是怎么扩散和传播的。比如说这个（见 PPT）是我们把与金正男有关的微博取下来，中间组成了一个地图，里面不同的颜色对应不同的时间，主题是不一样的，第一步是最中间，大家只是描述金正男被杀了，然后进行扩散，扩散之后是讲毒气被发现了，接着是讨论中朝之间的关系，最后是讨论其他的事情，比如半岛的局势，等等。

由此出发，我们看到可视化可以做很多事情，包括反恐和安全领域。举一个公开的例子，这是国际竞赛的题目，是一个跨国公司的人被绑架了，我们要进行破案，我们不是找一堆人来问口供，用人力来做是可以做到，但是非常慢，不可能在很短的时间做完。我们需要用数据，这里面我们要把几千条的文本进行交互式、可视化分析。比如相同的颜色代表同一个单位，这里面我们可以看到有一部分人最后加入了这个单位，最后的颜色是一样的，表示与他们进入公司之前的经历吻合。

还有人的行为，我们可把轨迹转化为现象图，更多的例子大家可以在网上看，无论是科学家还是相关部门遇到数据我们发现要去找工具，不可能说今天发生了案子我们用一个月的时间找到工具再抓人，或者是科学家有数据了，再等工具做好。工具要怎么做？我们现在除了一些非常大的科学数据之外，还是要在传统的平台做，很多的可视化应用我们会放在网络端，像JAEASCRIPT库来做，但这有一个问题，就是需要编程，即使编程难度降低了很多。下面我讲一下怎么快速构建可视化。

第一步，能不能像PS一样直接通过画图来做，PPT展示这是我们早期做的事情，我们进行了一个高维的数据，这些平行的鼠标和图可以拉点连起来进行可视化，你可以画出可视化来，你可以存储可视化，普通的用户不需要编辑就可以直接做出结果，而且可以在别人做的结构上进行加工。

但是你只做高维的数据不行，第二步的工作是INISDESIDNER，这是一个北京污染的站点，这个位置是我们采集污染的采样站的坐标，我们把每天的污染叠加起来进行比较，这些合起来既有时间空间的问题，还有时间序列的问题，但是这些需要编程作一些搭配构建的形式，这样可以支持很多的散点图。

这个是我们2013年本科生的毕业设计，我们花了一年多的时间做这个事情，可以一步一步进行搭建，而且也是开源的，这些都是构建出来的。

第三步，针对更加进一步的数据怎么构建？这个是我们的一个DATA DRILLER，我们可以把数据拿进来进行调配产生数据可视化的结果，然后再进行一些分析，当然这里面可以支持的分析还比较初步，但是可以解决很多问题，你可以直接与后面的数据库连接起来。

最后，我们还会碰到一个情况，你看到了别人的可视化，不是说别人的孩子是最好的，我们往往发现别人的可视化做得也不好。我看到这个数据非常有意思，我操作的时候发现原来的作者没有实现交互的功能，但是数据已经在里面了，这个非常普遍。我们可以做一个插件，把可视化框起来，产生交互过滤条，然后选择某一个范围，这样可以变成互动，原来不互动变得可以互动，原来交互少的可以合起来，它的核心思想就是把内部的元素提取出来进行分析。或者有时候，我自己做一个可视化，我比较偷懒，但还是可以通过这个来进行交互。我们可以提供不同的交互手段来进行结果解析和聚类，比如《纽约时报》我们可以分离出哪些是感兴趣的，原始可视化里面没有这些形式，当然希望我们自己也可以进行交互，不用等工作人员来调，可以自己拉升起来。

所以最终来说，可视化其实在不断的发展之中。我们总结一下，可视化与可视分析是连接我们及手中的数据，使得无论是专业用户，还是普通大众都可以与可视化进行交流。我想一开始数据是科学家的专利和贵族的专利，现在无论是个体还是企业都会面临重大的数据，将来人一出生就会建立自己的数据文档，我们也要对自己的数据进行分析。

我今天的分享就到这里，谢谢大家！

数据科学管理

复旦大学计算机科学技术学院教授、上海市数据科学重点实验室主任
朱扬勇

尊敬的各位领导，各位专家：

大家好！

非常感谢主持人的介绍，大概从2004年6月开始，石勇教授一直从事数据科学方面的研究和探讨，石老师应该是我们国内大数据科学研究领域最早的一批学者。我是研究计算机的，非常荣幸到这里来和大家分享我的观念。

大家看到大数据的时候都讲了很多，所谓P9的故事来讲大数据，事实证明这个故事不是真的。我们谈到大数据、数据分析的时候有聚类、分类等等，在座的估计没有听过特异群组，这个是我们在2008年的时候首次在国际上提出来的。股票已经收盘了，今天一片大好。大家如果有做股票的心情应该很不错。我们之所以喜欢，不在股票好坏，喜欢股票里面有专家，

但是又痛恨专家。可是没有专家的股票又很被动。2011年有一位基金经理马某在该买入的时候买入，该卖出的时候卖出，获利1800多万元，这个数字在现在不算很多，但是在那个时候确实是很轰动的一件事情。

马某被抓的原因就是他买股票的时间、股票的内容跟买基金的时间非常吻合。在相当长一段时间，所有的横盘，横盘就是所谓专家在买货，专家不能一个账户买很多，一个账户买很多就会被监管，所以用很多账户，通常是3000个到1万个账户，这就是操作市场价格的行为。在我们国家的证券市场这样的现象比较普遍，而且老百姓好像也喜欢有这种行为，所谓跟庄操作，带来的危害可想而知，它肯定是想赚大家的钱。

所以，如何把这样的账户找出来是一个非常具有挑战性的问题。比如上海证券交易所注册的账户有1亿多个，有交易的大概有5000多万个，有的时候更多一点。在这么多交易账户中如何发现哪一些账户在做专门一只股票，这是一个具有挑战的问题，这一块工作我们跟证交所合作做的时间比较长，是现在一些与做庄的行为更有关系的。

这个就是所谓的买基金的时间点和买股票的时间点非常吻合，是因为不小心打了一个电话，这是一个操作股票的电话，这个电话是从来不用的，哪天出了车祸一着急就给家里人打了电话，就跟他勾连起来了，最后找到这个人，找到了这些东西。

不管是如何做起来的，在今天的证券市场上是一个非常重要的课题。我们说在同一个时间段，短时间比如说一个礼拜，所有的融资很猛地涨停，做长庄的在整个吸收过程当中不停地买买买，在多长的时间内确定有多少个账户同时在买进卖出，这个叫合谋操作，我们要监管重大的基金，所有基金是否有一些仓位，跟着一些基金的买卖，这个发现相对比较容易一些。

另外有一些行为也很有意思，这个是我们在上海做医保基金时发现的。

在上海的一些医院门口有些人找人借医保卡，然后去找医生开药，然后去卖掉。医保基金知道这个是在账户的，30% 是医保基金来付，有医保卡的会有20% 的比例。药贩子有加价的能力，能拿到20%～30%，不要小看这么小的一个数字，上海医保基金每年损失一个亿，尤其是一些老年人就借医保卡给药贩子做这个事情。

还有比较典型的就是，我们经常看到一些车队，今天的作案不是单个人。我这里选了一些国外的图片，这个大概有五辆车，在不同的路口、路段上出现，这是一个车队的行为。现在上海监管非常严，经常会有偷汽车的团伙，先在外地开一辆小面包车，里面装满了人，在上海的小区里一路偷，偷一辆车派一个驾驶员跟着，到了晚上就开一串的车跑掉了。这样的车队沿着上海的各个路口行走。如果不是政府有什么活动就显异常，公安局就会盯上。

刚才讲的是单一的数据类型：证券交易、医保、汽车路线的检测，现在还有更复杂的问题，是整个社会团体的犯罪。一些恐怖组织的犯罪行为，一个犯罪组织通常会表现在一段时间内具有共同行为，注意不再是单一行为，而是同行同住、同时开关机。

今天大家都到这儿来了，同时出现在某一个场合，相对于全国人民来讲我们就是一个异常的群组，因为我们喜欢大数据，但我们不是犯罪团伙，这就是我们讲的更复杂的情形。增添账户应该是个体的行为，就是说我们人是单个的个体，不会出现两个以上的账户同时买同样的股票。我按照我的方式走，你按照你的方式走，不会长时间有同样的行为。现在被抓的不只是医院、医生与药贩子勾结的团伙。

车辆一旦形成车队以后就会有异常。所以作为人来讲是一个个体的行为，个体的行为发展成一个群体的行为，这个很重要。我们有朋友圈的知道，当个体的时候显得没有力量，但是有群体的时候，好的群体大家不太会关注，一旦出现一些有犯罪倾向的、有组织的群体，给社会带来的危害就很大，这就是一个特异现象。

PPT展示这是一个数据对象，看到几个比较黑，这几个为什么走得这么近？我们想象一下，刚刚聚在一起的，在传统的数据分析里面叫聚类，聚类就是把很多具有相似行为的对象聚在一起。聚类的做法是绝大部分的对象都会聚在不同的处里面去，就是聚类出来的结果，大部分的点会分配到它会去的处里面。比如这个投资，有投资偏好，有短线的、中长线的和长线的要分类，证券公司也会分小户、中户、大户，这个叫聚类。

还有一类跟这个有一点像，叫异常点或者是叫孤立点，这个在应用方面很多。比如你银行卡透支，基本上透支在1万元之内，突然有一天透支了10万，卡公司一定会检测到你今天的透支额度超出了平时的额度。平时你在上海、北京消费，突然一天到巴黎消费了，检测到以后它就要去预警。特异群组跟这两个不太一样，我们把数据集拿过来以后，数据集里面的每一个人都是不同的，正如我们在座的每一个人都是不同的。换个角度，我们在座的每一个人都是相似的，因为我们都是参加这个会的数据对象，这样的一个群体。就是说是一个个体行为，但是你在一定范围内是群体的行为，我们都来开会了，所以这个个体行为没有相似性，因为是独立的。

群体行为在这个中间的滑动是什么样的概念呢？当绝大部分的数据对象都能归到某一些处里面的时候叫聚类。到今天为止，讲大数据到各个地方的应用，大部分讲的是这样的工作，再去找孤立点，很少找特异群组，大家可能没有太在意这个东西的重要性。从理论上来讲，少于51%，49%开始就是特异。真正的合作当中，我们跟证券所合作或者是公安局合作的时候是要少于5%的人，找出小于5%的人，两三个他们特别地像，大概是5%

以下，很多时候会更低。

那么有一个假设，我们应用的一个犯罪组织是一个特异群组，但一个特异群组不一定是一个犯罪组织，包括一些团伙。从这个上面知道特异群组是非常有用的一个挖掘的领域，所以大家在做聚类的领域里面会有特异群组，也是特异群组应该用的一些地方。当然大家看下来，最多的就是有组织犯罪的预防、预警，当然犯罪事件发生以后，对犯罪分子的追踪，应用非常地广。那么特异群组挖掘，一个简单的原理框架，一个简单的做法，就是先定一个相似度，在这个群体里找俩俩相似度。

上面涉及的问题，我们以证券来举例。证券市场找坐庄的人，买股票，比如说买浦发银行，买的人非常多，不能说他们就异常。我们要拉一个时间段。一个礼拜、一个月，甚至更长，这个要靠监管人的经验。简单的做法就是，假设犯罪分子是很少的人，我们就拉一个人数，比如说100人，犯罪分子不会超过5个人，我们找5个最相像的人，最具有相同行为的5个人，现在最简单的框架就是，我先拉一个人数，不管是几千万人，拉一个小于5%的人数，甚至是1%，把最相像的、最相似的、最相同的群体找出来，然后把这个群体、这个1% 的人找出他的联通分量。最具有相似度的一小撮人群会分成好几个处，把最具有相似形的，从联通分量分掉。这几个处是标了颜色的，是这个群体的特异群组，这是最简单的原理。

真正到具体的时候就比较多，要从数据的收集，到数据的重新建模，再到设计度量、挖掘做法，到最后的实际应用，工作还是比较多。这里不去展开讲。如果大家做过证券，你从证券拿到的数据，这样的数据是没办法作分析的，要把这样的数据重新建模，按照我们国家 T+1的特点，把这个交易放在一起，T+1描述一个时间段，也就是说某一天，每一列就是表示某一天，这个账户买卖的行为，买了什么股票，多少股就是行为，想象一下是蛮复杂的。一天一个账户操作股票的行为非常多，他可以买，一个就是一个行为。比如说一个月交易的情况，你要去看到底哪些对象具有相似性，找出最相似的群体，找出这个难度，原理也非常简单，找出俩俩相像。两个两个找出来，找出更多相像的东西拓展出来。

我们在医保基金的防控平台里做了这样的东西，找到了一些账户和对应的医院以及对应的药品。我们当时做得比较简单，就是说一般一个药贩子找医生看病，他也不可能拿出100张卡看病，他拿出五六张卡，五张卡同时在一个地方，长期连续几天在一个地方开药然后卖掉，其实开出来的药不多，每次几百块，每次这么干使得上海每年医保基金损失几个亿。最后上海采取了措施，一张卡一次看病开的药不能超过五千块。那么更复杂一点的特异群组，后面的数据量就比较复杂了，我们要做的就是要把移动互联网的数据现实行为数据和社会基础数据融合在一起。

提醒在座的各位，我们有一个忠告，就是在互联网不要干坏事，干了坏事一定会被揪到，不管你怎么匿名，因为你的手机是跟定你了，根本跑不掉，所以要做好事。第一个做法就是把所有的数据进行转换，比如你住酒店的信息、简历、发表的论文等，就融合出你一个人的模型。那么在这样的模型下我们去找特异群组，这样的一个过程就能够把测绘的、有组织的犯罪团伙找出来。

这个过程工作量比较大，首先要把全部数据建模建好，还要设计各种各样的度量，然后要做各种各样的算法，有了算法以后再做预测，最后使这个工作做成。我们现在做的这个模型很高级，叫章鱼模型。

刚才陈老师也讲了，每个人将来在数据里面的东西叫数据身。我们现实的叫肉身，还有灵魂，灵魂现在没有找到，但是数据身已经有了，就是你在网络上留下的所有数据记录。现在就是把每个人的数据身找到。所以在网络上要小心了，在未来只要把手机号、姓名、身份证号输进去，就会把你在网上做的所有的事情拉出来，做成你的数据身。未来枪毙一个人的时候，不需要枪毙了，就直接把这个人的数据身从网络数据库抹掉，什么意思啊？你这个人压根就没有来过这个世界。

数据身即便是死了还是可以在后台供着，还可以发表意见，让全世界的人知道你还活着。这是一个复杂的模型，在这个模型下设计的算法会进一步地复杂。要去找这样的两条章鱼的相似性，发现各种的行为去设计各种各样的算法。各种社交网络在一起做数据的挖掘，找到特异群组，以后就形成一个意志节点的网络，这样去找就可以把有特异组织的行为找出来。

最后，我们特别希望用大数据的技术给社会带来平安，也给国家的安全机构提供好的技术和方法，让我们有一个平安的中国。

谢谢大家！

智能制造是《中国制造2025》的主攻方向，大数据是智能制造的基础和关键

中国工程院制造业研究室主任　屈贤民

各位来宾，各位同事：

大家上午好！

非常高兴能参加这次会议，我演讲的题目“智能制造是《中国制造2025》的主攻方向，大数据是智能制造的基础和关键”。首先，为什么说智能制造是《中国制造2025》的主攻方向？可以说，自2015年5月8日《中国制造2025》发布以来，智能制造的热浪在中国扑面而来。这主要源于三个方面的原因：

一是制造业面临的成本高、招工难，特别是年轻工人比较“任性”等问题的出现，使珠三角、长三角的大批企业通过“机器换人”发展数字化、网络化、智能化改造来解决以上问题。

二是新一轮的科技革命和产业变革，特别是新一代信息技术的迅猛发

展及与制造业的深度融合，使数字化、网络化、智能化制造的发展势不可挡，智能制造已成为各国竞争的焦点。

三是各国在制造业领域的竞争，特别是《中国制造2025》提出的以智能制造为主攻方向和突破口的战略对策，强劲地助推智能制造的发展和推广应用。

下面我简要地介绍一下近几年来我国智能制造的发展态势。我用32个字来解读："顶层设计，基本就绪；专项行动，全面落实；试点示范，初见成效；城市地区，梯次展开"。

第一个方面是"顶层设计，基本就绪"。中国如何发展智能制造，对此各有说法。我们在认真总结了各国的做法和结合我国国情之后推出了《智能制造工程实施指南》和《智能制造"十三五"规划》，这两个文件的出台标志着我们完成了中国近几年发展智能制造的顶层设计。

《智能制造发展规划（2016—2020年）》提出了两步走的发展目标，2020年前的目标是在传统制造业重点领域基本实现数字化，2025年的目标是在重点产业初步实现智能转型。2020年以前，中国企业将着力在两方面全力推进：一是在重点企业全面进行自动化、数字化、网络化改造，比如说广东省提出到2020年50%的企业完成数字化改造。二是大力发展数字化、智能化装备及软件，装备能够满足企业改造50%的需求，软件能够满足30%的需求。

现在有的企业提出它们已经建成"智能工厂"，其实是不符合实际情况的，智能制造以及真的智能工厂离我们还有相当的距离。我记得2014年访问德国的时候，同西门子的总裁有过一个多小时的交流，我问他一个问题，西门子什么时候能达到4.0，他的回答是十年至十五年。大家知道西门子是扛起德国智能制造的大企业，都且需要十年至十五年，我们现在的企业说已经建成了智能工程，这是不切实际的。

还有一个很重要的问题就是要逐步提高用自主的装备来武装自己的企业，用自主化的软件来武装工厂，因为中国工厂的改造，每年需要五六万亿的设计费和软件费，这么多的东西都要进口是解决不了问题的，而我们现在的改造大约70%靠进口，所以逐步提高国产装备和软件的比例非常重要。当然我们非常欢迎德国、美国、日本的企业，特别是走在前面的企业参与中国的改造，这几年我们也和西门子、GE、三菱有多次的接触，我们非常欢迎国内的企业都邀请他们参与改造的总体设计和一些关键的设计。

这里提出了六大任务和九大专项行动，我就不一一介绍了。首先我们看《智能制造工程实施指南》，这个指南主要提出了“五三五十”的重点任务。“五”是重点发展五种装备，分别是数控机床与机器人、增材制造设备、传感与控制设备、装配与检测设备、智能物流设备，这五大设备也是我们所说的五大核心装备。“三”大基础分别是标准、通信基础设施、工业软件。“五”种模式分别是数字化车间、智能工厂、个性化定制、协同制造、远程运维。“十”大领域，《中国制造2025》提出了新一代信息技术产业、高档数控机床、机器人、航天航空装备、海洋工程和船舶、轨道交通、电力装备、农业装备、新材料、医药和医疗器械等十大领域要重点突破。

第二个方面是“专项行动，全面落实”。在工信部和财政部共同出台了智能制造的专项，这个专项分成两部分。第一部分是智能制造新的模式，主要是支持数字化工程，2015—2016年总共支持了150个项目，2017年的项目6月正式发布，还安排了70个标准项目，（PPT 展示）这是项目在各地区的分布图，东部地区占的比例比较高，占了将近一半。专项行动全面落实的第二个表现是智能制造试点示范的启动，在这两年总共遴选了110个项目，各个地区的分布大概是这样。试点示范的内容一共是五个方面：离散型智能制造试点示范、流程型智能制造试点示范、网络协同制造试点示范、大规模个性化定制试点示范和远程运维服务试点示范。

作为专项行动，全面落实的第三个表现就是智能制造标准体系的建设，工信部和国家标准化管理委员会联合发布《智能制造标准体系指南》，现在各项标准特别是一些通用的共性的标准，涉及数据和信息的互联互通标准化正在抓紧制定，已经安排了70个项目。这里我要解释一下，专项是有钱的，国家对于推行智能制造而且取得成效的企业给予一定的事后补助，实际上是奖励津贴，就是说钱还是要企业自己出，但是建成之后国家给予一定的奖励，试点示范是没有钱的，就是给一个牌子，按照马凯副总理的说法，就是国务院给你做一个广告。既能拿到专项，又能拿到试点示范，可以说是名利双收。

第三个方面是“试点示范初见成效”就是现在已经建成了一部分数字化的车间，而且开始运行，但是我要特别介绍的一个是2016年7月24日，东莞有一个劲胜精密组件股份有限公司，它是加工手机壳的，高速的、两万多转的加速中心，十几分钟就可以加工一个产品。有10条自动化的生产线、180台数控机床、81台机器人、10台 AGV。这个工厂的生产引起了各个方面的高度重视，工信部的部长、副部长，广东省的省委书记都去看过。

这个工厂有这样的特点：第一是“三国”，即用的是国产的设备、国产的数控系统、国产的软件；第二是“六化”，也就是装备高端化、工艺数字化、生产柔性化、过程可视化、信息集成化、决策自主化，而“六化”的核心就是大数据。试点示范的另外一个案例就是个性化的大数据定制生产，正如刚才王市长介绍的“红领”，这是一个做家具的走向了精准化的市场。另外一个案例是远程运维，现在很多的设备上都装了传感器，它可以24小时进行远程监测和控制。

第四个方面是“城市地区，梯次展开”。现在推进的比较好的有广东的东莞、浙江的宁波、苏南五市，即苏州、无锡、常州、镇江和南京。以东莞为例，到2015年年底，申报“机器换人”的项目达1262个，总投资超过100亿元，未来五年东莞市财政每年安排不低于两亿元的普惠性“机器换人”专项资金，力争三年80%的企业完成“机器换人”。“机器换人”是一个通俗的说法，我认为“机器换人”实质上是智能制造的初级阶段。

全国上下对智能制造的发展战略和思路已经形成了共识，智能制造试点示范在全国各地都得到了突破，并且覆盖了主要的行业，各个地区和地方都制定了发展智能制造的规划，并都以智能制造作为抓手对企业进行转型升级。我的结论就是中国已经度过了智能制造的培育期，进入了成长发展期，但是在当前发展智能制造方面，我认为有四大问题应该高度重视：

第一，推行精益生产、优化生产工艺是基础。现在很多企业把发展智能制造理解为搞网络、搞ERP、搞MAS，其实推行智能制造的基础就是生产线底层必须精益生产。2016年，我们到日本三菱进行了考察，三菱企业这几条我牢牢记在心里面：一是强调推行E工厂，E工厂就相当于我们的智能制造。二是产品一定要优质，必须推行精益生产，工艺要优化。三是做好现场自动化的技术改善，否则搞智能化只能放大存在的问题，大批量地生产质量不高的产品。我们现在很多企业没有做好基础工作，匆忙地上自动化的生产线和数字化的生产线，结果花了大量的钱没有收到效果。

第二，智能制造核心零部件和装备的自主化是关键。大约我们每年在制造业的技术改造现在是五六万亿元，到2020年将达到七八万亿元，这么多的装备都靠进口，我们的智能化发展不起来，所以不能出现外国的机器人上岗，中国的工人下岗。所以，一是我们一定要开展国产设备和软件的自主化，用越来越多的国产设备和软件来武装中国的工厂，这样才可以改造得起、用得起、维护得起。二是我们要突破传感器、控制系统、检测仪表、机器人、伺服电机、智能化的物流设备等关键零部件。

第三，人才培育是最主要的保证。发展智能制造必须要有一支庞大的人才队伍。人才培育现在做得比较好的模式是各个企业首先要对领导干部培训，再对技术骨干和管理骨干进行培训，对实施数字化车间或工厂的企业，要进行全员培训。

第四，培养系统集成公司是推行智能制造的重要条件。一个企业不可能单独干，提供一个完整的设计，所以培养集成公司是很重要的，也在规划里面把这个作为一个很重要的事，工信部现在也全力抓这个事。推行智能制造，形成一批系统集成商，可以通过四条途径形成：一是用户“久病成医”，通过本企业发展智能制造成了集成商。有的企业通过发展智能制造，改造自己的企业成了集成商。比如刚才说的红领，红领自己做成之后，现在到它那儿参观要买门票50元，要咨询是50万元，现在还成立了一个400～500人的集成公司，给消费品行业提供个性化生产的解决方案，一个工厂收500万元，现在正在开发这个方面的软件。二是制造装备提供商，从制造商转变为服务商。例如：我刚才讲的东莞劲胜，现在也成立了一个集成公司，帮助别人做这方面的集成。三是从事自动化的研究所转为集成商，如北京工业自动化研究所。四是设计院转型为集成商，如机械工业第六设计研究院。

第二部分，我简要地讲一下“大数据是智能制造的基础和关键”。工业大数据是工业互联网的核心，是实现智能化生产、个性化定制、网络化协同、服务化延伸等智慧化应用的基础和关键。工业大数据是我国制造业转型升级的重要战略资源。所以有人说：今后什么值钱？数据值钱。所以工信部成立了工业互联网产业联盟，在2016年12月工业互联网产业联盟向联盟征集工业大数据应用案例。

我是联盟的专家委员，参加了评审，看到有一批应用大数据做得很好的，初见成效，但是也看到了申报的大约一半的项目是炒概念，讲的都是大数据怎么好、云计算如何，怎么样建模型，怎么样进行推理，怎么样进行深度学习。但是一问两个问题，第一个你们多少数据？答不上来。第二个你们安装了多少传感器？也答不上来。至于应用在什么方面？更答不上来。当然这里面我也特别欣赏一部分企业，确实扎扎实实地做实事，这里我举两个案例。

案例一，风电装备数字化升级。金风科技已发展成为国内第一、国际市场排名第一的风电机组制造商及风电整体解决方案供应商。这个企业不在深圳，在新疆。金风科技于2014年开始进行风力装备的工业大数据应用探索，从故障预警、运营优化等方面挖掘大数据价值。目前，已将风机的设计／仿真数据、运维档案、风机状态监测数据、测风塔观测数据、气象数据和地理信息等风电数据资源池统一整合到基于 KMX 的风电大数据平台。

数据的来源有两个方面，一是机器数据，包括风机运行监测数据、风机运行监控数据、设备故障数据等。每台风机的数据测点从最初的十几个增长到如今的近500个，数据回传频率从秒级提高到50组／秒，峰值状态下20000台风机千万条／秒，每天新增近1TB 的传感器和机组运行数据。二是外部产业链数据，分为风资源数据、地理信息数据和气象数据。风资源数据来源于测风塔和激光雷达，新增数据100GB／年；地理信息数据包括测绘地图、卫星遥感图像、地质属性等，数据量近50TB；气象数据包括气象卫星数据、地面气象站数据、中尺度气象数据等，数据量超过1PB。

取得的应用效益。首先实现了发电效率的提升。一台风机一年能多产出1万元电量，一年能提升2亿元能效产值。其次更好地控制了运维成本。通过全球风电场的实时监控，建立故障预警模型，每年减少风场直接和间接损失可达千万元。

案例二，炼铁行业大数据应用。2016年中国铁水产量约7亿吨，产值1.5万亿元，其生产过程的数字化和智能化水平相比轧钢工序依然比较低。高炉是个庞然大物，像个“黑箱”一样，里面的情况很难掌握，通过炼铁大数据平台和智能化系统的建设，取得了很好的效果，降低炼铁异常工况及燃料消耗，还可以直接降低炼铁燃耗及 CO_2 排放，实现节能减排和绿色冶金。

数据主要源于物联网机器数据。炼铁大数据平台已接入了约200座高炉的数据，每座高炉安装800多个传感器、800多只热电偶，约有2000个数据，数据采集频率为每分钟一次，每座高炉产生的数据量约为288万点/天、数据大小约为200Mb/天，即行业大数据平台接入的数据量约为5.76亿点/天，数据大小约为40G/天。炼铁大数据平台实现了对高炉“黑箱”的可视化，机理研究、大数据与机器学习相结合，建立知识库和推理机制，推行数字化、智能化、标准化炼铁。

应用效益。已应用的炼铁厂平均提高劳动生产率5%，降低冶炼燃料比10公斤/吨铁，降低吨铁成本15元，单座高炉创效2400万元/年，预期全行业推广后，直接经济效益70亿元/年。

当前，关于大数据、云计算、人工智能炒得很热，但多是停留在概念的炒作上，像上述案例中这样踏实地进行数据采集、数据分析、实际应用的企业不多。所以我建议大家，特别是企业，还是要从基础做起，建立传感器网络，建立公共和专用数据库，建立数据分析的模型和推理机理，探索应用的途径和案例。希望有越来越多的企业可以做出实效来，因为现在大家知道人工智能已提到了相当的高度，但是人工智能离不开数据，所以大数据在智能制造的应用方面被寄予了很高的希望。

谢谢大家！

智能制造与协同设计：关键技术与产品应用

中国工程院院士、中国大数据技术与应用联盟理事长　谭建荣

各位来宾：

大家好！

制造业是古老的产业，主要工具是人类，到了工业社会，能量转化为动力，开始使用机器，如今的社会，信息是关键的战略资源，知识和智慧构成现代的主要智力工具。制造业经过了数千年的变化，直到21世纪初，全球制造业发生了深刻的变化，这个变化来自两个部分：一个是企业外部的变化，由过去以产品为中心过渡到以市场为中心，从而进一步过渡到以客户为中心。企业外部的变化带来了企业内部的变化，产品多样性个性化的需求给制造企业带来了挑战。企业管理人员、工程技术人员和城市制造研究的科技人员都面临一个新的研究课题，就是如何提升我国制造业的水平和层次。

面对千变万化的形势，国际上出现了三个振兴计划，首先是美国提出了先进制造业国家战略计划，提出了三大优先突破技术，包括先进制造的感知控制、智能制造技术平台、先进材料技术；德国推出了“工业4.0”，强调三大主题，即职能工厂、智能资产和智能物流。在这样的背景下，在中国工程院的建议和推动下，我们国家实施“中国制造2025”，强调三大核心问题，就是数字化制造、网络化制造和智能制造。无论是美国的先进制造计划，还是德国的“工业4.0”，抑或是“中国制造2025”都聚焦到智能制造。

智能制造按照我个人的理解就是智能技术融合到制造技术当中，是智能技术加上制造技术。哪些是智能技术呢？智能技术就是我们现在讲的大数据基础、大数据模式识别、虚拟技术，包括交互技术、感知技术、学习技术和决策技术。制造技术可以分为金属成型制造、金属切削制造，包括设计技术、加工技术、装备技术，智能制造就是要把智能的技术跟制造的技术有机融合起来，把人工智能技术应用到制造业当中。

要发展好智能制造，关键要做好四个协同：第一，语义协同。制造业中尤其是机械制造，每一个零件、每一个加工的数据都有特定的含义，材料、加工方式、处理方法等不一样，这时需要把语义协同起来。第二，时效协同。这是最重要的，我们要把正确的信息在正确的时间送到正确的地点。第三，多域协同。把物理学、力学、热力学以及化学等方面的知识通过不断地信息化与数字化，在制造领域协同起来，这些信息的协同包括协同设计、协同加工、协同装配、协同服务。第四，网络化协同。这也是智能制造的基础。

目前遇到三大瓶颈问题，第一是如何做到异构集成？信息系统是异构的，那如何进行协同呢？第二是如何做到时时共享？第三是如何把数据推送发展到知识推送。过去制造企业招一个学徒工进来是靠师傅带徒弟，但是师傅带徒弟存在三个问题：一是任何一个师傅的个人知识总是有缺陷的。二是师傅懂操作，但是并不会表达，不会教徒弟。三是师傅不愿意教徒弟，但是发展大数据需要协同制造，我们要把知识推送给需要知识的人。

我们讲到协同的时候有三大问题：协同是什么？怎么进行协同？协同的目标是什么？协同指的是协同的对象，如何进行协同指的是协同的技术，协同的目标就是协同的效率。协同包括产业链的协同、联盟的协同、产学研的协同，也包括技术的协同，即软件系统、硬件系统、平台技术的协同，创新资源如何进行整合？协同的对象是产品、环境、设计、资源等。协同效率是通过协同设计把大数据用到制造的全过程。

具体来看看大数据支撑的协同设计和协同制造十大关键技术，这个是我自己根据学习和研究情况总结出来的，跟到会的各位分享。

第一个协同是客户需求与概念设计的协同。改革开放以后，我们国家制造业发展得很快，特别是浙江涌现了一大批企业，但是非常遗憾，过去制造业的发展主要是以仿制为主，而真正从概念出发的产品研发非常少，实际上基本没有。我们可以说苹果手机从根本上颠覆了原来的手机产品，手机原来是谁发明的？手机是摩托罗拉发明的，过去做得最大的是诺基亚，但苹果提出了新的概念，颠覆了传统的手机，这就是把客户的需求与概念的设计有机地结合起来，而概念的出现给手机业升级提供了有效的方法。所以产品的研发最重要的是概念的设计。很多产品都是这样，把客户的需求反映到概念中，产品的功能属性如何挖掘？如何用改进的算法进行多目标的优化？这都是需要探索的问题。

第二个协同是几何模型与物理性能的协同。很多企业都用过 CAD，但是过去比较关注它的几何模型，现在很重视工业产品和产业园区，工业设计也在延伸和拓展，但是不能用空间设计来替代其他的设计，其中最重要的是产品性能的设计，为什么中国大妈要到日本抢购马桶盖，就是我们过去的产品质量和可靠性和日本的有一定差距，对于企业来说就是对产品的几何模型关注度比较高，但是对物理性能关注比较少。而如今在大数据的支撑下，需要把几何模型和物理性能有机地协同起来。

第三个协同是制造资源与制造技术的协同。现在开发一个产品，除了提出物理上的产品之外，还要开发一个跟它等价的数字化的产品，就是数字样机，用来进行实验，要保证产品设计研发的科学性、正确性和有用性。

第四个协同是制造资源与制造知识的协同。设备、厂房固然重要，但最重要的是制造知识，制造知识反映制造水平，所以最关键的是我们可以为行业提供哪些制造知识，我们现在能够提供制造知识的企业比较少。

制造知识包括知识产权、发明专利，标准、规范等。但还不仅是这些，还包括加工的知识、设计的知识、装配的知识等。就像住宾馆一样，我们贵州属于中国的中西部，但也有很多的高级宾馆，经常出差的人知道，宾馆的硬件很好，但是软件配套服务跟不上。制造企业就有类似的问题，有些企业的设备是进口的，但是企业的加工方法、加工经验、加工技术、加工知识却很缺乏，特别是到了产品装配调试阶段要靠师傅的经验，怎么装配、用什么路径装配，先装什么、后装什么，等等，很多企业非常缺乏这些知识。

第五个协同是作业流程与时序节拍的协同。我们强调生产时序的无缝集成，现在大数据也主导无缝集成，其实道理很简单，比如我们来参加数博会，下了飞机以后，是不是会有等待的时间，到了会场是不是能准时地召开。

第六个协同是精准生产和现场管理的协同。精准生产是智能制造很重要的技术，精准生产要考虑很多细节问题。举一个例子，一个女士接我，她不认识我，我也不认识她，她怎么接我？这个细节没有考虑，她没有办法接到我。所以精准生产和精准对接很必要的。

第七个协同是人、机器人与机器的协同。我们现在强调人、机器人与机器的协同，哪些工作适合机器人做就让机器人做，哪些工作适合人做就让人做，我们不强调无人工厂，如果有必要我觉得是可以的。大家要计算一下成本，维护它需要多少金额，效率提高了多少，我们一般提倡人、机器人和机器的有机协同、合理分工。

第八个协同是创新设计与智能制造的协同。智能制造与大数据要与创新设计结合起来，没有创新设计，智能制造就成了无源之水。我们成本附加值本身不高，你用智能制造之后，生产效率是提高了，用了机器人之后，制造效率很难提高，原来一天做100个零件，现在用了机器人和智能制造一天做200个。企业家现在碰到的最大问题是前面的100个还没有卖掉，所以造成了产能过剩。现在每个行业的中低端行业产能过剩严重，所以我们要把创新设计跟智能制造有机结合起来。

第九个协同是批量产品与客户定制的协同。发展大数据支撑下的产品设计，就要发展定制设计，为客户定制产品，但是我们企业内部流水线和机器人都是批量生产产品，如何解决这个问题是关键。

第十个协同是软件技术与硬件设备的协同。现在企业拥有软件，但是缺乏编程人员。

发展大数据智能制造，我们需要把以上十个方面的协同关系解决好，才可以使企业产品质量更高、生产效率更快，使用户的满意度大大提高。

谢谢大家！

观点再现

王建翔（泸州市委常委、副市长）：中国制造发展方向，以实施科技重大专项和科研项目为依托，大力推进重大技术装备发展和自主创新，要突破核心关键技术，重点发展智能制造装备、新兴产业所需装备等，加快提升我国重大技术装备自给能力和水平。

邬贺铨（中国工程院院士）: 现在互联网分为消费互联网、产业互联网、政务互联网等三个方面。其中，制造业大数据的产生是所有的环节，大数据在制造业的应用也是所有的环节。制造大数据是制造业生产与管理的重点支撑，制造业大数据规模已经超过了其他行业。

徐宗本（中国科学院院士）: 大数据是一个在应用中正趋向成熟的技术，这个成熟的时期还很长。做大数据数据是基础、平台是支撑、分析是核心。大数据分析的核心技术是大数据算法，分析技术的基础是以模型为基础、以反复迭代为特征。

黎建辉（中国科学院计算机网络信息中心大数据部主任、CODATA中国委员会秘书长）：科学大数据主要是我们整个科研活动的输入，所有人做科研活动都需要有数据，做科研活动除了有论文还有产生的数据。科学大数据主要的目的来自科学研究，也是为科学研究服务的，科学大数据为我们提供了详细的表征能力。科学大数据的管理主要解决从数据的源端快速流动到运用端，而且要会聚融合形成新的东西，有了这样的环境可以更好地做科学发现。

崔辰州（中科院国家天文台信息与计算中心主任）：除了科学研究，天文学的数据不单单为科学、宇宙奥秘的探索作出很大贡献，也为科学教育、普通老百姓以及他们孩子的科学素养的培养发挥了重要的作用。虚拟天文台已经通过标准的制定、资源的融合为天文学研究和科学教育普及提供了一个网络化天文学的研究和教学平台。

石　勇（中国科学院大学经济与管理学院副院长、发展中国家科学院院士、国务院参事）：大数据是信息化时代驱动创新的重要因素。大数据有三个来源：一是政府，二是企业，三是开源。现在分析大数据没有想象中的完整，所有的分析都是基于结果化的分析。因此，实际上大数据是分析化的数据。

陈国青（清华大学经济管理学院教授、教育部长江学者特聘教授）：技术和应用都非常快，不管是学者还是业界都要敏感，敏感地感测外面的变化，同时作出跟自己的训练和学科相关的一些响应，这样才更适应时代的挑战。此外，当数据变成四维特征，有很强的外部性和跨动性的时候，就是大数据驱动。大数据驱动用到管理决策上就是既有关联又有因果。

黄　伟［美国哈佛大学Fellow、俄亥俄大学商学院管理信息系统（MIS）系终身正教授、西安交通大学管理学院院长］：做数据清理非常重要，把大数据清理做好，最重要的基础就是要把数据质量定义得很好，了解得很好，包括数据质量的标准。此外，世界第一个大数据交易市场没有出现在其他国家的原因有两个：第一是它们缺乏创新的意识，第二是国际上没有办法把数据质量定义得很明确。

罗　民（工业和信息化部工业文化发展中心主任）：总体来看，在各方的共同努力下，我国推进智能制造的社会共识已经形成，成效也在不断地显现。实施智能制造必然离不开大数据这一核心资源的重要支撑，大数据既是智能制造的基础，又是提高制造业生产能力和创新能力的关键要素。

陆　薇（北京工业大数据创新中心主任）：对于企业来说，数据的价值要落地，不仅要开发数据系统，还需要软件、硬件进行协同。大数据对于工业企业的价值有四个方面：第一个方面是提升质量，第二个方面是增效，第三方面是降耗，第四个方面是控险。随着越来越多的中国工业企业实现数据化改造之后，数据会扮演越来越重要的角色，那时需要靠数据转型帮助企业进一步提升竞争力。

田日辉［联想（北京）有限公司副总裁、首席研究员］：我们对工业大数据的定义是广义的，狭义定义的工业大数据更多关注机械设备、物联网、制造平台的数据。真正实现企业的全面优化还需要财务、产品优化、产品设计、宏观经济、用户评价数据等，只有这样才能产生化学反应来优化我们的产品业务。

程宏亮（美林数据技术股份有限公司董事长）： 对于工业企业来讲，工业大数据一定要实用，一定要可以衡量价值，没有价值的大数据以及没有价值的工业大数据对我们来说没有任何意义。规模化定制生产将是未来生产模式发展的必然趋势。因此，未来中国的核心是个性化按单式生产向标准化品牌制造发展，标准化批量式生产向个性化柔性定制发展。

童　剑（贵州白山云科技有限公司联合创始人兼 CTO）： 智能制造有四个要素：第一是控制，第二是计算，第三是生产，第四是通信。从工业自动化或者制造智能化的需求来说，数字化是一个前提，而数字化离不开API。智能制造领域是一个非常大的领域，需要大数据处理技术，需要人工智能，需要传感器，但是同样少不了 API 的管理技术。

夏一平（摩拜单车联合创始人、CTO）： 智能制造的理念与实践结合起来会创造更大的价值。共享单车不是一个简单的运营挑战，从供应链到生产、物流，以及投放到街上立刻工作，需要用一个更自动化的流程打通从供应链到上线的所有环节。

李金柱［红领集团（酷特智能）副总裁］： 智能制造就是智能和人的结合体。大数据是智能制造的基础，没有大数据很难实现智能制造。真正的智能制造一定是工业化定制，只有工业化的定制才是真正的智能制造。要实现真正的工业大数据，必须打破边界，让数据流动起来。

乐　霖（贵州乐天云联科技有限公司董事长）： 大数据是人的数据、物的数据、关系的数据的总和。如果人与人之间没有互动，数据之间没有连接就无法创造价值。大数据时代的今天，乐邻聚智能家居养老便民服务平台的出现标志着和谐互利、共生共赢的商业时代已经开始。这是一个划时代的创新，是人类消费方式和商业关系的一次伟大变革，对促进和谐社会和经济繁荣具有深远的经济意义、战略意义、民族意义和历史意义。

邹东生（中国商业联合会数据分析专业委员会会长）：互联网的变化没有大数据的变化快，大数据的成长速度远远会比互联网的发展更快。做大数据，不仅需要深研，而且需要非常完整的指示体系。不仅需要管理、统计、财务和企业运维方面的知识，更需要 IT 方面的知识帮助提升。

祝　捷（北京犀数科技有限公司 COO）：数据是生产资料，它本身是没有价值的。大数据或大数据技术不管多难或者多简单，只要有一个合适的场景就会产生价值。

刘秋雯（海云数据合伙人）：可视化分析可以说是最贴近用户的方式。可视化分析有它自己的特点，能够跟国内的数据环境，包括数据质量，尤其是国内的这种用户的使用习惯形成一致，所以可视化分析是最合适国内的方式。

程学旗（中国计算机学会大数据专家委员会秘书长、中国科学院计算技术研究所副所长、副总工程师）：大数据从国家层面和政府层面上，出现了一种“井喷式”的发展、“井喷式”的应用趋势。无论是数据科学在逐步地夯实形成共识，还是技术在社会各个层面的应用，都促进了我们对世界的认知，为我们对各行各业的能力升级改造发挥了重要的作用。

龚博翔（贵州溪山科技有限公司董事长、贵州大学六度创客工厂创始人、全国大学生创新创业联盟常务理事）：人工智能要接近于人，第一是要有感知的能力，第二是要有理解的能力，第三是要有决策的能力。对工业界来讲，我们希望能够造出智能的机器，它不是去再现人的智能，而是利用大数据去延伸或者互补人的能力。

Christoph Schubert（**浙江大学教授**）：“数据快”强调的是数据的价值，但是如果不在一分钟或者一个小时内实现这个数据的价值可视，就没有办法真正实现数据的价值。新一代大数据应用需要流式处理，不能等一个小时或者两个小时再处理，更不能停下来处理。

电商峰会

— 探索电子商务创新与共建共享

— 农业农村电子商务的变革与发展

— 智能共享单车，让城市更美好

电子商务，大有可为

大数据战略重点实验室

大道之行，选贤与能。电子商务作为新一轮科技革命与产业变革交汇孕育出的商业新模式，已经并将进一步渗透到生产、流通、消费等各个领域，成长迅猛、前景广阔。发展电子商务，成为数字时代的必然。早在2014年，习近平总书记就在2014年国际工程科技大会上指出，信息技术成为率先渗透到经济社会生活各领域的先导技术，世界正在进入以信息产业为主导的新经济发展时期。李克强总理也曾指示“别以为电子商务只是‘虚拟经济’”，电子商务带动了实体经济的发展，“对激发中国经济的活力功不可没”。近年来，我国电商蓬勃发展，战功赫赫，2016年电子商务市场交易规模超过20万亿元，稳居全球第一。电子商务不仅创造新消费，引发新热潮，开辟双创新空间，而且正加速推动产业转型升级，催生新兴业态，成为优化服务的新生力量和经济发展的新动力。

5月25日至28日，2017年中国电子商务创新发展峰会在贵阳举行。来自国内外的知名电商行业专家、企业、学者代表齐聚峰会，围绕“聚合创新要素，赋能实体经济”这一主题，展开深度交流与探讨，共同为中国电子商务的未来发展之道献计献策。会上，《2016年中国电子商务发展指数》发布，进一步明确全国各省级区域电子商务发展的位置、优势和方向。同时，与会者一致认为，中国电子商务创新发展需要政府、企业和社会共商、共建、共治和共享，从电子商务基础建设、推动改革、产业链打造、精准扶贫、开放带动、秩序引领等六方面达成了《贵阳共识》。

一、创新电商发展助推供给侧改革

自2016年全面开展的供给侧结构性改革，旨在创造新的供给以推动我国经济发展并实现经济结构转型。电子商务作为互联网与商务活动紧密结合的产物，能够促进产品的充分流动和要素的有效配置，在供给侧结构性改革进程中，既为市场机制更好发挥资源配置决定性作用提供了新渠道，又为政府精准施政、有效作为提供了新手段。立足于“三降一去一补”的改革目标，电子商务以创造新需求、打造新模式、催生新业态为方向，推动发展结构、质量、服务等方向实现再调整、再平衡、再升级。

在调结构方面，诚如农业部总农艺师孙中华所言，“电子商务的重要作用不仅体现在流通方式的创新上，更重要的是通过电商行为和数据，带动农业市场化、倒逼标准化、促进规模化、提升组织化、引领品牌化，提高农业供给体系的质量效益和竞争力，为农业现代化加快发展增添新的动力”。

在提质上，一方面，把握趋势，推进精准消费，去除落后产能。正如易观国际创始人、易观亚太总裁杨彬对趋势的把握，“供给侧改革要革谁的命？一句话就是落后产能。在这样的形势下，很多实体企业非常辛苦、非常忙碌，在非常忙碌的背后是陷入了‘三有三无’的困局。总结为有货品，无极品；有用户，无粉丝，没有粉丝的持续相伴；在这样的背景下自然是有收入，无利润。怎么破局呢？拥抱消费升级”。拥抱消费升级就是要发展新电商。新电商就是让能够汇聚粉丝的实体企业成为新经济网红，要集市、共鸣、拥抱消费。新电商的升级，第一，玩法升级，简单地说就是从“低价＋流量”到“品质＋粉丝”；第二，战场升级，从“营销端”到供应链；第三，主体升级，从“平台为王”到以“粉丝为王”的实体企业当家做主。

另一方面，注重发挥“电”的手段和方式，从“商”出发，以“质”为关键，品质是电商得以长久发展的根基。国家林业局信息中心主任李世东认为：“我国的经济结构急需调整，因为大家需要的高品质东西短缺，不需要的东西生产了很多。因此，供给侧结构调整是促进我国经济、社会发展的战略重点。品质电商是推动我国供给侧结构改革的重要支点。近年来我国的电商发展非常迅速，速度很快，规模很大，对我国的经济社会发展起到了重大的推动作用，特别是对人们消费理念的改变、消费方式的变革、消费习惯的改变、消费体验的提升起到了重大的推动作用。”

在优服务上，电子商务成为大众创业、万众创新的重要领域，推动新技术、新产业、新业态蓬勃发展。各类创业创新企业借助电子商务平台协同运作、集约化发展，提高了创新效率。共享单车、货车帮等均是电商创新试验场和产品输入端。针对电商物流，货车帮联合创始人、CEO 唐天广如是说，“车货匹配是切入这个行业的第一步，它是整个行业里黏性最高一个场景，有了这个场景，就可以把货主和司机牢牢地吸附在这个平台上，因为两边都是高度分散，就有机会为两边的用户构建一个体系化、规模化、标准化的服务体系。我们都知道只要有支付就是金融。货车帮也是‘互联网＋大数据＋物流＋金融’的企业。换个角度，电子商务虽然不能直接降低杠杆率，但可以促进资金更多投向有需求、有前景的实体中小微企业，优化信贷结构和资源配置”。

二、产业升级中电商乘势而上

2016年，发改委等七部门《关于推动电子商务发展有关工作的通知》(发改办高技〔2016〕1284号）提出，要“以电子商务促进区域经济发展，带动产业转型升级，提高城市经济影响力和辐射力”。

理念是行动的先导，电商的发展也是理念先行。首先是融合的理念，优信集团 CMO 王鑫表示：“电商很重要的是聚合，聚合了很多的地域要素和能量，但产业电商是抓住一个行业的痛点，深挖它的核心价值和资源，像踏踏实实地挖一条隧道一样，一步一步打造核心价值，解决消费者在某个领域的需求。”其次，“电商＋”的融合，注重的是新型产业生态圈的构建，是从只看“独木”注重满目成林的实效。这一点，小米生态链副总裁高自光深有感悟：“小米不做参天大树，希望通过这90多家生态企业，形成竹林。参天大树可能会因为台风倒下，但竹林不会，此起彼伏，它是一个生态，一起努力，大家抱在一起，一起往前走。我们希望通过这样，影响整个制造业。”

电商的本质是产业化。在理念先行的同时，“电商＋”要做好传统产业的触电爆发力，在促进产业转型升级上精准发力。

在农业发展上精准发力，正如农业部市场与经济信息司王小兵副司长的描述：“农业电子商务重要的意义不仅仅在于创新农产品的流通方式，更重要的是把电子商务形成的一些行为和数据倒逼生产，能够倒逼农业市场化、倒逼标准化、促进规模化、提升组织化、引领品牌化。电商不仅能够利用互联网让乡村的农产品飞出去，更重要的是帮助实现总书记提出的‘绿水青山就是金山银山’的目标，通过电商让我们的生产价值、文化价值得到充分的体现，让广大贫困地区的农民真正地分享到信息化发展的成果。”

在工业上定位聚焦，淘汰低端化、资源化，实现发展的高效化。国家电子商务示范城市创建工作专家咨询委员会专家组组长、清华大学教授柴跃廷这样认为：“有人说电子商务的发展挤压了制造业的利润空间。我的观点非常明确，电子商务的发展就是要把低端制造业挤压下去，这就是电子商务对推动传统产业、特别是制造业转型升级最大的作用和影响。我们并不是说把制造业打压下去，而是把低端制造业打压下去。”

在服务业上延伸产业链，打造一体化发展的生态系统。国际电子商务中心党委书记、副主任姚广海认为：“中国的电子商务特别是网络零售，经过多年发展，模式不断创新，市场不断优化，不但是新兴行业，传统行业也纷纷探索与互联网的融合。一方面，电商由综合网购不断向细分领域发展；另一方面，线上线下的结合，企业合纵连横、大数据、云计算、区块链等新技术的应用，使中国电子商务走向了生态化发展的道路。而企业不断打通生态入口，创造产品服务和场景，依托电商平台不断地壮大实力，传统企业及其供应链的市场也强烈呼唤可以带来高效益、高效率的电子商务新模式。上下游产业之间需要真正的融合发展，构建开放、协同、繁荣、安全的线上线下一体化电子商务产业链的生态系统。”

同时，消费的升级也为时代烙下了新的特征，借鉴阿里巴巴集团总裁金建杭的观点，时下已经进入一个品质消费的时代，健康消费、智能消费、娱乐消费、绿色消费并融发展。

三、“一带一路”下电商顺势而为

“一带一路”倡议实施加快跨境电商产品“走出去”的步伐，电商借力“一带一路”将迎来大发展。时任贵州省委常委、贵阳市委书记陈刚在主论坛致辞中谈道：“从历史使命讲，电子商务要更多地与‘一带一路’的推进实施相结合，助力互联互通，造福世界。我们既要打造现实的丝绸之路，更要打造数字丝绸之路；既要连通现实高速公路，更要连通信息高速公路。事实上，政策沟通、设施联通、贸易畅通、资金融通、民心相通这‘五通’当中电子商务都大有可为。特别是在推动与沿线国家重要节点城市的对点合作，和跨境电商合作通道建设、电商企业国际合作平台建设、跨境电子商务综合试验区建设，以及探索实现电商领域信息流、物流、资金流高效流转的‘新三通’方面将充满机遇。我们相信，有电子商务的助力，‘一带一路’将从现实世界加快拓展至虚拟世界，网络空间命运共同体、数字丝绸之路也就为期不远了。”

国家发展改革委高技术产业司调研员栾婕认为：“要加强国际发展，发挥电子商务作为建设数字丝绸之路的先导作用。电子商务是‘数字丝绸之路’的先导工程，为扩大双方市场、共同开拓第三方市场提供了有效的支撑，要通过建立合作机制促进示范城市依托自身优势开展对点合作，推动我国电子商务企业走出去。”

四、小电商链接大民生

找准精准扶贫的发力点。随着互联网普及率不断提高，电子商务快速发展，越来越多的农村、农民通过电子商务实现了脱贫致富。近些年来已呈全面爆发之势的各类“淘宝村”“电商村”，充分展示了贫困落后地区借助互联网实现跨越式发展的巨大潜力。2014年国务院扶贫办将“电商扶贫”正式纳入扶贫的政策体系，并作为“精准扶贫十大工程”之一。

电商的精准扶贫，获得感是核心基础，领域是农业、农村。中国社科院信息化研究中心主任汪向东指出：“电商扶贫一定要围绕贫困主体的获得感发力。现在国家的政策很多，我们希望不同地方围绕自己的问题，围绕现阶段的特点，选择最适合的路径和策略，但切记不要忘了‘九九归一’，最后你的落脚点、你的核心的发力点就是你的贫困县、贫困村、贫困户的获得感。”

怎样看待电商扶贫？阿里集团农村事务高级专家张瑞东指出：“第一，电商扶贫带来的是新的基础设施，就是云、网、端，新的经济形态，平台经济、共享经济等。还有就是新的服务体系，过去供销社、信用社、邮政被新的物流服务体系替代，这是‘三新’；第二，对于电商扶贫来讲，不仅要授人以渔，给贫困人口带来发展能力，更多的还要营造‘渔场’，创造一个好的生态，让他们学会怎样上网、怎样卖东西，帮助他们把东西整合起来；第三，从心态的角度理解，电商扶贫要用公益的心态，用商业的手法来做。”

找准便民利民的突破口。“十三五”期间，完善电子商务民生服务体系，开展电子商务精准扶贫，培育电子商务便民服务，推动电子商务广泛应用到社会发展领域，让全体人民共享电子商务快速发展的新成果，是电子商务发展的主要任务之一。正如蚂蚁金服线下支付事业部副总经理黄丹枫的分享：“电商发展从过去的十年来看，是一个红利期，每年100%的增长，但是这几年增长得并不快，基本上是每年30%～40%的增长。目前从电子支付来讲，城市端能够覆盖的场景是非常丰富的。一个老百姓出门能够覆盖的场景，从开始交通出行、餐饮、停车、零售商圈、移动公交、菜市场、购物、加油、医院问诊，都开始和‘互联网＋’联系起来，以产业升级的方式拥抱整个互联网的发展和电子商务的发展。”

五、新电商助力新治理

新型社会的建设，创新是手段，模式是推手。时下，信誉经济、共享经济等将催生和构建治理理念的转变和模式的创新。

发展电子商务，实现无现金社会。无现金支付让社会更诚信、更安全。腾讯公司微信支付行业运营总监白振杰表示：“从用户角度来说，无现金支付是便捷的、安全的；从商业主体角度来说，可以降低成本；从政府主体角度来说，有更多的服务贴近老百姓。对于一个城市的发展，未来无现金方式可能会成为城市基本的公共基础设施，而且会成为衡量城市幸福指数的标准和维度之一。一个普通的老百姓可以很方便地用无现金的方式买单，他的体验、他的和谐方式是有很大的感知的。”

同时，电子商务也面临众多琐碎的信用问题，怎么解读、途径在哪儿？凭安征信创始人、总经理杨茂江认为：“第一，应该有独立的第三方信用机构来做这个事情。当然不一定是一家，可能是很多家；第二，无论是否为监管机构，对于大数据的依赖都非常强，大数据很重要；第三，信用是很抽象的、深藏闺中的东西，但是网民很难接触信用数据，信用一定要让它无处不在，随时能够看到，这样才能起到失信惩戒、守信激励的作用。”

信用社会的搭建中，如何认清反侵权保护的措施和模式？中国防伪行业协会总工程师陈锡蓉给出了答案：要做好防伪溯源体系建设。“防伪的溯源，一定是要建立在防伪基础上的产品质量溯源体系，才能真正实现来源可查、去向可追、责任可追这样一个信息链条。大数据除了重视量，更要重视它的质，我们一定要保证每一个产品数据的真实性，是整个溯源体系有效性的一个根本的问题。”贵阳众筹金融交易所董事长刘文献则表示：“有很多技术需要用‘监管沙盒’的模型推动，也就是在现有制度不能完全接受创新的时候，这些东西就会被封闭在‘沙盒’里进行尝试，即使失败了结果也可以控制，这是源于英国的创新模式。我们想把区块链电商纳入‘沙盒’当中。我把大数据比喻为河流，区块链是河床，众筹、VR是船，实体经济是港口，移动金融就是天空，我们认为彼此之间可以组成有效的逻辑关系。”

探索电子商务创新与共建共享

河北省委常委、雄安新区党工委书记
原贵州省委常委、贵阳市委书记 陈 刚

女士们、先生们，朋友们：

今天我们再次相约，共聚贵阳，相聚在一年一度的电商峰会。在此，我谨代表贵州省委省政府、贵阳市委市政府对大家的到来表示热烈的欢迎，对大家长期以来对我们贵州贵阳的关心、帮助、支持表示感谢！

再一次站在电商峰会的会场，心潮澎湃，思绪万千，不由得想起电商峰会落地贵阳以来的点点滴滴，想起过去几年电商峰会与贵阳的大数据、与数博会的深厚渊源。2014年9月4日，在以“开放 创新 融合”为主题的电商峰会落户贵阳的时候，我参加了开幕式，当时还给贵阳做了一个广告，说贵阳是一座适宜做电子商务发展的城市，欢迎全国的电商来把握全新的发展机会。当时贵阳的大数据刚刚起步，迫切需要借助电商平台来宣传造势，汇聚资源。电商峰会能够落地贵阳，有贵阳的争取，更是主办方对我们的关爱和支持。

我还记得2015年5月7日，以“拥抱电子商务+”为主题的第二届电商峰会在贵阳开幕，我也参加了开幕式，并就“互联网+”“大数据+”“电子商务+”谈了一些观点。两年过去了，这三个“+”都在快速推进，电子商务也在加快转型升级。与此同时，电商峰会的规模进一步扩大，影响进一步提升。我更记得在2016年，也就是去年的这个时候，“2016年中国大数据产业峰会暨中国电子商务创新发展峰会”开幕，电商峰会与数博会强强联合，同期两会，交相辉映。虽然我没有参加电商峰会的论坛，但时刻关注着峰会举办的情况。至此，数博会与电商峰会优势互补，相得益彰，影响力空前提高。今天，电商峰会与数博会已经合二为一了，成为中国大数据和电子商务行业规模最大、层次最高、最有影响力的年度盛会，成为推动中国大数据和电子商务发展最重要的一股力量。正如本届峰会主题“聚合创新要素　赋能实体经济”，这就是我们在聚合、赋能过程中共同努力、不懈努力的结果，是我们探索创新、共享共建的结果。

近年来，我国电子商务发展迅猛、战功赫赫，而且正在加速与各行各业融合，催生新兴业态，软硬结合、内外并举、纵横协调、政企合作的趋势越来越明显。在此，我和大家分享我认识的三个观点。第一个观点，从行业未来讲，电子商务会更多地与社会科学的思想方法相结合，实现创新发展、转型升级。技术的进步给电商的发展不断带来新的契机，在大数据、人工智能、区块链等技术的推动下，电子商务的发展方式、交易和服务模式已经或者正在发生着显著的变化。然而客户的需求变化永无止境，电商模式的创新也永无止境，推动电商创新的发展固然要以技术为主导，但这还远远不够。事实证明，科技因素与社会因素相互制衡，任何产品服务的创新如果仅仅止步于技术，不学习借鉴社会学、政治学、心理学、伦理学，乃至一些哲学的思考，就很难落地持久。很多人认为，像BAT这样的公司在复制美国的技术和模式。但是，他们确实在中国取得了巨大的成功。我的观点是，并非哪个公司拥有原始创新就一定会成为伟大的公司。中国互联网企业通过应用创新、集成创新，创造出了新的商业模式，也同样伟大。很难想象，如果BAT没有充分结合中国实际，不去考虑人文社会科学的问题，还能否成为今天的BAT。这也就是为什么电子商务需要与社会科学思维方法相结合的重要原因。

第二个观点，从社会价值来讲，电子商务要更多地与脱贫攻坚的现实相结合，助推精准扶贫、精准脱贫。打赢脱贫攻坚战是中国全面建成小康社会的艰巨任务，对贵州这样的西部欠发达省份来说更是头等大事。而发展电子商务，特别是农村电子商务，不仅是培育经济新动力，助推“大众创业，万众创新”的关键举措，而且是推进产业扶贫，决胜脱贫攻坚的好办法、突破口。事实上，早在2015年《中共中央国务院关于打赢脱贫攻坚战的决定》就明确提出，加大“互联网+”的扶贫力度，实施电商扶贫工程。2016年年底发布的《电子商务“十三五”规划》和2017年年初发布的《促进电子商务发展三年行动实施方案(2016—2018年)》都把电子商务作为重要的任务实施部署。贵州贵阳在发展大数据的过程中，始终把电子商务作为重要的落地性产业，将其与扶贫工作紧密结合，在促进就业创业、拓宽贫困人口增加脱贫渠道等方面发挥了很好的作用。站在政府的角度，我们欢迎电商行业的朋友更多地投入到脱贫攻坚的事业中，在发挥好电子商务经济价值的同时，更多地体现和提升电子商务的社会价值。

第三个观点，从历史使命讲，电子商务要更多地与“一带一路”的推进实施相结合，助力互联互通，造福世界。前不久，习近平总书记在“一带一路”国际合作高峰论坛上指出：要坚持创新驱动发展，加强在数字经济、人工智能、纳米技术、量子计算机等前沿领域的合作，推动大数据、云计算、智慧城市建设，连接成21世纪的数字丝绸之路。这意味着我们既要打造现实的丝绸之路，更要打造数字丝绸之路；既要连通现实高速公路，更要连通信息高速公路。事实上，政策沟通、设施联通、贸易畅通、资金融通、民心相通这“五通”当中电子商务都大有可为。特别是在推动与沿线国家重要节点城市的对点合作和跨境电商合作通道建设、电商企业国际合作平台建设、跨境电子商务综合试验区建设，以及探索实现电商领域信息流、物流、资金流高效流转的“新三通”方面将充满机遇。我们相信，有电子商务的助力，“一带一路”将从现实世界加快拓展至虚拟世界，网络空间命运共同体、数字丝绸之路也就为期不远了。

世界在变，中国也变；中国在变，世界也会跟着变。以大数据、电子商务等为代表，中国在数字经济领域和通过数字经济推动实体经济转型方面大有引领之势。贵州作为全国首个国家大数据试验区，贵阳作为试验区的核心区，将更加坚定推进大数据战略行动，更加强力推动电子商务的发展，加快做大做强数字经济。

最后，预祝“2017中国电子商务创新发展峰会”取得圆满成功！祝愿各位的贵阳之行又美又爽，圆圆满满！

谢谢大家！

农业农村电子商务的变革与发展

农业部总农艺师　孙中华

各位来宾，女士们、先生们：

大家下午好！

今天上午大家聆听了马凯副总理在2017中国大数据产业峰会上的重要讲话，下午又齐聚一堂，共商电子商务发展创新大计。在此，我谨代表农业部，向2017中国电子商务创新发展峰会的顺利召开致以热烈的祝贺！向长期关心支持“三农”发展的社会各界致以衷心的感谢！

电子商务峰会与数博会从2016年开始在同一时间、同一地点举办，已经成为推动我国数字经济发展的两大品牌。特别是中国电子商务创新发展峰会，已经在贵阳成功举办了三届，对推动我国电子商务快速健康发展、稳居世界第一发挥了重要作用，也必将对未来电子商务创新发展、引领世界潮流产生积极影响。

农业农村电子商务是互联网时代统筹城乡发展、造福城乡居民的一篇大文章。党中央、国务院对此高度重视，纳入脱贫攻坚、网络强国、供给侧结构性改革、创新驱动发展、大众创业万众创新等重大战略中进行了系列部署，作出了明确安排。农业农村电子商务发展迎来了前所未有的机遇，呈现出蓬勃发展的态势。

一是政策环境日益完善。各地都按照党中央、国务院的决策部署，结合实际探索创新，强化政策创设，加大试点力度，在物流补贴、人员培训、基础建设等方面都配套出台了一系列优惠政策，特别是在市场准入、标准、诚信体系建设等方面为农业电子商务发展提供了良好的政策环境。

二是东中西部竞相发展。特别是贫困地区明显提速，形成了工业品下乡和农产品进城双向互动的流通格局，农产品、农业生产资料、休闲观光农业电子商务协调发展。农产品电商增速远高于电子商务整体增速，交易品种不断丰富，随着采后商品化处理、冷链物流等基础设施的加快完善，农产品电商正在实现由“客厅”到“厨房”的变革。

三是有力助推农业供给侧结构性改革。电子商务的重要作用不仅体现在流通方式的创新上，更重要的是通过电商行为和数据，带动农业市场化、倒逼标准化、促进规模化、提升组织化、引领品牌化，提高农业供给体系的质量效益和竞争力，为农业现代化加快发展增添新的动力。

四是电子商务已成为农村大众创业万众创新的新引擎。电子商务在发展新经济的同时，还创造了大量的就业机会，2016年阿里巴巴平台提供了超过3000万个就业机会。电子商务是农业农村最大的创业创新平台，电商扶贫在贫困地区的作用日益凸显，带动了贫困地区特色优势产业发展，让农产品通过互联网走出乡村，让贫困地区的生态价值、文化价值得到了充分体现，农业农村电子商务成为农民脱贫致富增收的重要途径。

五是电子商务已成为农业农村信息化发展的突破口。电子商务让农业产业从销售端向两头延伸，带动和促进物联网、大数据等现代信息技术在农业领域的发展应用，拉动农村信息消费升级，促进农村信息产业崛起。

总的来看，农业农村电子商务目前正在进入快速成长期，成绩令人鼓舞。同时，基础设施和发展环境的瓶颈也随之凸显，需要我们更加坚定信心，下大力气推进。借此机会，就推动农业农村电子商务持续快速健康发展提几点想法和建议：

一是做好公共服务。建立健全农业农村电子商务的公共服务平台，提供营销、包装、技术支持等服务，把从事电子商务的农民组织好、武装好，抱起团来对接大市场。利用新型职业农民培育、农业农村人才培训等现有培训工程，以及农民手机应用技能培训等多样化培训平台，加强对农民电商技能的培训，培育一大批互联网时代的新农民。

二是建好基础设施。农产品流通“最初一公里”是农业农村电子商务最薄弱的环节，也是最需要政府和市场主体共同加大投入的领域。要进一步加快农村互联网基础设施建设，让广大农民分享信息化发展成果。针对农产品生产布局和季节性收获的特点，合理规划建设集货、初加工、预冷、分拣、包装、仓储等基础设施，把更多的农产品转变为农商品。

三是共享经济效益。要坚持以农为本，探索形成企业和农民互利共赢、一二三产业融合的可持续发展模式。电子商务企业要消除“挣快钱、一夜暴富”的思想，建立与农民的利益分享机制，要有共赢意识，只有企业和农民都挣到钱，农业农村电子商务才有持续发展的基础。

四是保障质量安全。农产品尤其是鲜活农产品性质特殊，质量和安全尤为重要。要加快建立适应电商发展的分等分级、包装运输、冷链物流等标准体系，推进农产品质量安全追溯体系和电商诚信体系建设，加强从田间到餐桌的全程在线监管，让消费者吃得放心。要加强品牌建设，打造一批消费者信得过的网络销售农产品品牌。

五是增强环保意识。拒绝过度包装，建立绿色包装标准，规模化使用环境友好型包装材料；政府和企业要合力建立包装垃圾回收机制，对快递垃圾进行再利用或再循环，真正让绿水青山变成金山银山。

各位嘉宾、各位朋友，农业农村电子商务前景广阔、任务艰巨，让我们秉承共建共享、合作共赢的理念，携起手来，开拓创新，砥砺奋进，共同开创农业农村电子商务发展的新局面。

谢谢大家！

智能共享单车，让城市更美好

摩拜单车创始人兼总裁　胡玮炜

谢谢大家还能坚持到现在来听我的演讲。坐了一个下午，非常累了，我特别理解刚才主持人说的，如果爱情是各个板块的话，作为女人来说非常幸福。但是你知道吗，很多人骑摩拜单车谈了恋爱。

在讲自行车之前，首先讲讲贵阳。昨天晚上到了之后，就感觉非常凉爽，周边是好山好水。但贵阳又是非常现代化的城市，和在很多地方看到的城市有相像的地方，比如非常漂亮的高楼，但又有非常不一样的地方，它有自己的独特文化。今天上午参加了开幕式，非常震撼。我看到了贵州省政府全球化的视野，以及对科技的追随。同时大家又强调了人文、社科，我觉得这就是科学和人文、自然和现代，非常有意思、非常有魅力的融合，这是我到贵阳非常深的体会。

返回来讲自行车，大家对自行车并不陌生，2017年是自行车诞生两百周年。在一百九十九年之前，欧洲人发明了第一辆自行车，但20世纪80年代的中国才是自行车的王国。那个时候，出行的生态结构里，自行车占60%以上。在过去的二三十年，我们都在发展四轮汽车，为什么在这个时间点，自行车能够回归城市呢？摩拜怎么做到的，我们一起来看一下。基于刚才说的，两百年前有了自行车，两百年以后，摩拜创造了智能共享单车，让自行车回归了城市。摩拜智能共享单车其实是全球首创，在此之前没有智能共享单车。

摩拜为什么可以做到全球首创呢？大背景是中国的移动互联网领先世界，比如移动支付，在全球的很多城市都没有中国这样的基础。2016年中国生产了8000多万辆自行车，其中2200万辆是中国内部消化，其余出口到其他国家。基于这两点，从技术层面上来说，让自行车回归城市变成一个现实非常重要的背景。从价值观上来说，过去三十年，我们认为物质极大地发展，在朋友圈经常晒出的是跑马拉松，是去旅游，是用物质不能买到的愉悦，人们开始崇尚“断、舍、离”这样的价值观，开始想回到更本质、更简单自然的生活。

基于以上两个背景，才有了摩拜让自行车回归城市非常好的基础。基于这两个基础，我们在产品、技术层面做了什么呢？我们认为，智能共享单车是全新的品类，不同于以前所有的自行车，不同于个人拥有的自行车，因为它是一辆一天24小时、一年365天风吹雨打均在外放着的自行车。所以，我们在自行车上做了非常多的定义，比如我们用了航空铝车身，这样它就不会生锈，不会变成城市垃圾；我们用了免充气轮胎，不需要很多人工来充气；用了五幅轮毂，让人们在很远的地方就能看到它；还有可升降座椅、智能锁；我们的刹车寿命能够达到10万公里，并且用了轴传动，可以让自行车不掉链子。

基于我们对一辆自行车的重新研发和定义，2016年4月22日，我们投放了第一辆自行车。我们的每辆自行车都有自己的编码。大家可以看到，（见PPT）这个红线是它的运动轨迹，截至2017年4月22日，这辆单车无障碍健康运行了365天，被1975个认同的人解锁，骑行了2021次，奔跑了4850公里。这是一辆自行车的生命轨迹。刚才主持人讲了很多关于摩拜单车的数据，我们有超过450万辆单车，服务超过80个城市，每天超过2000万次的骑行。这是什么概念呢？在成都，地铁每天服务250万用户，而摩拜单车每天服务近300万用户。摩拜单车已经成了继公交巴士、地铁之后的第三大公共出行方式。

看一下摩拜在互联网层面的科技。刚才所有的演讲者讲的都是互联网打破了时间和空间的阻隔，摩拜单车是把这件事情更加往前推进了一步，实现了最大规模的人和物的交流。摩拜单车下一个 APP 用扫一扫的功能已经被大家熟知，也可用微信小程序扫一扫。我们用了北斗、GPS 和格洛纳斯，用三模定位，人们只要打开手机就可以看到 APP 里面自行车在哪里，怎么找到它。只要扫一扫就可以解锁，同时每天产生5TB 的出行数据。摩拜通过人工智能的管理方式解决了为数众多的市场管理难题，让摩拜单车焕发出生命活力。

我们有个叫“魔方”的基于大数据的人工智能平台。举个例子，比如地铁有四个出口，每个出口的数据量是不一样的。我们通过算法和追踪，发现 A 出口需求量更大，在运营和投放上就会往 A 出口放更多的车。同时，我们根据气象预测第二天的骑行量，这个灰色就是预测的骑行量，而红色是真实的骑行值，两者之间相差并不是很大。我们拥有百万级的智能共享单车，需要运用科学、高效、安全的运营方式。

共享单车不仅仅是单车的共享，更是运营的共享，我们要把每个用户都看成是产品的一部分。举个简单的例子，在高峰时段，自行车在热点区域不能被满足，这时候通过红包车的调度，把没有在热点区域出现的自行车点亮，让人们骑上10分钟就可以拿到红包，一方面有趣味性，另外一方面也帮助我们很好地调度这些车。78个小时未骑行的自行车会自动点亮红包，人们会在后面找到红包，并且把它骑到应该骑的地方去。

以上这一切都是基于一把智能锁加“魔方”以及智能 LPL。智能 LPL 就是我们从后台数据分析发现的一些停车热点，可以引导和示范更好地停车。“魔方”对城市的价值就是智慧城市、低碳城市和健康城市。这一切是我们和12家数据研究机构共同研究的，我们愿意把数据分享给政府和研究机构，让城市在管理和规划上不断优化。

前面讲了那么多，看上去自行车是非常简单的交通工具，每个人每天的出行就一点几公里，十几分钟。我们和一些数据机构一起发布了白皮书，来看一组数据：在过去一年里，全国骑行总距离达到了25亿多公里，相当于往返月球3300次，这些骑行相当于为地球减少了54万吨碳排放（相当于17万辆小汽车出行的碳排放），相当于种了3000万棵树。共享单车投放以后，用户小汽车出行的次数减少了55%，黑摩的也减少了53%，70% 的黑摩的司机改行了，这是我们基于摩拜的用户得出的结论。

在这里，我还想发布一个摩拜的春季骑行指数。发布这个指数是想告诉大家，自行车不仅仅是一种交通工具，它已成为人们的一种生活方式，关注人们实际的骑行距离与实际距离的比例时会发现，有时候人们是用骑行的方式欣赏风景，他没有找最短的骑行距离，而是寻找最有趣的骑行距离。我们都说骑摩拜肯定成，因为它是橙红色，很多人会骑摩拜结婚，骑摩拜恋爱。我们看一个视频，这是摩拜在北京的一天。2017年2月的某一天，左上角是时间，左下角是日期，这是凌晨1点，每个点都是一次开锁和一次关锁。我们大概取了五分之一的数据。

不知道大家看到这个视频的感受是怎样的，我第一次看到的时候还是非常激动。因为我发现自行车的骑行是一天24小时，这个现象在深圳更加夸张，大概只有凌晨4点会有非常短暂的喘息，除此之外都是密集的自行车移动。一开始我以为是深圳年轻人比较多，是不夜城。后来他们告诉我，深圳有很多夜间工作人员，比如清洁工、建筑工人或者酒吧工作人员，在没有摩拜的时候，他们需要花很多时间去等公交车，因为打不起车；有了摩拜以后，摩拜成了他们半夜下班之后的交通工具。其实我觉得这就是科技之美，让每一个人都能触碰到科技。科技其实是中性的，但是它折射出的是人性最美好的一面。

谢谢大家！

无现金城市建设的杭州实践

蚂蚁金服线下支付事业部副总经理　黄丹枫

我来自中国杭州阿里巴巴集团总部，杭州也是一个风景宜人的地方。杭州不算是一个特大级城市，现在慢慢向一线城市靠拢，但还不算一线城市。在无现金城市建设当中，杭州略微领先了小半步。有很多原因：一是因为“天时、地利、人和”；二是因为杭州市政府比较重视；三是和杭州是马云的家乡有关系；四是和小微助力相关。

无现金在全球发展不太均衡，最好的是丹麦和瑞典，目前无现金交易在日常国民交易中占比高达95%以上。发达国家，例如美国，支付方式非常多，有支票、信用卡、借记卡、移动支付，花样很多。从目前来看，像中国这样的发展中国家，正好赶上了“换道超车”，移动支付、无现金支付的发展在短短的三十年发生了重大的变化。我们投资了印度一家企业Paytm，短短三年时间，这家企业发展成了全球第四大支付公司，速度很快。印度基础比较差、人口比较多、发展速度比较快。这可能是未来全球整个无现金社会一支非常重要的主力军，而且能够服务的人群、客群的市场非常大。2016年年底印度实行了“废钞令”，把大的卢比废掉了，只保留了小面额的卢比。为了推动无现金社会的发展，包括委内瑞拉、巴基斯坦、澳大利亚也正考虑废除大额纸币。法国对每个居民现金使用方面有一定的额度，包括一些大的国家银行也在限制现金大量流通。我们这届“两会”人大代表开始提案进行全面改革，推动无现金社会的进步和发展。从国内、国外的几个抓手，我们可以看到，中国的支付市场，包括电子支付市场发展非常惊人，从传统的银行卡到网银、到手机银行、到互联网支付，第三方的移动支付，整个市场盘面的增长非常快，增长速度远远超过产业的发展速度。

比如说电子商务，我们分论坛是以电商为大的背景，电商发展从过去的十年来看，是一个红利期，每年100%的增长，但是这几年增长的并不快，基本上是每年30%～40%。目前从电子支付来讲，城市端能够覆盖的场景是非常丰富的。一个老百姓出门能够覆盖的场景，从开始交通出行、餐饮、停车、零售商圈、移动公交、菜市场、购物、加油、医院问诊，都开始和“互联网 +”联系起来，以产业升级的方式拥抱整个互联网的发展和电子商务的发展。

过去两年我们谈到很多关于每个地市打造新型智慧城市，这个智慧城市下面是大数据，是一些云计算的能力，但上面一定是和老百姓息息相关的应用场景。因为场景能够给老百姓带来更多的便利，为产业带来变革性的发展，降低交易成本、提升效率，这是目前来看在城市端的大概的覆盖场景。

分享一些图片（PPT 展示）。目前在杭州我们出门不需要带钱包，一部手机可以走遍杭州所有的地方。办所有的事，比如住酒店、缴费，政务大厅办事等。现在很多地方的大医院在推广智慧医疗，从在线挂号、查询报告单到在线问诊，包括付款，未来可能医保会在一些城市互通，在医患关系紧张的医疗行业中，通过移动支付的方式使得医院挂号看病排长队、黄牛肆意的现象大为改观。包括共享单车，之前讲的滴滴、快的、UBER 网约车的形式。现在共享单车浪潮非常凶猛，很多城市马路上各种颜色的单车，这是移动支付很重要的抓手，随借随还，大大改善了出行的很多问题。杭州到6月止，所有的公交车支持支付宝，打开支付宝扫一扫，就可以付公交车费。杭州的地铁，我们也是全部覆盖，能够用二维码进行支付。我们还开通了多条高速公路用支付宝缴费，非常方便。超市就不用说了，便利店等，都能够通过移动支付方式解决支付问题。甚至路边摊，晚上很多地方有夜市，这些商户可能白天有工作，晚上摆地摊，他们也开始挂一个二维码，扫一扫，扫完后就可以把东西拿走，非常方便。包括餐饮、零售行业、大型零售品牌、商场等开始慢慢覆盖。现在杭州菜市场也采用二维码支付，使菜农、菜贩工作的效率有很大的提升。

目前来看，移动支付的发展很重要的一点是将普惠金融的门槛降到了最低。以前我们电子支付用 POS 机，一台 POS 机最贵卖2400元，便宜点的也要800元，但这对小商小贩是很高的门槛。今天谈的普惠金融，就是把所谓的“门槛”化为一张贴纸、一个二维码就可以。包括行乞者用二维码、婚礼用二维码。杭州的灵隐寺，也放一个二维码，扫一扫，香钱通过移动支付来解决。

在杭州，电子支付、移动支付基本覆盖了老百姓生活中的所有场景。

很多外国友人也作了一些测试，看看在杭州通过一部手机能不能存活下去。(PPT 展示）这是在杭州居住六年的一个小伙子，带着美国的朋友在杭州生存，基本上搞定所有景区、商场、地铁、医院等。这是2017年3月29日的新闻，两个外地小偷准备到杭州洗劫一把，其中一个人是坐飞机过来的，听说杭州比较有钱，凌晨3～5点抢了三个超市，共抢了800元，最后被公安机关抓获了。在审讯过程中，这两个小偷非常后悔，说来错地方了，要抢劫也不能到杭州来，因为那些便利店基本上没有现金。

我们也作过一些调研，目前无现金渗透率每提高10个百分点，就可以拉动GDP 增长0.5～0.8个百分点，这是有数据可循的。无现金交易成本比用现金节省很多。美国一位经济学家也谈到，无现金时代的经济学对于社会维稳提供了很多帮助，因为外面没有钱，也就没有那么多的抢劫了。

最近，马来西亚总理来杭州，对杭州作了全面调研。他希望把杭州无现金的社会经验，尽快复制到马来西亚。杭州已经成为全球最大的移动支付城市，正往更多地区发展。马来西亚央行批准6家大型银行境外受理支付宝。除了马来西亚，在中国香港、泰国、欧洲、美洲、非洲，开始拓展整个支付宝业务，让我们中国人到这些地方旅游的时候也不需要带钱包，一个支付宝就可以搞定境外旅游。

在“一带一路”会议期间，我们也在沿线25个国家作了一个调查，评选出中国“新四大发明”，即高铁、支付宝、共享单车、网购。

在整个无现金社会的背后是无现金支付，共在七个象限提供帮助：第一，营销部分。现金支付不清楚最后的消费对象是谁，通过数据化运营让老百姓和商家产生连接，让营销有价值。第二，通过数字提供小额贷款服务和金融产品。第三，信用。让每一笔支付为每个百姓积累信用，让有信用的人走到哪里都可以畅通无阻。第四，从服务和经营的角度出发做一些事情。

我们是一家民营企业，也是一家支付公司。但我们对社会、对环境保护也有一些思考。我们最近在做阿拉善地区的种树项目，叫作“蚂蚁森林”。通过每一笔支付积累一个能量，扫码支付3580笔，就相当于在阿拉善地区种一棵树，每个人有一个编号。

4月份，我们和联合国环境署，包括商业机构联合推出无现金联盟（PPT展示），这是全球首批无现金联盟商家，包括大型品牌商户。

蚂蚁金服会投入不少于60亿元，以推动无现金社会的发展。不仅在杭州，未来在更多的城市，尤其是一些省会城市，能够非常快速地感受到无现金社会给老百姓带来的改变和为社会创造的价值。也希望整个产业方，不管是从监管到准金融机构，还是政府、第三方公司，让我们一起共同推进行业的升级和产业变革，蚂蚁金服希望为社会带来平等普惠的金融服务。

谢谢大家！

创新跨境电子商务海关法律制度，提升全球治理框架下海关话语权

海关总署研究中心副主任　苏　铁

各位领导，各位来宾，女士们、先生们：

大家上午好！

首先，我要感谢主办方的盛情邀请，使我有机会到此和各位共同学习交流有关跨境电商的事宜。今天我的汇报主题是“创新跨境电子商务海关法律制度，提升全球治理框架下海关话语权”，题目似乎很大，也很开放，大家可以一一讨论。

一、跨境电子商务地位

跨境电子商务伴随着国际产业链、供应链深度融合，逐渐成为全球化时代下的新蓝海，是撬动国际贸易格局的新力量。在中国，跨境电子商务

作为新业态，顺应了“互联网 +”行动计划，契合了“大众创业，万众创新”的号召，已成为当前创业创新和推动经济转型的重要手段。金融危机之后，内外因素叠加，我国外贸发展面临的困难和挑战前所未有。相比传统贸易的严峻形势，跨境电商可谓异军突起，市场规模不断扩大，增速十分明显，为我国外贸“稳增长，调结构”、巩固贸易大国的地位作出了贡献。

中央高度重视跨境电商的工作，习近平总书记要求朝着“买全球，卖全球”的目标迈进，国务院多位领导也提出了要着眼长远、鼓励发展、稳步规范，将跨境电商作为未来竞争的制高点。所以，对新业态的理解，可以说是化解很多困难和贸易最根本的前提。

为落实中央的一系列重要指示精神，海关和相关部门出台了一系列法规、政策，支持跨境电商的健康有序发展。但是，跨境电商作为新型贸易主体类别，贸易结构、特征比较独特，给贸易制度和海关监管制度带来很大的挑战。尤其是当下跨境电商零售进口作为新的经营和消费模式，已经成为经济发展的新增长点，深刻影响着国内传统经济的发展和国民消费方式。

二、跨境电子商务的特征

跨境电子商务的主要挑战，无非是因为它基于互联网的发展而来，它独特的行为模式区别于传统的交易模式，主要是交易无界化和扁平化、流程无纸化、主体虚拟化、高度信息化，并伴随着贸易碎片化等特征，它所涉及的公共政策范围非常广泛，包括贸易、运输、安全等方面，参与包括商务、税务、外汇、海关、检疫、工商、工信、交通运输、邮政等各个部门。鉴于时间和主题所限，现在我仅就跨境电商中主体法律渊源和主要政策进行考量，聚焦海关法律制度和税收方面。

三、问题导向

我们从问题导向切入，回应当下社会各界对海关管理跨境电商的关切。在进口方面，从2016年的“四八”新政谈一些问题，在出口方面侧重于出口、退税和结汇等方面的考虑。

首先，要持续完善海关相关法律制度，保障电商企业的合理诉求。在法律方面，海关法制的核心问题就是要定位和解决海关管理相对人的问题，现有的跨境电子商务海关法律制度中，关于相对人的定义虽然是明确的，但其主体权利某种意义上比较模糊。

“26号公告”第二十条“对参与跨境电子商务业务企业、电子商务企业、电子商务交易平台企业、电子商务通关服务平台”等四个概念进行了定义，通过行为描述和作用阐释等方法，界定了各个主体的范畴。四个主体除电子商务企业之外，其他均以服务为主。从定义的内涵来看，这几个主体功能相互之间有交叉甚至融合，主要是由电子商务本身的性质所决定。如电子商务企业，当它自身平台开展时，本身就是平台企业；如提供平台服务，提供支付，提供配送，就兼具了平台、物流、支付三重身份。现在具体的条文主语直接使用这四类名称，容易将法律关系中的权利义务的限定仅仅限于实际实施的行为内容，而不容易区分刚才讲的四类企业的行为，容易将法律范围、权利义务限定于“公告第二十条”所限定的狭义的定义中。

对跨境电子商务代理，以公告为例，关于跨境电子商务进出口业务办理和义务承担的代理权利，公告出现过不同的表述，如电子商务企业及其代理人代扣代缴委托书等方式，从某种意义上讲，也可能会由于不同的理解，减损规则的统一性和适应性。

究其原因，还是由于跨境电商的上位法缺失。因此当跨境电商参与平台辅助法律没有明确时，在范畴内要解决海关管理相对人，明确至少是4家相关的权利义务，海关作为中立身份的监管权限就会变得模糊，相关矛盾就会集中在公告中，给社会造成不理解。

在出口方面，从2016年年初国务院就决定在天津、上海等12个城市新建一批跨境电商的综合试验区。目前来看，跨境电商出口贸易，特别是通过行邮快件出口的小微订单都是由国内的小微电商发货，数量非常大，增速快，但一直处于一盘散沙的状态，没办法形成产业集聚的效应。这时候电商企业要集中上下游采购发货的流程，发展到一定程度也会影响企业的效益，对专业分工会有一定的影响，要有集合。

跨境电商出口方面一直面临退税和结汇的问题，举步维艰。特别是用邮包快件进行货物出境的这一部分电商企业，在海关退税和结汇方面面临一定的问题，要作两难的抉择。利用特殊的监管区域这个架构，可以从根本上解决问题。因为我们知道退税和结汇对中国企业意义重大，在当下尤其如此。这可以使我们跨境电商出口的部分享受合理的政策扶植，跟世界其他一些竞争对手站在公平的竞争舞台上。而出口区域整合和跨境电子商务的试点有不同的模式，但现在比较蓬勃发展的、日子好过的是保税备货进口，所以出口部分还是远远低于改革的预期。利用海关特殊监管区域促使海关跨境电商出口的政策早日落地，实现法律化，是一项很重要的任务。

四、跨境电子商务税收问题

关于跨境电商税收方面存在的问题，跨境电商、平台、消费者对新政的担忧，一直认为是政策本身，但政策的不确定性，尤其是税收成本的不确定性，一直是不争的事实。现在跨境电商按货物征税，对习惯用行邮的用户来说，对货物征管的规则不了解，容易产生一些误解。跨境电商目前的法律定位有不明晰的情况，现行法律规定中，进出口分为货物和行邮。新政尽管是按货物经征，但由于具体政策和规则，行业人士习惯称之为“电商税”。现在按照货物征收关税和进口环节增值税、消费税设定的交易限制的规定，以及税收减免和取消税收的规定跟货物征管的目的又不同，所以它的地位一直是想以货物来征收，但货物归类是极其复杂的事情，跨度还是很大。

其次，从两种模式出发，税务水平还是有差距。数据显示一般贸易项下的电子类产品综合是17%，行邮是15%；奶粉是28.7%，行邮是15%；奢侈品的箱包是34.55%，而行邮税只是30%；高档手表货物税在62.3%～79.8%，行邮税只是60%，而且很多行邮的低档只在15%，加上新政，部分回归到行邮的渠道拆包，小单交易利用哪个政策合理避税，更多是往这个渠道蔓延，这也是目前电子商务存在的问题。

五、创新跨境电子商务海关法制的建议

（一）完善跨境电子商务海关监管立法。如上所述，参与电商的各主体之间，存在着功能交叉、身份重合的情况，如果在具体的规范中，仅仅以民生作为海关行政法律关系的主体，容易忽视商业的本质，混淆海关对相对人的职权，减损规范的权威性。所以立法应该从提供服务性出发，确定商人的身份属于电商、平台还是支付企业，赋予相应的职责。海关相对人是海关行政管理对象，海关相对行为才是海关管理法要管理的课题。海关监管的对象是货物物品，所以这之间的关系必须平衡。

总的来讲，确定电商立法的原则就是要遵循国家关于跨境电商立法的

大前提要求，但要考虑跨境电商海关监管的实际，不脱离电子商务发展阶段、市场环境、法律原则和国际惯例。所以，针对实际情况，我们要补充电商公共服务平台的交易空白，这是很重要的。

（二）利用海关特殊监管区域，创新海关跨境电商出口贸易监管模式。它的意义非常之大，刚才也说了。我们要培育集总采购、集中仓库、连通物流的大型跨境电商企业，这是政府作为政策导向必须给予明确的。

我们认为，措施可以采用以下两种方式：一是数字推广贸易多元化，让区内企业开国内增值税发票；二是放活综合企业的服务，使第三方经营阳光化，使其具有物流报关、信保、融资、收汇、退税、结汇、征税等方面的综合服务，将海量的碎片化贸易化整为零，提升所有电商参与的信心。

（三）科学合理设计税制。要对“自用、合理”的东西进行破解，因为跨境电商的贸易性和自用性很难合理区分，所以我们要重点放到按进境的商品价值批次征收，国外有类似的做法，比如说美国，在200元之内就设为简化税制，而其他就要有层次区分。

要深化税制的综合性改革，把行邮中50元钱的税额减掉，让贸易更加公平，因为它以前是手工单；包括行邮码的条码推广，能把很多商品信息集合在里面。

谢谢大家！

“农业电子商务助力产业扶贫”的政策解读

农业部市场与经济信息司副司长　王小兵

尊敬的各位专家，女士们、先生们：

很高兴又一次来到又美又爽的贵阳。2014年电商峰会落户贵阳之后，由我和玉海同志一起联袂举办，这次已经是第四次。这四年中，我们见证了中国农业、农村电子商务的快速发展。今天我感到特别高兴，因为这次峰会高朋满座，分论坛层次越来越高，影响力也越来越大。会标里有中央网络电视台、有贵阳市人民政府，承办方是农业部信息中心。可以说发展改革委、网信办是我们这次论坛最坚强的后盾；农业部市场与经济信息司是这个论坛强有力的推手，整个电商创新发展的高峰论坛农业部也是作为支持单位；我们司在某种情况下其实是具体指导，负责农业电子商务的分论坛。这四年来，我们分论坛的名字一直没有变，但是每一次讨论的内容都有所变化，与时俱进。我们根据电商发展的实践、在实践中出现的一些新情况、新问题来研究讨论。农业电子商务的分论坛为我们国家农业电子商务的快速健康发展作出了积极的贡献。

昨天峰会上，孙中华代表农业部就农业农村电商作了一个演讲，他对当前农业农村电子商务的特点作出了五个方面的概括，并且提出了五点想法和要求，我觉得对于我们这个分论坛来讲也要学习领会、贯彻落实。这次分论坛的主题是“电商开启产业扶贫的新征程”，这个主题也是顺应了国家脱贫攻坚战略部署的需要。

下面就农业电商和产品扶贫和大家分享三个观点：

第一，信息化为农村特别是贫困地区带来了历史性机遇。总书记在2016年4月19日作出了一个重大的判断，就是我们经历了“农业革命”“工业革命”，正在经历“信息革命”。我认为现在正在经历的信息革命不是简单的对农业革命、工业革命的延续，而是对农业革命、工业革命的变革。所以，整个人类历史发展的历程其实有一个是看得见的动力，还有一个是看不见的动力。看得见的动力就像蒸汽机、电力，看不见的动力就是信息。并且这两个一“明”一“暗”的动力在捆绑推动着人类社会的发展。

信息革命在人类社会发展中，或者在经济社会的运行中与以往有根本的不同，这里有两个关键词：在工业革命中社会运行的特征是“集中”和“层级管理”，人往城市、工业向城市集聚，管理也是一层一层地管。然而在信息社会，则是“分散”和“合作”，无论你在哪里都能够通过网络平台来进行聚集。要合作，更要共赢，这也体现了互联网的精神。从这个意义上来讲，农村，特别是贫困地区的一些特色优势产业，能够在信息化条件下同样地具有市场规模效益。我们可以不走美国那样的规模化路子，为中国的适度规模经营的现代化农业提供一条独特的道路。

我们搞信息化的，是和社会主义的理念、共产主义的理想是一脉相承的。都追求按需分配，劳动最光荣，特别在分享信息化的成果当中都有切身的体会，包括现在的共享单车越来越便宜，很多都不付费。所以，为什么总书记这么重视信息化这个事业，我也相信我们中国的信息化能够引领世界的潮流。所以说，信息化、互联网给农村、给贫困地区带来了历史性机遇。

第二，电子商务是农业农村信息化的重要突破口，必将为农村脱贫致富提出新的动能。当前我们进入了脱贫攻坚的冲刺阶段，2015年年底的时候我们还有贫困人口5575万，2016年一年解决了1240万，也就是说现在还有4335万，在未来不到四年时间，每年还要解决1000万以上，在整个5575万贫困人口中，有54% 也就是3000万以上人口要靠产业来扶贫。贫困地区的产业扶贫不像大东北的这种规模化理念，很多产业都很有特色，当前也进入到了农业供给侧结构性改革，农业供给侧结构性改革的目标是要增加农民收入。我觉得供给侧改革和脱贫攻坚目标是一致的。

怎样利用电子商务、信息化助力脱贫攻坚，最重要的就是怎样去培育贫困地区的特色优势产业。国家也提出“三区”建设（中央1号文件）：粮食功能区、重要农产品保护区、特色农产品优势区。对贫困地区来讲，最重要的就是特色农产品优势区。我觉得我们的电子商务在培育特色优势产业上可以大有作为。

电子商务是农村信息化的突破口，它顺应了信息化发展的趋势。互联网的连接首先是连接人，我们可以通过微信、QQ 等进行交流。紧接着连接的就是商业环节，所以它是一个突破口，经过这些年的发展农业电子商务已经取得了初步成效，已进入到了快速成长时期。当然，我们这几年发展速度很快。可以说我们国家形成了东、中、西部竞相发展的局面，尤其是一些典型企业，开始把握了农村、农业电子商务的特点和规律，避免了城市那一套简单的做法。

农业电子商务重要的意义不仅仅在于创新农产品的流通方式，更重要的是让电子商务形成的行为和数据倒逼生产，倒逼农业市场化、标准化，促进规模化，提升组织化，引领品牌化。

电商不仅能够利用互联网让乡村的农产品飞出去，更重要的是帮助其实现总书记提出的“绿水青山就是金山银山”的目标，通过电商把我们的生产价值、文化价值得到充分体现，让广大贫困地区的农民真正分享到信息化发展的成果。

第三，要把电子商务与大数据、物联网等现代信息技术融合发展，为贫困地区跨越发展插上信息化的翅膀。我也曾讲过，电子商务不是信息化的全部。农业信息化的本质和核心，在于物联网，在于大数据信息服务。

信息化发展到今天，一定要有融合的理念，而不是单兵突击。就电子商务本身来讲，现在最主要的任务还是要完善电子商务的基础设施，包括网络的。农村互联网普及率只有32.1%，世界平均水平是49%，全球是49%，城市是53.2%，我们还有很大的差距。特别是贫困地区的宽带、光纤等。当然还有产后商品化处理、分级、包装、冷链、运输、标准链体系，最重要的是农产品质量的安全。农产品质量的安全是生产出来的，它是农产品的底线，不是最高要求，最高要求是菠菜要有菠菜的味道，让本来应该有的风味得到最大的体现。当然，还有诚信体系的建设、包装、环保等，现在很多农产品是胶带纸一层又一层地粘，影响环保。农业部门还有一项重要工作，就是怎样把新型经营主体和电商平台对接，起到牵线搭桥的作用。

就信息化来讲，其实还有很多重要的工作，包括信息进村入户。信息进村入户可以说是现代农业的基础性工程，2017年中央1号文件中的部署是全面实施信息进村入户工程，开展整省推荐示范。贵州省也列入整省推荐示范的名单。农业部组织开展信息进村入户，也可以说是农业部抓电子商务的特有做法，因为我们把四项服务进行了聚合，有工业服务、便民服务、电子商务服务、培训体验服务，这里最重要的就是确定运营商、建立机制，让企业来做。

物联网、大数据也有一些特点，物联网现在最主要的问题就是怎样进行规模化的应用，相关的机器、设备怎样实现量产，这里也要探索一个最重要的机制，我提出借鉴美国波音飞机的租赁模式。关于大数据各有各的观点，农业农村的大数据，最根本的是要建立完善数据的采集体系。要建立完善的数据采集体系，要形成天、空、地一体的格局，尽量避免人为干扰，让数据的真实性得到保障。

当然也有一些技术，包括算法，这里我也提出大数据怎样落地的问题，我在地方调研中也感受到了，“狮子吃天不知道在哪里下口”。农业、农村大数据不在于“大”，而是要从“小”做起，要树立“单品种突破、全产业链”的思路，只要一个品种做通了，其他的都可以。

整合运力提效公路物流

货车帮联合创始人、CEO　唐天广

尊敬的各位领导，各位专家，各位来宾：

大家下午好！

我是货车帮的 CEO 唐天广。刚才京东讲的物流给我非常深刻的印象。以前我也参加过很多论坛，但是每次感觉好像走错了地方。因为按我的理解，电商和物流应该是并列的。很多时候去这些论坛，我发现电商变成了一个形容词或者修饰词。大家在讲或者讨论的时候，讨论最多的是电商物流体系的三个阵营：一个是阿里的菜鸟，因为它掌握了最多的流量；一个是京东，因为它自营；一个是顺丰，因为顺丰快递体系做得很好。在业务模式上，大家讨论的是应该做自营还是众包，哪个效率更高？更多的时候是怎么解决第一公里？怎么样解决仓储、智能的分解？要不要做无人的投递？京东通过它的大体系做了很多 O2O 线下的点，完成了最后一公里。所以每一次跟大家沟通的时候，我就感觉货车帮挺另类的。

货车帮是做公路的物流，刚才唐伟的图已经很好地表达了物流的分块，包括快寄、快运、装卸等。目前货车帮做得更多的是大票零带、装卸以及整车的领域，是不进入仓储的，在供应链物流以外。我们是整合运力，提高公路物流。

这是从货车帮对整个公路物流影响的视角。（PPT 展示）我们可以看一些数字，为什么中国一个集装箱从广州到北京的运费比到美国还要高？整个公路物流行业，中国是全球最大的，同时也拥有全球最大的制造业。中国物流总价值是1.6万亿美元，美国是1.4万亿美元。从物流的运输结构来看，我国公路物流占了75%，美国只有48%。相对来讲，公路物流比水陆、铁路、海运更贵，这也是为什么中国的物流总费用要更高一些。中国公路物流的总费用接近美国的两倍，我们是1.2万亿，美国是0.7万亿。

为什么公路物流成本那么高？除了本身的运载工具和方式以外，货车帮现在着重解决的是信息不对称的问题。中国的公路物流市场是一个碎片化的市场。市场的两端，一个是货主，比如说生产制造企业是最上游的货主。下游有很多的货单，里面又有很多的细分领域，比如快递、快运。真正网络化的很少，主要聚集在快递和快运这一块。再往上，500公斤以上的货物是通过专线，全国专线有10多万家。

85% 以上的中国货车司机基本上是一车一人。由于高度碎片化，导致了他们信息交互和交易的过程中有大量低效和不经济的地方。我们对整个物流的视角和刚刚京东物流的唐伟很相似，但是为什么我们选择了这个行业来切入呢？因为我们认为，作为一个互联网的公司，要用“互联网 +”物流，你要找到这个行业里所有环节中被连接起来价值最高的部分。从货车帮的视角来看，我们认为把找车的人，或调车的人和开车的人连接起来，价值是最高的。

这里要强调一点，中国货车的空载率非常高，原因是过去花了大量的时间找车。从信息流的角度讲，在没有货车帮这样一个平台的时候，一个大车拉整个货运，他会花三天到五天去找货，找完之后又花一天时间装，装卸的成本和时间的成本非常高。有了货车帮以后，很多司机找货比以前要快一点。以前是找货两天，装一天，路上跑一天半或者两天，卸货一天。这就是导致整个货运成本很高的一个重要原因。你会看到6天的装载周期里只有两天在路上跑，是负债跑。

造成这样的原因是两边高度分散，过去没有移动互联网这样的平台，没有终端网络的时候，大家只能通过中介逐级找。在过去，像农业生产者，未来不一定是京东的菜了，因为它不进仓。像厂商，以前是B2C，我们认为未来是M2C。我们认为这个部分是菜鸟和京东最有可能切入，而且最有可能整合的点。批发商是完全整车，他本身租用很多的仓储，不需要太多的时时调度、排班。那么他们是怎样找车的？因为车辆是高度动态的，今天在成都，明天在贵阳，后天可能在北京，所以找车很难。现在大家讲所谓的大车队，从实情来看，大车队非常少，大家还在探索这条路。我们认为货车帮是真正最大的大车队，因为货车帮上有最多的车。

在没有货车帮之前，他们只能通过黄牛找车，黄牛又通过线下的物流园。过去没有很好的信息交互手段，所以大家通过把所有人聚集到一个物理集中的点进行信息的交互。过去有货单、黄牛，这个在全国是几十万的量级。他们通过在全国大大小小的很多城市、县级市，包括经济发展的地方，甚至在某一个镇，建很多的物流园区。司机会到这种物流园区停车，类似于人才招聘市场的物流园区。司机卸完货以后，他必须空车跑到物流园，因为这个物流园集中了很多的货代。货单在这个物流园，每个人有一块小黑板，把信息写到黑板上，通过黑板、物流园这个载体，来进行信息的交互。

在没有货车帮之前或者说现在有了货车帮之后，依然存在这样的现象。当你调车的时候，基本上还是货代这样面对面的方式。现在线上的支付渗透率还是很低，这会造成什么现象？比如一个北京的司机，我不可能每一次都把货卸在贵阳，有时候我会在周边的一个城市。我卸了货之后，不敢停在当地，所以只能空车跑到贵阳。我到了贵阳物流园之后，找到货单、黄牛才能找到信息。找到信息之后，可能装货地也不在贵阳，又是贵州周边的某一个城市，我又只能空车跑到装货地。从信息流的角度来讲，由于这种信息不畅通，货车有大量的时间空跑和乱跑。2011年，我们在成都作了调研，方圆10公里停了近20000台车。我们做了3000台车的问卷，有53%的司机是在一百公里以外卸货后过来的，57%的装货地在一百公里之外。这是一个巨大的浪费，是极大的燃油浪费、同时也是极大的过路过桥费浪费。

基于这一点，我们认为应该把调车的人和开车的人连接起来，这就是货车帮现在车货匹配平台的来源，最本质的是他们有非常强烈的信息交互需求。这就是我们整个平台的黏性最根本的地方。

通过这个平台，我们输出了两个APP，一个是针对货车司机的，一个是针对货主的。货主把信息发布到平台，司机通过这个平台找符合他条件的货源，然后他们在线上或者说线下达成交易。我们这个平台通过这样的方式，越多的货主进来，信息越集中到这个平台，司机找货的成本越低，司机越多加入这个平台，使用这个平台来找货的渗透率就越高，最后就变成了一个良性循环。这个平台通过大数据的积累，当积累了足够多的数据以后，通过对货、人、车进行画像，为他们提供最匹配的服务，提高车货匹配的效率。

货车帮实行三证验证，现在司机已经超过了370万，货主超过了63万，市场占有率在整个行业应该超过60%，交易量通过我们的平台监控到每一天促成的交易货运有13万票，交易额超过15亿元，年超过5000亿元。很多人问车货匹配怎么样盈利？大家以前会认为货车帮是货运界的滴滴或者Uber，但是当大家看的时候，会发现好像也没有像滴滴一样拿提成。我们做车货匹配，是做公路设施。车货匹配是切入这个行业的第一步，因为它是整个行业里面黏性最高的一个场景。有了这个场景以后，可以把货主和司机牢牢地吸附在这个平台上，因为两边都是高度分散，所以说就有机会为两边的用户构建一个体系化、规模化、标准化的服务体系。我们大家经常会听到“货车帮，帮货车”这样的说法，为货车提供生命全周期的服务，包括买新车、二手车、油卡、维修、汽配等一系列的服务。做完这个事以后，当两边都连到这个平台，把很多的交易场景、支付场景固化到这个平台之后，大家都知道只要有支付就是金融。货车帮也是“互联网＋大数据＋物流＋金融”的企业，未来我们也会走向金融方面。

由于时间的关系，先讲到这里，谢谢大家！

观点再现

聂林海（商务部电子商务和信息化司巡视员）：“十三五”期间，电子商务发展主要有五个方面的任务：一是促进电子商务提质升级；二是促进电子商务与传统产业的深度融合；三是健全电子商务的要素市场；四是完善电子商务民生服务体系；五是优化电子商务的治理环境。

钱　蔚（中国网络电视台总经理、总编辑）：电子商务对实体经济的创新和赋能，不仅让传统的零售企业和制造企业简单在天猫、京东电商平台开网店，而且推动了传统企业对整个产业链进行重置。实际上，电商与实体经济从之前的独立、碰撞，走向融合共生，无论来自于自上而下的行业指导，还是自下而上的市场自发行为，都标志着融合的电商姿态是大势所趋，这是激动人心的前景，因为它为实体企业呈现了更多的可能性。

马　利（全国政协委员、中国互联网发展基金会理事长）：电子商务要创新就要把握好全球的大势，围绕着国家的发展大势，寻找新模式、激发新动能、释放新红利，让电子商务与经济融为一体、相辅相成。新模式如何而来？我认为源于三个方面：第一，从脱贫攻坚中找新模式。第二，从“一带一路”中寻找新模式。第三，从供给侧结构性改革中找出新模式。

张　晨（京东集团首席技术官）：在AI阶段，我觉得中国企业更有希望与美国企业较量，更有希望走在美国的前面。AI无非就是两个核心点，即大数据和应用场景。应用场景美国有，中国也有。而在大数据方面，中国政府对大数据的重视程度远远超过美国政府。第三个也很重要，是人才，人工智能的核心人才是数学人才，相信这个世界上没有任何一个国家可以和中国人比数学的人才，多少小孩从小就在学奥数。所以，数据、场景加上人才，中国完全有可能在人工智能阶段的很多领域超过美国。

田范江（百合网董事长）：面对现在新的形态，从2016年开始，大家讲互联网进入下半场，我们看到几个趋势。第一，从实物电商向服务电商的升级。第二，随着互联网渗透率的增加，上至老人、下至儿童，都是网民。因此从人人互联到家庭互联具有了可能性。第三，很多的企业越来越多地推进信息化，越来越多地依赖电商，企业间电商将推动行业生态的互联网化。第四，大数据和人工智能将推动万物智能互联。

金建杭（阿里巴巴集团总裁）：消费升级的场景特点，第一，已经进入到一个品质消费的时代。第二，健康消费。不打蜡的水果、无硅油的洗发水、散养鸡、牛油果等增长非常迅速，都是以翻倍的速度在增长。第三，智能消费。第四，娱乐消费。娱乐与零售跨界融合，直播电商崛起。第五，绿色消费。我们跟摩拜单车有一个共同的看法，中国的消费趋势变为“绿色消费”。

姚广海（中国国际电子商务中心党委书记、副主任）：中国的电子商务特别是网络零售，经过多年发展，模式不断创新，市场不断优化，不但是新兴行业，传统行业也纷纷探索与互联网的融合。一方面电商由综合网购不断向细分领域发展；另一方面，线上线下的结合，企业合纵连横、大数据、云计算、区块链等新技术的应用，使中国电子商务走向了生态化发展的道路。而企业不断打通生态入口，创造产品服务和场景，依托电商平台不断地壮大实力，传统企业及其供应链的市场也强烈呼唤可以带来高效益、高效率的电子商务新模式。上下游产业之间需要真正的融合发展，构建开放、协同、繁荣、安全的线上线下一体化电子商务产业链的生态系统。

周国辉（怡亚通董事长）：产业供应链有三大思维：第一，优势思维。整合别人的优势，变为自己的优势；第二，竞争力思维。专注自身的核心业务，非核心业务外包，从而提升自己的核心竞争力；第三，协同创新思维。作为一个产业，协同合作伙伴怎么协同创新，持续的协同创新才能发展，才能成功。今天所有的世界互联网企业都要有"一个观念，三大思维"才能走向成功，苹果和华为也是这样的思维。

王　东（找钢网创始人兼CEO）：作为产业互联网来说，它在中国传统产业转型升级中扮演了至关重要的角色，就是要打造全国性、规范性的流通市场，提高进入主流市场的门槛，利用市场的力量驱使"良币淘汰劣币"。第一，一定要财务健全、生产工艺连续、生产规范合理的厂家才能进入我们的市场。第二，去除不必要的中间环节，增强市场透明度，大大降低市场炒作因素。第三，建立新型厂商合作模式，降低市场融资性贸易比重，去杠杆。第四，数据驱动有效促进钢厂生产转型升级，极大提高其对市场的敏锐度。第五，改变传统出口模式，变批发式出口为零售式出口，服务落地，扎根当地，为“一带一路”打造工业品零售渠道。

唐存琛（武汉大学国际软件学院教授委员会主任、物联网工程系主任）：中国未来产业形态分为1维传统产业、2维互联网产业、3维智能科技产业；中国未来企业等级为一等企业做平台、二等企业做产品、三等企业做服务；中国经济结构将从计划经济、市场经济、共享经济到最后共产经济演化。

陈　煜（中国银联股份有限公司银联科技事业部总经理兼大数据部总经理）：支付大数据大有可为。因为支付本身和支付环节会产生大量的数据，同时利用大数据和人工智能技术，我们可以让支付变得安全、便捷、开放，可以支撑对交易真实性辨别、交易设备和交易环境的可信认证。我们通过大数据，可以对支付本身场景作智能分析、智能理解，基于这个理解我们可以提供更加便捷、个性化的流程和手段。通过大数据和人工智能技术，我们认为要实现支付的智能化，并且通过支付的智能化，让支付场景更加开放。

杜　峰（粮达网董事总经理）：“互联网＋”如何赋能农业产业？第一个观点，赋能平台是潜移默化不断改变整个产业，潜移默化的平台思想更有意义，比如说为各环节提供服务、服务主体更丰富、不触动产业链核心利益、更有生命力、更多服务点、发展空间更大。第二个观点，通过一个例子说明，音乐团会有一个指挥家指挥所有的乐手，对所有观众进行交响乐的演奏。这种现象就像现在产业互联网发展的未来方向，这个指挥可能就是在座的各位，大家一起做指挥。手风琴家、小提琴家等这些乐手都是我们的资源，然后给他们赋予能量。如果一个电商攫取很多利润，一定不是对产业发挥巨大作用和巨大空间的平台。只有非常好的指挥，大家都配合你、跟随你，才能合作，提高效率，为产业带来变化。第三个观点，去竞争化，过去讲行业竞争是一些大龙头企业，大企业和小企业都是竞争关系，大企业想办法把小企业干掉，我想未来大企业应该是做平台。

白振杰（腾讯公司微信支付行业运营总监）：从用户角度来说，无现金支付是便捷的、是安全的；从商业主体角度来说，可以降低成本；从政府主体角度来说，有更多的服务贴近老百姓。对于一个城市的发展，未来无现金可能会成为城市基本的公共基础设施，而且会成为衡量城市幸福指数的标准和维度之一。老百姓可以很方便地用无现金的方式买单，他对此的体验及其和谐方式会有很大的感知。

张永捷（敦煌网副总裁）：“数字贸易”名字已经完整地进入了全球各大公司的调研和统计数据，不再是电商行为，而是贸易行为，同时也要看所有电商的消费互联已经走到了产业互联。跨境电商正在走向数字贸易。也就是说跨境电商从小额贸易开启了中大额贸易，加上服务贸易并行的阶段。

王晓忠（eBay 大中华区政策及政府事务总经理）：所有影响国际贸易的要素里面，轮到跨境电商以后，只有两个东西成本上来了，就是物流和语言，其他对贸易发展的障碍都很轻了。跨境电商领域，一起发展起来的是物流，现在还依然欠缺的是人，懂外语的人，尤其是小语种。整个中国跨境电商行业什么人都缺，从 CEO 级别到战略级别、到运营、到客服，这是跨境电商发展面临的最大问题。

杨茂江（凭安征信创始人、总经理）：解决电子商务信用问题，第一，应该有独立的第三方信用机构来做这个事情。当然不一定是一家，可能是很多家；第二，无论是监管机构还是其他机构，对于大数据的依赖都非常强，大数据很重要；第三，信用是很抽象的、深藏闺中的东西，但是网民很难接触到信用数据，一定要让信用无处不在，随时能够看到，这样才能够起到失信惩戒、守信激励的作用。

柴跃廷（国家电子商务示范城市创建工作专家咨询委员会专家组组长、清华大学教授）：第一，有人说电子商务的发展挤压了制造业的利润空间。我的观点非常明确，电子商务的发展就是要把低端制造业挤压下去，这就是电子商务对推动传统产业，特别是制造业转型升级最大的作用和影响。我们并不是说把制造业打压下去，而是把低端制造业打压下去。第二，电子商务和实体经济究竟是什么关系。这不是一个问题的问题。为什么？可能对虚拟经济和实体经济的定位和理解有所不一样，产生了一些对立的或者是不应该有的东西。我的观点是虚拟经济是指以各种金融衍生品为主要炒作的经济，在我的脑袋里这是虚拟经济。正因为这样，电子商务和实体经济矛盾吗？其实不矛盾。如果产生了矛盾那是对电子商务内涵的认识出了一点差错。

事实上，电子商务是实体经济新的表现形式和运作方式。从今天电子商务的发展来看，第一，网店取代了实体店，实体店的建设要靠建筑业、靠工业。但是大家不要忘记，网络需要软件开发、网店装修、运维，诞生了庞大的软件信息服务产业，是一个新旧产业转换的明显标志。第二，电子商务从一手交钱、一手交货，变成网上支付，催生了背后庞大的第三方支付产业，这也是传统产业在向新产业转型升级的明显表现。第三，从实体商店中把东西拿回家变成快递送到家，背后已经诞生了庞大的物流快递业，这个物流快递业在重构整个物流体系，这也是对传统物流产业的转型升级和重构。

栾　婕（国家发展改革委高技术产业司调研员）：电子商务的发展和内涵已经有了明显的新变化：一是电子商务与VR、AR等新技术的融合创新为用户带来了新的场景；二是电子商务有效整合产业链的上下游，有助于解决流通成本高、有效供给不足等问题；三是电商扶贫成为精准扶贫的新渠道；四是电商创客成为新的群体；五是跨境电商成为新的窗口和新亮点。

郑　敏（亿邦动力研究院院长）：电子商务还是以市场为主导。这种氛围形成以后，企业家的创新精神会源源不断地推动企业向前走。在以市场为主体的前提下，企业家在创新的过程中政府应该是什么态度，是不是只有给资源、给钱一种方式？宽松的电子商务创新环境对企业来讲比给财政资金支持更加重要。

张瑞东（阿里集团农村事务高级专家）：从平台角度来讲，怎样看待电商扶贫？第一，电商扶贫带来的是新的基础设施，就是云、网、端，新的经济形态，平台经济、共享经济等，还有就是新的服务体系，过去的供销社、信用社、邮政被新的物流服务体系替代，这是“三新”；第二，对于电商扶贫来讲，不仅要授人以渔，给贫困人口带来发展能力，更多的还要营造“渔场”，创造一个好的生态，让他们学会怎样上网、怎样卖东西，帮助他们把东西整合起来；第三，从心态的角度理解，电商扶贫要用公益的心态、用商业的手法来做。

张志鹏（山西省武乡县委常委、副县长）：扶贫依靠电商来推进，让贫困户参与到电商销售当中来，让贫困户受益，实现脱贫致富，核心就是两个字——服务。政府做好服务工作，不要干涉太多，我们引导市场、引导企业、引导贫困户参与电商扶贫，体现在四个方面：第一，卖什么；第二，谁来卖；第三，卖给谁；第四，怎么卖。

马塾君（辽宁省工业互联网联盟理事长）：电商，“电”是手段，“商”是本质。无论这个“电”怎么变，如果你的“商”不行，这个电商就会变成不诚信，变成假货，变成对实体经济的冲击；等等，所以一定要追求品质。在“大众创业，万众创新”的前提下，一定要去着力培养具有创新精神的新电商，新电商在于创新，不在于做垄断。第二，过去的传统电商更多地给消费者画像，这个东西在哪里买的、什么位置买的、什么时间买的；未来电商如果定义的话，我认为应该准确地叫产业互联网、工业互联网，叫产业互联网、工业互联网、产业电商都没有关系，未来应该更多的是从消费端为制造企业提供更多的信息，去引导制造，去优化制造。

汪向东（中国社科院信息化研究中心主任）：要以广大农民是否积极参与并从中获得实惠，作为衡量电商精准扶贫的根本标准。电商扶贫须结合政府、社会、市场构建长效机制，而贫困主体的获得感是长效机制的关键基础。电商扶贫要成规模、可持续、见实效，须重视农产品的上行，即平台、产品、政策环境和服务支撑，需不断拓通道、优环境、强体系、建支点、促转型，才能有效推动电商扶贫发展，使贫困主体感受更多的获得感。

诸云强（贵州省农委主任助理）：未来贵州农业电商到底怎样发展？第一，加强部门间、省内外电子商务平台的统筹，实现平台资源的互联互通；第二，夯实农业电子商务的三级服务体系，创新运营和投资机制，推进农产品上行和信息下行融合；第三，以互联网、大数据等新一代技术为支撑，严格控制农产品质量；第四，充分发挥交通区位优势；第五，加快建成农业大数据平台，实现产销信息精准对接；第六，采用引进和培养相结合的模式，加大对农产品力度的支持。

王胜利（全国打击侵权假冒工作领导小组办公室副主任）：随着信息技术和电子商务的快速发展，侵权假冒呈现出线上线下一体、区域分布碎片化等特点，线索不太好找，把这些线索穿起来还不太容易，产销分工也很精细，支付的手段也是用信息化。违法行为的组织化和隐蔽化的程度越来越高，这是我们面临的形势，传统的执法模式面临新的挑战。

林秀芹（厦门大学知识产权研究院院长）：商业模式的创新与技术革命如影随形，技术叠加共振时代，更多更快的商业模式将随之诞生，要善于用法律这一利器加大商业方法专利的保护、构建大数据的产权保护，切实做到创新长青、立法当新。

陈锡蓉（中国防伪行业协会总工程师）：建立在防伪基础上的产品质量

溯源体系，才能真正实现来源可查、去向可追、责任可追的这样一个信息链条。大数据除了重视量，更要重视质，保证每一个产品数据的真实性，是保证整个溯源体系有效性的根本。

李世东（国家林业局信息中心主任）：“品质电商助力供给侧改革”的三个重要方面：第一，供给侧改革是促进当前我国经济社会发展的战略重点；第二，品质电商是推动我国供给侧结构改革的重要支点；第三，林业品质电商建设是品质电商的重要组成部分。

刘文献（贵阳众筹金融交易所董事长）: 有很多技术需要用“监管沙盒”的模型推动，也就是在现有制度不能完全接受创新的时候，这些东西就会被封闭在“沙盒”里进行尝试，即使失败了结果也可以控制，这是源于英国的创新模式，中国香港、新加坡都在应用。今天上午区块链的“创新沙盒”也诞生了，我们想把区块链电商纳入“沙盒”当中。我把大数据比喻为河流，区块链是河床，众筹、VR 是船，实体经济是港口，移动金融就是天空，彼此之间可以组成有效的逻辑关系。

高自光（小米生态链副总裁）：我们已经有90多家生态链企业，其中年营业额过亿的已经超过了19家，过10亿的已经超过了4家，仅仅移动电源这一个产品一年就接近20亿的营业额，我们希望通过这样的努力实现竹林效应。小米不做参天大树，希望通过这90多家生态企业，形成竹林。参天大树可能会因为台风倒下，但竹林不会，此起彼伏，它是一个生态，一起努力，大家抱在一起，一起往前走。我们希望通过这样的方式，影响整个制造业。

杨　彬（易观国际创始人、易观亚太总裁）：供给侧改革要革谁的命？一句话就是革落后产能的命。在这样的情况下，很多实体企业非常辛苦、非常忙碌，在非常忙碌的背后是陷入了“三有三无”的困局。即有货品，无极品；有用户，无粉丝；有收入，无利润。怎么破局呢？拥抱消费升级。什么是新电商？新电商就是能够汇聚粉丝的实体企业成为新经济网红，要集市、共鸣、拥抱消费。新电商有三个升级，第一，玩法升级。简单地说它是从“低价＋流量”到“品质＋粉丝”；第二，战场升级，从营销端到供应链；第三，主体升级，从“平台为王”到以“粉丝为王”的实体企业当家做主。

陈向东（贵州省邮政管理局副局长）：快递物流业要把握智慧连接、绿色发展的机遇，重点提升以下几个方面的能力：一是要转变思维方式。在创新、协调、绿色、开放、共享五大发展理念的指导下，按照新生态的理念加强产业间的融合，通过“快递＋现代农业”“快递＋特色产品”“快递＋制造业”，拓展产业链条，改善供给侧，更加注重创新驱动，更加注重优化结构，更加注重补短板，更加注重联合融合。二是加大基础设施的投入。不断地学习和应用大数据、云计算等技术，改造物流网智能终端基础设施，帮助企业直接接入互联网，打通上下游，实现更大范围的信息分享和使用。三是加强培训和宣传。通过产学研结合，培养一批既熟练掌握现代信息技术，又熟悉物流运作基本规律的复合型人才，为生态物流发展开出绿色处方。加强用户间宣传，减少过度的包装，推广环保包装材料的使用。可以预见，未来的快递物流业必将是集网络、连接、共享、共生、环保于一体的生态体系，为社会发展、同步小康提供集产、供、销、运于一体的现代化物流。

李平义（发网CEO）：新零售的定义主要有两点：第一个是看到就可以买到，不管你用什么样的方式看到就可以买到，当然它背后是通过线上、线下、物流的渠道实现的。第二个是想买就可以买到，这件商品可以去任何的地方找。这是我们对新零售的理解。

刘海成（青岛日日顺物流有限公司、日日顺物流西南大区总经理）：物流行业的发展趋势，主要从三个方面分析：一是从商业模式的颠覆来看，从分工式到现在的共创式，以前是分段的竞争，到现在以及未来的发展趋势，一定是资源共享，价值是共创的。二是从物流模式的颠覆来看，从物流标准化服务产品提供到现在的全链路的给客户的定制化服务。三是从服务模式的颠覆来看，从产品后的市场到社群体验经济，更加关注的是用户体验的环节。日日顺物流的“三化”实践，是以诚信为主，最终的目标是要打造全流程的最佳用户体验。在这个过程中，我们打开企业边界，开放企业。开放的过程中根据用户的需求把方案定制化，从而降低客户运营的成本。“三化”就是企业的平台化、方案的定制化和服务的场景化。

刘　涛（北京易代储科技有限公司创始人）：智慧物流的实现一定有几个驱动：第一，政府驱动。我们最早做物流的时候是企业自己来驱动，自己找客户，也没有更多地参与到行业里面去。后来各行业、各地区的政府鼓励和倡导智慧物流，政府的驱动非常重要，给物流行业很大的帮助。第二，技术驱动。像机器人、智能化这些都归类于技术驱动，技术驱动对物流行业的发展是非常重要的环节。第三，商业模式的变革。现在经常讲新常态，新常态是在旧的环境下突围，有新的突破。不光是物流行业，其他行业也一样，一定是往新的常态发展。

唐　伟（京东集团副总裁）： 京东的物流模式也从需求侧改革变成了供给侧改革。李克强总理2016年曾说过，要让互联网、大数据、物流云更多地与物流融合，来促进中国物流，甚至中国经济的转型。物流行业的供给侧改革实际上就是供应链在效率和价值体验方面的一个博弈或对比。“互联网＋”物流势在必行。京东怎么实现“互联网＋”运营的愿景呢？我们提供的服务包括供应链的解决服务、快递服务、快运服务、跨境服务、“物流云＋科技”服务，也包括大数据服务。

新闻荟萃

2017年5月26—29日，2017中国国际大数据产业博览会在贵阳国际生态会议中心举办，吸引全球关注。

2017年5月26—29日，2017中国国际大数据产业博览会在贵阳国际生态会议中心举办，吸引全球关注。

2017年5月24—26日，《块数据3.0：秩序互联网与主权区块链》《大数据蓝皮书》在2017中国国际大数据产业博览会上发布。

2017年5月25日，“大数据十大新名词”发布会暨《大数据百科全书》启动仪式在2017中国国际大数据产业博览会期间举行。

2017年5月25日，2017中国国际大数据产业博览会期间，举办“大数据 · 大趋势”主题论坛。

2017年5月25日，王阳明机器人在2017中国国际大数据产业博览会期间正式展出。

聚焦数博，创新驱动数字化转型

大数据战略重点实验室

“共饮一江水、共赏一轮月。”中国人自古以来就有放眼世界的广阔心胸。数博会正是秉承这样的理念，不同的领域，不同的国家、省市，都有着各不相同的信息，而我们却能通过数博会将大数据信息资源整合，让国内政要、全球知名企业大佬、大数据领军人物、专家学者都在数据蓝海畅游，这正是“2017中国国际大数据产业博览会”的魅力。

2017年5月25日至28日，“2017中国国际大数据产业博览会”在贵阳国际生态会议中心举行。这场于贵阳举办的大数据盛会引发了国内外媒体的高度关注和密集报道。网络平台同步直播，影音视频还原精彩会议内容，网页、微信、微博、客户端频频推送，图述、漫画大数据……国内外知名媒体积极探索创新传播模式，使贵阳数博会报道精彩纷呈，为亿万民众呈现全面、立体、鲜活的数博会，献上了极具时效性、贴近性与生动性的新闻大餐。

媒体集结，发出中国大数据好声音

本届数博会到会媒体和记者数量均创历史新高，共计有210家媒体和1028名记者参会。美联社、路透社、共同社、法新社、埃菲社、《德国商报》、香港凤凰卫视等39家全球知名媒体65名记者进驻报道，领英官方门户和《人民日报》、新华社、《中国日报》的海外脸书、推特账户也都对数博会进行专题推送和报道，截至2017年6月1日不完全统计，海外、境外媒体发稿600余条（篇），海外点击量超过30万次。《参考消息》3次刊发外媒对数博会的相关报道，引用日本经济新闻的报道《中国发展大数据产业雄心勃勃》，引用埃菲社的报道《贵阳力争成“网络最安全”城市》。《人民日报》、新华社、《光明日报》、中央电视台等中央权威媒体均派出专门团队赴筑参会报道，并在头版头条和重要版面刊发消息，截至6月1日不完全统计，中央级媒体刊播数博会各类专题、专刊、消息近600条（幅）。人民网、新华网、新浪网、网易等10家国内主流网络媒体进行全网直播，共计1.49亿人次在网上观看，全网累计发布原创稿件1500余篇，微信、微博等社交媒体一度出现刷屏现象。

此次盛会，媒体关注度、社会影响力、国际传播率、内容精美度等均达到历次数博会和同类展会的峰值。参会媒体共210家，1268人，为历次最高。其中，国外，中国台湾、香港媒体39家65人，中央媒体15家196人，网络媒体及新媒体70家290人，均为历史最高。具体如下：

媒体	新闻报道（国内篇）
电视广播	中央电视台《新闻联播》刊播数博会消息4条，《焦点访谈》刊播大数据专题1个，央视新频道在《朝闻天下》《午间新闻》《晚间新闻》等板块开出专栏，刊播消息17条，并派出“对话”“经济30分”等重磅栏目参与采访报道；新华社刊发的“李克强总理向数博会致贺信”“马凯总理：深化大数据创新应用，加快制造业转型升级”的稿件，为222家中央、省级媒体采用。
报纸	据不完全统计，中央媒体刊播各类专题、专刊、消息近600条（幅）。 《人民日报》：头版头条1个，专题报道1个、通讯1条、消息2条； 新华社：刊播文字、图片报道近150余篇（幅）； 《经济日报》：刊发1个专版、消息4条； 《光明日报》：发消息2条； 《中国日报》：发整版专题2个，消息5条； 贵州日报报业集团、贵州广播电视台、当代贵州、贵阳日报传媒集团、贵阳广播电视台旗下报刊、电视，均针对数博会开设了专栏专题，累计发稿2000余条。
网络	此次盛会，实现了全网络、多媒体的全覆盖。 全网总计原创稿件1500余篇，累计转载13000余次，中央重点新闻网站首页推送100余篇次，转载发布7000余篇次，网络直播开幕式、新闻发布会、论坛等共计600余场次。截至2017年6月1日的不完全统计，点击量20余亿次，网络覆盖率和影响力均创历史峰值。 中央重点新闻网站共计转载发布稿件7000余篇次，首页推送100余篇次。 人民网、新华网、新浪网、网易等10家网络对开幕式和各论坛进行了全网直播，共计1.49亿人次在网上进行了观看。此外，全网累计发布原创稿件1500余篇，全网累计转载发布13000余篇次。 新浪微博、腾讯新闻等对数博会开幕进行了置顶报道，微信中针对数博会的“李克强总理贺信”“马凯总理讲话”、数博会宣传片、嘉宾语录、展会黑科技等话题出现了高转载。
新媒体	依托“四客”计划，实现内容与传播的统一。 数博会宣传片《序言》，因制作精美、内容深刻，一经上线，迅速突破“100000”+的点击量。 微信朋友圈，创新运用新视频手段，上线后迅速突破“100000+”+的点击量。 马云、李彦宏、马化腾、伯克利等重要嘉宾的观点，经微视频剪辑加工后，在网上传播率极高，数博会内容形成了有效刷屏。 会议期间，数博会内容在新浪微博、腾讯新闻、微信中居于热点传播内容。

媒体	新闻报道（国外及港澳台篇）
电视广播	香港凤凰卫视中文台、资讯台《凤凰时事直通车》、《凤凰焦点新闻》播出数博会活动相关盛况； 同时同步全球直播。成功举办了陈刚书记与美联社、路透社、共同社等12家海外主流媒体的见面会。
报纸	开幕式新闻稿被海外、境外近500家媒体刊登转载，日本共同社、俄罗斯卫星通讯社、埃菲社等3家国外媒体推出5篇稿件，其中日本共同社的稿件被日本京都新闻、中日新闻、东京新闻、山阳新闻4家媒体转载链接。
网络	新华社“镜像贵阳”在其海外脸书和推特中进行发布，海外点击量超过30万次； 《中国日报》海外脸书、推特发布数博会消息76条、图片110张，形成有效粉丝35675人。 截至2017年6月1日，海外、境外媒体共发稿600余条（篇）次。其中，中央重点新闻网站共计转载发布稿件7000余篇次，首页推送100余篇次。 领英、脸书、推特等媒体均实现了覆盖，其中领英社交人群关注人群飙升至2万多。

资源整合，社会氛围营造有力

本届数博会会议期间，数博组委会在全市重要路段70面户外大型广告牌、11块户外LED屏和全市5000台楼宇视屏上播放数博会的宣传片；在5000台出租车和全市公交车上播放数博会宣传标语；在重点路段设置道旗5500面；在嘉宾入住的10家核心酒店及往返酒店与会场的路段设置欢迎牌和墙体广告。同时，贵阳出租车开展的“当好东道主 服务数博会”主题活动，吸引了2000名的士志愿者和众多市民参与，共同塑造城市形象。

此外，自2017年5月5日开始，在时代广场这个被誉为世界十字路口的地方，纳斯达克屏和路透社12块大屏在8周时间里反复播放2017中国国际大数据产业博览会宣传片，向全球各地的IT上市公司展示贵阳在大数据方面的成就和号召力，同时也向众多IT巨头发出诚挚邀请——五月，爽爽的贵阳见！

本次数博会的宣传片在纳斯达克大屏幕和路透社11块联屏上同时播放。在为期8周的时间里，纳斯达克大屏幕播放1040个小时，路透社联屏播放1120个小时。

后期，还有贵阳绚丽多彩的城市形象宣传片登录时代广场，向世界彰显贵阳的独特魅力，塑造贵阳山水、自然和谐的篇章和开放、包容的人文风情，展示全新的贵阳形象。

立体宣传，扩大大数据发展影响力

数博会期间，传统媒体高度关注，央视新闻联播、新华社、《人民日报》、《经济日报》、《光明日报》等给予积极报道。网络媒体全覆盖，人民网、新华网、新浪网、网易等10家网络进行了全网直播，共计1.49亿人次在网上进行了观看。据不完全统计，仅数博会开幕当天，各渠道转载发布信息（开展直播）点击浏览（观看）量16.978亿余人次。境外媒体深度报道，包括美联社、路透社、共同社、法新社、《德国商报》等外国媒体和中国台湾中国电视台、中时电子报等进行驻会报道。中国香港凤凰卫视中文台、资讯台《凤凰时事直通车》《凤凰焦点新闻》播出数博会活动相关盛况，同时同步全球直播。社交媒体广泛传播，新浪微博、腾讯新闻等对数博会开幕进行了置顶报道，微信中针对数博会宣传片、嘉宾语录、展会黑科技等话题出现了高转载。海外社交媒体中，领英、脸书、推特等媒体均实现了覆盖，其中领英社交人群关注人群飙升至2万多。

2018年这个时候，中国国际大数据产业博览会将继续在贵州省贵阳市举办。将秉承“国际化、专业化、高端化、产业化、可持续化”的核心理念，聚焦前沿、聚焦共赢，继续围绕大数据方面最新的技术、产品及应用，立足于数字经济、人工智能、区块链、智能制造、数据与网络安全、物联网、VR/AR 等主题，共话大数据的发展趋势，探寻大数据发展的时代变革，为世界经济重焕生机指明新方向、提供新方案。

新闻热点，各方关注度创新高

新华社舆情监控中心对盛会的传播工作进行系统分析，认为本届数博会成为2017年5月26日至28日全国的新闻热点事件，发稿数、点击量、评论数和关注度都居各类新闻事件前列。同时，呈现出舆论反响积极、业界关注度高、城市正面形象提升大的显著特点。其中，新华社刊发的“李克强总理向数博会致贺信”“马凯：深化大数据创新应用，加快制造业转型升级”的稿件，被222家中央、省级媒体采用。新华社贵州分社采写的“贵州：跨越数字鸿沟分享数据红利”，被新华每日电讯等38家媒体在突出版面转载。开幕式新闻稿被海外、境外近500家媒体刊登转载。马云、李彦宏、马化腾、伯克利等重要嘉宾的观点，经微视频剪辑加工后，网络传播率极高。

通过主流宣传渠道的搜索对比，本届数博会无论是宣传的广度和深度都远远高于国内同类展会。据新华社对2017数博会十大热词影响力的评估报告，“总理向大会致贺信”影响力指数达100，“大数据助力制造业转型”达92.5，“大数据决胜脱贫攻坚”达88，“2017‘十大黑科技’”达83。

主流媒体和新兴媒体交相呼应、各展所长，形成了强大的舆论宣传声势，引发了广大观众、网民关于大数据的热烈讨论：

新浪网友 @ 小红云：今年数博会的动静“闹”得挺大，相信会给所有人一个惊喜。我现在已经耐不住心中的激动，想要去贵阳，去感受大数据的力量，去追逐智能的脚步。

新华网网友 @ 和你邂逅：每一次数博会的召开都是一次极大的震撼，带来的是全新的体验，得到的是不一样的收获，期待这次的数博会能给我们带来更加精彩的东西。

新浪网友 @ 三爷："周虽旧邦 其命维新"，中国人自古以来就有不断开拓、不断创新的精神。最近最让我关注的新闻有两条：一是天舟一号、一个就是数博会。我们在近代的时候，曾经错过了大海；后来，举国奋进，航天事业从无到有，走到世界领先地位，没有错过星辰。而对大数据时代的前瞻，让我相信，中国在信息技术浪潮里，也会走在前端，不会错过这一片"蓝海"。

凤凰网网友 @ 爱不疚：在贵州，许多产业经过大数据信息化手段改造，都呈现出一派新气象，更有活力，能创造更多价值。

新浪网网友 @ 喜马拉雅雪人：大数据所引领的信息技术革命，为贵州带来了很多新经济形态，实体经济与大数据技术的结合，为贵州的经济发展带来了意想不到的惊喜变化。工作之余，我也在学习大数据知识，希望能赶上时代潮流。

百度网友 @ 大眼睛：如今数博会已经在我大贵阳开了三个年头，2017年是第四次在贵阳举行数博会，几年间贵阳发展大数据全世界有目共睹。大数据的推广给贵阳的发展提供了一条新的发展道路，相比传统的经济发展方向，大数据提供了一个更加便捷、智能、清爽的发展环境，我相信贵阳将成为一座更加智慧的城市。

网易网友 @ 小辣椒："云上贵阳，数据时代"。"创新贵阳，网连时代"。跨学科、专业性、国际化、开放型协同的创新平台的兴起。

升格为国家平台后，无论是从规模、影响上还是成果上，2017中国国际大数据产业博览会都创下了历史纪录。风起云涌，群英荟萃，精彩纷呈，悄然间，数博会已然成为大数据领域一个国际性的盛会和权威平台。

以大数据发力，实现弯道取直和后发赶超，贵州正在创造奇迹！

首届中国国际大数据产业博览会将于5月在贵阳开幕

2017年3月30日 人民网

3月30日，首届中国国际大数据产业博览会（以下简称“数博会”）在北京召开新闻发布会，记者从会上获知，经党中央、国务院批准，同意于2017年5月26–29日在贵州省贵阳市举办首届数博会。

本届数博会的主办单位是中华人民共和国国家发展和改革委员会、工业和信息化部、国家互联网信息办公室、贵州省人民政府。

本届数博会的年度主题为“数字经济引领新增长”，大会主要由“同期两会、一展、一赛及系列活动”组成。参展参会人数预计将超过5万人次，其中核心嘉宾、重要嘉宾2000人左右。展览面积6万平方米，参展企业超过400家。发布会向业内专业人士、社会大众及新闻媒体通报数博会最新进展，介绍2017中国国际大数据产业博览会筹备工作相关情况及亮点推荐，数据观对发布会做了全程图文直播及全景直播。

发布会现场为来宾准备了VR眼镜，观赏VR全景展示的贵阳全貌和数博会会址全景等，现场360°全景尽在掌握，本次数博会的全景直播令人眼前一亮。作为全球首个大数据主题博览会，数博会秉承“国际化、专业化、高端化、可持续化、产业化”的核心理念，旨在为全球范围大数据领域专业人士和企业提供行业前沿资讯、热点动态以及合作交流平台，促进大数据行业的技术发展和应用。数博会已成为全球大数据领域的盛会。

据了解，本届数博会将继续聚焦大数据的探索与应用，展示大数据最新的技术创新与成就，成为中国最具国际化和产业化的高端专业平台。

同期两会——将作FAST专题报告

“同期两会”即中国国际大数据产业博览会、中国电子商务创新发展峰会。其中，中国国际大数据产业博览会，将在5月26日上午举行一场专题主旨演讲，邀请国家领导人致辞，贵州省领导致欢迎词，中国科学院白春礼院长作关于“FAST”的专题报告。

5月26日下午，将围绕“区块链”“机器智能”“人工智能”“智能制造”举办4场高峰主题对话。5月28日下午，将举办数字经济高峰主题对话和新闻发布会。博览会还将举行40余场系列专题论坛，主要围绕国家大数据试验区交流、数字经济、区块链开启价值互联网时代、数字安全与风险控制、数据共享与开放、人工智能、智能制造等七个板块开展，其中国际性论坛占较大比例，并积极争取由国家部委及下属机构、行业协会名义承办论坛。

中国电子商务创新发展峰会，将于5月26日下午举行，主题为“聚合创新要素，赋能实体经济”，由一个主论坛、八个分论坛、系列活动以及年度盛典、展会、CEO沙龙等活动构成，将围绕电商治理、电商全球化发展、电商与传统产业深度融合、跨境贸易等主题，邀请政府、全球领先电商企业、创新实体企业和民间团体的电商行业领军人物进行探讨交流，形成共识发布。

“一展”“十大黑科技”将亮相

“一展”即中国国际大数据产业博览会（专业展）。围绕“国际水平、行业引领、专业平台”的定位，重点展示黑科技等影响并改变人类生活方式、思维方式、生产方式、商业模式的新技术、新产品、新成果。通过设计专题馆、专题展区，以及相应的主题展示区、发布区等，增强体验感、互动感，打造成全球有影响力的国际大数据企业交流平台、商务对话平台、成果发布平台。

截至目前，有戴尔、甲骨文、高通等51家国外企业确定参展。华为、中兴、阿里巴巴将在博览会上展示大数据方面的最新科技、应用等，以及“政府数据共享开放指数报告”“大数据蓝皮书”等在行业领域具有引领指导作用的成果发布及“十大黑科技”亮相。同时，组委会还将通过设计专题馆、专题展区，以及相应的主题展示区、发布区等，为参展企业提供业内最具专业水平的展示发布平台。

“一赛”悬赏400万深挖“大数据”

“一赛”即2017中国国际大数据挖掘大赛。通过数据开放共享，吸引全球先进技术及人才，开展数据深度挖掘，释放更多数据价值，积聚大数据发展实用资源，加速数字经济新业态形成。大赛主题为“唤醒沉睡的数据”，分为挖掘赛、应用赛，同时设置系列分支赛。

大赛的获奖项目和团队将分享400万元奖金。如果获奖项目落地贵州，还能申领相应的扶持基金，并根据项目发展实际需要，获得有针对性的服务以及产业优惠政策。此前，贵州曾连续举办了多个大数据相关大赛，促成了一大批优质大数据创新创业项目的落地和应用，为推动数据技术和资源的产业变现打下了良好基础。

“系列活动”大数据创新联盟将成立

“系列活动”即通过新形式的交流对话、成果展示，集中展示大数据的新发展、新实践、新成果、新政策、新业态，积极促进和支撑大数据产业的汇聚与发展。

届时将邀请美国、英国、以色列等国驻华使馆以及全球知名企业和机构举办各类主题活动。目前，已拟定“大数据试验区成果展示板块”“大数据技术新发展板块”“大数据实践成果观摩板块”等三大板块。

将有一些重磅活动在数博会期间举行。如，“大数据试验区成果展示板块”重点策划的“国家大数据创新联盟成立”“国家大数据专家委员会成立”拟在数博会期间举行，届时国内外大数据专家、企业大咖、协会会长等将参加；“大数据技术新发展板块”确定了有浪潮企业家峰会、数谷之夜、中以圆桌交流会、英国日等活动；“大数据实践成果观摩板块”将有“公安块数据指挥中心”“社会和云”“筑民生运营服务中心”“大数据生态产业基地”等9项实践成果观摩。

参会嘉宾“大咖”云集，专题论坛突出“前沿专业”。嘉宾邀请方面，筹备工作开展以来，组委会紧密围绕产业引领、科技创新、成果应用等方面，积极开展嘉宾邀请工作。现已经与45家世界五百强、32家中国五百强中与大数据产业关联度较高的企业取得了密切联系，达成了良好共识。同时，还广泛邀请中国互联网百强企业、中国软件业百强企业参会。受益于各位企业家对于大数据产业发展的良好预期和对盛会的大力支持，目前，马云、马化腾、齐向东、孙丕恕、徐冠巨、吴征、杨澜等国内知名企业、媒体负责人，以及GSMA总经理Bob Puglielli、高通公司全球总裁德里克·阿博利、甲骨文公司全球研发副总裁胡伟、甲骨文公司全球研发副总裁尼尔·门德尔森、戴尔公司大中华区总裁黄陈宏等国外知名企业负责人、技术总监已确认参加。

同时，组委会还向国内众多知名高校、重点科研院所、机构也发出了邀请，目前，已有邬贺铨、邓中翰、倪光南、沈昌祥、郑建华等多名中国工程院院士、中科院院士确定参会。此外，吴志强等在国际大数据方面有着深厚学养的学者也确定参会。

在论坛筹备方面，组委会围绕“引领、权威、国际、产业”的核心理念，紧扣数字经济、区块链、网络安全等热点，注重论坛策划的国际性。比如在数据共享与开放板块，有英国驻重庆总领事馆承办的“第二届中英大数据2017贵阳‘英国日’合作研讨会”；在数字经济板块，有贵州伯克利大数据创新研究中心承办的“社会民生福利：大数据应用高峰论坛”。注重论坛的前瞻性，比如在区块链开启价值互联网时代板块，有中国互联网协会承办的“主权区块链发展高峰论坛”；在数字安全与风险控制板块，有中国信息安全测评中心承办的“第三届中国大数据安全高层论坛”。注重论坛的专业性，比如在国家大数据试验区交流板块，有中国电子技术标准化研究院承办的“大数据标准化论坛”；在人工智能板块，有中国通信学会承办的“2017人工智能暨新一代信息技术创新高峰论坛”。

块数据3.0：首探块数据与区块链的融合创新应用

2017年5月24日 人民网

人民网贵阳5月24日由中信出版集团出版、大数据战略重点实验室最新理论研究成果《块数据3.0：秩序互联网与主权区块链》（简称《块数据3.0》）一书，在“2017中国国际大数据产业博览会”新闻发布会上首发。

《块数据3.0》指出，在未来的块数据城市里，人类的每一个行踪和行为都会得到效率最大化的配置，整个社会的运转效率将得到极大的提升。块数据形成和发展的机制是开放、共享和连接，强调的是条数据在“块”上的融合，为的是实现条与条、条与块、块与块之间的数据连接、汇聚和融合，进而形成更大的网状结构。

《块数据3.0》认为，块数据是建立“绳网结构”的基础，块数据为区块链的应用提供了丰富的数据，而区块链则在块数据背后形成了一个跨企业、跨组织、跨个体的从事经济社会活动的信任体系，二者的结合将为推动经济的变革与社会的进步提供极具颠覆性的解决方案。

另外，区块链的“绳网结构”理论融入数据的应用之中，能使相关部门之间实行针对当事人（个人、企业或社会组织）信息互联互通、共建共享的大数据协同工作机制，从而实现商用、民用和政用的数据跨部门全面聚合。

基于块数据的发展，各产业部门之间依据内在的关联规则，形成新的关联关系，构建新的模式，实现资源再配置、利益再平衡，从而对传统产业结构和产业体系进行颠覆性的解构和重构，形成新的全产业链。

《块数据3.0》强调，块数据与区块链的融合创新，是实现协同共享模式的最佳技术手段。块数据的融合并不仅限于某个特定的区域、场景和部门，而是打破了时空的限制，实现了自然要素和人文因素的融合。

此外，区块链可以通过共识机制实现跨场景的数据流通，这就使得跨场景的业务模式创新成为可能。以去中心化的形式配置全球资源，区块链成为促进社会经济发展的理想技术框架。当块数据与区块链进一步融合创新，人类将实现又一次跃升，迈向共享社会。

数博会："大数据十大新名词"首次发布

2017年5月26日 人民网

5月25日，全国科学技术名词审定委员会联合大数据战略重点实验室首次对外发布"大数据十大新名词"：块数据、主权区块链、秩序互联网、激活数据学、5G社会、开放数据、数据交易、数据铁笼、数据安全、数权法入选。

据了解，大数据正深刻改变着人类的思维、生产、生活和学习方式。随着发展的演进和研究的深入，我们对大数据的认识也逐步深化。大数据作为一种新能源、新技术和新的组织方式，正成为决定未来的核心要素。"大数据十大新名词"的发布，反映了大数据的时代特征，体现了大数据的发展趋势。

"大数据十大新名词"发布会上，我国首部《大数据百科全书》编纂工作全面启动，这是一部以大数据为主题的概述性著作，将由大数据战略重点实验室编著，全国科技名词审定委员会审定。《大数据百科全书》旨在全面梳理大数据领域的基础理论、知识门类与发展实践，共设十卷，包括大数据理论卷、大数据战略卷、大数据技术卷、大数据经济卷、大数据金融卷、大数据治理卷、大数据服务卷、大数据安全卷、大数据法制卷、大数据发展史卷，预计2020年完成全套丛书的研编出版工作。

贵州大学贵阳创新驱动发展战略研究院院长、大数据战略重点实验室主任连玉明说，希望《大数据百科全书》的出版，能够助推我国大数据学科建设，成为我国占领大数据理论创新、实践创新与规则创新制高点的重要标志，成为大数据发展史上的重要里程碑。

2017中国国际大数据产业博览会在贵阳隆重开幕

2017年5月27日 《贵州日报》

李克强致信祝贺，马凯出席并讲话，陈敏尔致辞，苗圩宣读贺信，孙志刚主持，白春礼演讲，丁学东、王富玉、郑必坚、林念修、庄荣文等出席

数字经济引领新增长，云上贵州拥抱新未来。5月26日，由国家发展改革委、工业和信息化部、国家互联网信息办公室、贵州省人民政府共同主办的2017中国国际大数据产业博览会在贵阳隆重开幕。中共中央政治局常委、国务院总理李克强发来贺信。中共中央政治局委员、国务院副总理马凯出席开幕式并讲话。

省委书记、省人大常委会主任陈敏尔致辞。工业和信息化部部长苗圩宣读李克强总理贺信。省委副书记、省长孙志刚主持开幕式。中国科学院院长白春礼发表演讲。国务院常务副秘书长丁学东，省政协主席王富玉，国家创新与发展战略研究会会长、中央党校原常务副校长郑必坚，国家发展改革委副主任林念修，国家互联网信息办公室副主任庄荣文和国家有关部门负责同志，省委常委、省人大常委会、省政府、省政协有关领导同志等出席开幕式。

李克强在贺信中代表中国政府对2017中国国际大数据产业博览会的举办表示祝贺，向与会代表表示欢迎，并预祝数博会取得圆满成功。

李克强在贺信中指出，当前，新一轮科技革命和产业变革席卷全球，大数据、云计算、物联网、人工智能、区块链等新技术不断涌现，数字经济正深刻地改变着人类的生产和生活方式，作为经济增长新动能的作用日益凸显。贵州省主动顺应这一发展趋势，大胆探索、先行先试，取得了积极成效。中国政府高度重视数字经济发展，坚持深入推进创新驱动发展战略，依靠简政放权、放管结合、优化服务等改革，着力激发社会创造力和市场活力，将大众创业、万众创新同网络强国战略、国家大数据战略、“互联网＋”行动计划、“中国制造2025”等相结合，加快新旧动能接续转换，促进经济结构转型升级和社会不断进步。中国愿同世界各国一道，聚焦前沿、聚焦共赢，推动数字经济创新合作，共享发展机遇，开创人类社会更加智慧、美好的未来。

马凯在讲话中指出，当今世界，数据成为重要的基础性战略资源。大数据的充分挖掘和利用，对经济发展、社会生活和政府治理产生着越来越重要的影响。制造业是兴国之器、强国之基，是实体经济的主体、创新驱动的主战场，也是大数据的核心应用领域。当前和今后一个时期，是中国制造转型升级的关键时期，要抓住机遇、趁势而上，持续推进大数据等信息技术深化应用，加快制造业供给侧结构性改革。要充分利用大数据等信息技术，加快制造业技术创新，加快发展智能制造，加快建设工业互联网平台，加快培育新模式新业态，加速中国制造向中高端迈进，努力实现由制造大国向制造强国的历史性转变。中国愿与国际社会一起，共同推动大数据资源互联互通，共同推动大数据产业国际合作，共同加强大数据安全和规范利用，加快推动世界制造变革和经济复苏繁荣。

出席开幕式前，马凯参观了大数据发展成果展。

陈敏尔在致辞中说，发展大数据是贵州不忘习近平总书记殷殷嘱托、坚守“两条底线”、推动后发赶超的战略选择。三年多来，贵州围绕建设国家大数据综合试验区，大力发展大数据产业，着力推动大数据应用，全力创新大数据制度，以大数据引领经济转型升级、提高政府治理能力、服务民生社会事业，经济社会发展格局正在发生深刻变化，全省学大数据、用大数据、抓大数据的氛围、意识和能力前所未有地增强。贵州将深入贯彻习近平总书记关于发展数字经济的重要讲话精神，按照李克强总理给本次大会的贺信和马凯副总理讲话的要求，深入践行创新、协调、绿色、开放、共享发展理念，扎实推进大数据战略行动，大力发展数字经济，加快建设数据强省，培植“智慧树”、深挖“钻石矿”，用大数据创造智慧生活、开创美好未来。

白春礼在演讲中说，大数据蕴藏着巨大价值和潜力，正在全方位融入经济社会发展和人们的生活当中。大数据在引领经济社会发展中新引擎作用更加凸显，成为全球科技和产业竞争的重要制高点。在国家战略的全面推动下，我国围绕大数据进行创新创业的热情持续高涨，展现出前所未有的活力，为大数据发展提供了强劲动力，也将在全球大数据发展中发挥重要作用。中国科学院希望与各界通力合作，以更加开放的心态、进步发展的理念，积极主动适应大数据时代的深刻变革，深化产学研合作和国际合作，消除数字鸿沟，加强大数据人才培养，保障大数据安全，共同为大数据发展作出更大贡献。

阿里巴巴集团董事局主席马云，百度公司董事长李彦宏，富士康科技集团总裁郭台铭，美国高通公司全球总裁德里克·阿博利，全球移动通信系统协会总经理鲍勃·帕格雷里，印度国家信息学院董事长雷杰德·帕瓦，美国苹果公司全球副总裁戈峻等国内外知名企业嘉宾，外国政府机构官员及驻华使节，两院院士，有关省（区、市）代表，国内企业家代表，全球知名高校、研究机构的专家学者，国内外媒体、行业协会暨咨询机构的嘉宾代表等3000余人参加开幕式。据悉，2017数博会在“数据创造价值，创新驱动未来”的主题下，以“数字经济引领新增长”为年度主题，吸引了来自全球各地大数据业界的高管精英和专家学者、科研机构、咨询机构及众多中小企业和创业者超过20000人参会。

以大数据创新应用助推发展转型升级

——马凯考察贵州大数据发展情况

2017年5月29日 《贵阳日报》

5月25日至27日，中共中央政治局委员、国务院副总理马凯在我省考察大数据发展情况，出席2017中国国际大数据产业博览会。他强调，要抓住新一轮科技革命和产业变革的机遇，充分利用大数据等信息技术，深化大数据创新应用，维护大数据安全，推动大数据加快发展。

省委书记、省人大常委会主任陈敏尔，省委副书记、省长孙志刚分别介绍有关情况。国务院常务副秘书长丁学东，工业和信息化部部长苗圩，国家发改委副主任林念修，省领导秦如培、陈刚、王晓光、李再勇分别参加有关考察。

货车帮科技有限公司是中国公路物流产业互联网领军企业，马凯来到企业观看“全国公路物流指数”演示，听取企业发展规划情况介绍，对公司运用大数据技术实现车与货高效匹配，有效降低公路物流运输成本的探索给予肯定。他勉励企业负责人进一步整合资源，扩大覆盖面，提升服务水平和效率。贵州航天电器股份有限公司是我国电子元器件行业高端产品研制生产骨干企业。马凯考察了企业智能制造生产线，鼓励企业加大科技创新力度，推动信息化与工业化深度融合，争取在智能制造、工业机器人研发制造等领域取得更大突破。

来到位于贵安新区的白山云科技有限公司，马凯对企业引入云链服务，为数据产生、传输、消费和归档提供完整生命周期服务的商业模式表示赞赏，希望企业再接再厉，积极探索更多新的商业模式。在高通（中国）控股有限公司和贵州华芯通半导体技术有限公司，马凯详细了解高通与贵州合作的服务器芯片项目进展、产品研发等情况，鼓励研发人员坚定信心、攻坚克难，争取中国芯片早日进入市场。

马凯十分关心网络信息安全问题。在贵阳大数据安全产业园，马凯观看了大数据与网络安全攻防演练视频，详细询问攻防演练效果，与企业负责人深入交流。他强调，要加大自主创新力度，研发技术先进、安全可靠、自主可控的网络安全核心技术，不断提高信息安全保障水平。

在贵阳·区块链体验交流中心，马凯听取了贵州及贵阳区块链发展规划和成效汇报，了解区块链企业的解决方案与技术实力。国家大数据（贵州）综合试验区产业生态示范基地汇聚了大数据产业链上的专业领域企业，马凯察看了企业应用展示，向企业负责人了解有关情况，鼓励基地继续探索为企业提供产业“土壤”和数据“营养”、形成“大数据＋生态”系统等做法。马凯一行还到黔南州平塘县，考察了500米口径球面射电望远镜，看望慰问一线科技工作者，希望科研团队继续发扬优良作风，早出成果、多出成果，出好成果、出大成果。

在贵阳国际会议展览中心，马凯来到阿里巴巴、富士康、腾讯、海尔、中国电科、茅台云商、复旦大学大数据学院与研究院等展区，观看了大数据新技术、新产品、新模式展示，与参展商亲切交谈，勉励他们充分利用工业互联网等平台，推动大数据全产业链协同创新，实现更大发展。

调研中，马凯充分肯定了贵州经济社会特别是大数据产业发展取得的成绩。他指出，在省委、省政府的领导下，贵州各族干部群众牢牢守住发展和生态两条底线，深入推进大扶贫、大数据、大生态三大战略行动，精神面貌好，发展路子对，发展成效明显。贵州大数据产业日新月异，不仅让人对贵州发展充满信心，更对国家发展充满信心。大数据发展正在驱动经济社会诸多领域发生深刻变革，希望贵州坚定发展大数据的战略选择，坚持不懈干下去，干出更加优异的成绩。

省政府党组成员、省政府办公厅党组书记任湘生，省有关部门和贵阳市、黔南州负责同志参加有关考察。

2017数博会侧记：张开友谊之臂 伸出合作之手

2017年5月29日 《贵阳日报》

白云蓝天下，贵阳国际生态会议中心广场上“BIGDATA2017”的彩色雕塑引人注目，硅谷专家团成员以此为背景拍下留念照片。本月对贵阳来说，有太多值得纪念的东西。不仅是因为2017中国国际大数据产业博览会召开，众多业界精英汇聚，还有一些令人惊喜的变化正在发生。

“贵阳是一座奇迹之城，发展速度令人敬佩。贵阳经验值得全球复制……”2017中国国际大数据产业博览会期间，硅谷专家团成员杰瑞·卡普兰在领略了贵阳以大数据为引领加快打造创新型中心城市的成果后，发自内心地感叹道。

5月26日，2017中国国际大数据产业博览会开幕。12名来自硅谷各行业的专家也来到贵阳，参加这一盛大活动。从展会、高峰对话到论坛，他们亲眼看、亲耳听、亲身体会贵阳近年来的巨大变化。

杰瑞·卡普兰是美国斯坦福大学人工智能领域知名专家、硅谷企业家与教育家。此次数博会之行是他第一次来访“爽爽的贵阳”。令他惊讶的是，贵阳不仅气候宜人，生态良好，在大数据产业发展的助推下，城市各项事业发展蒸蒸日上。

“我希望能够定居在这里。”杰瑞·卡普兰说，硅谷成功的秘诀之一就是它非常舒适的气候与环境吸引着全世界的人才。贵阳也拥有良好的生态和舒适的气候条件。短短几年内，贵阳在推动大数据产业中形成创新驱动发展亮点。“这简直就是一个奇迹，全世界的城市规划者和政府工作人员和技术人员都应该访问贵阳，看看贵阳的成就，复制经验，让世界变得更好。”

拥有同样优良生态环境和对大数据产业发展激情的贵阳与硅谷，走着同样的创新发展之路，令此次前来参加2017数博会的硅谷专家团对贵阳有了强烈的共鸣，这也让专家团成员看到了更多合作的机遇。

5月26日晚上，硅谷专家团成员——美国美中硅谷人才汇创始人薛伟代表美中硅谷人才汇与贵阳市投促局签署“贵阳—硅谷之桥战略合作协议”。双方就推动美国硅谷与贵阳之间围绕人才、项目、技术、资本、创新等方面展开全方位合作，搭建贵阳—硅谷之桥，实现两地在人才、高科技、投资孵化、标准体系、大数据项目、创业创新等方面的深度交融。

“贵阳给我很大的惊喜。这里跟世界一流城市没什么两样。这坚定了我今后将带更多专家过来的想法，让他们看看中国的发展成绩。”薛伟说，交流是推动进步的方法。在过去四年里，她每年都带硅谷专家到中国进行交流。她希望搭建一个贵阳与硅谷两地专家交流和互动的平台。

在筑期间，美国 TOPBOTS 公司首席营销官艾德琳·周表示，贵阳在人工智能方面发展情况不错，她所在的企业正好也是做人工智能研发的。她希望有机会与贵阳在这个领域开展合作。同时，作为美国一家杂志专栏撰稿人，她认为可以将贵阳在这方面的发展成绩写下并刊登出来，让自己成为美国公司到中国发展的桥梁。

“我希望可以在城市与城市之间找到更多合作的契机。”美国门洛帕克市政府议员凯瑟琳·卡尔顿在加州政府办公室负责经济发展工作，她说，欢迎贵阳企业来到门洛帕克市开展业务。而对在加州和门洛帕克市的企业要来贵阳发展，她也将会给出一些建议。

《大数据解密》作者——美国 ContentAnalytics 公司 CEO 大卫·菲雷是第二次来贵阳参加数博会。这次到贵阳来，他看到贵阳大数据产业人才迅速集聚、企业发展迅速。“贵阳发展速度真的很惊人！”他说，期待贵阳有更美好的未来，也想在对贵阳有更深入了解后，写出一本有关贵阳大数据发展的畅销书。

和大卫·菲雷一样，曾来过贵阳的美国印第安纳大学数据科学项目主任凯尔·斯图凌认为，贵阳在大数据发展方面成绩斐然。“目前我正在跟中科院合作，出版一个关于大数据的期刊。这是第一个在中国出版的英文版大数据期刊，将成为学术界的一个中心。这个期刊有很多学术界、政府和产业界的人士参与进来，提供建议。”凯尔·斯图凌说，“作为合作的第一步，希望贵阳能有专业人士成为我们的顾问，加入我们期刊的编辑委员会，这样明年就可以向大家汇报我们的成果了。”

《2017 中国国际大数据产业博览会十大热词影响力排行榜》发布

2017年6月2日 中国经济信息社

6月1日，贵阳市委宣传部与新华社中国经济信息社联合发布《2017中国国际大数据产业博览会十大热词影响力排行榜》。2017数博会的十大热词依次为：总理向大会致贺信、大数据助力制造业转型、大数据决胜脱贫攻坚、2017“十大黑科技”、BAT 三巨头齐聚数博会、丝路贵阳计划、机器智能、主权区块链、智能工厂、用云量。

据悉，作为全球首个大数据主题博览会，数博会此前已连续成功举办了两届。今年的数博会以“数据创造价值，创新驱动未来”为主题，举办了开幕式、专业展览、高峰对话会等多项活动，在会议规模、影响、成果方面均创下新高。

针对今年数博会在大数据行业及舆论各界所引发的强烈关注，新华社中国经济信息社通过“分析师人工打分＋系统指标计算”的方式，对博览会上出现的诸多“热词”进行了综合评估，并最终出炉《2017中国国际大数据产业博览会十大热词影响力排行榜》。据新华社中国经济信息社有关负责人介绍，此次评估主要结合“涉词人物级别”“地域关联程度”“政策契合度”“市场发展前景”“媒体报道评价”“关键词检索量及点击率”六大维度进行了统计分析，覆盖了今年数博会的主要亮点。

“十大热词”的主要内容摘要如下：

【总理向大会致贺信】2017数博会开幕式上，国务院总理李克强发来贺信。信中表示，当前新一轮科技革命和产业变革席卷全球，数字经济正深刻地改变着人类的生产和生活方式，作为经济增长新动能的作用日益凸显。贵州省主动顺应这一发展趋势，大胆探索、先行先试，取得了积极成效。中国政府高度重视数字经济的发展，坚持深入推进创新驱动发展战略，依靠简政放权、放管结合、优化服务等改革，着力激发社会创造力和市场活力，将大众创业、万众创新同网络强国战略、国家大数据战略、“互联网＋行动计划”、“中国制造2025”等相结合，加快新旧动能的接续转换，促进经济结构的转型升级和社会不断进步。

【大数据助力制造业转型】大数据与实体经济特别是制造业的关联是媒体与业内关注的焦点，今年的数博会更强调通过数字经济引领产业的发展。中共中央政治局委员、国务院副总理马凯在开幕式的致辞主要围绕大数据和制造业的融合发展。他强调，制造业是大数据的核心应用领域。

【大数据决胜脱贫攻坚】媒体高度关注贵州作为一个传统上欠发达且缺少支柱产业的省份，如何利用大数据实现经济跨越式发展。贵州省省委书记陈敏尔表示要加快数据强省的建设，大力实施大扶贫、大数据、大生态三大战略行动，决胜脱贫攻坚。这一观点得到媒体广泛关注。

【2017“十大黑科技”】5月27日，数博会正式发布2017“十大黑科技”，

包括小i机器人、海尔 driverless 无人操控中央空调在内的十大高新技术产品惊艳亮相。此次“十大黑科技”是通过国内外知名媒体报道、中科院等科研机构推荐和参展企业自荐三种方式，由数博会组委会邀请参会嘉宾组成专家委员会评选出来的，涉及人工智能类、大数据技术和应用类、医疗与健康类、智能工业类及创新创意类等五大类。

【BAT三巨头齐聚数博会】阿里巴巴集团董事局主席马云、百度公司董事长李彦宏、腾讯董事会主席马化腾均亮相数博会，并且分别在重点高峰论坛上发表了演讲，其中很多观点被媒体重点报道，引发广泛的关注与讨论。多家媒体在数博会开幕之前就开始热炒“BAT同台”的概念，吸引公众极大关注。

【丝路贵阳计划】数博会上发布的“丝路贵阳计划”是贵阳大数据战略服务于“一带一路”愿景的计划。该计划将依托贵阳发展大数据建立起的良好业态环境，打造新华丝路云数据中心、丝路企业联盟平台、丝路（贵阳）智库、丝路（贵阳）基金等“四个一”模式，形成“人才网络＋技术网络”优势互补，为中国企业“走出去”提供安全的数据信息服务。

【机器智能】数博会期间，与会嘉宾围绕“机器智能”展开热议。北京大数据研究院院长鄂维南认为，机器智能的核心是会学习的机器，它将会把我们带入智能化社会，就像当年造出了会劳动的机器把我们带入工业化社会一样。阿里巴巴集团主席马云则指出，机器会越来越聪明，机器会越来越自我学习，这将对传统制造业造成不小的冲击，对此应该提早作准备。

【主权区块链】数博会上，贵阳市创新提出了主权区块链的概念，引发媒体关注。据介绍，主权区块链的基础是区块链，它完美地将技术创新和制度重构融为一体，是法律规制下的技术之治。与传统的区块链构架相比，区块链强调以“数”为中心，主权区块链则强调的是以“人”为中心。

【智能工厂】在深入实施“中国制造2025”的进程中，工业大数据和智能制造也将为诸多产业带来更多附加值的提升机遇。作为工业大数据与智能制造的融合成果，智能工厂成为本届数博会中的高峰对话亮点之一。业界人士认为，智能工厂是否成功高效运作取决于人、资料、网络平台等要素是否能紧密结合。自主作业的智能化生产工厂或将于2017年年底前在贵安新区落户。

【用云量】腾讯主席马化腾数博会期间发表演讲时提出了“用云量”的概念。他认为，一个行业的“云化”程度，是该行业数字经济发展的重要指标。工业革命之后，电力为经济及社会带来深刻改变，人们通常把用电量作为衡量经济好坏的重要指标。数字经济时代，“用云量”将会成为一个重要的经济指标。

2017中国国际大数据产业博览会成功举办影响力深远

2017年6月19日《贵阳日报》

6月14日，中央电视台向贵阳市委宣传部发来感谢函，对贵阳市在2017中国国际大数据产业博览会传播工作中“从前期策划、方案策划、舞美设计、嘉宾邀请、整合传播等方方面面全程参与，高效、专业、敬业的职业素养”给予高度评价。本届数博会在党中央、国务院的亲切关怀下，在国家有关部委和国际国内业界的大力支持下，在数博会组委会的有力领导下，已于5月29日落下帷幕，盛会圆满成功、影响力深远。通过210家参会的境内外媒体、1028名记者的广泛深入报道，媒体关注度、社会影响力、国际传播率、内容精美度等均达到历次数博会和同类展会的峰值，受到各界好评。

树立全新传播理念 有力提升影响力覆盖率

在本届数博会的宣传工作中，创新实施“四客”（写客、创客、咖客、播客）计划，实现内容与传播统一的要求，推出一大批制作精美、内容丰富、便于新媒体和社交媒体传播的作品，如数博会宣传片、“美女主播的朋友圈”、重要嘉宾演讲录、十大黑科技发布等，引起舆论的广泛关注，有力地提升了影响力和覆盖率。其中，数博会宣传片《序言》因制作精美、内容深刻，一经上线，迅速突破“10万+”的点击量；“美女主播的朋友圈”创新运用新视频手段，上线后也迅速突破“10万+”的点击量。在社会宣传上大胆突破，首次同时上线纽约时代广场纳斯达克12块大屏，继续在北京重点地段、机场、地铁等大屏投放宣传片，进一步提升了数博会的影响力。

吸引全球媒体聚焦 发出中国大数据好声音

本届数博会到会媒体和记者数量均创历史新高，共有210家媒体和1028名记者参会。美联社、路透社、共同社、法新社、埃菲社、《德国商报》、香港凤凰卫视等39家全球知名媒体的65名记者进驻报道，领英官方门户和《人民日报》、新华社、《中国日报》的海外脸书、推特账户也都对数博会进行专题推送和报道。截至6月1日的不完全统计，海外、境外媒体发稿600余条（篇），海外点击量超过30万次。《参考消息》3次刊发外媒对数博会的相关报道，引用日本经济新闻的报道《中国发展大数据产业雄心勃勃》和埃菲社的报道《贵阳力争成“网络最安全”城市》。法新社记者说，“这次能够吸引我来的是，这里能够接触到全球最高端的科技。”《中葡经济导报》记者说，“每次来到贵州都有新鲜的东西，这次数博会更是让我感到震撼”。

《人民日报》、新华社、《光明日报》、中央电视台等中央权威媒体均派出专门团队来筑参会报道，并在头版头条和重要版面刊发消息。截至6月1日的不完全统计，中央级媒体刊播数博会各类专题、专刊、消息近600条（幅）。人民网、新华网、新浪网、网易等10家国内主流网络媒体进行全网直播，共计1.49亿人次在网上观看，全网累计发布原创稿件1500余篇，转载发布13000余篇次。截至6月1日的不完全统计，点击量超过20亿次，微信、微博等社交媒体一度出现刷屏现象。

成为全国新闻热点 达到历次同类展会峰值

新华社舆情监控中心对盛会的传播工作进行系统分析，认为本届数博会成为5月26日至28日全国的新闻热点事件，发稿数、点击量、评论数和关注度都居各类新闻事件前列。同时，呈现出舆论反响积极、业界关注度高、城市正面形象提升大的显著特点。其中，新华社刊发的“李克强总理向数博会致贺信”“马凯：深化大数据创新应用，加快制造业转型升级”的稿件，被222家中央、省级媒体采用。新华社贵州分社采写的“贵州：跨越数字鸿沟分享数据红利”，被新华每日电讯等38家媒体在突出版面转载。开幕式新闻稿被海外、境外近500家媒体刊登转载，香港凤凰卫视中文台、资讯台《凤凰时事直通车》《凤凰焦点新闻》播出数博会活动相关盛况，并同步全球直播；马云、李彦宏、马化腾、伯克利等重要嘉宾的观点，经微视频剪辑加工后，网络传播率极高。

通过主流宣传渠道的搜索对比，本届数博会无论是宣传的广度和深度都远远高于国内同类展会。据新华社对2017数博会十大热词影响力的评估报告，“总理向大会致贺信”影响力指数达100，“大数据助力制造业转型”

达92.5，“大数据决胜脱贫攻坚”达88，“2017十大黑科技”达83。

广泛参与程度空前 成果较以往实现新提升

本届数博会围绕“同期两会、一展、一赛及系列活动”，举办开幕式、高峰对话、电商峰会、专业论坛、专业展览、成果发布、商务签约、观摩交流等156项系列活动，国内外316家企业和机构参展、展览面积6万平方米，参加人员超过8.7万人。启动“数据华夏·创享未来”全国数据创新行活动，中国国际大数据挖掘大赛有近3000个项目团队报名，参赛人数超万人。安排10条大数据产业观摩路线、28个产业观摩点，累计接待观摩考察近300场、5000余人次。活动成果有新的提升，吸引一批引领性、标志性的大项目好项目落地，初步统计，全省成功签约项目360个、金额533.55亿元，其中贵阳市成功签约项目244个、金额309亿元；聚焦大数据产业发展与技术前沿，发布以“十大黑科技”为代表的一批新技术，以《大数据蓝皮书》等为代表的一批新理论，以“小i情感机器人”为代表的一批新产品，以“全球大数据市场十大趋势预测”等为代表的一批新判断，以“大数据十大新名词”为代表的一批新标准，发布中国大数据独角兽企业榜单，区块链、人工智能等成为与会人士关注和热议的焦点。

彰显城市良好形象 百姓自豪感获得感增强

本届数博会成为老百姓获得感强、参与度高的科普体验平台。除专业观众外，本届数博会还吸引1.3万余名群众自费购票前来听论观展，体验前沿科技的魅力，特别是AR、VR、AI等特色主题体验馆异常火爆、排起长队，争相感受最新穿戴设备、智能家居和终端体验项目。省内其他市（州）自发观展群众超过3000人。高峰对话会和部分高端论坛场场爆满、一票难求。广大市民群众对贵州贵阳举办数博会感到十分骄傲，对大数据给贵州带来的变化感受真切，对大数据的体验感、获得感更多更实。市民群众不仅把数博会作为茶余饭后热议的话题，更是自发当好宣传者、服务者，数博会的讯息刷爆“朋友圈”。贵阳出租车开展的“当好东道主、服务数博会”主题活动，吸引2000名出租车志愿者和众多市民参与，共同塑造城市形象。有市民说，“贵阳因为举办数博会走到世界舞台的聚光灯下，作为贵阳市民感到骄傲，这在十年前是想都不敢想的事情”。还有市民说，“看到排队参观的长长队伍，马上想起上海世博会，如今贵州也能吸引这么多人来‘赶场’，我真是自豪”。

“数”聚的力量

2017年7月6日《贵州日报》

20个国家，514名嘉宾，316家企业和机构，参会人数超过8.7万人；签约项目360个，金额533.55亿元；展出超过1000项最新产品和技术……这是2017中国国际大数据产业博览会交出的成绩单。升格为国家平台后，无论从规模、影响还是成果，2017中国国际大数据产业博览会都创下了历史纪录。风起云涌，群英荟萃，精彩纷呈，悄然间，数博会已然成为大数据领域一个国际性的盛会和权威平台。

至今，数博会已连续三年在贵阳举办，连老朋友马云也不得不承认，“在数博会上的讨论应该是在美国的硅谷，跑到贵州来讨论本身就是一个巨大变化”。马化腾更是充分肯定，“BAT3家在中国能够同时出现的场所，只有乌镇互联网大会、贵阳数博会和深圳IT领袖峰会，这充分说明了数博会在业内的地位”。

开幕式、高峰对话、电商峰会、专业论坛、专业展览、成果发布、商务签约、观摩交流……内容繁多的活动，既围绕国家大数据综合试验区、数字经济、智能制造、数据安全等宏观话题，又重点聚焦区块链、机器智能、虚拟现实等前沿话题，为业内外人士奉上了一场场大数据科技盛宴。

经验分享、论道对话、认知革新，大咖和精英们分享高端视角，高手过招，火花四射，令人耳目一新。高峰对话从多人站台向专人专场转变，针对马云、马化腾、李彦宏、郭台铭、德里克·阿博利等国内外行业领军人物量身定制，举办了5场高峰对话，成为各方关注的热点、焦点、亮点。

一时间，数博会成为业界新理念、新思想、新思维的碰撞场，成了大咖精英的论道沙龙和论剑擂台。

作为全球首个大数据主题博览会，本届数博会集中展示了一批有市场潜力、可转化的前沿性技术成果，与会企业和机构累计展出了超过1000项最新产品和技术及解决方案，其中公布的唇语识别技术、海尔driverless无人操控中央空调、会“谈恋爱”的小i机器人等“十大黑科技”，款款惊艳，个个酷炫。

一些成果在慢慢缔结中。华为全球数据中心项目总投资额约80亿元，投资50亿元的腾讯数据中心项目，《块数据3.0》的发布、《贵阳共识》的达成，还有数以百计的合作签约，在数博会的催化下，大数据带给贵州不少惊喜。

19家机构和企业选择在数博会上发布重要的观点、规则、标准，为推进大数据战略行动提供了理论参考、观察视角和着力方向，15家行业联盟、机构借助数博会成立或揭牌，数博会还拓展了一系列培养、引进高端人才的合作渠道。

本届数博会除了专业观众之外，还吸引了1.3万余名市民自费购票前来听论观展，体验前沿科技的魅力。特别是AR、VR、AI等特色主题体验馆异常火爆，一票难求。有趣、智能化的黑科技，无不成为网端报头的热点新闻。

全球媒体聚焦本届数博会，向世界发出中国大数据好声音。统计显示，本届数博会到会媒体和记者数量均创历史新高，共计有210家媒体和1028名记者参会，既有美联社、路透社、共同社、法新社、香港凤凰卫视等39家全球媒体，也有《人民日报》、新华社、中央电视台等中央权威媒体，各媒体均在头版头条和重要版面、时段刊发或刊播消息，各类消息在网上点击量超过20亿次，微信、微博等社交媒体上也出现刷屏现象。

数博会落下帷幕，但好戏才刚刚开始。以大数据发力，实现弯道取直和后发赶超，贵州正在创造奇迹。

后记

数字经济引领新增长，数字经济拓展新空间，数字经济彰显新价值。作为2017中国国际大数据产业博览会（简称“2017数博会”）的主题，“数字经济引领新增长”寄托了中国对于创造数字经济“奇迹”的向往。大众创业、万众创新的举国热情，与世界上最生机勃勃的移动生态系统，以及整个经济和产业发展形态的“互联网 +”，数字经济已成为中国经济创新增长的新引擎。

2017年5月25—28日，2017数博会在云上贵州—数谷贵阳成功举办。在前两届数博会的基础上，按照“一年出生、两年长大、三年当家”的目标，实现了新的提升、新的发展、新的跨越，完成了华丽升级，成为国家级会议和世界性舞台。处于全国乃至世界大数据产业发展风口的贵州，已将大数据培育出来的这棵“智慧树”，深深地植入了贵州这片沃土，如今已生根发芽、开花结果。

20个国家，514名嘉宾，316家企业和机构，8.7万多人参会；签约项目360个，金额533.55亿元；展出超过1000项最新产品和技术……这是2017数博会交出的成绩单，无论从规模、影响还是成果，都创下了历史纪录。风起云涌，群英荟萃，精彩纷呈。经验分享，论道对话，认知革新。大咖们展开思想碰撞、分享高端视角，为业内外人士奉上了一场场大数据科技的饕餮盛宴。

2015年5月24日，大数据战略重点实验室在贵阳揭牌成立，是贵阳市人民政府和北京市科委共建的跨学科、专业性、国际化、开放型研究平台。大数据战略重点实验室聚集国内外大数据相关专业研究者、管理者和决策者，发挥独立、客观、公正、持续的科学精神和创新方法，立足全球大数据发展趋势和中国大数据发展实践，以块数据理论创新与发展应用为主攻方向，加强大数据发展全局性、战略性、前瞻性研究和咨询，搭建平台，奋力打造具有国内领先水平和较大国际影响力的中国大数据发展型高端智库。目前，大数据战略重点实验室构建了"两中心、三平台、六基地"的研究新体系和区域协同创新新格局，即大数据战略重点实验室北京研发中心、贵阳研发中心，贵州省块数据理论与应用创新研究基地、贵州省城市空间决策大数据应用创新研究基地、贵州省文化大数据创新研究基地，中央党校研究基地、全国科学技术名词审定委员会研究基地、浙江大学研究基地、中国政法大学研究基地、中国（绵阳）科技城研究基地和深圳研究基地。

由大数据战略重点实验室编写的《数智未来：2017中国国际大数据产业博览会全记录》一书，是在《论道数博》的基础上精选而成，我们摘选了重要嘉宾的演讲、讲话和观点，力求全面、系统、深入、客观解析和记录数博会。本书包括开幕式及高峰对话、国家大数据试验区交流、数字经济、区块链开启价值互联网时代、数字安全与风险控制、数据共享开放、人工智能、智能制造、电商峰会和新闻荟萃等十部分，汇聚了2017数博会的思想精华。

他山之石，可以攻玉。一本600多页的记录，并不能回答所有人心中的问题。但是，引发思考可能比给出答案更重要。由于水平有限、时间仓促，本书难免有疏漏之处，敬请读者批评指正。

2017年12月